生活世界與經典解釋：
方苞經學研究

丁亞傑 著

臺灣學生書局 印行

序

　　綜觀方苞一生，康熙三十年之前究心詞章，康熙三十年折入朱學，康熙五十年潛研三禮，這是融合文學、理學與經學的過程。方苞以經生自命，但後世少論其經學，所注目者仍是其詞章之學。方苞選擇朱子之學，是從晚明諸遺老心性之學的內在世界，返回到經世之學的外在世界，這一關鍵就是禮，借禮以重建合理的社會。所以可說方苞學問的規模，其後有一定的邏輯推導而成，僅以文士視之，並不能見方苞治學之全。本書第一章即本此析論，並據以開展全書的結構。

　　方苞在解釋《詩經》前五篇時，建構一完美的女性圖象；而其學術立場較接近朱子學，欲以一形上理則規範現世；至其生活則有家族女性經驗。本書第二章即試圖從經典意義、學術立場、存在感受說明經典的現實意義，重新認知經典的文化功能，以及方苞據此認知女性的內容、偏失。三者滾合，往復循環，構成方苞的思想內容及其對經典意義的理解。但是這些理解，並不僅是徒作復古之資，仍有其現實意涵。

　　方苞以為孔子所作《春秋》是根據魯史增刪而來，亦即經由史而來。經與史的差別在於歷史事件記載中義之有無，而義的來源，本諸孔子，這自是據孟子所云而立說。細析方苞所論，此一義的形

式，可分為消極形式與積極形式，前者在不改變魯史的記載之下，見出經義；後者則增刪魯史的記載，見出經義。本書第三章即在說明兩種經義形式的內涵及異同。

方苞根據朱子《詩集傳》解詩，本書第四章指出方苞在解詩之外，其實是借著解詩反省西周王室由盛轉衰之故，就在於禮典不備，而禮典最重要的象徵是祭禮，經由祭禮，連結上天與人事（文王），而以為文王之典就是後世學習的對象。這一推論，對方苞而言，有其現實的意義，尋求文王之典背後的原理，再以此原理應用於當代，間接的實現聖人的理想。

從朱子到方苞，解釋《春秋》的方法，不斷的在流動。經典意義，就在這過程中，不斷的被建構，也不斷的被深化。本書第五章即以這種參照方式，見出經典意義的流變。方苞雖有意識的區別與聯繫經史之異，而在這一過程中，其所建構的具體內容為何，這些是經典的意義還是聖人的意圖，或逕是方苞本人的理解，是本章所欲探究的課題。方苞區分現有之《春秋》為兩部分，一是魯國舊史，一是聖人新經。方苞分別以舊史之文與《春秋》之法稱之。舊史於書寫魯國歷史確有史例，但備書史事；新經則是失禮則書，若得禮而書，一以明嫌，二以著變。舊史有諱恥而書，新經則徵過而書。由於舊史備書史事，所以並無刪削史事以見義的書例，新經則有此例。方苞承據事直書的解經方法，而欲區分何者是魯史，何者是《春秋》，以明經史異同，卻走向朱子所反對的書法義例之說。且自定義例，以為是聖人之意，在方法上，與傳統《春秋》學者無別。

本書第六章從官制論究方苞對《周禮》女官的解釋，方苞嘗試

分析〈天官〉職官系統的結構，從權力與社會化的角度說明宮廷類職官所以設置的緣故。方苞並指出〈天官〉的結構，是以滿足天子飲食男女之欲為前提，卻又以禮制規約天子權力的政治體制。整個女官系統，最終似是導向天子。此時，《周禮》不僅是聖人的制作，因此而為後人所崇拜，更重要的是經由解釋，《周禮》有了現實的意義。解經，不僅是論述前賢往聖之言，著重知識問題；更是重制前賢往聖之言，以為當代的規範，著重實踐層面。

方苞對待女性有極為特殊的觀點，對儒家的禮有生死以之的宗教精神，女性禮學，是其關注的重點之一，在經典解釋中，經常出現。本書第七章即探討方苞的女性禮學。方苞指出冠禮中家族的傳承側重在母拜受顯現。婚禮是親人從生至死的託付。喪服中女性主要是以母的身分出現。在特牲饋食禮中女性用特豕饋食貫穿了生命的開始與終結，也貫穿了家族的源始與延續。是以從其禮學中對女性的解釋可得知，在兩性位置上，未必像後人所想像或論述，女性完全受到壓抑，居於配屬的地位。

方苞《春秋》學承朱子而來，而朱子以事件為解《春秋》的方法，質疑以義例解《春秋》的效果，本書附錄一就在分析這些問題。傳統解《春秋》是藉條例以知事件的意義，朱子則不然，盡去這些條例，認為從事件入手即已足夠解釋經義。可是事中之理，未必的當，於是尋求事外之理，此時已漸漸從敘事解經，轉向義理通經，這是方向的改變；從見事明義，轉向以義斷事，這才是方向的逆轉，也是朱子解《春秋》的方法所在。

方苞《春秋》學又受張自超據事直書的影響，本書附錄二即在討論據事直書與書法見義的問題意識，及由此衍伸的方法論。魯史

與《春秋》的關係，究竟是複製抑或修正，又不僅是解經方法的問題，更涉及對聖人義理的認知。讀《春秋》既如讀魯史，《春秋》有何價值？如曰魯史不存，賴《春秋》保存之，更可論證《春秋》等同於魯史，失卻了經典的地位。據事直書未必能達到見義這一解經目標，從據事直書到直書見義，並非理所當然：仍賴《傳》的記事，才能掌握事件的因果關係；又須熟稔典制，才能見出人事的是非。所以直書能見義，尚需其他條件配合。此時以寄託論史的《春秋》解釋學另一傳統，或能在據事直書之外，有一新的視界。

學術研究，必須與前人與時賢對話，期以相互攻錯，提昇視野，本書附錄三即以方苞為主題的研究成果，分類編製目錄，以供學者參考。

本書各章發表情況如下：第一章〈方苞學問的轉折與形成〉刊載於 2006 年 9 月《東華漢學》第四期；第二章〈士大夫生命的自我投射——方苞朱子詩義補正的女性認知〉，刊載於 2004 年 5 月《東華漢學》第二期，經修訂後收入本書；第三章〈乾嘉漢學的前緣——方苞春秋通論的經義形式〉刊載於 2004 年 9 月《孔孟學報》第八十二期，經修訂後收入本書；第四章〈朱子詩經學的衍異：方苞詩經學的歷史想像與文化建構〉刊載於 2007 年 1 月《當代儒學研究》第一期；第五章〈朱子春秋學的衍異：方苞春秋學的創作意圖與意義解釋〉刊載於 2008 年 7 月《中央大學人文學報》第三十五期；第六章〈方苞周禮學的女官系統與女教思想〉刊載於黃忠慎主編《文化、經典與閱讀：李威熊教授七秩華誕祝壽論文集》（臺北：秀威資訊，2010 年 1 月）；第七章〈方苞禮學中的女性角色與地位：以冠、昏、喪、祭為核心〉刊載於 2010 年 10 月《中央

大學人文學報》第四十四期。附錄一〈方法論下的春秋觀：朱子的春秋學〉刊載於 2007 年 6 月《鵝湖學誌》第三十八期；附錄二〈張自超春秋宗朱辨義的解經方法〉刊載於 2009 年 12 月《儒學研究論叢》第二輯。

本書各篇並曾獲行政院國科會 2002 年至 2005 年專題研究計畫補助，謹此申謝。

在讀書治學過程中，最讓我感念的是李師威熊、林師慶彰、龔師鵬程。諸師長關懷有加、鼓勵不斷，使駑鈍如我，也有意志與勇氣持續經學研究。在撰寫論文期間，更隨時向諸師長請益，並不限於研究室，時而在行旅之中，時而在餐廳之內，每一談論，輒逾一二小時，所獲實多，惟學植有限，發揮則少，仍待努力。並向諸師長致上由衷的敬意與謝意。

民國九十九年六月

丁亞傑序於新竹

生活世界與經典解釋

方苞經學研究

目　次

序 ……………………………………………………………… I

第一章　方苞學問的轉折與形成 ………………………… 1

　第一節　前　言 ………………………………………… 1

　第二節　身分：自我定位的衝突 ……………………… 5

　第三節　經世：文學主體的喪失 ……………………… 15

　第四節　朱子：理學型態的選擇 ……………………… 25

　第五節　禮學：經世思想的實踐 ……………………… 31

　第六節　結　語 ………………………………………… 41

第二章　士大夫生命的自我投射：

　　　　方苞朱子詩義補正的女性認知 ………………… 43

　第一節　前　言 ………………………………………… 43

第二節　增補：方苞詩經學解經方法…………………………　44

第三節　致用：從窮究性命到日用倫常…………………………　49

第四節　本源：方苞女性認知的意義…………………………　52

第五節　女範：士大夫生命的自我投射…………………………　66

第六節　結　語……………………………………………………　73

第三章　乾嘉漢學的前緣：
　　　　方苞春秋通論的經義形式…………………………　77

第一節　前　言……………………………………………………　77

第二節　方苞春秋學的形成………………………………………　78

第三節　孔子撰作春秋的意義……………………………………　82

第四節　史官之史與聖人之經：經與史的區隔…………………　87

第五節　敘事見義與書法見義：經與史的交融…………………　96

第六節　方苞春秋學解經特色……………………………………　101

第七節　結　語……………………………………………………　103

第四章　朱子詩經學的衍異：
　　　　方苞詩經學的歷史想像與文化建構…………………　107

第一節　前　言……………………………………………………　107

第二節　方苞詩經學歷史想像：政權與禮典……………………　112

第三節　方苞詩經學文化建構：禮典與天命……………………　122

第四節　歷史想像與文化建構下的詩用觀：美刺與垂戒…………　129

第五節　結　語……………………………………………………　143

餘論：詩大序的解經方法…………………………………………　144

　附：朱子詩集傳與方苞朱子詩義補正詩旨比較表 ………… 151

第五章　朱子春秋學的衍異：
　　　　方苞春秋學的創作意圖與意義解釋 …………… 171

　第一節　前　言 …………………………………………… 171
　第二節　禮制與歷史：聖人意圖的建構 ……………… 178
　第三節　聖人意圖的展現：歷史情境的分析 ………… 187
　第四節　舊史之文與春秋之法 ………………………… 197
　第五節　結　語 ………………………………………… 216

第六章　方苞周禮學的女官系統與女教思想 ………… 219

　第一節　前　言 …………………………………………… 219
　第二節　周禮的女官系統與女教系統 ………………… 225
　第三節　方苞的周禮觀 ………………………………… 233
　第四節　方苞周禮學的女官系統 ……………………… 240
　第五節　方苞周禮學的女教思想 ……………………… 253
　第六節　結　語 ………………………………………… 261

第七章　方苞禮學中的女性角色與地位：
　　　　以冠、昏、喪、祭爲核心 …………………… 265

　第一節　前　言 …………………………………………… 265
　第二節　冠禮：女性與宗祊之重 ……………………… 269
　第三節　婚禮：女性與家國之本 ……………………… 279
　第四節　喪服：女性以母為主的身分呈顯 ………… 285
　第五節　祭禮：女性母與婦的身分互轉 …………… 297

　　第六節　結　語‧‧ 302

第八章　結　論‧‧ 305

徵引書目‧‧ 311

附錄一：方法論下的春秋觀：朱子的春秋學‧‧‧‧‧‧‧‧ 329

　　第一節　前　言‧‧ 329

　　第二節　以經世定春秋‧‧‧‧‧‧‧‧‧‧‧‧‧‧‧‧‧‧‧‧‧‧‧‧‧‧‧‧‧‧‧‧ 339

　　第三節　以事件解春秋‧‧‧‧‧‧‧‧‧‧‧‧‧‧‧‧‧‧‧‧‧‧‧‧‧‧‧‧‧‧‧‧ 345

　　第四節　以義例疑春秋‧‧‧‧‧‧‧‧‧‧‧‧‧‧‧‧‧‧‧‧‧‧‧‧‧‧‧‧‧‧‧‧ 356

　　第五節　以義理評春秋‧‧‧‧‧‧‧‧‧‧‧‧‧‧‧‧‧‧‧‧‧‧‧‧‧‧‧‧‧‧‧‧ 361

　　第六節　結　語‧‧ 373

附錄二：張自超春秋宗朱辨義的解經方法‧‧‧‧‧‧‧‧ 375

　　第一節　前　言‧‧ 375

　　第二節　以事探義：解釋春秋的方法‧‧‧‧‧‧‧‧‧‧‧‧ 380

　　第三節　據事直書：以事探義的寫作形式‧‧‧‧‧‧‧‧ 392

　　第四節　用事示義：聖人理想的呈現‧‧‧‧‧‧‧‧‧‧‧‧ 404

　　第五節　方法的反省：據事直書與寄託論史‧‧‧‧ 416

　　第六節　結　語‧‧ 421

附錄三：方苞研究論著知見目錄‧‧‧‧‧‧‧‧‧‧‧‧‧‧‧‧‧‧ 423

第一章
方苞學問的轉折與形成

第一節　前　言

　　蘇惇元（1801-1857）於《望溪先生年譜・附錄》備引諸家評論方苞（1668-1749），先以經義，次則文章。如韓菼（1637-1704）云：「日以一心貫穿數千年古書，六通四辟，使程、朱並世，得斯人往復議論，則諸經之覆，所發必倍增矣。」指出方苞心力所在，在上溯程、朱，歸本經典，發明經義，清楚的說明方苞的學問路向。陳宏謀（1696-1771）云：「望溪經說，不惟經義開明，可以蕩滌人心之邪穢，維持禮俗。」❶也指出方苞經說義理湛深，而有經世濟民之用，並隱約道出方苞禮學的成就。

　　但江藩（1761-1831）卻全然不如此，嘗云：「是時，三禮館總

---

❶　以上引文俱見〔清〕蘇惇元：《望溪先生年譜・附錄》（臺北：臺灣商務印書館影印道光二十七年刊本，1981 年 1 月），頁 11-12，其餘諸家評論，見頁 11-15。

裁方侍郎苞，自負其學，見永，即以所疑〈士冠禮〉、〈士昏禮〉數事為問，從容答之。苞負氣不服，永哂之而已。」並引汪中（1744-1794）語：「吾所罵者，皆非不知古今者，惟恐莠亂苗爾；若方苞、袁枚輩，豈屑屑罵之哉。」其子汪喜孫（1786-1847）為《漢學師承記》作跋，除三禮學外，並攻駁其詞章之學：「方靈皋以時文為古文，三禮之學，等之自檜而下。」江藩在《國朝經師經義目錄》論及三禮時，更云：「方苞輩，更不足道矣。」❷方苞所長在經學，尤在三禮，而諸氏心目所及，視方苞如無物。

　　這與四庫館臣評方苞文集互異：「苞於經學研究較深，集中說經之文最多，大抵指事類情，有所闡發。」❸這一判斷，甚為精

---

❷　以上引文俱見徐洪興編校：《漢學師承記（外二種）》（北京：三聯書店，1998 年 6 月），〈江永〉，卷 5，頁 93；〈汪中〉，卷 7，頁 133；〈跋〉，頁 160；《國朝經師經義目錄·禮》，頁 170。方苞向江永問禮事，戴震（1723-1777）〈江慎修先生事略狀〉：「三禮館總裁方侍郎苞素負其學，及聞先生，願得見，見則以〈士冠禮〉、〈士昏禮〉中數事為問，先生從容置答，乃大折服。」錢大昕（1728-1804）〈江先生永傳〉：「桐城方侍郎苞素以三禮自負，聞先生名，願一見。見則以所疑〈士冠禮〉、〈士昏禮〉中數事為問，先生從容置答，乃大折服。」徐復觀（1903-1982）已指出其誣，見〈清代漢學論衡〉，《中國思想史論集續編》（臺北：時報文化出版公司，1982 年 3 月），頁 536。朱維錚為該書所撰〈導言〉云戴、錢二傳均謂方苞「素負其學」或「素以三禮自負」，聞永至京師，設難相問，「永大折服」，江藩擅改原文，誣詆方苞，見附注 36，頁 33，誤方苞大折服為江永大折服。戴傳收入余國慶等整理：《東原文集》，卷 12，張岱年主編：《戴震全書》之 32（合肥：黃山書社，1995 年 8 月）。錢傳收入陳文和點校：《潛研堂文集》，卷 39，陳文和主編：《嘉定錢大昕全集》第 9 冊（南京：江蘇古籍出版社，1997 年 12 月）。

❸　〔清〕永瑢（1743-1790）等著，王伯祥（1890-1975）斷句：《四庫全書總

確，但是對於方苞研究經典的描述，卻為讀者忽略，以致後世一直以文士視之。四庫館臣評方苞三禮之學云：「苞於三禮之學，《周禮》差深。」至於《儀禮》雖有不詳考之處，但是：「用功既深，發明處亦復不少，……檢其全書，要為瑜多於瑕也。」❹評價或不甚高，其因是考證不精，但也不至如江藩等苛評。至於《春秋》學則云：「苞乃於二千餘載之後，據文臆斷，孰為原書，孰為聖筆，如親見尼山之操觚，此其說未足為信。惟其掃《公》、《穀》穿鑿之談，滌孫、胡鍥薄之見，息心靜氣，以經求經，多有協於情理之平，則實非俗儒所可及。譬諸前修，其吳澄之流亞歟。」❺一如評其三禮之學，考證差略，但卻比之吳澄。吳澄（1249-1333）是由宋入元的學者，與許衡（1209-1281）並稱南北二學，於五經均有著述。黃百家（1643-？）曾言：「考朱子門人多習成說，深通經術者甚少。草廬《五經纂言》有功經術，接武建陽，非北溪諸人可及

目·集部·別集類二十六·望溪集》（北京：中華書局影印乾隆六十年浙江刊本，1995 年 4 月 6 刷），卷 173，頁 1528。

❹ 以上引文俱見〔清〕永瑢等著，王伯祥斷句：《四庫全書總目·經部·禮類二·儀禮析疑》，卷 20，頁 164。

❺ 〔清〕永瑢等著，王伯祥斷句：《四庫全書總目·經部·春秋類四·春秋通論》，卷 29，頁 239。孫復（992-1057）字明復，有《春秋尊王發微》十二卷，四庫館臣云：「後來說《春秋》者，深文鍛鍊之學，大抵用此書焉。」見《四庫全書總目·經部·春秋類一·春秋尊王發微》，卷 26，頁 214；胡安國（1074-1138）字康侯，有《春秋傳》三十卷，四庫館臣云：「其書作於南渡之後，故感激時事，往往借《春秋》以寓意，不必一一合於經旨。」見《四庫全書總目·經部·春秋類二·春秋傳》，卷 27，頁 219。鍥薄之見，就指深文鍛鍊之學及感激時事之語。

也。」❻吳澄確受朱子（1130-1200）影響，早年也因讀朱子《四書章句集注》而大有感悟，晚年則遍注群經，可說是朱子後學治經之第一人。四庫館臣以吳澄擬諸方苞，可說明方苞的性格不如後世所知，僅是文士，尚有學者性格，並且接武朱子之學。❼

綜觀方苞一生，康熙三十年之前究心詞章，康熙三十年折入朱學，康熙五十年潛研三禮，這是融合文學、理學與經學的過程。對方苞而言，從文學、理學到經學，只是治學對象的選擇，抑或學問的轉折？亦即文學、理學與經學之間，僅是學科領域之間的並列結構，還是存在理論結構？如是前者，方苞何以如此選擇？如是後者，這一理論結構的基礎何在？是邏輯推導而成，或是理念之不得不然？

---

❻ 〔清〕全祖望（1705-1755）等著：《宋元學案・草廬學案》，卷 92，頁 573。夏瑰奇等校點：《黃宗羲全集》第 6 冊（杭州：浙江古籍出版社，2005 年 1 月）。吳澄，字幼清，又字伯清，號草廬。陳淳（1159-1223），字安卿，號北溪，為朱子晚年弟子。

❼ 如劉聲木（1878-1950）指出方苞：「說經則每于空曲交會無文字處，獨得古聖仁賢微意之所在，確有前儒所見不到者。」見氏著，徐天祥點校：《桐城文學淵源考／撰述考》合刊本（合肥：黃山書社，1989 年 12 月），卷 2，頁 103。張舜徽（1911-1992）稱美其：「寢饋宋元經說為尤深，故揭櫫大義，每多自得之言。」見《清人文集別錄・望溪先生文集》（臺北：明文書局，1982 年 2 月），卷 4，頁 106。楊向奎（1910-2000）則有〈論方苞之經學與理學〉，《孔子研究》，1988 年第 3 期（1988 年 3 月），頁 70-75，又有〈方苞望溪學案〉，見《清儒學案新編》（濟南：齊魯書社，1994 年 3 月），第 2 卷，頁 29-82。諸氏均已注意方苞或桐城派的多元面貌。吳孟復綜合指出桐城派除「文派」外，尚有「詩派」與「學派」，參考《桐城文派述論》（合肥：安徽教育出版社，1992 年 5 月）。方苞及桐城派研究，其實可全面重新探討。

　　研究此一系列問題，可從傳記情境探索，每個人都生活在一常識世界，誕生、工作、死亡等，並視這一世界為理所當然的存在，終其一生以其獨特的興趣、動機、欲求、期望、宗教、意識型態等觀點，解釋其所接觸的世界，且試圖改變這個世界。而在解釋與改變之前，必須先理解這個世界，一旦如此，就進入了這個世界的脈絡。❽如此，或可說明方苞自我定位、文章經世、尊崇朱子、以禮致用等，何以與其時學風乃至當朝甚為接近的原因。更可以說明，方苞受戴名世（1653-1713）案牽連，獲赦之後，何以仍在朝中任官，且述職極謹，盛道皇恩，未有不滿之詞。這些並不能完全以帝制威權解釋，與戴案之前合觀，就可推知，方苞的價值方向，其實頗為一致，只是在選擇之際，有所衝突。

　　這也是本題價值所在，重探方苞的生活世界，除了古文家的方苞外，還有理學型態的方苞，更有經學家的方苞。三種不同的樣貌，其間存在的結構關係，就是本文所欲探究的問題，而後兩者更為前賢或時人所忽略。

第二節　身分：自我定位的衝突

　　方苞的祖父方幟（1615-1687）為歲貢生，先後出任蕪湖縣學訓導、興化縣學教諭，父方仲舒（1638-1707）為國子監生，兄方舟

---

❽　舒茲（Alfred Schutz，1899-1959）著，盧嵐蘭譯：《舒茲論文集第 1 冊》（*Collected Papers Vol.1: The Problem of Social Reality*），頁 3-15，30-31。

（1661-1701）則為廩貢生。❾清代考試制度，秀才正式名稱是附生，附生經歲考列入一等者，補增廣生員，稱增生；增生再考列入一等者稱廩生；由府、州、縣學選擇成績最優者至國子監受教，稱貢生；學政任滿選附生未補增生或廩生者報考國子監，經考試合格入學者稱監生。以上均為科舉考試的入學階段，鄉試以上才是科舉性質。❿以此觀察，方苞祖、父、兄即使未有舉人、進士身分，但已具備這一身分的必要資格，所以仍可認為方苞出身舉業世家。然而方苞對舉業卻不以為然。

方幟的歲貢生，應是貢至國子監，肄業期滿後，經廷試及格，依成績以教職任用。方苞述及方幟這一經歷時云：「大父處境順，無由為卓絕之行，而官甚微，士皆務科舉之學，教之所及亦淺，故不敢漫述，惟自痛咎愆之積而已。」⓫無卓絕之行，與處境有關，是以無所評論；但士務舉業，所學甚淺，則可見出方苞對科舉清晰的態度。其兄方舟，則是時文作手，方苞嘗稱方舟「制舉之文名天下」，並引述韓菼之言：「二百年無此也。」⓬這可能非虛美之詞，鄭燮（1693-1765）即云：「愚謂本朝文章，當以方百川制藝為

---

❾ 〔清〕蘇惇元《望溪先生年譜》，頁1-2；並參孟醒仁：《桐城派三祖年譜》（合肥：安徽大學出版社，2002年12月），頁2。
❿ 參考沈兼士：《中國考試制度史》（臺北：臺灣商務印書館，1986年2月5版），頁173-206。
⓫ 〔清〕方苞：〈大父馬溪府君墓誌銘〉，劉季高（1911-2007）校點：《方苞集》（上海：上海古籍出版社，1983年5月），卷17，頁491。
⓬ 〔清〕方苞：〈兄百川墓誌銘〉，劉季高校點：《方苞集》，卷17，頁496。方舟，字百川。

第一，侯朝宗古文次之。」❸至於方苞本人：「五歲課章句，稍長治經書、古文，吾父口授指畫焉。」❹並自負的說：「凡《易》之體象，《春秋》之義例，《詩》之諷喻，《尚書》、《周官》、《禮記》之訓詁，先儒所已云者，皆粗能記憶。」❺這自可說是其對學問的喜好，但也可解釋為是為科舉考試準備。方苞嘗自述少年讀書經歷：「杜公流寓金陵，朝夕至吾家，自為兒童捧盤盂以侍漱滌，即教以屏俗學，專治經書古文，與先生所勗不約而同。爾時雖心慕焉，而未之能篤信也。」❻俗學，指的正是科舉之學，亦即方苞與其兄少年所致力者，可能仍是時文。

然而日後方苞卻不喜時文，曾云：「余天資蹇拙，尤不好時文，累日積久以至成峽，皆先生（按：指高裔）督責敦率以為之。」❼但是方苞對時文的態度是負面之中有正面：「夫時文者，科舉之士所用以牟榮利也，而士之登高科致腜仕者，出其所業，眾或棄擲而不陳；而先兄以諸生之文，一旦橫被於六合，沒世而宗者不

---

❸ 〔清〕鄭燮：〈濰縣署中與舍弟第五書〉，收入王運熙等編：《清代文論選（下）》（北京：人民文學出版社，1999 年 1 月），頁 489-490。侯方域（1618-1655），字朝宗。

❹ 〔清〕方苞：〈台拱岡墓碣〉，劉季高校點：《方苞集》，卷 17，頁 491。

❺ 〔清〕方苞：〈與呂宗華書〉，劉季高校點：《方苞集》卷 6，頁 159。呂宗華，名字生平不詳。

❻ 〔清〕方苞：〈田間先生墓表〉，劉季高校點：《方苞集》，卷 12，頁 337。錢澄之，字飲光，號田間，明季諸生。杜公，指杜濬、杜岕，詳下。

❼ 〔清〕方苞：〈書高素侯先生手札後二則〉，劉季高校點：《方苞集·集外文》，卷 4，頁 629。高裔（1653-1700），字素侯，康熙十五年丙辰（1676）進士，康熙二十八年（1689）視學江南，時方苞歲試第一，補桐城縣學弟子員，受知高裔，方苞從遊十年。

衰。」⑱這是稱揚方舟的時文，不僅有科舉的價值，而且也有文學的價值。方舟對時文有其特殊見解：「余曰：『時文之學，非可以濟用也，何必求其至，而使一世之人不好哉？』先兄曰：『非世之人不能好也，其端倪初見，而習於故者未之察也。且一世之中，而既有一二人為之，則後必有應者，而其道終不晦。』」⑲已隱約指出時文雖蒙世俗之稱，然其中實有令人傾倒用功處。方苞則明確的指出：

> 自明以《四書》文設科，用此發名者凡數十家。其文之平奇淺深，厚薄強弱，多與其人性行規模相類。或以浮華炫耀一時，而行則污邪者，亦就其文可辨，而久之亦必銷委焉。蓋言本心之聲，而以代聖人賢人之言，必其心志有與之流通者，而後能卓然有立也。⑳

時文雖為取名之具，但仍與作者心性器度相關，亦即作者心性器度，決定作品的優劣，反之可從作品高下，覘作者人品。時文既是代聖立言，根據前述，作者心志必須與聖賢相通，才能寫出優秀作品。聖賢之言，存在於經典，所以在習作之時，誦經希聖，自會提升作者的生命境界。所謂：「……又以嘆夫為科舉之學者，天地之

---

⑱ 〔清〕方苞：〈儲禮執文稿序〉，劉季高校點：《方苞集》，卷4，頁96，儲在文（1668-1729）字禮執。
⑲ 〔清〕方苞：〈儲禮執文稿序〉，劉季高校點：《方苞集》，卷4，頁95。
⑳ 〔清〕方苞：〈楊黃在時文序〉，劉季高校點：《方苞集》，卷4，頁100，楊黃在，名字生平不詳。雍正乾隆時人。

大，萬物之多，而惟時文之知，至於既死而不能忘，蓋習尚之漸人
若此。」㉑這一習尚，詳究其實，何止是名利動人心目，更有形式
與內容兼美的寫作技法：「八股之作，較論、策、詩、賦尤難。就
其善者，其持之有故，其言之成理，故溺人尤深，有好之老死不倦
者焉。」㉒這才是學者用力時文，至死不悔之因。㉓方苞就在此一
古文與時文、理想與現實之間，研治經典，傳授生徒。

又方苞治學，頗有曲折，早年不喜宋儒之說：

> 僕少所交，多楚、越遺民，重文藻、喜事功，視宋儒為腐
> 爛，用此年二十，目未嘗涉宋儒書。及至京師，交言潔與吾
> 兄，勸以講索，始寓目焉。其淺者，皆吾心所欲言，而深者

㉑ 〔清〕方苞：〈左華露遺文序〉，劉季高校點：《方苞集》，卷 4，頁 100，
左華露，名字生平不詳。康熙時人。

㉒ 〔清〕方苞：〈何景桓遺文序〉，劉季高校點：《方苞集·集外文》，卷
4，頁 609，何景桓，名字生平不詳。康熙間人。

㉓ 〔清〕王懋竑（1668-1741）云：「時文者代聖賢之言，以發揮聖賢之意，顧
不得其心，則其意不可得，而於其言亦皆失之。」時文又不僅是利祿之途，
正是學聖希賢之路，見〈行狀〉，《白田草堂存稿·卷首》，《四庫全書存
目叢書·集部·別集類》第 268 冊（臺南：莊嚴文化公司影印乾隆刻本，
1997 年 6 月），可與方苞之論互參。八股文代聖立言的特色，簡要的說明可
參考汪小洋、孔慶茂：《科舉文體研究》（天津：天津古籍出版社，2005 年
3 月），頁 113-121。商衍鎏（1875-1963）：《清代科舉考試述錄及有關著
作》（天津：百花文藝出版社，2004 年 7 月），頁 244-291 有深入的說明。
〔清〕梁章鉅（1775-1849）：《制義叢話》卷 1 備收清代學者對八股文的意
見，正反俱有，而以前者居多，亦可重論八股文的價值，見氏著，陳居淵校
點《制義叢話／試律叢話》合刊本（上海：上海書店出版社，2001 年 12
月）。

則吾智力所不能逮也，乃深嗜而力探焉。❷

方苞少年所交長輩，年輩最長者是錢澄之（1612-1692）：「弱冠時，有御史某，逆閹餘黨也，巡按至皖，盛威儀謁孔子廟，觀者如堵，諸生方出迎，先生忽前扳車而攬其帷，御史大駭，命停車，而溲溺已濺其衣矣。」❷這件事最後的結果是該御史方自脫於逆案，不敢大事聲張，以錢澄之有癲病而舍之。其次是杜濬（1611-1687），所居之處：「門內為竹關，先生午睡或治事，則外鍵之，關外設坐，約，客至視鍵閉，則坐而待，不得叩關。雖大府至亦然。」❷杜濬之弟杜岕（1617-1693）：「間過親友，坐有盛衣冠者，即默默去之。行於途常避人，不中道與人語，雖兒童廝輿惟恐有傷也。」❷與其兄相較，是兩種相反的典型，杜濬是狂，杜岕是狷。但不論何種，也無論是錢澄之、杜濬、杜岕兄弟，均非規行矩步者可比，顯現奇特的生命型態，而這才是方苞所欣賞者。

方苞至京師之年為康熙三十年（1691）時年二十四，其前所交遊有劉捷（1658-1726）、張自超（1653？-1718）、劉齊（1652-1694）、

---

❷ 〔清〕方苞：〈再與劉拙修書〉，劉季高校點：《方苞集》，卷 6，頁 174-175。劉拙修，劉岩字枝桂，又字大山，家有拙修齋，方苞以拙修稱之，生卒年不詳，見孟醒仁：《桐城派三祖年譜》，頁 17，29。

❷ 〔清〕方苞：〈田間先生墓表〉，劉季高校點：《方苞集》，卷 12，頁 337。

❷ 〔清〕方苞：〈杜茶村先生墓碣〉，劉季高校點：《方苞集》，卷 13，頁 400。杜濬，字于皇，號茶村，明季諸生。

❷ 〔清〕方苞：〈杜蒼略先生墓誌銘〉，劉季高校點：《方苞集》，卷 10，頁 250。杜岕，字蒼略，號些山，明季諸生。

徐念祖（1654-1698），此四人是「志之趨近者」；王源（1648-1710）、朱書（1657-1707）、劉輝祖（1658-1708），此三人是「術業之近者」。❷❽

劉捷字古塘：「中歲發憤，究討經史諸子，久之出所為文，眾弗善，以進於有司，則擯焉，而私自喜。」康熙二十九年庚午（1690）江南鄉試第一。康熙五十二年（1713）時方苞因戴名世案，編入旗籍，有司解送妻子北上，劉捷隨行至京師，誤會試期。❷❾張自超字彝歎，康熙四十二年癸未（1703）進士：「性明決，所不為，眾莫能奪，所欲為，雖困不以自悔。」❸⓿劉齊字言潔，康熙二十五年丙寅（1686）以選貢入太學：「性沈毅，與人居，終日溫溫，而退皆嚴憚之，偃臥一室，天下士常想望其風采。」❸❶徐念祖字詒孫：「才足以立事，而於仕進泊如也；學足以立言，而於論述頹如也。」❸❷後投河自盡。這些與方苞志氣相合的人，除徐詒孫外，都有科舉功名，但不與時俯仰，性情耿介，立身有節。

王源字崑繩，康熙三十二年癸酉（1693）舉人：「所心慕，獨漢諸葛武侯、明王文成。於文章，自謂左丘明、太史公、韓退之外，無肯北面者。……貴人富家多病其不習時文，笑曰：『是尚需

❷❽　〔清〕方苞：〈四君子傳〉，劉季高校點：《方苞集》，卷8，頁216。四君子指王源、劉齊、張自超、劉捷。方苞之交遊並參考〔清〕蘇惇元：《望溪先生年譜》，頁 3，4；許福吉：《義法與經世：方苞及其文學研究》（上海：學林出版社，2001 年 6 月），頁 31-55。

❷❾　〔清〕方苞：〈四君子傳〉，劉季高校點：《方苞集》，卷8，頁 220-221。

❸⓿　〔清〕方苞：〈四君子傳〉，劉季高校點：《方苞集》，卷8，頁 219。

❸❶　〔清〕方苞：〈四君子傳〉，劉季高校點：《方苞集》，卷8，頁 218。

❸❷　〔清〕方苞：〈徐詒孫哀辭〉，劉季高校點：《方苞集》，卷 16，頁 453。

學而能乎？』因就有司求試，舉京兆第四人。」❸朱書字字綠，康熙四十二年癸未（1703）進士：「以時文之學相得，為兄弟交。……余時學古文，文成必以示字綠。」❹劉輝祖字北固，康熙二十九年庚午（1690）鄉試第一，方苞與之遊：「余疲疴困憊，恆先就寢，而使北固誦詩歌、古文，臥而聽之。靜夜聲朗然，率以為常。」❺這些與方苞術業相近的人，均擅長時文，但又不甚以時文為然，所相與討論者，厥為古文，並以事功為重。

約略與此同時，方苞刪薙《通志堂經解》：

> 僕始從事於斯，以為一家之說未徧，則理或有遺而心弗能懕也，雖至膚庸，甚者支離謬悠，而一語未詳，終不敢決棄焉。及徧一經，然後知三數大儒而外，學有條理者，不過數家，而就此數家之中，實能脫去舊說，而與聖人之心相接者，蓋亦無幾。因復自惜，假而用此日力，以玩索經之本文，其所得必有過此者，然積疑之義，未安之詁，發書終卷，必一二得焉，則又治經者所不可廢也。自惟取道之艱，思竭不肖之心力，以為後學資藉，俾得參伍眾說，而深探其本源，遂不自量而妄刪焉。❻

---

❸ 〔清〕方苞：〈四君子傳〉，劉季高校點：《方苞集》，卷8，頁217。

❹ 〔清〕方苞：〈朱字綠文稿序〉，劉季高校點：《方苞集·集外文》，卷4，頁622。

❺ 〔清〕方苞：〈劉北固哀辭〉，劉季高校點：《方苞集》，卷16，頁456。劉輝祖，劉捷同產兄。

❻ 〔清〕方苞：〈與呂宗華書〉，劉季高校點：《方苞集》，卷6，頁160。

《通志堂經解》收錄唐、宋、元、明四朝經說一百四十種一千七百八十八卷，但主要集中在宋、元學者著作。❸❼正因卷帙龐大，士子之家，難於人手一編，所以方苞曾經三次節錄。其次，方苞最初認為須保存諸家經說；繼而發現學有條理者，不過數家；而此數家自有創見者又寥寥無幾，所以興起刪錄之意。由此觀之，刪節之因，卷帙龐大，一也；經說未精，二也。然其書不傳，❸❽無法窺其全貌，是刪汰經解種類，抑或刪汰繁文複辭，還是兼而有之，已難得其詳。至於刪汰的標準則較為清楚，兼顧訓詁與義理，而以義理折中。❸❾全書歷時二十餘年始初步完稿。從此一歷程亦可得知：方苞並未全盤接受宋儒解經之說，其中自有選擇與判斷；而在閱讀過程中，逐漸看見宋儒解經優點所在，從而轉變對宋學看法；解經以義理為宗，與其後乾嘉專門漢學異途。自是之後，潛心宋學：

---

❸❼　《通志堂經解》編輯經過、編校者、學術價值等，可參考高岸：〈納蘭成德與通志堂經解〉、黃志祥：〈通志堂經解輯刻者述辨〉、劉德鴻：〈滿漢學者通力合作的成果——通志堂經解述論〉、林慶彰：〈通志堂經解之編纂及其學術價值〉，俱收入林慶彰、蔣秋華編：《通志堂經解研究論集》（臺北：中央研究院中國文哲研究所，2005 年 8 月）。

❸❽　劉聲木引蕭穆（1835-1904）之言：「當咸豐□年，桐城初陷于粵匪之時，自己竭力收桐城人撰述，曾得見侍郎《通志堂經解》刪節原本數十大冊，約少全書三之一，急購藏桐城間。後屢經粵匪焚掠，所收數萬卷盡為灰燼，深為可惜。」見《萇楚齋四筆·通志堂經解節本》，卷 6，收入氏著，劉篤齡點校：《萇楚齋隨筆》（北京：中華書局，1998 年 3 月），頁 794。

❸❾　方苞三次刪薙《通志堂經解》，並以義理折中經義，見〔清〕蘇惇元：《望溪先生年譜》，頁 3；劉聲木：《桐城文學淵源考》，見氏著，徐天祥點校：《桐城文學淵源考／撰述考》，卷 2，頁 103。

> 二十年來，於先儒解經之書，自元以前所見者十之七八。然
> 後知生乎五子之前者，其窮理之學未有如五子者也；生乎五
> 子之後者，推其緒而廣之，乃稍有得焉。其背而馳者，皆妄
> 鑿牆垣而殖蓬蒿，乃學之蠹也。❹

從視宋儒為腐爛，到背宋儒為學蠹，其間差距彷彿天地。方苞尊
朱，此一脈絡或是理解進路之一。

　　從此以往，方苞沈浸經學，康熙五十年（1711）始潛心三禮，
康熙五十一年（1712）即成《禮記析疑》、《喪服或問》，康熙五
十二年（1713）成《周官辨》，康熙五十九年（1720）成《周官集
注》，康熙六十年（1721）成《周官析疑》，乾隆十四年（1749）成
《儀禮析疑》。❹方苞研治禮學，基本上在康熙朝完成。這則與康
熙一朝學風類同。❹精研經學，也影響其文學主張，或逕云其文論
根本從經學而來。

---

❹　〔清〕方苞：〈再與劉拙修書〉，劉季高校點：《方苞集》，卷6，頁175。

❹　見〔清〕蘇惇元：《望溪先生年譜》各年記事。

❹　康熙倡導理學，又將理學融入經學，並尊崇朱子，參考陳祖武：〈論康熙的
　　儒學觀〉，《孔子研究》1988年第3期（1988年9月），頁63-69。林存陽
　　擴充陳祖武的觀點，見《清初三禮學》（北京：社會科學文獻出版社，2002
　　年12月），頁272-289。康熙本人尊崇朱子，批評佛道，見李明軍：《文統
　　與政統之間：康雍乾時期的文化政策和文學精神》（濟南：齊魯書社，2008
　　年11月），頁136-140。高翔指出清初士人因批判陸王心學與佛道思想，而
　　歸心於程朱理學。見《康雍乾三帝統治思想研究》（北京：中國人民大學出
　　版社，1995年10月），頁16-17

第三節　經世：文學主體的喪失

方苞云：

> 若古文則本經術而依於事物之理，非中有所得不可以為
> 偽。㊸

亦即古文是經術的呈現，經術則是古文的根柢，經典的重要，在方苞的思想中，由是可見。全祖望更如此論方苞：「然世稱公之文章，萬口無異辭，而于經術，已不過皮相之，若其惓惓為斯世斯民之故，而不得一遂其志者，則非惟不足以知之，且從而掊擊之，其亦悕矣。」㊹分其學為文章、經學、治道三部分，世人徒知文章，不知其經學，遑論治道。這又不止是人之知與不知的問題，而是隱約之中已有價值判斷的意味：由文章層遞而上，最終目標在經世濟民。

戴名世如此形容方苞兄弟：「舟與其弟苞皆好學，日閉戶謝絕人事，相與窮天人性命之故，古今治亂之源，義利邪正之辨，用以立身行己，而以其緒餘著之於文，互相質正，有一字之未安，不敢

㊸　〔清〕方苞：〈答申謙居書〉，劉季高校點：《方苞集》，卷6，頁164。申謙居名字生平不詳。

㊹　〔清〕全祖望：〈前侍郎桐城方公神道碑銘〉，《鮚埼亭集》，卷17，朱鑄禹集注：《全祖望集彙校集注》（上海：上海古籍出版社，2000年12月），頁305。

以示世，意度波瀾各有其造極，人以比之眉山蘇氏兄弟云。」❹性命之故，治亂之源，最終以文字出之，這才是方苞文學理論的全貌。用方苞自己的語言說明這一理論就是：

> 古人之教且學也，內以事其身心，而外以備天下國家之用，
> 二者皆人道之實也。❻

學術以備天下國家之用，即是晚明以降經世思想的流衍，方苞用「外」說明其性質。所以文學面對的對象是外在於人心的社會，而且進一步要規畫這一社會。❼在此理論下，必須分析作者、作品與讀者的結構。作者與作品的關係，是表現理論；作品與世界的關係，是模仿理論；作品本身是客觀理論（審美理論）；作品與讀者的關係是實用理論。❽

---

❹ 〔清〕戴名世：〈方舟傳〉，王樹民（1911-2004）編校：《戴名世集》（北京：中華書局，1986 年 2 月），卷 7，頁 203。

❻ 〔清〕方苞：〈與某書〉，徐天祥、陳蕾點校：《方望溪遺集》（合肥：黃山書社，1990 年），頁 55。

❼ 經世義界的問題，可參考林保淳：《經世思想與文學經世——明末清初經世文論研究》（臺北：文津出版社，1991 年 12 月），頁 25-34 分析經世的來源。許福吉：《義法與經世：方苞及其文學研究》，頁 100-101 備引各家對經世的定義。

❽ 蔡英俊先生課堂筆記，2001 年 7 月 31 日元培科學技術學院教師研究方法課程。艾布拉姆斯（M.H. Abrams）以作品、藝術家、世界、欣賞者繪製三角形，說明其間複雜關係，世界即是作品所呈現客觀狀態，由人物與行動，思想與情感，物質與事件所構成，見氏著，酈稚牛等譯：《鏡與燈——浪漫主義文論及批評傳統》（*The Mirror and the Lamp: Romantic Theory and the*

　　方苞所重者在作品與讀者的關係，亦即實用理論：

　　　詩之用，主于吟詠性情，而其效足以厚人倫、美教化。❹

這可分兩部分析論：一是詩的本質，一是詩的功能。顯然，作者個
人情感的抒發，是詩的本質；而此抒發可以移風易俗，此即詩的功
能。然而為什麼個人情性可以改變世風？卻缺少論證過程。要達成
此一目標，已有若干預設：作者道德人格須超越常人，作者創作的
目的在化民成俗，作品的形式與內容均須符合教化的目標，讀者會
自然而然接受這類作品等。此所以中國文論會討論作者修養，指摘
華靡文字，批判無用的內容等。
　　文章經世，涉及作者、作品、讀者三個面向。請先論作者：

　　　夫文章之道，所以與政治相通者，蓋因此可以見士人之心
　　　術。❺

由於作者在作品之前，所以作者的人格是教化的前提。政治社會的

　　Critical Tradition）（北京：北京大學出版社，1989 年 12 月），頁 5。劉若
　　愚稍加改變，以宇宙、作家、作品、讀者構成循環往復的圓形，作家對宇宙
　　有所感受，展示在作品，傳達予讀者，見氏著，杜國清譯：《中國文學理
　　論》（臺北：聯經出版公司，1985 年 8 月 2 刷），頁 13-14。
❹　〔清〕方苞：〈徐司空詩集序〉，劉季高校點：《方苞集・集外文》，卷
　　4，頁 605。徐元夢（1655-1741），字善長，號蝶園。
❺　〔清〕方苞：〈禮闈示貢士〉，劉季高校點：《方苞集・集外文》，卷 8，
　　頁 776。

良窳，觸動作者內心感受，而作者也可主動感知外在環境，於是發而為作品，作品風格的哀樂，直接與政治良窳有關，是以國君可借以察知國政興衰，厚人倫、美教化就在此展現。但是作者有感而發，這一感發的對象可以是自然世界、也可以是社會結構、還可以是生命體悟。方苞關注者，僅是社會結構，作者的情性，是針對此抒發；此其一。而作者的感悟，並不能保證作品的優劣，所以方苞講究義法；此其二。作品是作者的延伸，以作品論斷作者人格，易忽略對作品本身的評價；此其三。是國君教化人民，抑或作者教化百姓，在這一理論中並不明顯，而有依賴當國者的可能，此時文學易成為政權的附庸；此其四。

文章目的既在經世，作者僅具備寫作的知識與技能，顯然不足。作者所學應是：

> 古人之教且學也，內以事其身心，而外以備天下國家之用，二者皆人道之實也。自記誦詞章之學興，而二者為之虛矣。自科舉之學興，而記誦詞章亦益陋矣。❺

方苞之意是科舉之學取代詞章之學，詞章之學又取代實用之學，層級顯然。方苞其實是以時文著稱於世，卻輕視科舉；又以古文為人所重，卻又不願以此傳揚於後；所自重者，概在經世之學，至其學的具體內容，在駁韓愈學生不得代齋郎之說可以見出：

---

❺ 〔清〕方苞：〈送官庶常覲省序〉，劉季高校點：《方苞集》，卷 7，頁 200。

夫離道德與事物而二之者，末學之失也。……動作禮義威儀
之節，君子所以定命也，反不得與能文通字書比重；……射
御戰陳之不習，而以付於悍卒武夫；理財決獄之不習，而以
委之胥吏，皆齋郎薦享之類也。❺❷

寫作知識與技能不如射御戰陳與理財決獄。吟詠情性與治國理政，
是互異的領域，兩者只能取其一，不能以吟詠情性之法治國理政，
反之亦然。所面臨的困境是如何取捨文士與專家。道德可以在日常
生活中實踐，文學可能在戰陳理財之中完成？方苞云：

漢唐以後，以記誦詞章為學。所號為學者，既徇末而忘其
本，而不學者未嘗一遊其樊，質雖美，無所藉以成。❺❸

學問是本，詞章是末，其實很清楚的指陳文士與學者的階層，更可
理解方苞自我的定位。學者所學何事？方苞云：

古之所謂學者，將明諸心以盡在物之理而濟世用，無濟于世
用者，則不學也。❺❹

---

❺❷ 〔清〕方苞：〈書韓退之學生代齋郎議後〉，劉季高校點：《方苞集》，卷
5，頁 109。

❺❸ 〔清〕方苞：〈王大來墓誌銘〉，劉季高校點：《方苞集》，卷 10，頁
259。王大來（1676-1712），名字不詳。

❺❹ 〔清〕方苞：〈傳信錄序〉，劉季高校點：《方苞集·集外文》，卷 4，頁
603。《傳信錄》為章惺村所撰，章氏名字生平不詳。

其所重視者為「工具價值」，工具是為了完成某一目的而存在，目的完成，工具才能顯現其價值，若不能完成目的，則被詬屬為無用。學在濟用，這一用的層次，顯然是預設在政治、社會、經濟上。這些當然是學，但學不止於此。用還有道德、美感、知識等，我們不能不面對其餘的類別。其次，不同性質的用，也很難相互比擬。第三，無濟於用則不學，從根本上限制了知識的範圍，學問會越走越狹。這些理論的困境與可能的發展及弊端，方苞均未之思。❺根據此一理論，作者不在表現其情志於作品，而是選擇對政治社會有用的議題，置放在作品中，期望能導引甚或改變作者所處的情境。其作者論推至極端，是以學者取代文士，最後取消文學。以功用定價值，其危險性是自我否定。

再論作品：

> 嗟夫！漢之文學雖非古，猶以多誦為通經也；又其變遂濫於詞章，終沈冥而不返焉。❺

方苞之意是漢代文學之士，始亂於叔孫通（？-前194）以文學為官，再污於公孫弘（前200-前121）以士試於太常，文士誘於利祿之途，但仍以通經為要，猶有可取。其後則泛濫於詞章：

---

❺ 功能是由目的所限定，功用會隨目的轉移，至於目的也有可能改變，而形成假問題，參考龔鵬程：《文學散步》（臺北：臺灣學生書局，2003 年 9 月），頁 103-121。

❺ 〔清〕方苞：〈書儒林傳後〉，劉季高校點：《方苞集》，卷 2，頁 53。

永城李雨蒼力學治古文，自諸經而外，徧觀周、秦以來之作
者而慎取焉。凡無益於世教人心政法者，文雖工而弗列也，
言當矣，猶必其人之可。❺❼

可見泛濫是指文章求工，但卻無益世教，以文章的社會功能否定了
文章的美感。然而方苞並不否認文章的美感：

然則在文言文，雖功德之崇，不若情辭之動人心目也，而況
職事族姻之纖悉乎？❺❽

方苞指出「在文言文」的標準，不同於「經世濟民」的標準。將美
感與實用之間，分成兩橛。問題在有用之文，如何有美感？方苞以
為撰作古文須有材、有學、有人，即才氣、學問、人品，缺一不
可。至於文章義法，猶在其後：❺❾

---

❺❼　〔清〕方苞：〈送李雨蒼序〉，劉季高校點：《方苞集》，卷7，頁192。李
　　雨蒼，名字生平不詳。

❺❽　〔清〕方苞：〈與程若韓書〉，劉季高校點：《方苞集》，卷6，頁181。程
　　若韓，名字生平不詳。

❺❾　方苞義法說，可參閱張高評：〈方苞義法與春秋書法〉，收入《春秋書法與
　　左傳學史》（臺北：五南圖書出版公司，2002年1月），頁255-287，指出
　　方苞義法有筆削見義、法隨義變、屬辭比事三個層面。許福吉：《義法與經
　　世：方苞及其文學研究》，頁57-96，分析方苞義法是指不同文體對寫作的規
　　定與限制，對文章取材上詳略得當的要求，要求作文遵循文章的體例和寫作
　　規範。一般而言，義指作品內容，法指作品形式，但〔清〕戴名世則以為：
　　「夫有所為而為之之謂物，不得已而為之之謂物，近類而切事，發揮而旁
　　通，其間天道具焉，人事備焉，物理昭焉，夫是之謂物也。」就不僅是作品

以是觀之，苟志乎古文，必先定其祈嚮，然後所學有以為
基，匪是，則勤而無所。若夫《左》、《史》以來相傳之義
法，各出之徑塗，則期月之間，可講而明也。❻

寫作古文最困難的是「中有所得」，這一所得，源本經術，並能以
之致用。所以方苞的古文，其實是學者之文，而非文士之文。人品
學問，是古文的根本；紀綱世界，是古文的目的。因此方苞才會說
義法期月可明。義法賦實用之文以美感，在評《史記·貨殖列傳》
最為清晰，但仍以「審則宜類而施政教」為全篇重點，❻而不外乎
衣食、山川、謠俗等。日常生活所需，是作家所應具備的知識，並
應載記於文章。

但觀方苞諸奏議：〈請定徵收地丁銀兩之期劄子〉、〈論定燒
酒事宜劄子〉、〈請禁燒酒種煙第三劄子〉等，誠如方苞自述：
「臣苞所陳……，皆民間日用細微之事。」❻這些作品確實已具備

內容，也涵蓋作品形式意義，見氏著：〈答趙少宰書〉，王樹民點校：《戴
名世集》，卷 1，頁 6。〔清〕程廷祚（1691-1767）則云：「大要以立誠為
本，有物即誠也。」轉移至作者的人格立論，不同於一般的見解，見〈與家
魚門論古文書〉，收入王運熙等編：《清代文論選（下）》，頁 475-476。義
法說仍需參酌與方苞同時或前後諸家之解，以論定其義。程晉芳（？-
1784），字魚門，一字蕺園。

❻　〔清〕方苞：〈答申謙居書〉，劉季高校點：《方苞集》，卷6，頁 164。
❻　〔清〕方苞：〈又書貨殖傳後〉，劉季高校點：《方苞集》，卷 2，頁 58-
　　59。
❻　〔清〕方苞：〈請定經制劄子〉，劉季高校點：《方苞集·集外文》，卷
　　1，頁 536。

古文的美典，足供後學寫作範式？袁枚（1716-1798）即曾譏評：
「文之佳惡，實不係乎有用與無用也。……若夫比事之科條，薪米
之雜記，其有用更百倍於古文矣，而足下不肄業及之者，何也？」
❻美典與實用的分隔與調和，在方苞文論中，始終未能有一完善處
理。

　　傳統詩教理論的核心，不是政治，而是詩人與作品。詩人的生
命與外界交融互攝，情感蓄積既久，勢必噴吐而出，最終產生作
品。這一情感的發露，可以感動天地鬼神，國君也受此情感感動，
而知所作為──所謂經夫婦、成孝敬等。亦即先有「詩」而後才能
厚人倫、美教化，而不是以厚人倫、美教化論定是否是「詩」。所
以教化論只是詩歌的連帶作用，而非詩歌的主要價值。後代經學家
說詩，往往強調教化而忽略了詩歌的美感。

　　第三，請論讀者。

　　作者情志既因政治社會而感發，作品的內容又如何？作品既是
作者美感創造物，即藝術品，讀者也由此觀看作品，構成審美經驗
的問題。審美經驗有創作與欣賞兩種結構，前者意謂技藝完美的活
動，後者則觸及美感的選擇。然而作者在創作時，無論是主題、技
法等，又都前有所承，所以即使是創作，也還有欣賞的部分。讀者
欣賞作品時，則必須經過再創作的意識過程，才能進入作者所創造
的藝術世界，這又涉及創作部分。重點是讀者在欣賞之際，往往全

---

❻　〔清〕袁枚：〈答友人論文第二書〉，收入王運熙等編：《清代文論選
（下）》，頁 519-522。

神貫注，不帶有實用目的。❻名為兩種結構，卻是雙重交叉互為主體的結構。方苞的經世文論，是要從審美經驗導向實用經驗——非審美經驗，亦即此一互為主體的結構必須中斷，以另一目的引領讀者閱讀作品，從而開啟另一種經驗。從美感體會到實用功能，必須要有一論述過程，說明何以能從美感轉向實用，甚或建構一理論處理類似問題，但方苞論述時，卻視為理所當然。

經由語文所學到的世界，可稱為言辭的世界；經由個人經驗知道的世界，可稱為外向的世界。言辭的世界，是作者選擇並組織日常生活的事件，使之成為首尾一貫，具有意義的作品。亦即作者將自己的經驗用適當的符號表達，使之成為一整體，讀者在閱讀時，就生活在其中，並相信這一故事的真實性。從直接的經驗，轉變為間接的經驗，擴大經驗的範圍；或云從外向的世界，轉變成象徵的世界，生活在價值世界中。❻以這些經驗與價值再觀照現實世界，並賦予現實世界應有的秩序。如果文學經世可以達成，大概也是在這一理論下才有可能。但這些都是迂迴曲折的完成，而非直線的完成。

由於每一個人經驗範域太小，所以不論作者抑或讀者，都必須擴大本身的經驗範域。其方法是在空間上進入群體的感受，在時間上進入歷史的記憶。尤其是後者，可以綜攝古今經驗。作為生活的

---

❻ 劉昌元：《西方美學導論》（臺北：聯經出版公司，1987 年 8 月修訂再版），頁 118-119。

❻ 參考早川（S.I. Hayakawa, 1906-1992）著，柳之元譯：《語言與人生》（*Language in Thought and Action*）（臺北：臺灣時代書局，1975 年 12 月），頁 17-27，93-118，119-124。

表達式之一經驗表達式，是精神的對象化，即人類行為可見的產物，諸如宗教、哲學體系、藝術品、紀念物、風俗制度等，揭示了生活的奧秘。**❻❻**而生活與生活經驗是對社會與歷史世界的理解不斷更新變動的根源。**❻❼**但是作者經驗與讀者經驗不同，作者經驗並不能保證即為讀者所需，為了融合不同經驗範域，所以方苞選擇返回聖典，向聖人與經典取材，以保證作品內容的合理性，並為多數讀者接受，這一整個過程，是返回傳統的歷程，傳統與經驗結合，從而獲得作品內容的合法地位。這一過程，即從朱子學開始。

第四節　朱子：理學型態的選擇

方苞所以推尊朱子，是從批判陽明學而來：

> 自陽明王氏出，天下聰明秀傑之士，無慮皆棄程、朱之說而從之。蓋苦其內之嚴且密，而樂王氏之疏也；苦其外之拘且詳，而樂王氏之簡也。凡世所稱奇節偉行非常之功，皆可勉強奮發，一旦而成之。若夫自事其心，自有生之日以至於死，無一息不依乎天理而無或少便其私，非聖者不能也，而

---

❻❻　狄爾泰（Wilhelm Dilthey，1833-1911）以為生活表達式有三種類型，一是理性陳述，屬於概念、哲學判斷和邏輯思維的抽象體系；二是公開的行為，朝向一個目的，但並不總向別人傳達意向；三即是經驗表達式。見張汝倫：《意義的探究——當代西方釋義學》（臺北：谷風出版社，1988 年 5 月），頁 34-35。

❻❼　張汝倫：《意義的探究——當代西方釋義學》，頁 38。

程、朱必以是為宗。❸

認為陽明（1472-1528）學疏陋，朱子（1130-1200）學嚴謹，學子趨易避難，陽明學因而大盛。所以如此，應是有感於陽明後學的流弊。因為方苞仍尊敬陽明：「嗟呼！貿儒耳食，亦知陽明氏揭良知以為教之本乎？……陽明氏目擊而心傷，以為人苟失其本心，則聰明入於機變，學問助其文深，不若固守其良知，尚不至梏亡而不遠於禽獸。」❹方苞從明代中期宦官當政，大臣依附，士大夫競相無恥，分析陽明提出良知以挽人心之故。這是從思想史的角度說明良知發生的原因，雖然，方苞究非理學家，所以這一觀察，缺少理論架構的分析。至其堅持朱學，應不是經由學術的對諍與辯難而來，而是當時的學術情境使然，亦即對王學末流的認知，可能是當時大部分學者共同的判斷。

追本溯源，仍須略述陽明學究竟。王陽明答徐愛（1488-1518）問：「至善只求諸心。心恐於天下事理，有不能盡。」而云：「心即理也。天下又有心外之事，心外之理乎？」❺此時理內於心，無論心中所含蘊抑或發出者，自然合乎天理，此一理論，有人心即是道心的傾向。下述答問更能突顯此一現象：「鄭朝朔問：『至善亦有從事物上求者。』先生曰：『至善只是此心純乎天理之極便是。

---

❸　〔清〕方苞：〈學案序〉，劉季高校點：《方苞集》，卷 4，頁 89。

❹　〔清〕方苞：〈重建陽明祠堂記〉，劉季高校點：《方苞集》，卷 14，頁 411-412。

❺　陳榮捷（1901-1994）：《王陽明傳習錄詳註集評》（臺北：臺灣學生書局，1983 年 12 月），卷上，頁 30。

更於事物上怎生求？且試說幾件看。』」**⓱**鄭朝朔的回答，是在討論知識可以協助道德的實踐。陽明不以為然，無視於知識的存在或規範的限制，將心與知識、規範一分為二，完全回歸到本心。心成為最後的主宰。但是心具存於每一人，而人又存在於生活世界。此時心必須面對聖人與凡人、超越與世俗的差異。陽明雖以良知為人的根源，收攝外在世界，但外在世界仍然存在；以良知判斷六經的是非，而六經也依然有客觀地位。**⓲**

　　陽明後學王畿（1498-1583）與王艮（1483-1541）進一步處理此一問題。王畿云：「知者心之本體，所謂是非之心，人皆有之。是非本明，不須假借，隨感而應，莫非自然。聖賢之學，惟自信得及，是是非非不從外來。故自信而是，斷然必行，雖遯世不見而無悶。」**⓳**聖賢對是非的判斷，是從其自然生命而來，亦即道德的判

⓱　陳榮捷：《王陽明傳習錄詳註集評》，卷上，頁32。

⓲　〔日〕島田虔次（1917-2000）著，甘方萍譯：《中國近代思惟的挫折》（中國における近代思惟の挫折）（南京：江蘇人民出版社，2005年10月），頁1-34。另參氏著，蔣國保譯：《朱子學與陽明學》（朱子学と陽明学）（西安：陝西師範大學出版社，1986年7月），頁76-104。島田氏所稱「近代性思維」約略如下：一是身分的轉變，從士大夫轉向市民；二是思想的轉變，從禮教轉向合理主義；三是治學的目的，從學聖人轉為學自然人；四是生活方式，從道德生活轉為日常生活。所稱「挫折」，即上述轉變，在明末開展，在清代中斷，有待於民國接續此一精神完成。其預設是近世社會應是市民社會，所以應脫離傳統之拘束，諸如禮教、士大夫精神、日常生活方式，而以具獨立精神之市民為主；其次是傳統士大夫的學問、生活與心態等，全然不適合於近世。

⓳　〔清〕黃宗羲（1610-1695）：《明儒學案·浙中王門學案二》，卷12，頁276-277，夏瑰奇等校點：《黃宗羲全集》第7冊。

斷與實踐，內化在自己生命之中，沒有任何隔閡。一如上述，生命是存在於具體世界中，自也要面對這一具體世界。王畿以為論學言性論命，而不言飲食聲色貨利，最終只是俗學：「若能於日用貨色上料理，時時以天則應之，超脫淨盡，乃見定力。」❼❹推其原意，性命之學，應在日常生活實踐，初不必求超越的根據，這並非肯定世俗生活，更非以世俗生活為神聖生活。王艮的理論有推擴的作用：「聖人之道無異於百姓日用，凡有用者皆謂之異端。」❼❺這仍然在強調良知具存於本心，且百姓與聖人無異，肯定了每一人存在的價值。但也不表示聖人與百姓處於同等地位：「百姓日用條理處，即是聖人之條理處；聖人知便不失，百姓不知便為失。」❼❻聖人知這些日用條理即是道，百姓卻不知，由此推論，百姓仍須聖人的教化方能得道。

　　理論往往有其缺口，從缺口所產生的疑義，常以流弊稱之，但是會有流弊，豈非此一理論本身使然。❼❼聖人之道，既無異於百姓

---

❼❹　〔清〕黃宗羲：《明儒學案·浙中王門學案二》，卷 12，頁 271，夏瑰奇等校點：《黃宗羲全集》第 7 冊。

❼❺　〔清〕黃宗羲：《明儒學案·泰州學案一》，卷 32，頁 834，夏瑰奇等校點：《黃宗羲全集》第 7 冊。

❼❻　〔清〕黃宗羲：《明儒學案·泰州學案一》，卷 32，頁 835，夏瑰奇等校點：《黃宗羲全集》第 7 冊。

❼❼　〔日〕岡田武彥（1908-2004）著，吳光等譯：《王陽明與明末儒學》（王陽明と明末の儒学）（上海：上海古籍出版社，2000 年 5 月），頁 103-159。岡田氏分王門為現成派（左派）、以王畿、王艮為代表；歸寂派（右派），以聶豹（1487-1563）、羅洪先（1504-1564）為代表；修證派（正統派），以鄒守益（1491-1562）、歐陽德（1496-1554）為代表。就在處理陽明後學，如何面對理論流弊的問題。

日用，由此推論，自易形成聖人即是百姓，日用即是常道。或云：心即是道，道既明，經既無所用，經既明，傳注也無所用；聖人既與凡人同，所以須愛我身，我身且成為國家的根本。❼是以方苞才會比較朱學與王學之異而云：前者嚴謹，後者簡捷；前者重日常工夫；後者可一旦成功。陽明學諸問題，大致而論，在以欲為理，以凡為聖，以百姓日用為聖人大道，以狂狷為矩矱，以小人為君子。這些對諍，自有一辨證關係。並非真的以欲為理，而是說理如同欲，具存於人心，但是順此而下，確實會誤認人欲即是天理，從而放縱自恣，略無節制。以凡為聖，也非凡人等同於聖人，而是說凡人也有成聖的可能，但理論的推導，卻會成為凡人即聖人，自我作古，規範世人。可以從百姓日用中，察知聖人義理所在，演變為日常生活即是聖賢大道，自會有肯定世俗結論。自我作古，當然以己身的行為為尺度。肯定世俗，自是以小人為君子。❼能對治這些限制者，正是朱子之學。朱子論禮，略有兩大方向：一是提升至形上層次，此時禮不僅是外在規範，更是理的形式表現，而有思想的根源性格。二是落實在生活世界，所以討論生活禮俗：冠、婚、喪、祭；並綜覈王制典章：井田、封建、田稅、經界、社倉、科舉、禮

---

❼　〔日〕島田虔次著，甘方萍譯：《中國近代思惟的挫折》，頁 35-76。

❼　〔清〕焦循（1763-1820）即云：「余謂紫陽之學，所以教天下之君子；陽明之學，所以教天下之小人。紫陽之學，用之於太寬平裕，足以為良相；陽明之學，用之於倉卒苟且，足以成大功。」指出陽明學確實簡易直捷，能感動人心。然而正因可教天下之小人，自易有自以為是之弊，清初朱子學者，強調敬字，即是針對此而來。見〈良知論〉，《雕菰樓集》（臺北：鼎文書局，1977 年 9 月），卷 8，頁 121。

樂等。⑧就生活禮俗而言，是工夫入手處；就王制典章而言，是經
世大法處。顧炎武（1613-1682）云：「禮者，本於人心之節文，以
為自治治人之具。」⑧禮既本於人心，如再追問人心又何所本，就
會上溯陽明、朱子對禮的意見，即此而論，兩人看法並無大異。禮
向內所以自治，向外所以治人，自治即工夫，治人即經世。⑧

　　方苞批判陽明學，並未從理論結構著手，⑧可能是有感於明末
陽明後學引發爭議的風格。但推原論始，陽明以心統攝外在世界，
王畿、王艮又擴大此一內在的世界，以內心以己身為判準，看待整

---

⑧　本文對朱子禮學的理解，略本龔鵬程：〈生活儒學的重建：以朱熹禮學為
　　例〉，《年報：2000 龔鵬程年度學思報告》（宜蘭：佛光人文社會學院，
　　2001 年 11 月），頁 28-69。龔鵬程指出：「禮既是理，便不能以私意行之，
　　所以制禮者本身就須有克己之工夫，方能顯其仁德。」又云：「王者僅有對
　　民眾的仁心，關懷體恤其處境，仍是不夠的，必須有實際的政策施為。」工
　　夫與經世，具可於朱子禮學中見到。

⑧　〔清〕顧炎武：〈儀禮鄭注句讀序〉，華忱之點校：《亭林詩文集‧文集》
　　（北京：中華書局，1983 年 5 月 2 版），卷 2，頁 32。陸寶千指出清初朱學
　　流行，是因朱學具體而有把柄，故為人所重，見《清代思想史》（臺北：廣
　　文書局，1983 年 9 月 3 版），頁 142。具體而有把柄，即可從禮學理解。

⑧　葛兆光指出陽明心學的問題是，心靈既是道德本身，又是道德的監督者，所
　　以不假外求；並分析陽明後學的發展是打通俗人與聖人，肯定日常生活與世
　　俗情欲的合理性。見《中國思想史》（上海：復旦大學出版社，2003 年 6 月
　　第 4 次印刷），頁 304，317。這一論述，幾已成為晚明思想的標準範本。龔
　　鵬程則指出晚明思潮的方向正是克己復禮，論者不察，以耳食為學。見《晚
　　明思潮》（臺北：里仁書局，1994 年 11 月），頁 1-20。

⑧　所以馬積高（1925-2001）指出方苞等桐城派學者，對程朱之學「殊無深詣和
　　發揮」，在「理論和實踐上都簡化了的理學」。見《清代學術思想的變遷與
　　文學》（長沙：湖南人民出版社，2002 年 6 月），頁 87，89。

個世界，從而有個人絕對化的弊端。❽此一弊端，方苞思以禮矯正。

第五節　禮學：經世思想的實踐

明代中葉以降，無論士大夫抑或百姓，在日常生活中逾越禮制的現象日漸普遍：服飾則倡優隸卒而著士服，住屋則以高樓相尚，婚姻則男計奩資、女重聘財。❽此一現象雖歷經政權更迭而無改易，魏裔介（1616-1686）有生動的描述：「隸卒倡優之徒，服色艷麗；資販市儈之伍，輿馬赫奕；庶人之妻，珠玉炫耀，雖經禁約，全不遵行。喪事之家，盡耗資財，以供焚毀，齋僧念懺，婆娑跳神，不厭數四，創寺建塔，聚眾號呼。」❽一則指出下層民眾違禮犯制，雖經禁止，卻全無效果；二則指出佛教教俗對社會風俗的負面影響。要改變此一普遍的現象，徒恃律法，不足以行，必須有正

---

❽　錢穆（1895-1990）即指出宋明心性之學，愈走愈向裡，晚明諸遺老不得不轉身向外重新尋找新天地。見〈前期清儒思想之新天地〉，《中國學術思想史論叢（八）》（臺北：東大圖書公司，1990 年 4 月再版），頁 2。

❽　可參考陳瑞：〈明代中後期社會生活中越禮逾制現象探析〉，《安徽史學》1996 年第 2 期，頁 29-31。該文基本上從方志中擷取文獻，惟論述較簡，此一論題實可更深入討論，以了解從明末至清初禮學研究與日常生活的互動關係。張壽安指出清代知識界關切此一淫奢貪靡的社會風俗，而思以禮矯正，見《以禮代理──凌廷堪與清中葉儒學思想之轉變》（臺北：中央研究院近代史研究所，1994 年 5 月），頁 9-12。

❽　〔清〕魏裔介：〈興教化以正風俗論〉，《皇清奏議》第 1 函，卷 9；原文未見，轉引自林存陽：《清初三禮學》，頁 7。

面的「論述」。這一論述，大約即是禮。

試以孫奇逢（1584-1675）為例說明。孫奇逢以為：「日用飲食之間，可以證聖，世人莫之信也。」又云：「日用飲食之間，可以證聖，行庸德謹庸言，不以饑渴之害為心害，聖人之能事畢矣。」又云：「學問之事，要得趣於日用飲食，而有裨於綱常名教。」**❽⁷**日用飲食之間，可以證聖，只是普遍原則，如何能臻此，其實並未指出；在日常生活庸德庸言，才是實踐的方向，更進一步不為困窘所限；果能如此，自有裨於綱常名教。整個過程，是以吾人有限的生命，面對外在的環境，並以本身的行為，建立價值體系。人與環境之間，最易引發人心流動者，首推物質的貧乏，不以此為心害，其實就是克己復禮的路向。原來成聖之路，不假外求，就在吾人本心之中。

學既是以聖人為標的，對不知學的人，有嚴厲的批評：「從來不知學之人，以無人管束，恣意縱情為快。」**❽⁸**學即是管制自己的情意，讓追逐外物、日漸流蕩的情意，回到禮的架構中。以孫奇逢的用語即是「性其情」而非「情其性」。**❽⁹**前者是以性規範情，性又是理，即是以理、性、禮，作為限制情的發展。反之則是以情為性，將情視為宇宙間最高的原理。以情為性，即以食色為性，將人

---

❽⁷ 分見〔清〕湯斌（1627-1687）等編：《孫夏峰先生年譜》「順治十七年庚子七十七歲條」，卷下，頁 51，《叢書集成簡編》本（臺北：臺灣商務印書館，1966 年 6 月）；〔清〕孫奇逢：《孫夏峰先生語錄》（臺北：廣文書局，1970 年 10 月），頁 35，22。

❽⁸ 〔清〕孫奇逢：《孫夏峰先生語錄》，頁 21。

❽⁹ 〔清〕孫奇逢：《孫夏峰先生語錄》，頁 155。

類的原始本能與需求，視為理所當然，縱情肆欲，自是必然的結果。晚明雖講究理學，但卻人欲橫流，或即淵源於以情為性。

　　孫奇逢亦云：「食色為性，今古沉迷，悅而甘之，不問愚知，非道學自修之士，鮮能不以為心害者，認以為性，流弊無窮。……從古帝王聖賢，經世立教，只是令此食色二字，一歸於禮而已矣。」❾⓪其流弊即在於原始本能與需求既是天理，人人均有此本能與需求，人人即具有天理。此時天命的嚮往、存在的反省、終極的關懷等，俱淹沒在情意之中。無論賢愚不肖，均可在此前提下，獲得普遍的平等：「獨悠悠忽忽，到處視為無罪過之人，破先聖格律，以自適其猖狂恣睢之意，吾不知之矣。」❾❶晚明的破除格律，不僅文學為然，思想也如此。應該是說，破除格律成為普遍的信念，貫穿到文化的各個部門：行為模式、文學創作、思想方法、歷史解釋，都充斥著類似的觀念。然而無罪過之人，畢竟只是立基於破除先聖格律，只有破而未有立，只是不受名教的簡束，這一發展，略有兩種方向：一是繼續不斷的批判名教，日益激烈；一是反省此一觀念，回到名教約束。晚明發展，大致可說是第二種方向。孫奇逢則是極力拉回逐物之心，除了悟本心之外，更重視修持，亦即除「了悟良知」，尚須「致此良知」。❾❷悟與致，即體會與實踐。其實這就是孫奇逢一再強調的隨處體認天理，隨處實踐天理。

　　《禮記・曲禮》曾云：「鸚鵡能言，不離飛鳥；猩猩能言，不

---

❾⓪　〔清〕孫奇逢：《孫夏峰先生語錄》，頁55。

❾❶　〔清〕孫奇逢：《孫夏峰先生語錄》，頁57。

❾❷　〔清〕孫奇逢：《孫夏峰先生語錄》，頁1。

離禽獸；今人而無禮，雖能言，不亦禽獸之心乎？」❸孫奇逢論
學，就在發掘人的本心，提昇人的境界，使人脫離禽獸的世界。綜
觀孫奇逢所發展的方向，是在日用倫常之中，達到此一目標。

　　顧炎武則不同於孫奇逢，顧炎武曾痛陳：「自萬曆季年，搢紳
之士不知以禮飭躬，而聲氣及於宵人，詩字頒於輿皁，至於公卿上
壽，宰執稱兒，而神州陸沈，中原塗炭，夫有以致之矣。」❹這是
指士大夫不能以禮制情，喪失個人道德規範，終究導致國家淪亡。
政權更易，是否能如此推導，可不具論，但以顧炎武向來重視風
俗，並以風俗論興亡得失，則可理解顧氏所以如此推導之故。顧炎
武又云：「今之學者生于草野之中，當禮壞樂崩之後，于古人之遺
文一切不為之討究，而曰禮吾知其敬而已，喪吾知其哀而已，以空
學而議朝章，以清談而干王政，是尚不足以闚漢儒之里，而何以升
孔子之堂哉？」❺指出晚明以降禮學不彰，致使其時學者荒疏禮
學；更重要的是點明朝章王政須待禮而行，不僅是士大夫躬飭之
規，更是治國理政之法；而這一規法，又必須上溯往古。顧炎武此
一講法，大致奠定清儒治禮的方向、規模與目的。從日用倫常到朝

---

❸　〔唐〕孔穎達（574-648）：《禮記正義·曲禮上》（臺北：藝文印書館影印
　　嘉慶二十年南昌府學刊本，1985 年 12 月），卷 1，頁 14。

❹　〔清〕顧炎武著，黃汝成集（1799-1837）釋，樂保群、呂宗力點校：《日知
　　錄集釋·流品》（上海：上海古籍出版社，2006 年 12 月），卷 13，頁
　　776。陳登原（1899-1975）則云明末士大夫，忽略政事，不知兵食；死守書
　　本，空談義理；不知事勢，不知緩急。見《國史舊聞·明俗儒迂愚》（北
　　京：中華書局，2000 年 8 月），第 3 分冊，頁 234-237。

❺　〔清〕顧炎武著，黃汝成集釋，樂保群、呂宗力點校：《日知錄集釋·檀
　　弓》，卷 6，頁 348。

章王政，可見出禮學思想在清初的發展。**❾❻**

　　至於達到此一目標的方法，則約略朝兩方面進行：一是禮典修纂，一是具體行政措施。前者是源，後者是流，禮的精神，呈現在各種行政措施之中。這一模式，清廷有清楚的自覺：「是禮之用，通乎上下，故自王朝達乎諸侯大夫及士庶人，咸共由之。而議禮、制度、考文，則歸於首出庶物之天子焉。」**❾❼**從理論上而言，惟有天子掌握制禮的權力——雖然實際由大臣執行，於此不難見出禮在中國政治體制的象徵，及由此而來的地位；其次，自天子至庶人的全體生活層面，亦即從日常生活到國家體制，均受禮的規範。是以修纂禮典，有其功能上的考量。

　　乾隆元年（1736）六月諭開「三禮館」，就有清晰的論述：「朕聞三代聖王，緣人情而制禮，依人性而作儀，所以總一海內，整齊萬民，而防其淫侈，救其彫敝也。漢、唐以後，雖備郊廟朝廷之儀，具其名物，藏於有司，時出而用之，雖縉紳學士皆未能通曉，至於閭閻、車服、宮室、飲食、嫁娶、喪祭之紀，皆未嘗辨其等威，議其度數，是以爭為侈恣，而耗敗亦由之，將以化民成俗，其道無由。前代儒者，雖有《書儀》、《家禮》等書，而儀節繁

---

❾❻　張壽安指出明清之際禮學從家禮轉向儀禮，亦即從私家儀注轉向以經典為法式，禮經的校勘、注疏、訓詁、圖表、釋例、正義等步步展開，禮意才得以重現；至於禮學功用在準古禮以革其時禮律，並矯正民間禮俗，見《十八世紀禮學考證的思想活力——禮教論爭與禮秩重省》（臺北：中央研究院近代史研究所，2001 年 12 月），頁 29-128。

❾❼　清高宗敕撰：《清朝文獻通考・王禮考一》（臺北：新興書局，1965 年 10 月），卷 125，總頁 5937。

委，時異制殊，士大夫或可遵循，而難施於黎庶。本朝會典所載，卷帙繁重，民間亦未易購藏。應萃歷代禮書，並本朝會典，將冠、昏、喪、祭一切儀制，斟酌損益，彙成一書，務期明白簡易，俾士民易守。著總理事務王大臣，會同該部，從容定議。」❾❽禮是緣人情、依人性而制作，是讓原始本具的情性，借著禮制的規範，有一合理的發抒，不使之過與不及，所以能防其淫侈，救其彫敝，因此禮在導引情志，並非壓抑人性。詔書又指出漢、唐以後，縉紳之士固未能盡解禮學，實際禮制也日漸耗敗，隱隱暗示恢復先秦古禮，而時移勢異，禮亦須隨時更定，是以酌古準今，編定禮書。至其目的則是化民成俗，俗必須尊重，但不能完全順俗，有時必須逆俗以成俗，此時禮的效用超過法。禮制在於導引情志、斟酌古今、化民成俗，與其云清廷或清儒所創，毋寧是中國禮學傳統如此。❾❾但經過晚明越禮逾制的歷史，提出以新禮導時俗，仍有思想史上的特殊意義。就在此一歷史背景下，清廷開設三禮館，方苞充任副總裁。

方苞治禮，前期用功於《周禮》，以為《周禮》是周公所作，周公又是聖人，其所作之書，自可經世濟民，垂範萬代：

> 嗚呼！三王致治之跡，其規模可見者，獨有是書，世變雖殊，其經綸天下之大體，卒不可易也。❿

---

❾❽ 〔清〕王先謙（1842-1917）：《東華續錄·乾隆朝·元年》，《十二朝東華錄》本（臺北：文海出版社，1963 年 9 月），卷 1，頁 46-47，總頁 46-47。

❾❾ 有關禮學的傳統意義，參考龔鵬程：《飲食男女生活美學》（臺北：立緒文化公司，1998 年 9 月），頁 36-66。

❿ 〔清〕方苞：〈讀周官〉，劉季高校點：《方苞集》，卷 1，頁 17。

聖人凡百作為，均可為後世取法，隱含取消時間或歷史存在的弊端。時移世異，過往的陳跡，何能規範後世？所以方苞強調世變雖殊，大體卒不可易，須借著這一大體以結合古今，才能完成方苞所指陳的理想。所謂的大體，就是方苞所云：

> 學者必探其源，知制可更而道不可異。❿

亦即不是枝枝節節的規仿《周禮》中的各項政制，而是尋求制度背後的原理，再以此原理應用於當代，間接的實現聖人的理想。方苞追尋聖人之心，又不止於《周禮》，研治《詩經》、《春秋》皆如此。至其晚年，則致力於《儀禮》：「七十以後，晨興必端坐誦經文，設為身履其地，即其事而求昔聖人所以制為此禮、設為此儀之意。」⓬理會聖人之意，始終如一。經綸天下既是方苞潛藏的理想，必須從經典注解中──三禮學──探知其具體內涵；也可察知聖人之意與方苞之心，在時空轉移下，有何異同。

三禮開館後，方苞曾擬定纂修三禮條例：

> 一曰正義，乃直詁經義，確然無疑者。二曰辨正，乃後儒駁正舊說，至當不易者。三曰通論，或以本節本句參證他篇，比類以測義；或引他經與此經互相發明。四曰餘論，雖非正解，而依附經義，於事物之理有所發明，如程子《易傳》、

---

❿　〔清〕方苞：〈周官集注序〉，劉季高校點：《方苞集》，卷4，頁83。

⓬　〔清〕蘇惇元：《望溪先生年譜》，頁44。

胡氏《春秋》之類。五曰存疑，各持一說，義皆可通，不宜偏廢。六曰存異，如《易》之取象、《詩》之比興，後儒務為新奇而可欺惑愚眾者，存而駁之，使學者不迷於所從。**⑩**

雖曰六類，卻可大分為三大方向：經義確無疑義者，可以發明經義者，經義有可討論者。由是可見方苞所定體例，不是經典注解格式問題，而是經典意義的認知、判斷與選擇，觸及經典的實質內容。三禮義疏的體例，前六類大體同於方苞所定，只是在最後增設一類總論：「本節之義已經訓解，又合數節而論之，合一職而論之者也。」**⑩**欽定三禮義疏於乾隆十三年（1748）完成，方苞於次年完成其最後一部著作《儀禮析疑》，未幾即去世。除《儀禮析疑》外，方苞其餘禮學著作，均成於乾隆元年開三禮館之前。

方苞既指出制可更而道不可異，治禮在由制以求道，並付諸實施。所謂制是指禮儀、典章與國制，含蓋日常生活、行政制度與國家規制。道則是最高的原理或最後的目的，此時已觸及形上思想，只是方苞採取存而不論的立場，不討論道的具體內容。而從「道不可異」分析，方苞已預設有一從傳統而延伸的道，以為各種規範的形上根據。這就須進一步討論制與道的架構，方苞以為制可以更易，道不容變異，然而一旦制度變更，道是依然如故抑或質性已漸變？亦即道自是可以規範制，制卻全然不能影響對道的認知，這一

---

⑩　〔清〕方苞：〈擬定纂修三禮條例劄子〉，劉季高校點：《方苞集·集外文》，卷2，頁565。

⑩　〔清〕永瑢等著，王伯祥斷句：《四庫全書總目·經部·禮類一·欽定周官義疏》，卷19，頁155。

前提是否為真？方苞也未論及。但方苞卻指出：

> 凡義理必載於文字，惟《春秋》、《周官》則文字所不載，
> 而義理寓焉。蓋二書乃聖人一心所營度，故其條理精密如
> 此。[105]

要在文字所不載處見出義理，不僅在〈周官析疑序〉強調此一理
念，於〈周官集注序〉也再度出現。於是文獻考定有時而窮，勢必
著重觀念推論，與四庫館臣大相逕庭：「古聖王經世之道，莫切於
禮。然必悉其名物而後可求其制度，得其制度而後可語其精微。」
[106]名物、制度與意義是一層遞過程，不可躐等。方苞未必反對此一
講法，但在實際治經過程，就出現以己意改經文的現象。《周禮・
地官・載師》：「凡任地，國宅無征，園廛二十而一，近郊十一，
遠郊二十而三，甸、稍、縣、都，皆無過十二，唯其漆林之征，二
十而五。凡宅不毛者有里布；凡田不耕者出屋粟；凡民無職事者，

---

[105] 〔清〕方苞：〈周官析疑序〉，劉季高校點：《方苞集》，卷4，頁82。
《周官析疑》未載此序，參見《續修四庫全書・經部・禮類》第86冊（上
海：上海古籍出版社影印《抗希堂十六種》本，1995年3月）。所謂「文字
所不載，而義理寓焉」，張高評指出方苞以為《周禮》有互見、偏載、詳
略、舉大該細、即細見大等方法，與《春秋》比次成文，而有詳略、虛實、
去取、斷續等安排設計之方有相通處。見〈方苞義法與春秋書法〉，《春秋
書法與左傳學史》，頁265，271。

[106] 〔清〕永瑢等著，王伯祥斷句：《四庫全書總目・經部・禮類一・禮說》，
卷19，頁156。

出夫家之征；以時徵其賦。」[107]稅賦之征超過十一，方苞深致不滿，認為這是王莽（前 45-23）欲多取於民，於是劉歆（？-23）增竄經文，以為理論根據。並云：

> 十一者三代之中正也。……反覆參考，蓋惟凡任地，國宅無征，園廛二十而一，唯其漆林之征，二十而五，三句二十三字，為經之本文……。近郊十一，遠郊二十而三，甸、稍、縣、都，皆無過十二，此三句一十九字，則莽、歆所增竄也。[108]

四庫館臣即指出〈載師〉是王畿稅法：「輕近而重遠者，近者勞，遠者逸故也。諸侯邦國無遠近之差者，以其國地狹少，役賦事暇。」方苞確實未考慮王畿稅法與諸侯稅法之異，而做出判斷。所以如此，在於方苞認為周公是聖人，《周禮》所載典制是聖人之法，《周禮》一書則是聖人之經，以純乎天理之周公，何能多取於民，此是方苞所未喻。[109]道與制，形成一辯證關係，前者固會影響

---

[107]　〔唐〕賈公彥（？-？）：《周禮注疏》（臺北：藝文印書館影印嘉慶二十年南昌府學刊本，1985 年 12 月），卷 13，頁 14-16。

[108]　〔清〕方苞：《周官析疑》，卷 11，頁 19-20；另參考氏著：〈周官辨偽一〉，劉季高校點：《方苞集》，卷 1，頁 17。

[109]　〔清〕永瑢等著，王伯祥斷句：《四庫全書總目·經部·禮類存目一·周官析疑》，卷 23，頁 187。另參考〔清〕孫詒讓（1848-1908）著，王文錦點校：《周禮正義·地官·載師》（北京：中華書局，1987 年 12 月），卷 24，頁 963-966；侯家駒：《周禮研究》（臺北：聯經出版公司，1987 年 6 月），頁 173-232；楊向奎：〈論方苞的經學與理學〉。方苞對周公的看法見

對後者的判斷；但後者也會影響對前者的認知。方苞其實是在此一結構下，質疑三禮各項儀節制度。最後的根據，又回到聖人之道——方苞所選擇、理解與解釋的聖人之道。⑩

第六節　結　語

方苞出身舉業世家，青年時代即以古文揚名，卻不願專意時文，而時人仍推重其時文；初不以宋儒為然，刪節《通志堂經解》，以義理解經，終至推崇宋儒；至京之後，輟古文之學，專求經義，以經生自命，但後世少論其經學，所注目者仍是其詞章之學。方苞的自我定位，顯然沒有達到預期目標，後人論方苞，大概也忽略方苞此一自我定位。

方苞的經世文論，從作者而論，學習的對象是實用知識，自我的定位是學者；從作品而論，重視文章功能，以日常生活所需為文章的內容；從讀者而論，以實用經驗取代審美經驗。這些都構成了文學主體的消失，學者與文士，功能與美典，實用與審美，在在構成了衝突，而方苞顯然有固定的選擇，這些選擇，未必能開啟文學

〈周官辨偽一〉、〈周官辨偽二〉、〈書周官大司馬四時田法後〉、〈讀孟子〉、〈辨明堂位〉、〈書考定文王世子後〉、〈成王立在襁褓之中辨〉、〈周公論〉等文，分見《方苞集》卷 1，3。

⑩　此一過程，未必能全以官學說明，如林國標：《清初朱子學研究——對一種經世理學的解讀》（長沙：湖南人民出版社，2004 年 9 月），即持此種看法，林氏指出清初民間學者尊朱，是經由歷史的反思而然；官方尊朱，則是建立統治者的意識型態。但何以官方不能經由相同的思考，而有相同的結論？見該書頁 123-151。

的價值領域。

　　方苞選擇朱子之學，固可說是其時科舉考試仍以程朱學為標準；但內在原因，則可從思想發展去理解。康熙五十年以後潛研三禮，與其文學經世的關懷，頗符合邏輯發展。更擴大而論，方苞是從晚明諸遺老心性之學的內在世界，返回到經世之學的外在世界，這一關鍵就是禮。

　　明末清初越禮逾制的現象日趨嚴重，再與陽明後學合流，其弊不可勝言，顧炎武倡導禮制風俗，孫奇逢批評理學思想，均有鑒於此。清廷尊朱崇禮，方苞任三禮館副總裁，究心三禮，均可置此脈絡觀察，未必是官方意識型態的構建。

　　本文的問題是方苞的學問規模是從文學、理學到經學，這是治學對象的選擇，抑或學問的轉折？方苞強調文學經世，由此推導，作品必須面對政治社會，實用功能重於美感形式，技能知識先於寫作律法。此時作者經驗須與讀者經驗融合，是以方苞返回聖典，尋求聖人與經典，以保證作品內容的合理，朱子即在此一理論下被選擇，以矯正陽明後學之失。既是如此，勢須從晚明以降心性之學的內在世界，轉向到經世之學的外在世界，借禮以重建合理的社會。所以可說方苞學問的規模，其後有一定的邏輯推導而成，僅以文士視之，並不能見方苞治學之全。

第二章
士大夫生命的自我投射：
方苞朱子詩義補正的女性認知

第一節　前　言

　　一文化體系的價值意識從何而來，是人文學科所必須探討的問題，其中經典佔據一主要位置。經典往往被視為聖人所作，蘊含了人類的基本問題，所有疑義，均從此展開。是以所謂經典，不止是文本，還有經典解釋時所形成的傳統，尤其是最初的文化源頭。但是經典文本與解釋傳統是不斷形塑的過程，在這一過程中，會對經典文本與解釋傳統，有進一步的轉化，構成讀者特殊的見解，後人不斷叩問的同時，也不斷的賦予經典新的意義。如果追問何以讀者有此一轉化，可能與讀者的學術立場、生活經驗有關。於是經典的解釋傳統、學術立場與生活經驗往復滾合，形成新的解釋。經典不會成為過往，而有新的生命，成為我們存在此世意義的憑依。

　　方苞《朱子詩義補正》即接受《詩經》解釋的傳統，並視朱子

理學為給定的價值，對女性認知又受其生活經驗影響，從而構成其女性判斷。詳究其實，方苞是借經典發揮自己對女性的見解，所以《詩經》、毛《傳》、鄭玄（127-200）《箋》、孔穎達（574-648）《正義》、朱子（1130-1200）《詩集傳》中的女性圖像，在方苞的系統中，主要是參照對象，而非完全是傳承對象。雖有關聯，卻可各自獨立。

本文即以方苞《朱子詩義補正》為範圍，以經典、學術與生活為架構，分析方苞對女性的認知態度，說明其女性認知的價值來源，並借著此一論題，導出經典及其所構成的傳統，現實意義何在。

第二節　增補：方苞詩經學解經方法

方苞認定孔子曾刪定《詩經》，並預設聖人「以至誠感人心，以王政運天理」，❶亦即有一神聖作者展現某種意圖，文本是此一意圖的完成品，讀者則必須接受此一功能設計，方能成就其在世價值。❷其中蘊含的是聖人崇拜的心理。方苞區別聖凡而云：「眾人

---

❶　〔清〕方苞：《朱子詩義補正·國風》，《續修四庫全書·經部·詩類》第 62 冊（上海：上海古籍出版社影印乾隆三十二年刻本，1995 年 3 月），卷 1，頁 1。

❷　此涉及作者意圖的問題，作者意圖不可知是新批評派「文本中心主義」重要觀點，認為作者意圖體現在作品之中，不應在傳記文獻中尋求作者意圖，作者意圖更不應與作品評價混淆。根據這一脈絡，並不意謂作者沒有意圖，而是如何尋求作者意圖。至於中國文學傳統觀念，可稱為「作者中心主義」，亦即作品內容是作者人格的延伸，以文本中心主義衡量作者中心主義，兩者

之生也滑昏，故其死也，智氣亦隨時而散；若聖賢豪傑，則清明之氣發揚於上，實有在天陟降之理。」❸聖人之氣所以清明，是因為：「所稟之氣，純一而不雜，……可為凡為夫婦者之法戒。」❹教化功能連繫了作品與讀者，形成「聖人──作品──教化──讀者」的線性圖像。《詩經》是因教化功能而存在，讀者則是接受這一教化而提升生命的價值。因此方苞《詩經》解經目的，仍是傳統進路，旨在提供偉大心靈圖像，以備吾人借鏡。準此而言，與乾嘉諸儒類似。

　　但考察方苞解經方法，則與乾嘉諸儒不同，蘇惇元（1801-1857）引《江寧府志》稱方苞：「論學一以宋儒為宗，說經之書，大抵推衍宋儒之學而多心得，名物訓詁皆所略。」❺此一「推衍」自是立基於文本之中，至於所獲「心得」究竟是方苞本人的見解，抑或聖人原意？如果是前者，則與聖人原意無關；如果是後者，方苞就難免武斷。劉聲木（1878-1959）指出方苞：「說經則每于空曲交會無文字處，獨得古聖仁賢微意之所在，確有前儒所見不到者。」❻顯然劉聲木認為方苞解經所獲得者是聖人原意。

適相枘鑿。相關問題可參考趙毅衡編選：《「新批評」文集》（天津：百花文藝出版社，2001 年 9 月），〈意圖謬見〉，頁 232-254，並可參考趙毅衡的分析，見其為該書所作之《引言》，頁 57-81。

❸　〔清〕方苞：《朱子詩義補正·文王》，卷 6，頁 1。

❹　〔清〕方苞：《朱子詩義補正·大明》，卷 6，頁 4。

❺　〔清〕蘇惇元：《望溪先生年譜》（臺北：臺灣商務印書館影印道光二十七年刊本，1981 年 1 月），頁 46。

❻　劉聲木著，徐天祥點校：《桐城文學淵源考／撰述考》合刊本（合肥：黃山書社，1989 年 12 月），卷 2，頁 103。

　　不論是推衍經義或在空曲交會無文字處說經，必然在解經的過程中有「增補」的現象，或云「增字解經」的現象，亦即意義是經由不斷的填補而完成。❼如論〈樛木〉：

> 　后夫人之于眾妾，常恐其上陵，而思有以限隔之；眾妾之于后夫人，預料其妒己，而思所以曲避之，此恆情也。樛木下逮，葛藟上附，纏綿固結而不可解如此，非盡乎天理之極，而無一毫人欲之私，不能也。❽

《詩序》：「〈樛木〉，后妃逮下也。言逮下而無嫉妒之心焉。」❾以樛木比后妃之意顯然，樛木既能逮下，於是以喻后妃不嫉妒。朱子云：「后妃能逮下而無嫉妒之心，故眾妾樂其德而稱願之曰：南有樛木，則葛藟纍之矣。樂只君子，則福履綏之矣。」❿大體承

---

❼　「增補」此一概念，借用自德希達（Jacques Derrida，1930-2004），但德希達指出文本的意義是在不同脈絡下產生，所以文本的意義是經由解釋而成，與解釋者的立場、意識有關，更與權力有關。意義與權力共生，所以德希達要解構這些被視為正確的意義。參考泰瑞‧伊格頓（Terry Eagleton）著，吳新發譯：《文學理論導讀》（*Literary Theory: An Introduction*）（臺北：書林出版公司，1993 年 4 月），頁 161-189。中國訓詁學則有「增字解經」此一術語，但卻有負面涵義。增補關心意義的產生，著重在讀者層面；增字解經則限定意義的解釋規範，著重在文本層面。從這一角度分析，或可理解乾嘉漢學家對方苞經學評價不高的原因。

❽　〔清〕方苞：《朱子詩義補正》，卷 1，頁 6。

❾　〔唐〕孔穎達：《毛詩正義》（臺北：藝文印書館影印嘉慶二十年南昌府學刻本，1985 年 12 月），卷 1 之 2，頁 11。

❿　〔宋〕朱子：《詩集傳》，汪中（1925-2010）斠補本（臺北：蘭臺書局，

《詩序》，而以葛藟喻福祿。方苞以樛木喻后妃，同《詩序》、《詩集傳》；以葛藟喻眾妾，自出機杼。樛木逮下，葛藟上附，意謂后妃嬪妾不但能超越一己之私心，且能和樂相處，其樂融融，如樛木葛藟之糾結，用方苞的話語形容：這的確需要有臻至天理之極的境界，才能有如此作為。

　　上例說明填補者自是方苞，是以與其說是聖人之意，不如說是方苞之意。這似乎否定了作者（聖人）之意，而僅存讀者（方苞）之意，陷入了《詩經》經義解釋史的困境。經義固然多元，而推究所以多元之故，其實與（廣義的）作者——即讀者——有關。**⓫**

1979 年 1 月），卷 1，頁 4。《詩集傳》有二十卷本與八卷本，左松超指出兩本差異在經文夾注的繁簡，並借由經文夾注的比較，證明糜文開（1908-1983）所云二十卷本在先、八卷本在後的推論為確。見〈朱熹詩集傳二十卷本和八卷本的比較〉，收入《高仲華先生八秩榮慶論文集》（高雄：高雄師範學院國文研究所，1988 年 4 月），頁 105-130。糜文開〈詩經朱傳本經文異字研究〉，收入《詩經欣賞與研究改編版（四）》（臺北：三民書局，1987 年 11 月），頁 409-480。

⓫ 如歐陽修（1007-1072）分《詩經》之義有四種：「詩人之意、太師之職、聖人之志、經師之業。」見《詩本義·本末論》，《四部叢刊·三編·經部》（臺北：臺灣商務印書館，1971 年），卷 14，頁 6。車行健指出詩人之意是原始意義，經師之業是在經生詮解活動所形成的詩義，太師之職及聖人之志，是藉由保存、編排、刪定等過程及從事宗廟、朝庭、鄉人聚會的禮樂活動，甚至道德修勵等實際運用過程中，所植入的詩義，見《詩本義析論——以歐陽修與龔橙詩義論述為中心》（臺北：里仁書局：2002 年 2 月），頁 48-49。魏源（1794-1856）則區分為六種：「有作詩者之心，而又有采詩者、編詩者之心焉；有說詩者之心，而又有賦詩者、引詩者之心焉。」見氏著，何慎怡點校：《詩古微·毛詩明義》（長沙：嶽麓書社，1989 年），卷上，頁 54。是歐陽修理論的擴大，以此而論，歐陽修具有典範的地位。

弔詭之處也正在此：如果沒有經典的啟迪，無論是聯想、替代、扭曲，方苞又如何能增補並完成這些意義，於是作者似乎又返回到文本之中，召喚我們理解其意。無論如何切割作者與作品，沒有作者的創造，就無所謂作品的意義。即使切割作者與作品，我們也會發現作品的意義會因（廣義的）作者所處情境而改變。經典的價值就在引發並開啟可以討論的意義，沒有這些由意義形成的「意義範圍」，意義根本不可能存在。就此而論，即可明瞭歷代經學家所以宣稱已得到聖人本心的原故。❷但是此一意義範圍，仍須遵守一定的學術規範，方能獲得承認，一旦逾越共所接受的規範，即被視為主流之外。問題就在於，相異的文化世代，有不同的學術規範，方苞處於乾嘉前期，其增補解經已超越乾嘉主流所能接受的範圍，對比之下，可視為特色。

---

❷　赫施（E.D. Hirsch）提出文本意義有「含義」與「意義」二種，含義存在於作者用一系列符號系統所要表達的事物中；意義是指含義與某個人、某個系統、某個情境或與某個完全任意的事物之間的關係。含義是作者的原意，意義是從含義延伸而來。見氏著，王才勇譯：《解釋的有效性》（*Validity in Interpretation*）（北京：三聯書店，1991 年 12 月），頁 17。這一區分似是清晰異常，但問題並未結束，含義與意義的判準何在，才是問題的開始。既然含義存在於符號之中，符號本身即有多義性質，亦即能指有多種所指，不同所指，何者才是最初作者的本意？霍伊（D.C. Hoy）就指出赫施僅在下定義，定義不能取代論證，一旦赫施進入論證程序，即陷入循環論證的困境：如何判斷含義是作者原意，回到文本檢證；文本的原意為何，必須尋出文本的含義。參考氏著，陳玉蓉譯：《批評的循環》（*The Critical Circle*）（臺北：南方出版社，1988 年 8 月），頁 47。

第三節　致用：從窮究性命到日用倫常

方苞嘗云：「聖人作經，亦望學者實體諸身，循而達之，以與民同患耳。」❸經典不僅是客觀研究的對象，也是主體實踐的典範。此一實踐過程，是經由內在的省察，向外擴充，導民生於安樂。這一講法，仍是儒家傳統由內及外的思考路向。在經典研讀過程中，「實體諸身」與「與民同患」是兩端，且由前者推及於後者。而此兩者的具體呈現，有不同的內涵，前者在窮究性命，後者在日用倫常。

方苞又云：「古人之教且學也，內以事其身心，而外以備天下國家之用，二者皆人道之實也。」❹最能呈現這一觀念架構。然而方苞早年並不喜宋儒之說：「僕少所交，多楚、越遺民，重文藻、喜事功，視宋儒為腐爛，用此年二十，目未嘗涉宋儒書。及至京師，交言潔與吾兄，勸以講索，始寓目焉。其淺者，皆吾心所欲言，而深者則吾智力所不能逮也，乃深嗜而力探焉。」❺考察方苞至京師之年為康熙三十年（1691）時年二十四歲，李光地（1642-1718）勸告方苞云：「夫治經，特適道之途徑耳。以吾子之性資，

---

❸ 〔清〕方苞：〈與某公書〉，劉季高（1911-2007）校點：《方苞集》（上海：上海古籍出版社，1983 年 5 月），卷 6，頁 170。

❹ 〔清〕方苞：〈與某書〉，徐天祥、陳蕾點校：《方望溪遺集》（合肥：黃山書社，1990 年），頁 55。

❺ 〔清〕方苞：〈再與劉拙修書〉，劉季高校點：《方苞集》，卷 6，頁 174-175。劉拙修，劉岩字枝桂，又字大山，家有拙修齋，方苞以拙修稱之，生卒年不詳。見孟醒仁：《桐城派三祖年譜》，頁 17，29。劉齊（1652-1694），字言潔。

不思接程、朱之武，而務與歐、柳爭，不已末乎？」⑯李光地之意是應經由鑽研文章技巧至研治經典，最後求得道之所在。可能是這一機緣，方苞才專意治經，並以程朱學問為規仿的對象。⑰

方苞又自述：「君子之為學也，將以成身而備天下國家之用也，匪是則先王之教不及焉。」⑱何能不問事功，只是宋儒性命之學轉能吸引開展其學問。方苞諸奏議：〈請定徵收地丁銀兩之期劄子〉、〈論定燒酒事宜劄子〉、〈請禁燒酒種煙第三劄子〉等，誠如方苞自述：「臣苞所陳……，皆民間日用細微之事。」⑲就呈現與民同患的意向與作為。⑳

---

⑯　〔清〕方苞：〈辛酉送鍾勵暇南歸序〉，徐天祥、陳蕾點校：《方望溪遺集》，頁 84。李光地此語，顯然僅著重於歐陽修的文學面向，忽略了歐陽修經學的成就。鍾晼（1696-1772），字勵暇。

⑰　康熙一朝大力提倡朱學，號稱理學名臣者有湯斌（1627-1687）、陸隴其（1630-1692）、張伯行（1651-1725）等，學問、政事具有可觀，在野者有陸世儀（1611-1672）、張履祥（1611-1674）、呂留良（1629-1683）等，學行純粹，年輩又多早於方苞，但方苞初竟視宋儒為腐爛。方苞轉重宋學之因，在方苞集除本篇外，並無其他文獻以資做更深入探討，實可作為思想史課題考察。又陸寶千指出清初朱學流行，是因朱學具體而有把柄，故為人所重，見《清代思想史》（臺北：廣文書局，1983 年 9 月 3 版），頁 142。

⑱　〔清〕方苞：〈送鍾勵暇寧親宿遷序〉，劉季高校點：《方苞集》，卷 7，頁 194。

⑲　〔清〕方苞：〈請定經制箚子〉，劉季高校點：《方苞集·集外文》，卷 1，頁 536。

⑳　余英時即指出明清儒家在君主專制的格局下，不可能全面安排人生秩序，於是轉向民間社會，開闢日用行常化、人倫日用化的新方向，見〈現代儒學的回顧與展望——從明清思想基調的轉換看儒學的現代發展〉，《現代儒學論衡》（臺北：八方文化企業公司，1996 年 9 月），頁 33-39。

　　戴名世（1653-1713）如此形容方苞兄弟：「舟與其弟苞皆好
學，日閉戶謝絕人事，相與窮天人性命之故，古今治亂之源，義利
邪正之辨，用以立身行己，而以其緒餘著之於文，互相質正，有一
字之未安，不敢以示世，意度波瀾各有其造極，人以比之眉山蘇氏
兄弟云。」**㉑**方苞的學術，文章、性命與經世始終並存，無所偏
廢。

　　然而窮究性命與日用倫常之間，又存在階層關係：「故學誦之
專且愨，有以為名與利之階者矣。有思以文采表見於後世者矣。又
其上則欲粗有所立，資以稍檢其身，而備世之用焉。又其上則務復
其性者，是也。」**㉒**此處雖是指士大夫處世理想，但日用細微就屬
於名利範圍。「名利──文采──檢身──復性」從日常生活漸至
追尋最高形上原理，此一形上原理也可逆探至日常生活：「然後知
先王制禮，乃述天理以制人，而非世俗之淺意所可測也。」**㉓**從理
到禮是抽象原則的具體實踐。方苞所重視的是三禮之學，未探討形
上之理，預設理是當然存在、毋庸置疑的原則。

　　以方苞對《周禮》的認知為例，方苞以為《周禮》是周公所
作，周公又是聖人，其所作之書，自可經世濟民，垂範萬代：「嗚
呼！三王致治之跡，其規模可見者，獨有是書，世變雖殊，其經綸

㉑　〔清〕戴名世：〈方舟傳〉，王樹民（1911-2004）編校：《戴名世集》（北
　　京：中華書局，1986 年 2 月），卷 7，頁 203。方舟（1661-1701），字百
　　川。

㉒　〔清〕方苞：〈壬子七月示道希〉，劉季高校點：《方苞集》，卷 17，頁
　　489。方道希（1688-1741），方舟子。

㉓　〔清〕方苞：〈蔣母七十壽序〉，劉季高校點：《方苞集》，卷 7，頁 209。

天下之大體，卒不可易也。」❷聖人凡百作為，均可為後世取法，隱含取消時間或歷史存在的弊端。時移世異，過往的陳跡，何能規範後世？所以方苞強調世變雖殊，大體卒不可易，須借著這一大體以結合古今，才能完成方苞所指陳的理想。所謂的大體，就是方苞所云：「學者必探其源，知制可更而道不可異。」❷亦即不是枝枝節節的規仿《周禮》中的各項政制，而是尋求制度背後的原理，再以此原理應用於當代，間接的實現聖人的理想。

這一「道」的具體內容，方苞並未詳細說明，時或以「天理」稱之：「先王制禮，所以宰制萬物，役使群眾者，皆出於天理之自然，而非人力所強設也。」❷這就顯現了方苞解經的特色：在經典中尋求那不可變易的理。理非方苞自鑄，而是前有所承：此即程、朱的義理。❷

第四節　本源：方苞女性認知的意義

一、經典：方苞女性認知的意義本源之一

方苞云：「孔子刪《詩》，於叢細之事、淫汙之辭，備存而不削，所以使萬世之人君，因此以識治體，而深探其本也。……自非

---

❷　〔清〕方苞：〈讀周官〉，劉季高校點：《方苞集》，卷1，頁17。

❷　〔清〕方苞：〈周官集注序〉，劉季高校點：《方苞集》，卷4，頁83。

❷　〔清〕方苞：〈書禮書序後〉，劉季高校點：《方苞集》，卷2，頁40。

❷　〔清〕方苞：〈書辨正周官戴記尚書後〉，劉季高校點：《方苞集》，卷1，頁34。

聖人以至誠感人心，以王政運天理，不能有此氣象。」❷⑧用識治體，自是傳統經世濟民的理想；而深探其本，則是內向反省的思路。以王政運於天理，更可說明此一思路的發展方向。方苞並不是建構一客觀政治社會制度，施之於所處時代，而是以形上原則判斷整個歷史事件。但正如前述，方苞並未建構形上理論，而是在經典中獲得實際根據。所以方苞續云：「《毛序》、《鄭箋》必強依於時事，曲附以美刺，皆由未明此義。」❷⑨美刺說原本《詩序》，其特色是結合詩歌與西周、春秋時事，並以歷史事件詮解詩義，將詩義比附於具體的人事，方苞所說曲附、強依，就是《詩序》解《詩》的基本方向，方苞何以反對？

　　以〈關雎〉為例：

1. 《小序》：「是以〈關雎〉樂得淑女以配君子。愛在進賢，不淫其色。哀窈窕、思賢才，無傷善之心焉，是〈關雎〉之義也。」❸⓪

2. 孔穎達則云：「后妃心之所樂，樂得此賢善之女，以配己之君子。」❸①

3. 朱子的解釋是：「周之文王生有聖德，又得聖女姒氏以為之配。」❸②

4. 姚際恆（1647-？）云：「大抵善說《詩》者，有可以意會，

---

❷⑧　〔清〕方苞：《朱子詩義補正·國風》，卷1，頁1。

❷⑨　〔清〕方苞：《朱子詩義補正·國風》，卷1，頁1。

❸⓪　〔唐〕孔穎達：《毛詩正義》，卷1之1，頁18。

❸①　〔唐〕孔穎達：《毛詩正義》，卷1之1，頁19。

❸②　〔宋〕朱子：《詩集傳》，卷1，頁1。

　　不可以言傳。如可以意會，文王、太姒是也；不可以言傳，
　　文王、太姒未有實證，則安知非大王大任、武王邑姜乎！如
　　此方可謂善說《詩》矣。」❸

《大序》的確明言〈關雎〉是后妃之德，《小序》與《孔疏》則將
后妃解為樂得淑女的主詞，即后妃為國君招賢女。朱子從觀者的立
場贊美文王、姒氏之配。姚際恆認為從字面意義不能證明所指即是
文王、姒氏。

　　綜觀上述構成一解釋史，而此一解釋史是經由增補、扭曲、重
構所構成。《大序》只是說〈關雎〉呈現后妃之德，但並未指出作
者是后妃，《小序》與孔穎達則指出作者就是后妃，這顯然是增
補。朱子比附是美文王、姒氏事，在未有確證之下，這顯然是扭
曲。姚際恆則是反駁朱子之說，試圖重構〈關雎〉詩義：「此詩只
是當時詩人美世子娶妃初昏之作，以見嘉耦之合初非偶然，為周家
發祥之兆，自此可以正邦國、風天下，不必實指太姒、文王，非若
〈大明〉、〈思齊〉等篇實有文王、太姒名也。」❹姚際恆從「意
會」與「言傳」兩個觀念分析朱子說的得失：從興發感受自可說是
文王、太姒；但從字面證據，則不可以指實而言，也可以是大王、
大任，武王、邑姜。姚際恆雖反駁朱子之說，但仍然可以發現二人
同以政教說解《詩》，只是一在比附具體人事，一在建立基本原
則。

---

❸　〔清〕姚際恆著，顧頡剛（1893-1980）點校：《詩經通論》（臺北：廣文書
　　局，1993 年 10 月 3 版），卷 1，頁 15。

❹　〔清〕姚際恆著，顧頡剛點校：《詩經通論》，卷 1，頁 15。

　　從理論上考察《大序》，其實是重在基本原則：「上以風化下，下以風刺上，主文而譎諫，言之者無罪，聞之者足以戒。」❸❺鄭玄箋：「風化、風刺皆謂譬喻不斥言也。」依鄭意，風化、風刺既是譬喻，理論上應不涉及具體的人事，即使涉及，也僅是譬喻，而與真實無關。《小序》則不然，例如〈甘棠〉：「美召伯也。」❸❻或如〈雄雉〉：「刺衛宣公也。」❸❼類似之例甚多，其共同特徵在於具體指出詩歌所美刺的對象。從譬喻到美刺，正是從「虛指」到「實指」的過程，亦即前者是借喻言理，所借之喻真實度並不重要；後者則否，所指涉的對象，必須確有其事。❸❽

　　方苞尤其著重基本原則，且較之朱子、姚際恆更為復古，回到《詩序》——詩義的原始點——論述此一問題：

> 序說之誤，朱子辨之詳矣，若去其支謬，而專取所謂后妃樂得淑女，義自可通。❸❾

---

❸❺　〔唐〕孔穎達：《毛詩正義》，卷 1 之 1，頁 11。
❸❻　〔唐〕孔穎達：《毛詩正義》，卷 1 之 4，頁 54。
❸❼　〔唐〕孔穎達：《毛詩正義》，卷 2 之 2，頁 86。
❸❽　《詩經》的譬喻，可借用符號學分析，譬喻的符號意義，在於運用能指替代所指，替代的規律有象似性、標示性等，所指不再以明確的形象出現，遂形成能指優勢，詩歌的美感主要由此產生；象徵（廣義的譬喻）則是能指指向不同所指，兩者關係是規約性，由文化傳統形塑而來，詩歌的多義現象主要由此產生。參考趙毅衡：《文學符號學》（北京：中國文聯出版公司，1990年 9 月），頁 163-164，181-183。
❸❾　〔清〕方苞：《朱子詩義補正》，卷 1，頁 4。

然而從人情之常判斷，后妃樂得淑女以配君子，義本難通，所以姚際恆譏諷：「夫婦人不妒則亦已矣，豈有以己之坤位甘遜他人而後謂之不妒乎？此迂而不近情理之論也。」❹詳究其實，又何待姚際恆發此論而世人方能理解。方苞所以贊同《詩序》，其原因是：

　　所以為女德之至盛，而可用為風教也。❹

原來方苞解《詩》的目的是建立極端的女性道德規範，這些女性道德規範呈顯在日常生活中，於是乎瑣屑又為其特色。除前述不妒外，尚有親執婦功、法式禮儀、內和家理、樂事務藏等。

　　方苞又云：「六經所著女子以節完者，於《詩》則衛共姜，於《春秋》則紀叔姬，外此無有。」❹共姜事出自〈柏舟〉。《小序》：「〈柏舟〉，共姜自誓也。衛世子共伯蚤死，其妻守義，父母欲奪而嫁之，誓而弗許，故作是詩以絕之。」❹孔穎達、朱子俱無異辭。姚際恆辨析史料，以為共伯死時已四十五、六歲，不得謂早死，共姜母亦無逼其改嫁之理，反對此詩是共姜自誓之作，但也認為是：「貞婦有夫蚤死，其母欲嫁之，而誓死不願之作也。」❹

---

❹　〔清〕姚際恆著，顧頡剛點校：《詩經通論》，卷1，頁14。

❹　〔清〕方苞：《朱子詩義補正》，卷1，頁4。

❹　〔清〕方苞：〈康烈女傳〉，劉季高校點：《方苞集·集外文》，卷8，頁761。

❹　〔清〕方苞：〈康烈女傳〉，劉季高校點：《方苞集·集外文》，卷8，頁761。

❹　〔清〕姚際恆著，顧頡剛點校：《詩經通論》，卷4，頁70-71。

這一出典，與下述節婦事模式全同。

　　紀叔姬事出自《公羊傳》。魯莊公三年（前 691）齊襄公假借復九世仇欲滅紀，紀侯於是分酅與其弟紀季事齊，以存宗廟，紀侯則留於紀；魯莊公四年（前 690）齊滅紀。紀伯姬、紀叔姬均為魯惠公女，伯姬先於魯隱公二年（前 721）歸紀，叔姬至魯隱公七年（前 716）歸紀。魯莊公四年紀亡後不久，伯姬先卒。叔姬並未返魯，而歸於酅，直至其卒。（魯莊公三十年，前 664）。何休（129-182）評論叔姬：「紀侯為齊所滅，紀季以酅入於齊，叔姬歸之，能處隱約，全竟婦道，故重錄之。」❹叔姬歸於酅，其事平常，但與方苞家訓合觀，則可見出特別意義：「凡來婦者，父母歿，不得歸寧。」❹叔姬是所歸之國亡，未返母家；方苞所說是母家父母亡後，不得歸寧。兩者方向相反，但與母家關係斷絕則同。其目的是嚴男女之別：「禮之敗，多由與私親男子時相見。」所以訂定規約：「非遠道，還母家，毋過信宿。其親伯叔父、同父兄弟、兄弟之子至吾家，相見於堂，飲食於外。從兄弟、母之兄弟，相見於外。嫂叔禮見，惟吉凶大節，同室相糾察，有失則者，男婦不得與於祭。」❹經典加深了方苞對女性的規範。

---

❹　〔漢〕何休：《公羊傳解詁·隱公七年》（臺北：臺灣中華書局四部備要本，1980 年 1 月臺 3 版），卷 3，頁 5。

❹　〔清〕方苞：〈己亥四月示道希兄弟〉，劉季高校點：《方苞集》，卷 17，頁 480。

❹　〔清〕方苞：〈己亥四月示道希兄弟〉，劉季高校點：《方苞集》，卷 17，頁 480。

二、朱學：方苞女性認知的意義本源之二

朱子論理，首先是作為世界形成的根據：「太極只是天地萬物之理。在天地言，則天地中有太極；在萬物言，則萬物中各有太極。未有天地之先，畢竟先有此理。」❹太極有「能動」的性質，亦即可以生發萬物，此一生發萬物的過程，即是理。可是不論是太極抑或理，都不是具體可見之物，或如同西方上帝觀念，是一神性位格，創生宇宙。太極或理生發萬物，是一抽象理則。從具體事物逆推，萬物何以生、何以死，所以生、所以死，具有此一理的作用在內。換句話說，萬物生滅的總原因在於理，因此理有「終極原因」的意涵，而有「終極關懷」的神貌，宋明理學時有宗教情懷，應與這一關懷相關。❹

其次則是作為道德實踐的根據：理氣生成世界，人自含括其中，人品或人性的問題，即自然而然被提出。朱子學生提問：「人物皆稟天地之理以為性，皆受天地之氣以為形。若人品不同，固是氣有昏明厚薄之異。若在物言之，不知是所稟之理有不全耶？亦是緣氣之昏蔽故如此耶？」朱子回答：「惟其所受之氣只有許多，故其理亦只有許多。如犬馬，他這形氣如此，故只會得如此事。」❺所稟之氣的多寡，即所受之理的多寡，所以人與物之間的異同，就

---

❹ 〔宋〕黎靖德（？-？）編，王星賢點校：《朱子語類》（臺北：文津出版社，1986 年 12 月），卷 1，頁 1。

❹ 理既有終極信仰的性質，自可對理字的內涵作出種種的解釋，形成不同的創生觀，但後世程朱派理學家所維護的似是理的這一性質，而非論究理的內涵。

❺ 〔宋〕黎靖德編，王星賢點校：《朱子語類》，卷 4，頁 57。

是氣稟的不同。理既是生成世界的總原因，不應有所不全，何以世界總有缺憾？朱子有一生動的比喻，朱子學生問：「氣質有昏濁不同，則天命之性有偏全否？」朱子云：「非有偏全。謂如日月之光，若在露地，則盡見之；若在蔀屋之下，有所蔽塞，有見有不見。昏濁者是氣昏濁了，故自蔽塞，如在蔀屋之下。」❺¹理如日月之光，照耀大地，理論上每一人均可全然接受，但實際上因所處位置不同，接受日照的程度即有所差異，所以朱子又云：「人物性本同，只是氣稟異。」❺²此是從人物性情之異，逆推其原因。性情之異，全由氣所決定。朱子學生對此有詳盡發揮：「……二氣五行，絪縕交感，萬變不齊，則是其所以異者。」❺³二氣五行，相互交感，成分不同，致使人性各異。❺⁴

　　朱子的天理，有形上的意涵，涵蓋世界形成與道德實踐的根據，方苞的天理，卻是以德化為內容，方苞即借著解經，完成此一目的。方苞嘗自評其《朱子詩義補正》云：「僕說《詩》雖有與朱子異者，而所承用，皆朱子之意義。」❺⁵今舉若干例證，以析述方

---

❺¹　〔宋〕黎靖德編，王星賢點校：《朱子語類》，卷4，頁58。

❺²　〔宋〕黎靖德編，王星賢點校：《朱子語類》，卷4，頁58。

❺³　〔宋〕黎靖德編，王星賢點校：《朱子語類》，卷4，頁59。

❺⁴　但這僅能說明氣不能稟承理，而有人物不同；未能解決理何以不能完全實現於氣的問題。唐君毅（1909-1978）指出，理未實現，即無理可說，無理，是無理之理。此一問題，不能追問，只能就物所以實現處，知理不離氣，觀氣能自破其限，知氣能循理以生生不窮。見《中國哲學原論·原道篇》（臺北：臺灣學生書局，1978年10月修訂3版），卷3，頁505-506。

❺⁵　〔清〕方苞：〈答劉拙修書〉，劉季高校點：《方苞集·集外文》，卷5，頁660。

苞《詩經》學與朱子《詩集傳》的關連。

〈葛覃〉：

> 《禮經》止載后夫人躬桑，觀此詩則知凡百婦功，無不親
> 執，所以內事治而女教章也。**❺⑥**

《小序》：「〈葛覃〉，后妃之本也。后妃在父母家，則志在於女功之事，躬儉節用，服澣濯之衣，尊敬師傅，則可以歸安父母，化天下以婦道也。」**❺⑦**朱子說解更為清晰：「此詩后妃所自作，故無贊美之詞，然於此可以見其已貴而能勤、已富而能儉、已長而敬不弛於師傅、已嫁而孝不衰於父母，是皆德之厚而人所難也。《詩序》以為后妃之本，庶幾近之。」**❺⑧**志在女功、躬儉節用、貴而能勤、富而能儉、尊敬師傅、孝順父母等，不僅是后妃，更是天下女性所應遵循的規範。這是對女性的價值判斷。方苞解此詩，大體承《小序》、《詩集傳》而來，但接下而云：

> 古者夫婦之禮甚謹，婦之于夫，夫之于婦，有不自言而使人
> 將命者，所以養廉恥、禁狎昵也。妻將生子，夫居側室，使
> 人日一問之；女子歸寧，使師氏告于君子。閨門之內，儼若

---

❺⑥ 〔清〕方苞：《朱子詩義補正》，卷 1，頁 5。
❺⑦ 〔唐〕孔穎達：《毛詩正義》，卷 1 之 2，頁 1。
❺⑧ 〔宋〕朱子：《詩集傳》，卷 1，頁 3。

嚴賓，所為起教于微眇者，其意深矣。❺⑨

夫婦之情，居然涉及廉恥狎昵，何止是閨門之內，儼若嚴賓，根本是夫婦之道，判若君臣。方苞既已指出《禮經》只載后夫人躬桑，由源及流，歷經《小序》、《詩集傳》到《詩義補正》，卻日見嚴厲。❻⓪

〈卷耳〉：

> 《小序》：后妃代使臣自我，誤矣，而亦非后妃自我也。古人于其所尊所親則我之。……況婦人我其夫，于情尤近。……若謂后妃自道，則「云何吁矣」之義不可通，「云何」者，遙意而想像之詞也。❻①

《小序》：「〈卷耳〉，后妃之志也，又當輔佐君子，求賢審官，

---

❺⑨　〔清〕方苞：《朱子詩義補正》，卷1，頁5。

❻⓪　《詩大序》的比興傳統，仍影響朱子解詩，或謂朱子擺脫毛《傳》、鄭《箋》，自成一家，皆屬誇大。詳盡的分析見李家樹：〈漢宋詩說異同比較〉，《詩經的歷史公案》（臺北：大安出版社，1990 年 11 月），頁 39-82。李家樹以《國風》為例，比較分析《詩序》與《詩集傳》異同，指出兩者相同比例是 29.38%，大同小異比例是 38.13%，兩者相加高達 67.51% 意見約略一致。莫礪鋒則作全面比較，指出《詩集傳》與《小序》全同計八十二首，與《小序》大同小異八十九首，與《小序》不同一二六首，見《朱熹文學研究》（南京：南京大學出版社，2000 年 5 月），頁 216-217。黃忠慎亦云朱子以詩教說解《詩經》，更指出朱子是漢儒詩教說的強力推廣者，見《朱子詩經學新探》（臺北：五南圖書公司，2002 年 1 月），頁 13。

❻①　〔清〕方苞：《朱子詩義補正》，卷1，頁5。

知臣下之勤勞，有進賢之志，而無險詖私謁之心，朝夕思念，至於
憂勤也。」❷以為是后妃思賢自作，冀君心感悟。朱子云：「后妃
以君子不在而思念之，故賦此詩。」❸《詩序》並未明言是后妃代
使臣作，朱子則直指是后妃自作。方苞均反對，但仍以為此詩是代
言體，代夫立言，抒發夫之感傷。方苞解此詩立場著重於夫婦之
情，亦即以人情之常，說明代夫立言之宜。迥異於前述對女性的嚴
格規範。解「云何吁矣」以文學而非以經學立場解之，說明整首詩
是作者（后妃）想像之詞，並不是有真實的作者抒情發意。

　　方苞依違在《小序》與《詩集傳》之間，方苞書名《朱子詩義
補正》，補缺正謬，是否得當，自可討論，雖尊朱子，卻不被朱子
解經所囿，不負其所定書名。至其解《詩經》風格，與乾嘉漢學大
異，何止如張舜徽（1911-1992）所云揭櫫大義：「與後來專事考訂
名物訓詁者異趣也。」❹其中又有相當程度是以文學解經，❺試圖

---

❷　〔唐〕孔穎達：《毛詩正義》，卷 1 之 2，頁 7。

❸　〔宋〕朱子：《詩集傳》，卷 1，頁 3。

❹　張舜徽：《清人文集別錄·望溪先生文集》（臺北：明文書局，1982 年 2
　　月），卷 4，頁 106。

❺　龔鵬程即指出宋明清以來「文學《詩經》學」其實已蔚為一龐大的傳統，研
　　究清代經學史，應注意此一發展。見〈以詩論詩：文學詩經學導論〉，《六
　　經皆文：經學史／文學史》（臺北：臺灣學生書局，2008 年 12 月），頁
　　323-328。桐城文士，以治經自任，殆皆此一傳統的流風。如姚鼐（1731-
　　1815）云：「自秦、漢以來，諸儒說經者多矣，其合與離固非一途，逮宋
　　程、朱出，實於古人精深之旨，所得為多，而其審求文辭往復之情，亦更為
　　曲當，非於古儒之拙滯而不協於情也。而其生平修己立德，又實足以踐行其
　　所言，而為後世之所嚮慕。」即程、朱之學，兼擅義理、詞章，並能躬行實
　　踐。這才是姚鼐推崇程、朱之根本原因。見氏著：〈復蔣松如書〉，劉季高

呈現經典藝術之美。而上舉三詩內容，又均與女性風教有關，方苞有強烈的規範女性意圖。經典，作為文化的根源，提供思考的場域，從而形構傳統，傳統在不斷的解釋中，時而為解釋者重構。方苞即是重構者。《詩經》／《朱子詩義補正》之間的關係，是義理傾向，而非訓詁傾向。

三、生活：方苞女性認知的意義本源之三

乾隆四十五年（1780）方苞三十九歲，原配蔡氏卒，其時熊賜履、鄭總兵欲妻以女，方苞均婉謝，熊一瀟之子熊本為其妹作媒，方苞拒絕的理由是：「『盛意感甚。惟苞家法，亡妻偕娣姒日夙興，精五飯酒漿，奉匜二親左右。令妹能乎？』本咋舌無以應。」**66**這應非虛設，從〈先母行略〉方苞母年逾五十仍須執役；〈嫂張氏墓誌銘〉方苞嫂持家之餘，竟數被方苞責讓；〈亡妻蔡氏

標校：《惜抱軒詩文集》（上海：上海古籍出版社，1992 年 11 月），卷 6，頁 95。陳用光（1768-1835）云：「本朝之有考據，誠百世不可廢之學也。然為其學者，輒病於碎小；其見能乎大矣，而所著錄，又患其不辭。」見氏著：〈寄姚先生書〉，《太乙舟文集》《續修四庫全書·集部·別集類》第 1493 冊（上海：上海古籍出版社影印道光二十三年孝友堂刻本，2002 年），卷 5，頁 11。方東樹（1772-1851）批評時人文章踏駁之餘，並指出：「道思不深不能工文，經義不明不能工文，質性不仁不能工文。」合義理、知識與人品，才有工於文章的可能。可以推知文章的重要。由是觀之，桐城中人，確是以文章自詡。分見〈答姚石甫書〉，〈姚石甫文集序〉，《攷盤集文錄》《續修四庫全書·集部·別集類》第 1497 冊（上海：上海古籍出版社影印光緒二十年刻本，2002 年），卷 8，頁 23，卷 3，頁 30。姚瑩（1785-1852），字石甫。

66　〔清〕蘇惇元：《望溪先生年譜》，頁 8。

哀辭〉方苞妻為侍奉母病，數與方苞異室等，確實可見出方氏婦女之辛苦。❻方苞更云：「余自有知識，見族姻里閭以及四方所傳聞，凡婦人之邪惡而作慝於夫家者，動數十年無止息。甚者名辱家毀，而其身乃康強而考終。其賢者，非貧病無子，則不得於夫；其當於夫必早寡，或中道而隕其身。嗚呼！咄哉！」❻賢者不必論，也不能論；所要事先為之制者，乃在邪惡之婦，方苞集中自不會記載這些婦人如何作惡，而是從正面表彰可為式法的婦女。

　　這些婦女類型有二大類：節婦與烈婦。節婦又可再分為夫死守節與未嫁守節二類。前者並不含蓋女性在中晚年丈夫去世，而是婚後二、三年丈夫即去世，為之守節撫孤、奉養高堂、照顧叔伯之子，直至本人去世。未嫁守節是已有婚約，但尚未正式行禮，男方不幸去世，女方也為之守節，方式有二：或奔赴夫家，侍奉翁姑，或閉門在家，不見外客，直至老死。烈婦是指夫死——或病死、或殉國——女子均以身殉。節婦與烈婦又有交叉，即未嫁而夫死，女方也有自殺殉夫的先例，且不在少數。❻

　　此一現實意涵即是對女性的評價。在贊美經典中的女性之後，

---

❻　〔清〕方苞：〈亡妻蔡氏哀辭〉，劉季高校點：《方苞集》，卷 17，頁 493-494，502-503，503-505。

❻　〔清〕方苞：〈兄子道希婦嶽氏墓誌銘〉，劉季高校點：《方苞集》，卷 17，頁 507。

❻　方苞五世祖方法（？-1403）殉明惠帝，其妻鄭氏年二十九歲，守節四十年；曾祖方象乾（？-？）繼妻蘇氏，因流寇犯桐城，自縊，妾蘇氏生子周歲，託之老婢，亦自殺。詳見廖素卿：〈方苞之家世及其詩（上）〉，《臺中商專學報》第 23 期（1991 年 6 月），頁 203-246，〈方苞之家世及其詩（下）〉《臺中商專學報》第 24 期（1992 年 6 月），頁 335-377。

對現實生活中女性所表現的節烈，方苞有如此感嘆：「蓋道教明而人皆知夫義之所止也。後世人道衰薄，天地之性有所壅遏不流，其鬱而鍾於一二人者，往往發於絕特之行，而不必軌於中道，然用以矯枉扶衰，則固不可得而議也。」**⑳**魏氏刲肱療其姑，過度傷身，瀕於死亡，方苞雖認為這是過禮之行，不合於中道，但卻以為矯枉必須過正，不僅如此，還認為這是在道教不彰的時代，天地之性特殊的呈現。天地之性即理，理的具象化呈現在女性身上。這無疑是對女性的極度崇拜。

至於不能臻至此一標準者，對之則極為蔑視：「小功異財，勢不能同也。家之乖，恆起於婦人。米鹽淩雜，子女僕婢往來讒訴，易至勃谿，雖期之兄弟不可保，況小功以下乎。」**㉑**這雖然指親屬關係較遠，易為財產爭執，但方苞也指出即使是兄弟也難免在子女僕婢讒言下失和。所以如此，就是為了米鹽淩雜──方苞所強調之日用，而日用影響倫常──此即方苞所嚴的男女之別。人既不可能脫離人倫日用，而日常瑣瑣，確易引發衝突，因此客觀規範有其存在價值。方苞重視禮，可從此處理解。方苞更說：「婦人之性，鮮知大義。」於是將夫婦的關係，比喻成父子的關係，再以男性立場教化女性：「然則子弟有不可教者，父兄其省諸；婦人有不可化

---

⑳　〔清〕方苞：〈書孝婦魏氏詩後〉，劉季高校點：《方苞集》，卷 5，頁 128。

㉑　〔清〕方苞：〈己亥四月示道希兄弟〉，劉季高校點：《方苞集》，卷 17，頁 479。

者，男子其省諸。」**⑫**此時女性成為男性教化的對象，女範的產生，應與此背景有關。**⑬**

第五節　女範：士大夫生命的自我投射

再回到《朱子詩義補正》，也發現相同現象。方苞云：

> 觀〈桃夭〉則知女教之修，閨閫皆內和而家理。觀〈芣苢〉則知蠶織之隙，婦人皆樂事而務藏。其事至微，而非禮義彰明、太和翔洽、四民樂業、萬物熙熙之世，無此氣象。所以列於風始，以著其德化之成也。**⑭**

《小序》云：「〈桃夭〉，后妃之所致也。不妒忌則男女以正、婚姻以時，國無鰥民也。」**⑮**朱子云：「文王之化，自家而國，男女以正，婚姻以時，故詩人因所見而起興，而嘆其女子之賢，知其必有以宜其室家也。」**⑯**《小序》之義是后妃風化使然，〈桃夭〉是此一風化的結果。朱子則直指是文王之化所成，而與后妃無關，

---

⑫　〔清〕方苞：〈甲辰示道希兄弟〉，劉季高校點：《方苞集》，卷 17，頁 487。

⑬　然而生活經驗或影響方苞對女性的認知，在未有直接文獻證明下，僅能推論對經典的解釋受此影響，雖不能論證其必有（必無），確是以生活經驗／經典解釋為方法的困境。

⑭　〔清〕方苞：《朱子詩義補正》，卷 1，頁 7。

⑮　〔唐〕孔穎達：《毛詩正義》，卷 1 之 2，頁 14。

⑯　〔宋〕朱子：《詩集傳》，卷 1，頁 5。

〈桃夭〉所述，也是此一風化的結果。**⓱**就風化結果而論，二說相同。方苞則從讀者立場逆反讀詩，從而推論「觀」〈桃夭〉可以「知」女教。於是形成一如下結構：「文王之化（或后妃之化）──〈桃夭〉──觀詩知教」。《小序》及朱子從前推後，方苞從後推前，詩作本身均被忽略。至於〈芣苢〉則不然。《小序》：「〈芣苢〉，后妃之美也。和平則婦人樂有子矣。」**⓲**雖也雖調后妃之美，但婦人樂有子已觸及詩作本身。朱子對此詩更有美感描述：「化行俗美，家室和平，婦人無事，相與采此芣苢，而賦其事以相樂也。」**⓳**《小序》及朱子已精準的指出作品所呈現的愉悅之美。方苞依然如故，並未觸及詩歌內容的美感問題，其結論與前述《小序》、《詩集傳》同，德化之成而有此詩。方苞或逆推或正推，言之再三，就是禮義彰明的社會，才有這類詩作；而這類詩作，又可供後人推知古典政教理想；這些政教理想正是今人所應規仿學習。

　　與前舉諸詩相反是〈著〉：

　　　　余少讀〈著〉，疑與鄭之〈丰〉、衛之〈桑中〉為類，而非譏不親迎。及少長，見班固〈地理志〉然後得其徵，蓋此女所奔者非一人，〈東方之日〉則奔之者非一女也。齊自襄公鳥獸行，下令國中長女不得嫁，為家主祠，名曰「巫兒」，

⓱　又見〔宋〕朱子：《詩序辨說》，《續修四庫全書・經部・詩類》第 56 冊（上海：上海古籍出版社影印明崇禎毛氏汲古閣刻本，1995 年 3 月），頁 6。

⓲　〔唐〕孔穎達：《毛詩正義》，卷 1 之 3，頁 3。

⓳　〔宋〕朱子：《詩集傳》，卷 1，頁 6。

至東漢之初，俗猶未改，故當時奔者亦若無怍於父兄，受其奔者亦可無憎於里黨。顯言而公傳道之。是以鄭、衛之詩，按其辭可知為淫奔，而〈著〉與〈東方〉其事其辭，與夫婦之唱隨者，幾無辨也。……齊之立國能強，由其民習其武節，而其後篡弒竊國之釁，皆由女寵。其詩十篇，二為遊田，六為男女之亂，而冠以古賢妃之警其君，蓋齊之所以始終者具此矣。孔子刪詩，事有細而不遺，辭有汙而不削，以是乃興廢存亡之所自也。非然，則鄭、衛、齊、陳之淫聲慢聲，胡為而與〈雅〉、〈頌〉並列哉。❽

《小序》：「〈桑中〉，刺奔也。衛之公室淫亂，男女相奔，至於世族在位，相竊妻妾，期於幽遠，政散民流，而不可止。」❽❶朱子承之：「衛俗淫亂，世族在位，相竊妻妾。」❽❷《小序》：「〈丰〉，刺亂也。婚姻之道缺，陽倡而陰不和，男行而女不隨。」❽❸朱子云：「婦人所期之男子，已俟乎巷，而婦人以有異志不從，既則悔之，而作是詩也。」❽❹二詩一淫一亂，前者是男女淫亂，後者是禮制不足；前者僅限於貴族，後者似乎降及一般平民。方苞巧妙的將二詩並列，於是給予讀者一強烈的印象：亦即風俗的淫亂，是從公

---

❽　〔清〕方苞：《朱子詩義補正》，卷3，頁5-6。

❽❶　〔唐〕孔穎達：《毛詩正義》，卷3之1，頁9。

❽❷　〔宋〕朱子：《詩集傳》，卷3，頁30。

❽❸　〔唐〕孔穎達：《毛詩正義》，卷4之4，頁1。

❽❹　〔宋〕朱子：《詩集傳》，卷4，頁53。

室擴及整體社會。其隱藏的文化傾向，不言而喻。**⑧⑤**

　　觀乎方苞對〈著〉的批評，可以推知方苞完全接受《小序》、《詩集傳》對〈桑中〉、〈丰〉的解釋。但《小序》云：「〈著〉，刺時也。不親迎也。」**⑧⑥**朱子則云：「時齊俗不親迎，故女至婿門，始見其俟己也。」**⑧⑦**《小序》明白指出是刺齊俗不親迎，但朱子僅是指出齊俗不親迎，並未有褒貶。方苞不僅以「淫奔」看待〈著〉，而且以為女所奔者非一人，與〈東方之日〉所奔之女非一人並列。《小序》確實以「男女淫奔」解〈東方之日〉，**⑧⑧**但朱子僅說「男女相就」。**⑧⑨**方苞指出〈著〉是淫奔之詩，僅根據《漢書·地理志》：「始桓公兄襄公淫亂，姑姊妹不嫁，於是令國中長女不得嫁，名曰『巫兒』，為家主祠，嫁者不利其家，民至今以為俗。痛乎，道民之道，可不慎哉。」**⑨⓪**原文並未說女因而奔男，更未說奔者無怍，受奔者無愧，只是說長女因此終身不得嫁，令人痛惜。但方苞將之與「淫詩」並論，似是國中長女紛紛淫奔，且為國人接納，荒淫至此，孰令致之？〈著〉與《漢書·地理志》兩者幾乎無任何關連，很難有證據證明〈著〉即是《漢書·地理志》所云現象。讀出此一現象，是作為「讀者」的方苞。方苞何以會作此釋

---

⑧⑤　方苞將此二詩並論，心目所及，亦應是對所處時代全體社會的文化關懷，精於《春秋》、三禮，似可從此處瞭解。

⑧⑥　〔唐〕孔穎達：《毛詩正義》，卷5之1，頁8。

⑧⑦　〔宋〕朱子：《詩集傳》，卷5，頁59。

⑧⑧　〔唐〕孔穎達：《毛詩正義》，卷5之1，頁11。

⑧⑨　〔宋〕朱子：《詩集傳》，卷5，頁59。

⑨⓪　〔漢〕班固（32-92）：《漢書·地理志》（臺北：鼎文書局，1978 年 11月），卷 28 下，頁 1661。

讀，涉及其對齊國歷史的「理解」：齊國由強轉衰，皆由女寵；〈齊風〉的選詩，正可為明證；至於孔子何以選此淫詩，目的自是以為興廢存亡之戒。

這些究竟是想像抑或事實？

歸有光（1507-1571）已指出未婚夫死，女未嫁守節，並不合乎禮。首先是：「女未嫁而為其夫死且不改適，是六禮不具，婿不親迎，無父母之命而奔者也，非禮也。」此處的禮是較狹隘的婚禮儀式，未經此一儀式，不能成為正式夫妻；其次，這一論據可上溯至《禮記·曾子問》：「曾子曰：『女未廟見而死，則如之何？』孔子曰：『不遷於祖，不祔於皇姑，不杖，不菲，不次，歸葬於女子氏之黨，示未成婦也。』未成婦，則不繫於夫也，先王之禮豈為薄哉？」孔子之意是女子未廟見而死，不能正式成為男方媳婦，須歸葬女方塋地。歸有光繼而發揮既不成婦，則不繫於夫，不受男女雙方婚約拘束。其實歸有光之意是廟見在成婚三月之後，已正式行婚禮，尚猶如此，何況並未行禮，女方更不須為男方守節。最後是形上原理：「陰陽配偶，天地之大義也。天下未有生而無偶者，終身不適，是乖陰陽之氣，而傷天地之和也。」❾❶天地既是兩兩相對，人自也應如此，終身守節，不合乎天地之理。其背後是人與自然相互感通的傳統理論。

方苞對此事的論斷是：「昔震川歸有光著論，以謂未嫁死夫，於禮為非。取曾子、孔子所問答『女未廟見而死』之禮以斷，其辭

---

❾❶　以上俱見〔明〕歸有光：〈貞女論〉，周本淳點校：《震川先生集》（上海：上海古籍出版社，1981 年 9 月），卷 3，頁 58-59。

辨矣。雖然，中庸不可能。世之不賊於德者幾何哉？以孔子之道衡之，女其今之狂獧也與！」❷方苞不敢指斥《禮記》為非，於是只能說中庸不可能，康氏守節，是狂獧的行為。❸究其目的，以之為道德的模範。以女子之行為道德模範，大概是方苞基本概念：「古稱女士，謂女子而有士行也。不為一身之謀，而有天下之慮，今之士實抱此志者幾人哉？」❹然而士既已難以天下為慮，何況以之要求女性？

　　不論是《詩經》傳統或方苞解經方式，詩歌中男女兩性絕非如字面意義，只是在談兩性的情意關係，兩性、情意各自有其不同象徵。方苞解〈摽有梅〉云：

---

❷　〔清〕方苞：〈康烈女傳〉，劉季高校點：《方苞集·集外文》，卷 8，頁761。

❸　陳剩勇從明代方志分析，得出明代江南地區寡婦再嫁其實是平常之事，見〈理學貞節觀、寡婦再嫁與民間社會──明代南方地區寡婦再嫁現象之考察〉，《史林》2001 年第 2 期，頁 22-43。周婉窈則分析清初長江下游寡婦守節的現象甚為普遍，見〈清代桐城學者與婦女的極端道德行為〉，《大陸雜誌》第 87 卷第 4 期（1993 年 10 月），頁 13-38。守節或再嫁，其實是同時存在的現象，除了貞節觀念外，經濟因素也極為重要，且是同一原因引發出兩種可能，即因經濟困難，被迫（選擇）守節或改嫁。反對傳統若干婦德規範，可能要經袁枚（1716-1797）、錢大昕（1728-1804）、汪中（1744-1794）、焦循（1763-1820）、俞正燮（1775-1840）等，才形成普遍的共識，影響及於晚清。參考陳登原（1900-1974）：〈清人論婦女問題〉，《國史舊聞》（北京：中華書局，2000 年 8 月），第 4 分冊，頁 750-757。林慶彰：〈清乾嘉考據學者對婦女問題的關懷〉，《清代經學研究論集》（臺北：中央研究院中國文哲研究所，2002 年 8 月），頁 275-307。

❹　〔清〕方苞：〈尹太夫人李氏墓誌銘〉，劉季高校點：《方苞集》，卷 11，頁 318。

當為求賢之詩也。**⑮**

女性象徵國君，男性象徵賢才。如果再與前述之女子而有士行合論，這顯然是以國君或士大夫的行為規範要求女性，女性是士大夫生命的自我投射。而對〈氓〉的說解：

假棄婦自悔之辭，以垂戒于後耳。**⑯**

更是自我生命與女性合為一體的清楚展現。至於在〈兔罝〉的解說：

婦人皆式於禮，則男子可知矣；武人皆明于義，則士君子不待言矣。**⑰**

則可說明此一展現的大概內容即是禮與義。

方苞對士大夫的自我要求從〈雨無正〉的發揮可以得見：

然為人臣子者，以君心之回僻，而不自敬其身可乎？凡離居以自逸，聽言而莫訊者，皆忘人臣之義，而不自敬其身者

---

⑮　〔清〕方苞：《朱子詩義補正》，卷1，頁12。
⑯　〔清〕方苞：《朱子詩義補正》，卷2，頁13。
⑰　〔清〕方苞：《朱子詩義補正》，卷1，頁6-7。

也。雖不畏人言，獨不畏天命乎？❾❽

在任何情境下，臣子均應維持應盡的本分，這與頌揚並要求女性節烈，殊無二致。或云女性對丈夫的節烈，即是臣子對國君的忠心。可是並不全然是單向標準，方苞於〈皇矣〉云：「故社稷無常奉，君臣無常位，聖人渾然天理，無一毫人欲之私，故行事皆明白直截，無所回護。」❾❾在聖人名義下，隱隱約約指出，即使處於皇帝政體，政權更迭也並非不可能。這大概是方苞對政治最為直接的表述。君臣架構如此，男女兩性呢？

第六節　結　語

考察方苞解經方法，則與乾嘉諸儒不同，是推衍宋儒之說，而獲致心得。但此一心得究竟是方苞本人的見解，抑或聖人原意？如果是前者，則與聖人原意無關；如果是後者，方苞就難免武斷。而在推衍經義的過程中會有增補的現象，亦即意義是經由不斷的填補而完成。方苞以增補方式解經，形成了聖人之意或方苞之意的困境。

方苞解經目的呈現在實體諸身及與民同患，經典不僅是客觀研究的對象，也是主體實踐的典範。前者是窮究性命，後者是日用倫常，從日常生活漸至追尋最高形上原理，此一形上原理也可逆探至

---

❾❽　〔清〕方苞：《朱子詩義補正》，卷5，頁18。

❾❾　〔清〕方苞：《朱子詩義補正》，卷6，頁11。

日常生活。前者受朱子影響，後者則在禮學。但方苞並未建構形上原理，而是以禮為當然存在的理則，並用以規範女性。這就顯現了方苞解經的特色：在經典中尋求那不可變易的理。而理非方苞自鑄，而是前有所承，此即程、朱的義理。

方苞女性認知的來源有三：一是經典解釋，經由增補，形塑對女性的規範。方苞解《詩》的目的是建立極端的女性道德規範，這些女性道德規範呈顯在日常生活中，於是乎瑣屑又為其特色。除不妒外，尚有親執婦功、法式禮儀、內和家理、樂事務藏等。二是理學，以理為女性的德化內容，含蓋志在女功、躬儉節用、貴而能勤、富而能儉、尊敬師傅、孝順父母等。三是現實生活，對節婦烈婦，以為是天理的呈現，對惡婦妒婦，則以為須男性教化，教化成男性心目中理想的形象。

以女子之行為道德模範，大概是方苞基本概念，所以女性又是男性生命的投射，女性對丈夫的節烈，即是臣子對國君的忠心。既然政權更迭並非不可能，君臣結構也就不是絕對的狀態，其所指涉的兩性結構也有可能轉化。

方苞在《朱子詩義補正》中基本上塑造了完美婦女的形象，並且以之為教化女性的象徵，從此點而論，的確可說方苞借經典解說，意圖「馴化」女性，讓女性生活在其理想的框架內。⑩然而這

---

⑩　所謂「馴化」，意指接受給定的價值規範，從當事人的立場而言，是在此一價值規範下，選擇合乎此一規範的行為模式；從旁觀者的立場而言，所選擇的行為模式，合乎價值規範，足為他人法戒。至於行為模式本身，或外現為自主選擇，或型態為剛烈果決，但仍然是被馴化，因為並未後設反省此一價值規範本身。

一教化對象所指涉者不限於女性，「女子而有士行」就說明女性行為還可作為男性的規範，這背後的含義是女子尚有如此節烈情操，更何況是男性？但是不論教化或馴化對象的性別，方苞所解釋的女性形象及其對女性的認知，其實都有工具性格，亦即女性的行為內容，是為了完成教化而存在，並非女性之為女性的本身價值。至於女子而有士行，這可以解釋成傳統士大夫的自我期許，投射到女性身上，自我期許愈高，對女性的期待也愈高，對女性的規範也愈嚴格。這是對女性的崇拜，也可說是自我崇拜，這種崇拜形成女性的桎梏，這或是男女不平等的根源之一。

第三章
乾嘉漢學的前緣：
方苞春秋通論的經義形式

第一節　前　言

　　方苞生於康熙七年（1668），卒於乾隆十四年（1749），置於清代經學史觀察，從時代論，可稱為前乾嘉時期學者；從治經形態論，則與乾嘉漢學異途。如四庫館臣論其《春秋通論》，先述其著作結構，最後歸結道：「……以經求經，多有協於情理之平，則實非俗儒所可及。」❶相較於乾嘉漢學代表學者惠棟（1697-1758）《左傳補注》，四庫館臣主要評析其文字正誤、制度是非、字義訓詁

---

❶　〔清〕永瑢（1743-1790）等著，王伯祥（1890-1975）斷句：《四庫全書總目‧經部‧春秋類四》（北京：中華書局影印乾隆六十年浙江刊本，1995 年4 月 6 刷），卷 29，頁 239。

等，兩者差異顯然。❷桐城後學蘇惇元（1801-1857）引《江寧府志》評論方苞：「論學一以宋儒為宗，說經之書，大抵推衍宋儒之學而多心得，名物訓詁皆所略。」❸實為確論。在其時人看來，方苞屬於宋學系統經學家。

然而方苞為文名所掩，其經學成就，反被忽略，也不符合其自我定位。以其《春秋》學為例，有《春秋通論》四卷、《春秋比事目錄》四卷、《春秋直解》十二卷，至今乏人研究。本文即以《春秋通論》為核心，試圖描繪方苞久被隱蔽的經學圖像，並略微呈現宋學派經學家治經特色，在清代經學史以乾嘉漢學為主流之下，發掘另一經典研究潛流。

第二節　方苞春秋學的形成

方苞治經過程頗為曲折，未成童五經皆能成誦，二十歲時覽五經注疏大全：「以諸色筆別之，用功少者亦三四周。」其後並治《通志堂經解》：「句節字劃，凡三次芟薙，取其粹而會通之，二十餘年始畢。」❹這一艱辛用力的治經歷程，並非理所當然。

康熙三十年（1691）方苞二十四歲，與萬斯同（1638-1702）在京會面，萬斯同告戒方苞：「子於古文，信有得矣，然願子勿溺也。

---

❷ 〔清〕永瑢等著，王伯祥斷句：《四庫全書總目·經部·春秋類四》，卷29，頁241。

❸ 〔清〕蘇惇元：《望溪先生年譜》（臺北：臺灣商務印書館影印道光二十七年刊本，1981年1月），頁46。

❹ 〔清〕蘇惇元：《望溪先生年譜》，頁3。

唐宋號為文家者八人，其於道粗明者，韓氏愈而止耳，其餘則資學
者以愛玩而已，于世非果有益也。余輟古文之學而求經義自此
始。」❺青年時代的方苞，雖曾致力於經學，但最初卻是以古文知
名。我們可以推測前此是為文而治經，直到此時才為經而治經。

　　二十餘年後，方苞回憶其治經歷史時說：「僕少所交，所楚越
遺民，重文藻、喜事功，視宋儒為腐爛，用此年二十，目未嘗涉宋
儒書。及至京師，交言潔與吾兄，勸以講索，始寓目焉。其淺者皆
吾心所欲言，而深者則吾智力所不能逮也，乃深嗜而力探焉。……
二十年來，於先儒解經之書，自元以前所見者十七八，然後知生乎
五子之前者，其窮理之學未有如五子者也；生乎五子之後者，推其
緒而廣之，乃稍有得焉。其背而馳者，皆妄鑿牆垣而殖蓬蒿，乃學
之蠹也。」❻由此可知，方苞治經，最初是視宋儒為腐爛無用之
學，而後才從五經大全上溯至宋儒，以為宋儒解經已至極境，故未
再上探唐、漢治經成就。就前者而言，與其後乾嘉漢學無殊，就後

---

❺　〔清〕方苞：〈萬季野墓表〉，劉季高（1911-2007）校點：《方苞集》（上
海：上海古籍出版社，1983 年 5 月），卷 12，頁 332。萬斯同與方苞的交
往，可參見方祖猷：《萬斯同評傳》（南京：南京大學出版社，1996 年 1
月），頁 53-54。

❻　〔清〕方苞：〈再與劉拙修書〉，劉季高校點：《方苞集》，卷 6，頁 174-
175。劉拙修，劉岩字枝桂，又字大山，家有拙修齋，方苞以拙修稱之，生卒
年不詳。見孟醒仁：《桐城派三祖年譜》（合肥：安徽大學出版社，2002 年
12 月），頁 17，29。劉齊（1652-1694），字言潔。方苞的交游，許福吉有
詳細敘述，見《義法與經世——方苞及其文學研究》（上海：學林出版社，
2001 年 6 月），頁 36-55。

者而言，則與乾嘉漢學大異。❼

　　通經致用，確是方苞治學中心價值，❽雍正八年（1730）方苞時年六十三歲，嘗云：「君子之為學也，將以成身而備天下之用也，匪是則先王之教不及焉。若以載籍自潤澤，而號為文儒，則秦漢以降始有之，是謂好文，非務學也。」❾青年時期即以古文揚名，此時卻自覺的抑文揚學，將文／學置於對立狀態，與其古文大家形象頗難繫連，方苞自任為學者抑或文士，也甚了然。但是這一思想發展，則有其內在的困境。經世致用，是對每一具體生命及由此生命所構成的群體，有一朝向完美境界的責任及方法，此時政治制度、財政收支、農田水利等實用知識，成為學問的主要內容，而支撐此一意念的人文精神，反被壓抑，最終極易形成自我否定的心態，好文非務學，就是此一心態的呈現，如再追問所學為何，與實用無關的學問都會被否定。

　　全祖望（1705-1755）最能見出方苞隱衷：「然世稱公之文章，

---

❼　乾嘉漢學也注重通經致用，其邏輯結構是致用之前必須通經，於是確定經典意涵，成為主要工作，這一意涵的確定，必須從文本開始，於是版本校勘、文字訓詁、名物考證等又成為研究重點，乾嘉漢學就是以此為學術核心。另可參看漆永祥：《乾嘉考據學研究》（北京：中國社會科學出版社，1998 年12 月），頁 241-245；郭康松：《清代考據學研究》（武漢：崇文書局，2003 年 5 月），頁 98-115，243-259。

❽　這並不是說強調經世致用的學者惟有方苞，余英時已指出這在當時是一普遍傾向，見〈經世致用〉，《清代學術思想史重要觀念通釋》，收入《中國思想傳統的現代詮釋》（臺北：聯經出版公司，1987 年 8 月），頁 422。所以也不能說這是方苞治學或治經的特色，而是這一傾向較少為後人注意。

❾　〔清〕方苞：〈送鍾勵暇寧親宿遷序〉，劉季高校點：《方苞集》，卷 7，頁 194。鍾畹（1696-1772），字勵暇。

萬口無異辭；而于經術，已不過皮相之；若其惓惓為斯世斯民之故，而不得一遂其志者，則非惟不足以知之，且從而掊擊之，其亦悕矣。」❿全祖望所述結構是文章、經術、經世，層層遞上，但實際上應是以經世觀念為核心，文章與經術為此一觀念的發用。所以方苞云：「聖人作經，亦望學者實體諸身，循而達之，以與民同患耳。」⓫能與民同患，在方苞經學體系中，除《周禮》外，正是《春秋》。

方苞認為《春秋》是孔子手定，研究《春秋》，可以：

考世變之流極，測聖心之裁制。⓬

康熙五十五年（1716）《春秋通論》成，該書排比《春秋》經文類似記載，分為四十類，每類又有若干章，合計九十九章；再推論所以如此記載之因，以發掘孔子的義理。書成之後，由於是類聚經文，推尋意義，學者若不精熟《春秋》經文及三傳，研讀甚為困難，於是應弟子王兆符（1681-1723）等要求，次年又完成《春秋直解》，逐年解說經文記載異同之故，其實就是將《春秋通論》各章所論分散，繫於各年。至於《春秋比事目錄》成書應在《春秋通論》與《春秋直解》之間，《春秋通論》雖類聚經文，但只擇其要

---

❿　〔清〕全祖望：〈前侍郎桐城方公神道碑銘〉，《鮚埼亭集》，卷 17，朱鑄禹集注：《全祖望集彙校集注》（上海：上海古籍出版社，2000 年 12 月），頁 305。

⓫　〔清〕方苞：〈與某公書〉，劉季高校點：《方苞集》，卷 6，頁 170。

⓬　〔清〕方苞：〈春秋通論序〉，劉季高校點：《方苞集》，卷 4，頁 84。

者析論，所重在事與義，並未詳載經文出處，《春秋比事目錄》就彌補此一缺失，在每類每事下，注明出自某公某年，俾學者檢尋。

方苞《春秋》三書，《春秋通論》論大義；將大義散入各年成為《春秋直解》；注明《春秋通論》出處是《春秋比事目錄》。是以《春秋通論》是其《春秋》學核心。

第三節　孔子撰作春秋的意義

方苞一再宣稱《春秋》是孔子所作，我們即使不去爭論、考證《春秋》作者為誰，❸而承認這一前提，但仍必須理解孔子撰作《春秋》的目的何在。方苞很清楚的分析《春秋》撰作的時代成因：

> 《春秋》始作於平、桓之交，蓋深痛平王坐失可為之幾，至桓王則力屈于所力為，而身困于其所當為也。❹

---

❸　楊伯峻（1909-1992）認為孔子僅以《魯春秋》教授弟子，並不曾修《春秋》，更未嘗作《春秋》，見《春秋左傳注·前言》（北京：中華書局，1990 年 5 月），頁 7-18；針對楊伯峻的見解，張以仁（1930-2009）提出反駁，舉出先秦典籍《左傳》、《公羊傳》、《穀梁傳》、《孟子》、《莊子》之說，詳加箋釋，並逐條批評楊氏看法，見〈孔子與春秋的關係〉，《春秋史論集》（臺北：聯經出版公司，1990 年 1 月），頁 159；為當代最具代表性的《春秋》作者對諍。

❹　〔清〕方苞：《春秋通論·王室伐救會盟》，《影印文淵閣四庫全書·經部·春秋類》第 178 冊（臺北：臺灣商務印書館，1983 年），卷 1，頁 5。

平、桓之交正是周王室由盛轉衰的關鍵期，呂祖謙（1137-1181）即云：「由此而上，則為成康、為文武，由此而下，則為春秋、為戰國。乃消長升降之會。」**⑮**後世遂將目光集中於平、桓之作為，以論其功過得失。

　　然而衡諸事實，申侯固召犬戎殺幽王，但也是申侯立平王；欲報君父之大仇，豈可置申侯於不顧？若置申侯於法外，則報仇云云，殆成空談。**⑯**而周室東遷，晉鄭是依，鄭武公、莊公為平王卿士，掌握政權，平王欲分權於虢，引起莊公不滿，周王室先是否認，然後雙方交質。莊公朝桓王，桓王不禮。虢公終為王卿士。繼而取鄭田，而償以蘇氏之邑。最終引發周鄭繻葛之戰，桓王大敗，從此王室威信全失。綜觀周鄭交涉過程——交質、奪政、取田——莊公固無禮於先，但桓王亦失禮於後；且相度其時情勢，王室力量不如鄭國遠甚，卻出之以征伐，冀重獲西周威權，未免不切實際。**⑰**

　　而將眼光放遠，司馬遷（前145-前86）即嘗云：「昭王之時，王

---

⑮　〔日〕瀧川龜太郎（1865-1946）：《史記會注考證・周本紀》（臺北：大安出版社，2006年8月），卷4，頁66引。

⑯　錢穆（1895-1990）即云：「平王宜臼乃申侯甥，申侯為其甥爭王位，故聯犬戎殺幽王，凡擁護平王諸國，如許、申、鄭、晉、秦、犬戎等，皆別有野心，形成非正義之集團，為東方諸侯所不齒。因此周室東遷後政令亦驟然解體。」見《國史大綱》（臺北：臺灣商務印書館，1980年11月修訂7版），頁32-33。又指出平王崩，魯不奔喪，桓王五聘魯，其因是魯並不擁戴平王之立，所以桓王即位後，刻意聯歡於魯，見《國史大綱》，頁37。

⑰　分見《左傳》隱公三年、五年、六年、十一年，桓公五年，楊伯峻：《春秋左傳注》，頁26-27，45，51，76-77，105-106。東周初期鄭國國力，詳可參見童書業（1908-1968）：《春秋史》（臺北：臺灣開明書店，1978年11月臺4版），頁129-138。

道微缺。」又云：「懿王之時，王室遂衰，詩人作刺。」是以周朝衰微實啟於王朝中後期，陵夷至厲、幽、平、桓，是其結果，而非原因。❶如界定經學的主要目的是從經典義理而來的教戒，史學的主要目的則是人事變遷的知識，❶從此一角度觀察，評論春秋歷史的發展，一是史學方向，綜論其時大勢，如顧棟高（1679-1759）論桓王與鄭交質、僖王命曲沃為晉侯、襄王以溫原賜晉等事，最後歸結道：「嗚呼！以文武成康維持鞏固之天下而凌夷衰微至此，此豈一朝一夕之故哉！」❶嘆息痛恨之心不顯。相較於馬驌（1620-1673）直指平王其意僅在王位，故而說出：「若以《春秋》之法，則直書曰：『太子宜臼殺其君』可矣。」❶的激烈語，後者可稱經學方向。高士奇（1645-1704）責鄭莊公：「玩弄王室如股掌，情罪益彰。」❷則差堪彷彿。

　　方苞則介於經史之間：

---

❶　見《史記·周本紀》（臺北：鼎文書局三家注點校本，1978 年 11 月），卷4，頁 134，140。西周中後期的衰落，楊寬有簡要敘述，見《西周史》（臺北：臺灣商務印書館，1999 年 4 月），頁 805-809。

❶　這一界定，參考徐復觀（1903-1982）：〈先漢經學的形成〉，《中國經學史的基礎》（臺北：臺灣學生書局，1982 年 5 月），頁 1-2。錢穆：〈經學與史學〉，《四部概論》，《中國學術通義》，《錢賓四先生全集》（臺北：聯經出版公司，1998 年 1 月），第 25 冊，頁 6，26。

❶　〔清〕顧棟高著，吳樹平、李解民點校：《春秋大事表·春秋王跡拾遺表敘》（北京：中華書局，1993 年 6 月），卷 20，頁 1673。

❶　〔清〕馬驌著，劉曉東等點校：《繹史·周室東遷》（濟南：齊魯書社，2001 年 6 月），卷 30，頁 797。

❷　〔清〕高士奇著，楊伯峻點校：《左傳紀事本末·桓王伐鄭》（臺北：里仁書局，1980 年 3 月），卷 2，頁 9。

方苞云：

> 隱公之篇，王數加禮，而魯不一答，天下無道，遂至於此。
> 此《春秋》之作，所以始於隱公而不始於惠公也。禮樂征伐
> 無一自天子出，篡弒攘奪，所以接跡於天下也。❷❸

指出《春秋》撰作的目的是恢復周王朝的威權，重建天下秩序，這
是偏重經學義。天子失權，政由諸侯；諸侯失權，政下大夫，所以
方苞又說：

> 一國之紀散，則無以率臣民；霸者之紀散，則無以屬諸侯。❷❹

其實這正是周天子盡其威權的一系列結果。方苞此一觀察甚為合
理，也轉變研究《春秋》的方向：從歷史發展中見出變遷的軌跡。
所以方苞《春秋》研究經常有歷史變遷的觀察，及由此而來的意義
判斷，而較少注意名物制度的考證。既是如此，應可超越對周王朝
的崇拜，考其情實，正相逆反。方苞論平王是坐失時機，桓王則是
形格勢禁。慨嘆之情，溢於言表。論史乎？治經乎？

　　恢復王權之道，是撰作《春秋》，在歷史記載中，寓託王法，
以為後世戒。這一王權或王法，是在制度之中顯現：「周公建六
典，以經邦國，中外上下，聯為一體，惟恃禮樂征伐以維持而貫達

---

❷❸　〔清〕方苞：《春秋通論·王室伐救會盟》，卷1，頁2。
❷❹　〔清〕方苞：《春秋通論·戰伐會盟》，卷1，頁16。

焉。」❷六典出自《周禮・大宰》：治典、教典、禮典、政典、刑
典、事典，與其對應的官職，據鄭眾（？-114）注依序是冢宰、司
徒、宗伯、司馬、司寇、司空，具體工作內容是掌國家大政、教
化、禮制、軍事、刑法、工程。❷方苞本身也有《周官集注》十二
卷、《周官析疑》四十卷，而其文集又有〈讀周官〉、〈周官辨偽
一〉、〈周官辨偽二〉、〈書周官大司馬四時田法後〉四篇文字，
〈周官析疑序〉、〈周官集注序〉二篇序文。綜其意見，《周禮》
是周公所著，是「聖人之政」、「聖人之法」、「聖人之經」，更
說：「嗚呼！三王致治之跡，其規模可見者，獨有是書；世變雖
殊，其經綸天下之大體，卒不可易也。」❷亦即《周禮》所擘畫的
制度，就是最理想的國家體制。此處《周禮》是一給定的制度，只
要實踐《周禮》之制，即可恢復周王朝的聲威。方苞開啟了《春
秋》通向《周禮》的路程。《春秋》是孔子所作，《周禮》是周公
所作，《春秋》通向《周禮》，象徵由孔子通向周公，文化系統的
承傳，變得極其自然。此中隱含問題是：姑不論《周禮》是否萬世
不易，《春秋》本身何以不能開出客觀制度，而必有待於《周
禮》？❷方苞並未回答這一疑問。

---

❷　〔清〕方苞：《春秋通論・王室伐救會盟》，卷1，頁6。

❷　參見賈公彥〔？-？，高宗永徽時（651-655）官太學博士〕：《周禮注疏》
（臺北：藝文印書館影印嘉慶二十年南昌府學刊本，1985年12月），卷2，
頁1。六典及其相對應的官職與後世設官的關連，詳見金春峰：《周官之成
書及其反映的時代新考》（臺北：東大圖書公司，1993年11月），頁2-4。

❷　〔清〕方苞：〈讀周官〉，劉季高校點：《方苞集》，卷1，頁16。

❷　這一問題發展至晚清，仍未解決，晚清公羊家皮錫瑞（1850-1908）、廖平
（1852-1932）借助《禮制・王制》，康有為（1858-1927）則借助《禮記・

而這些真是孔子撰作《春秋》的本義？

第四節　史官之史與聖人之經：經與史的區隔

　　方苞又以為孔子所作《春秋》是根據魯史增刪而來，亦即「經」由「史」而來。如是，經史異同何在？方苞的回答是：「……其文則史，而義即于是乎取焉。」❷經與史的差別在於歷史事件記載中義之有無，而義的來源，本諸孔子，這自是據孟子所云而立說。細析方苞所論，此一義的形式，可分為消極形式與積極形式，前者在不改變魯史的記載之下，見出經義；後者則增刪魯史的記載，見出經義。

一、經義的消極形式

　　經義的消極形式如：

> 自齊桓創霸，晉文繼之，然後諸侯知有王。觀莊、僖二王崩
> 葬之不志，則霸者之功不可沒矣。觀桓、文以後，諸侯卒無
> 親赴天王之崩葬者，則霸者之罪亦不可掩矣。抑于此見經於
> 魯史有所損而不能益焉。天王崩葬，雖易世以後可考而知，

禮運》，見楊向奎（1910-2000）：《清儒學案·龔自珍定庵學案》（濟南：
齊魯書社，1994 年 3 月），卷 4，頁 150。

❷　〔清〕方苞：《春秋通論·天王崩葬》，卷 1，頁 12。

　　而魯所無者，不敢益也，非不能益也，益之而悖慢之實隱
　　矣。❸

《春秋》記事，一本魯史有無，不作任何更動，以見出對霸主的褒
貶。但是合比而觀《春秋》有關天子崩葬的記載，很難證明方苞對
霸主的評斷，就是孔子的大義。方苞自己也說：

　　書崩，赴告及魯也；不書葬，魯不會也。……魯史所無，孔
　　子不能益也。❸

回到史官記載以說明書與不書的原因，完全未提及其時霸主功過問
題。就此而言，方苞所說是其個人推論。
　　再如：

　　會盟征伐，或書人，或以名見，皆舊史之文也。❸

方苞認為這些均與褒貶無關，而是歷史發展的結果：

　　夫始皆稱人，繼而霸國之大夫以名見，繼而列國之大夫皆以

---

❸　〔清〕方苞：《春秋通論·天王崩葬》，卷 1，頁 12。
❸　〔清〕方苞：《春秋直解·隱公三年》，《續修四庫全書·經部·春秋類》
　　第 140 冊（上海：上海古籍出版社影印乾隆刻本，1995 年 3 月），卷 1，頁
　　11。
❸　〔清〕方苞：《春秋通論·戰伐會盟》，卷 1，頁 16。

名見，而小國之大夫終春秋無以名見者，以是知大夫漸張，
則舊史書之亦漸詳，而非《春秋》之法也。❸

更具體指出：

> 至文之世，而魯大夫益張，晉大夫亦漸張，由是而列國之大
> 夫皆張矣。❸

春秋中後期，各國大夫權力日增，魯史官只是據歷史現象記載，稱
人稱名，並無深義，至少並無孔子之義。

上述可討論者有二：是史官記史，有無意義；二是方苞所見之
義，究是何人之義：

《左傳‧僖公四年》：「經：楚屈完來盟于師，盟于召陵。」
《左傳‧文公二年》：「經：三月乙巳，及晉處父盟。傳：書曰：
『及晉處父盟』以厭之也。」❸方苞對此二條記載的評論是：

> 屈完之盟，諸侯以為功，則書其氏。處父之盟，魯人以為恥，
> 則削其氏。以此知為舊史之文，而不可以義理求之也。❸

外大夫盟魯，自處父始，所以魯史官去處父氏（陽），以表示憎

---

❸　〔清〕方苞：《春秋通論‧戰伐會盟》，頁 17。
❸　〔清〕方苞：《春秋直解‧文公二年》，卷 6，頁 4。
❸　分見楊伯峻：《春秋左傳注》，頁 287，518，522。
❸　〔清〕方苞：《春秋直解‧文公二年》，卷 6，頁 4。

厭。《左傳》即以此解經，方苞承之而已。然而這豈不顯示史官作史，已有作者之義，書寫於作品，再傳達讀者。亦即舊史之文，並非皆無義可言。如果再細析這一意義類型，應屬於「情感意義」——繫於作者的感情與態度。❸方苞卻說「不可以義理求之」，顯然這一「情感意義」與方苞的「聖人義理」不同。

如是聖人義理從何得見？這就觸及《春秋》成書問題。《春秋》，就一般認定，是孔子改編自魯史，所謂「孔子因魯史而作《春秋》」。這一前提如真，《春秋》學整體結構如下：「魯史——孔子——《春秋》——三傳」。後世所存是三傳及所附載《春秋》經文，魯史已不得見，無從判斷魯史與《春秋》的異同；也無從僅據《春秋》經文判斷何者是魯史原文，何者是《春秋》經文；更無從認定《春秋》若干記載是聖人之義，若干記載是史官之

---

❸　英國學者杰弗里·利奇（Geoffrey Leach）指出意義有七種類型：理性意義（關於邏輯、認知或外延內容的意義）、內涵意義（通過語言所指事物來傳遞的意義）、社會意義（關於語言運用的社會環境意義）、情感意義（關於講話人／寫文章的人的感情和態度的意義）、反映意義（通過同一個語詞的另一意義的聯想來傳遞的意義、搭配意義（通過經常與另一個詞同時出現的詞的聯想來傳遞的意義）、主題意義（組織信息的方式〔語序、強調手段〕）所傳遞的意義，見氏著，李瑞華等譯：《語義學》（*Semantics*）（上海：上海外語教育出版社，1987 年 8 月），頁 33。利奇又認為社會意義、情感意義、反映意義、搭配意義都具有不限定、可變化的特性，並且都能作程度和範圍的分析，可以用聯想意義來概括，見同書頁 25。蔡英俊認為中國古典傳統意義類型多屬於聯想意義範疇，漢代學者對《春秋》的詮釋即是顯例，見《中國古典詩論中「語言」與「意義」的論題——「意在言外」的用言方式與「含蓄」的美典》（臺北：臺灣學生書局，2001 年 4 月），頁 15。

義。❸我們最多只能從《春秋》文本判斷《春秋》的意義，至於意義何屬，亦即此一「意義」是否聖人「意向」──聖人所欲達成的特殊目的──實難判別。

即使從《春秋》文本判斷《春秋》意義，也會發現甚為困難。以「天王崩葬例」舉數條做說明：❸

1. 三月庚戌，天王崩。隱公三年。
2. 三月乙未，天王崩。桓公十又五年。五月，葬桓王。莊公三年。
3. 冬十又二月丁未，天王崩。僖公八年。
4. 秋八月戊申，天王崩。文公八年。二月，叔孫得臣如京師，辛丑，葬襄王。文公九年。

這些記載，或記日，或不記日；或記葬，或不記葬；或記時，或不記時。《春秋》本身並未做任何說明，僅能憑藉三傳。比較三傳，僅有《穀梁傳》系統近於方苞所說之義：「傳曰：改葬也。……日近不失崩，不志崩，失天下也。」❹楊士勛（？-？）更明言：「天

---

❸　〔清〕黃汝成（1799-1837）集釋《日知錄》引左暄（？-？，乾隆嘉慶間人）：「《春秋》筆則筆，削則削，魯史之舊本無存，故筆削之新義莫考。」最能說明《春秋》經、史之間的糾葛，見欒保群、呂宗力點校：《日知錄集釋·魯之春秋》（上海：上海古籍出版社，2006 年 12 月），卷 4，頁 180。

❸　〔清〕方苞：《春秋比事目錄·天王崩葬》，《四庫全書存目叢書·經部·春秋類》第 139 冊（臺南：莊嚴文化事業公司影印康熙嘉慶間刻本，1997 年 2 月），卷 1，頁 7。

❹　〔唐〕楊士勛：《穀梁傳注疏·莊公元年》（臺北：藝文印書館影印嘉慶二十年南昌府學刊本，1985 年 12 月），卷 5，頁 6。

子不合書葬，魯史書之者，欲見周室之衰，不得備禮而葬。因遣使往會則錄之，若不遣使則葬不明，故不錄也。」❹從此處可以推論周莊王、僖王不記崩，是因沒有霸主尊周室；惠王、襄王記崩，自是齊桓公稱霸，令諸侯復尊周室。然而這已是《穀梁傳》、楊士勛的見解，並不能證明此即聖人之義。消極形式的困難，是想從《春秋》經文的記載，試圖區別何者是《春秋》之法，何者是舊史之文。方苞採取的方法是類聚相似的經文，比勘其異同之故，從而斷定何者是聖人之義，何者是史官之義。舊史已不復存，這一判斷，其實有強烈的個人性格，所獲致的結論，與其說是作者之義，不如說是論者之義。也才會出現《春秋通論》與《春秋直解》對此條見解不一的情況。

二、經義的積極形式

至於積極形式，方苞提出「失禮則書」的原則：

> 逆后王姬歸，魯為主則書者，舊史之法也；失禮然後書者，《春秋》之法也。❹

這一原則可以導出「得禮則不書」的另一原則。具體事件是：「王姬之歸，惟見于莊之篇，所以著忘親之罪也。」❹桓夫人文姜與齊

---

❹　〔唐〕楊士勛：《穀梁傳注疏·文公九年》，卷11，頁1。
❹　〔清〕方苞：《春秋通論·逆后歸王姬》，卷1，頁14。
❹　〔清〕方苞：《春秋通論·逆后歸王姬》，卷1，頁14。

襄公私通，事為桓公覺，襄公遂使彭生殺桓公。莊公即位，不但不復仇，反為襄公主婚，所以方苞責其忘親。王姬歸於齊的記載如下：❹

　　1.王姬歸于齊。莊公元年冬十月。

　　2.秋七月，齊王姬卒。莊公二年。

　　3.冬，王姬歸于齊。莊公十又一年。

《公羊傳》的解釋正是：「何以書？我主之也。」❺究竟是魯國主婚所以記載，抑或失禮然後記載？就記載形式而論，根本無法分別。

　　另一原則是「諱恥」與「徵過」：

> 凡諱恥者，舊史之文也。徵過者，《春秋》之法也。處父之盟，沒公以諱恥，舊史所知也。于宿、于幽、于齊，翟泉、蘇子、高傒之盟，沒公以徵過，則非舊史所能知也。❻

記載如下：❼

　　1.九月，及宋人盟于宿。隱公元年。

　　2.冬，十又二月，會齊侯、宋公、陳侯、衛侯、鄭伯、許男、滑伯、滕子同盟于幽。莊公十又六年。

---

❹　〔清〕方苞：《春秋比事目錄·王后王姬》，卷1，頁8。

❺　〔唐〕徐彥（？-？）：《公羊傳注疏·莊公元年》（臺北：藝文印書館影印嘉慶二十年南昌府學刊本，1985年12月），卷6，頁3。

❻　〔清〕方苞：《春秋通論·戰伐會盟》，卷1，頁19。

❼　〔清〕方苞：《春秋比事目錄·魯君會盟》，卷1，頁12，14。

3.秋，七月丙申，及齊高傒盟于防。莊公二十又二年。

4.夏，六月，會王人、晉人、宋人、齊人、陳人、蔡人、秦人
盟于翟泉。僖公二十又九年。

5.及蘇子盟于女栗。文公十年秋七月。

方苞認為：❹

1.于宿乃諸侯與大夫特盟之始。

2.于幽則諸侯而主齊盟之始也。

3.高傒之盟則求婚于讎國也。

4.翟泉則諸侯之大夫與王臣共盟之始也。

5.女栗之盟則王喪不奔，王立不朝，而與王臣要盟也。

《春秋直解》大抵同之而加詳。但三傳均無方苞所說之義。如從文
本分析，第一、二、四條可以接受方苞所論。但在三傳俱無此義之
下，只能說這是方苞見解，未必就是聖人之義。方苞的困難一如消
極形式，諱恥則書，徵過亦書，同一書，所以書的原因不同，讀者
僅據文本無從判斷何者是舊史，何者是《春秋》。

經史的區別，經義的獲致，其實都必須另有根據。此一根據是
方苞對歷史的理解：

> 莊王之崩，在莊十二年，僖王之崩，在莊十七年。齊桓始
> 入，未能屬諸侯。……直至僖公之世，退狄伐戎帖楚，然後

---

❹　〔清〕方苞：《春秋通論·會盟》，卷1，頁23，24。

諸侯服、霸勢成，而尊王之事起，著于經者可考也。❹

探討霸主功罪，分析經文如此書寫之故，均是建立在這一認知基礎。又如：

> 自文二年，晉陽處父伐楚以救江，然後霸國之大夫以名見；
> 自成二年戰于鞌，然後列國之大夫以名見。❺

大夫日張，國君日衰，而後得見其中是非得失。此一歷史意義的理解，包含歷史事件的認知、歷史事件的判斷。前者必須掌握經文，後者必須掌握經義——尊王。從方苞的解釋過程分析，是先有尊王的觀念，再對經文做出價值判斷，以獲知其所稱的聖人之義。而這一尊王觀念，早在方苞解經時就已存在，亦即這是方苞已接受的觀念，以此觀念為基礎解釋經典。觀念的有效性，視涵蓋事件的廣度而定，因此在解釋過程中，類聚相似的記載，其故在此。以經典傳統的意義，解釋經典記載的史事；經典記載的史事，又證明經典的傳統意義。

---

❹　〔清〕方苞：《春秋通論・天王崩葬》，卷1，頁11。
❺　〔清〕方苞：《春秋通論・戰伐》，卷2，頁6。

第五節　敘事見義與書法見義：
　　　　經與史的交融

一、敘事見義

　　因為類聚經文，發掘意義，所以方苞名為治經，實則對春秋史變遷有深切的體會。觀察魯國軍政權力，見出魯國盛衰。❺從隱公外取邑書，以至日後無聞，見出列國交爭，疆場無常，稱為世變之著。❺統計軍旅稱師稱人次數，見出列國君臣阻兵安忍，是春秋將變為戰國之兆。❺分析天子征伐的性質，見出天子權力漸下降至諸侯，諸侯權力逐漸下降至大夫。❺從魯國盛衰到列國交爭、從春秋變為戰國、大夫執政，無一不是春秋變遷重要標誌。❺方苞是排比分析《春秋》經文以見出這些變遷，《春秋直解》也是較詳細的解釋經文，而不類《左傳》編年記事。亦即方苞是從經文得到這些結論，這才是其識見所在。方苞將屬辭比事發揮到極致，❺經義與史

---

❺　〔清〕方苞：《春秋通論·戰伐》，卷 2，頁 1。

❺　〔清〕方苞：《春秋通論·滅國》，卷 2，頁 25。

❺　〔清〕方苞：《春秋通論·戰伐》，卷 2，頁 7。

❺　〔清〕方苞：《春秋通論·戰伐會盟》，卷 1，頁 15。

❺　錢穆即以列國內亂、諸侯兼併、戎狄橫行，為周室東遷、王命不行的結果，霸政衰微之後，即是大夫執政，見《國史大綱》，37-38，47，均可與方苞所說印證。

❺　「屬辭比事」說法紛紜，張高評指出連屬前後之文辭，以比觀其相類或相反之事，以見筆削褒貶之微言大義。見〈史記筆法與春秋書法〉，收入《春秋書法與左傳學史》（臺北：五南圖書出版公司，2002 年 1 月），頁 83。張素

事，俱可於其中獲得。

　　屬辭比事可見出歷史變遷，自也可以見出經典大義：

　　　　文姜如齊，非禮也；出姜如齊，歸寧也。而屬辭同，何以別
　　　　乎？此據事直書而義自別者也。❺

《春秋比事目錄・魯夫人》有五十條記載，❺屬辭相同者確實無法
見出經義。法有時而窮，所以勢須由經文衍伸至傳文，才能比事，
以見出意義所在。考察方苞襲用《左傳》，卻未明說據事直書必須
經傳相合。事若不明，義無由得見。經典的意義，不是從排比經文
而得，反而是經由事件的記載，再與經文對勘而得。《春秋直解》
一如其名，是直解《春秋》，顯然不足。其次，既然事件的要性大
增，於是名物、訓詁、制度等研究也相對重要，所以方苞這一進
路，是可間接的走向乾嘉漢學系統。甚而討論經學與史學的關連，

卿指出「屬辭」是斟酌用語以命字設辭，「比事」是將事件排比編次使整合
為一。藉此判斷是非，嚴明大義。見《敍事與解釋——左傳經解研究》（臺
北：書林出版公司，1998 年 4 月），頁 135。均甚具體明確。段熙仲（1897-
1987）之「比事」未有理論說明，但以二家之說觀之，即可理解。至其論
「屬辭」，則分為「事同辭同」、「事同辭異」、「事異辭同」、「事異辭
異」而各有其義。見氏著，魯同群等點校：《春秋公羊學講疏》（南京：南
京師範大學出版社，2002 年 11 月），59-223。

❺　〔清〕方苞：《春秋通論・內夫人》，卷 3，頁 16。
❺　〔清〕方苞：《春秋比事目錄・魯夫人》，卷 4，頁 4-6。

如同章學誠（1738-1801）所為。❺但是方苞均未發展這些方向，就此而言，方苞雖具有歷史的洞見，但畢竟是一《春秋》學者。

在魯史與《春秋》經之間，方苞又對魯史有所貶抑，更可見出其《春秋》學者特色：

> 自文以前，外大夫盟會皆稱人，而僖二十五年公會衛子、莒慶盟于洮；二十六年公會莒子、衛甯速盟于向，蓋莒慶吾姻也，故特書其名，而甯速因例焉。❻

《春秋直解》更明言：

---

❺ 章學誠從道／器結構討論六經意義，認為六經僅是器，不能直指六經就是道，原因是六經皆史，歷史記載前言往行，但時間不斷變換，豈可執持過往徑以之為道。道與時俱在，後世的文化形態，自可視為道之表現。參考葉瑛：《文史通義校注》（臺北：仰哲出版社，未標出版年月），〈經解〉、〈原道〉諸篇。章學誠固然推崇經典，但根據其理論推導，卻可能否定經典價值。〔美〕倪德衛（David Nivison）指出章學誠的道似是人類本性中傾向於一種有秩序的、文明的生活的基本潛能，這一潛能在歷史中逐漸將自己寫出，在那些人們必將認為是正確和真實的東西中實現自身。而六經只是孔子能夠保存下來的本來由官員保存的文獻。見氏著，楊立華譯：《章學誠的生平及其思想》（*The Life and The Tuought of Chang Hsuch-cheng* 1738-1801）（南京：江蘇人民出版社，2007 年 10 月），頁 104，110。〔日〕山口久和也指出章學誠認為孔子祖述六經是因為自己無法實踐王道而採取的萬不得已的辦法，因而六經不可能是真理的完全體現。見氏著，王標譯：《章學誠的知識論──以考證學批判為中心》（章學誠の知識論──考證學批判を中心として）（上海：上海古籍出版社，2006 年 12 月），頁 155。

❻ 〔清〕方苞：《春秋通論·戰伐會盟》，卷 1，頁 17-18。

苢慶何以名？魯姻也。故史冊稱名以寵異之。**❻①**

史書的公正性，於此完全受到破壞。影響所及是據事既然已不能直書，敘事所見之義，也未必就是正義。這並非單文孤證，如論及楚國：「自僖以前，侵伐皆書荊，自來聘獨稱人，則魯人之私也。」論及徐國：「徐勢未張，吳越後起，故常以號舉，而其事或為魯人所喜，則間稱人焉，間稱爵焉。……皆魯人私喜之也。」**❻②**既能運用魯史據事直書之處，又能窺知魯人私意所及之處，惟有聖人，惟有聖人所作之《春秋》經。

二、書法見義

敘事與經義的另一關連，是書法的呈現。方苞分別殺大夫書法的不同而云：

> 殺大夫稱國者，以國法殺之也；殺大夫公子稱人者，國亂無政而群下擅相殺也；稱盜者，陰賊而未得其主名也。**❻③**

可因主殺者稱謂不同，而判斷大夫是在何種情況下被殺。《春秋比事目錄》有「諸侯專殺」、「眾殺」、「盜殺」諸例，**❻④**確可以方苞所分析書法，見出事件異同。亦即書法之異，是因事件之異而

---

❻①〔清〕方苞：《春秋直解》，卷5，頁43。
❻②〔清〕方苞：《春秋通論·吳楚徐越》，卷2，頁20。
❻③〔清〕方苞：《春秋通論·殺大夫公子》，卷3，頁1。
❻④〔清〕方苞：《春秋比事目錄》，卷3，頁36-38。

來，事件本身成為主要考量。

又有書法相同，義亦互異：「以傳考之，諸侯以霸令有事於鄰國，而魯人獨書其國事者四，城楚丘也，戍陳也，戍鄭虎牢也，歸粟於蔡也。」❻方苞指出四事之中，城楚丘與歸粟於蔡是魯國獨任，其餘二事是魯國與諸侯共任，所以能見出不同，其因是：

經有文同而義異者，非以事別，即於前後文見也。❻

方苞指出戍陳、戍鄭虎牢，非一國之力所能為，這易於理解。至於城楚丘、歸粟於蔡，方苞認為若與諸侯共任，則書法應同於城成周、會於澶淵，並書諸侯。但此說與方苞所立書法相同、其義互異原則矛盾，所以必須在《春秋直解》另尋解釋：城楚丘之役，諸侯不與，原因是：「當是時，陳、鄭迫於楚，宋、曹既同城邢之役，而齊、宋復謀會江黃，惟魯以內難，凡役皆不與，故至是獨任楚丘之役耳。」❻歸粟於蔡，魯獨任之，原因是：「歸粟必壤地相近，水道可通，魯歸蔡粟以淮也，告糴於齊以濟也。」❻我們自可不同意方苞的解釋，但經義必須藉由事件呈現卻顯而易見。

不論是敘事見義抑或書法見義，均可看到經義與史事的密切關連，沒有詳細的歷史記載，僅憑《春秋》經文，無法見出經義。方苞雖然極力區分魯史與《春秋》經之異，且時有貶抑魯史之言，但

---

❻　〔清〕方苞：《春秋通論‧齊桓城三國》，卷3，頁11。
❻　〔清〕方苞：《春秋通論‧齊桓城三國》，卷3，頁11。
❻　〔清〕方苞：《春秋直解》，卷5，頁4。
❻　〔清〕方苞：《春秋直解》，卷11，頁10。

仍不得不依賴魯史以為經義的判準。經與史理論的區隔，為實際的解經活動所消融。

第六節　方苞春秋學解經特色

方苞的解經進路，嚴格而言，並不是在文獻上有如此證據，而是在意義上如此讀出。《春秋》三書，沒有語言文字的細致訓詁，沒有典章制度的嚴謹考證，更不涉及天文曆算、地理沿革，舉凡乾嘉漢學家所優為，均為方苞所不為。[69] 這就觸及方苞解經路向：

> 凡諸經之義，可依文以求，而《春秋》之義，則隱寓於文之所不載，或筆或削，或同或異，參互相抵，而義出於其間。[70]

文既不載，何能得知此即《春秋》之義？這其實多賴於讀者讀出此義。所以方苞又云：

---

[69] 岑溢成即指出三禮、《春秋》、《詩經》等，很少直接論述天人性命，論及修齊治平，亦大多採用間接的方式，借史事、名物、制度反映古聖賢對這些觀念的看法，研究此類經典，名物訓詁、典章制度的理解，不可或缺。至於《論語》、《孟子》、《大學》、《中庸》等，不少章句直接論述天人性命、修齊治平，典章制度的理解，相較之下，不是那麼重要，見《詩補傳與戴震解經方法》（臺北：文津出版社，1992 年 3 月），頁 83。方苞正是以後者的方法，研究《春秋》。

[70] 〔清〕方苞：〈春秋通論序〉，劉季高校點：《方苞集》，卷 4，頁 84。

以義理為權衡，辨其孰為舊史之文，孰為孔子所筆削。**❼**

關鍵就在這一義理的根據與來源。如果此一義理來源是孔子，方苞
所說顯然陷入循環論證；如果來源是方苞，就不能宣稱所解之義是
孔子之義。方苞卻說：

> 凡義理必載於文字，惟《春秋》、《周官》則文字所不載，
> 而義理寓焉。……空曲交會之中義理寓焉。**❼**

空曲交會原是指《周禮》製作特色，方苞用以兼指《春秋》。但方
苞並未具體陳述空曲交會之義，從其解經方法，或可略窺其義。空
曲應指文字並未明言，交會應指會比經文，合而言之，即是會同經
文，以見出文字所並未明言之義理。**❼**方苞堅持此一義理，是聖人
所為。

　　至於此一義理，又頗有可討論之處：「大夫公子之見殺，善惡
有間矣，而其辭一施之，何也？《春秋》書王法不誅其人身也。」
❼義並不是對當事人的價值判斷，而是所以如此記載的原因，這一

---

❼　〔清〕方苞：〈春秋直解序〉，劉季高校點：《方苞集》，卷4，頁85。
❼　〔清〕方苞：〈周官析疑序〉，劉季高校點：《方苞集》，卷4，頁82。
❼　張高評指出方苞以為《周禮》有互見、偏載、詳略、舉大該細、即細見大等
　　方法，與《春秋》比次成文，而有詳略、虛實、去取、斷續等安排設計之方
　　有相通處。見〈方苞義法與春秋書法〉，《春秋書法與左傳學史》，頁
　　265，271。
❼　〔清〕方苞：《春秋通論·殺大夫公子》，卷3，頁2。

原因，即是聖人王法所在。但是聖人王法，又不能全在《春秋》見出，如同前述，是在《周禮》見出。

第七節　結　語

方苞治經，最初是視宋儒為腐爛無用之學，而後才從五經大全上溯至宋儒，以為宋儒解經已至極境，故未再上探唐、漢治經成就。就前者而言，與其後乾嘉漢學無殊，就後者而言，則與乾嘉漢學大異。為學歷程，適與乾嘉漢學家相反。

方苞治經重經世致用，但這一觀念，有其內在的問題。經世致用是對每一具體生命及由此生命所構成的群體，有一朝向完美境界的責任及方法，此時政治制度、財政收支、農田水利等實用知識，成為學問的主要內容，而支撐此一意念的人文精神，反被壓抑，最終極易形成自我否定的心態，好文非務學，就是此一心態的呈現，如再追問所學為何，與實用無關的學問都會被否定。

方苞認為《春秋》是孔子手定，研究《春秋》，可以「考世變之流極，測聖心之裁制。」方苞《春秋》三書，《春秋通論》論大義；將大義散入各年成為《春秋直解》；注明《春秋通論》出處是《春秋比事目錄》。是以《春秋通論》是其《春秋》學核心。

方苞很清楚的分析《春秋》撰作的時代成因：平、桓之交正是周王室由盛轉衰的關鍵期，指出《春秋》撰作的目的是恢復周王朝的威權，重建天下秩序，這是偏重經學義。天子失權，政由諸侯；諸侯失權，政下大夫，其實這正是周天子盡其威權的一系列結果。方苞此一觀察甚為合理，也轉變研究《春秋》的方向：從歷史發展

中見出變遷的軌跡。所以方苞《春秋》研究經常有歷史變遷的觀察，及由此而來的意義判斷，而較少注意名物制度的考證。

恢復王權之道，是撰作《春秋》，在歷史記載中，寓託王法，以為後世戒。這一王權或王法，是在制度之中顯現。亦即《周禮》所擘畫的制度，就是最理想的國家體制。此處《周禮》是一給定的制度，只要實踐《周禮》之制，即可恢復周王朝的聲威。方苞開啟了《春秋》通向《周禮》的路程。《春秋》是孔子所作，《周禮》是周公所作，《春秋》通向《周禮》，象徵由孔子通向周公，文化系統的承傳，變得極其自然。

至於《春秋》的大義，可分為消極形式與積極形式，前者在不改變魯史的記載之下，見出經義；後者則增刪魯史的記載，見出經義。

經義的消極形式／敘事見義，經義的積極形式／書法見義之間有類似結構。經義的消極形式是原本魯史而見出意義，或是孔子之義，或是史官之義；敘事見義基本上只能是孔子之義。經義的積極形式是失禮則書、徵過則書，但都是根據魯史原文判斷何者是失禮則書，何者是徵過則書；書法見義則是書例確有不同，或書例相同但意義有別。

就諸種解經形式而言，事件本身不但未因只是事件而削減其地位，一如《公羊》家所為，反而是意義判準的根據。但是方苞所謂的「魯史」並不存在，只是其預設的潛在文本，所以很難判斷何者是魯史，何者是經文。

方苞又堅定認為其所發掘義理，就是聖人義理，這一義理就是其所如此書寫的原因，可以表出聖人王法。但真正的王法，須於

《周禮》尋求。凡此均可見出方苞自信的態度。較諸乾嘉漢學家堅持漢儒所說近古，是以可信；方苞可說是自我作古，以己意當聖言。雙方理念的扞格難通，可以想見。

第四章
朱子詩經學的衍異：方苞詩經學的歷史想像與文化建構

第一節　前　言

　　《詩經》學史上最具爭議的莫過於《詩序》，所以最具爭議，大都集中在《詩經》中涉及女性的作品，《詩序》從風教說解詩，與今人從情愛說解詩，差距何止天壤。《詩經》學史上的通說是宋人開啟疑《詩序》之風，鄭樵（1102-1160）《詩辨妄》、王質（？-？）《詩總聞》導其始，朱子（1130-1200）《詩集傳》承其風，而為反《詩序》的主流，影響及於明、清，沿而弗替。

　　詳考其實，殊不如是，朱子治《詩》，據其自述：「某向作《詩解》，文字初用《小序》，至解不行處，亦曲為之說。後來覺得不安，第二次解者，雖存《小序》，間為辨破，然終是不見詩人本意。後來方知，只盡去《小序》，便自可通。於是盡滌舊說，詩

意方活。」❶顯然是從尊《序》、疑《序》到廢《序》，而非自始即疑《序》。

朱子治《詩》，於宋孝宗隆興元年（1163，三十四歲）成《詩集解》，初修於宋孝宗乾道三年（1167，三十八歲），再修於乾道九年（1173，四十四歲），三修於宋孝宗淳熙四年（1177，四十八歲），是為《詩集解》定本。《詩集解》代表朱子尊《序》的立場，呂祖謙（1137-1181）《呂氏家塾讀詩紀》所引朱子之說，即《詩集解》之見解。淳熙三年（1176）與呂祖謙在開化（今浙江省開化縣）會面，論學九日，討論《詩》、《書》、《左傳》，此時即與呂祖謙《詩》意見不合，呂祖謙力主《詩序》，朱子則懷疑《詩序》。淳熙五年（1178）開始作《詩集傳》，至淳熙十三年（1186，五十七歲）《詩集傳》始成。❷是以朱子治《詩》可以淳熙三年作一分界，之前主《序》，其後疑《序》。

但是朱子在回憶這一過程時，有若干「失實」處：「某自二十歲時讀《詩》，便覺《小序》無意義。及去了《小序》，只玩味詩詞，卻又覺得道理貫徹。……後到三十歲，斷然知《小序》之出於漢儒所作，其為繆戾，有不可勝言。」❸如果根據此一敘述，朱子

---

❶　〔宋〕黎靖德（?-?）編，王星賢點校：《朱子語類》（臺北：文津出版社，1986 年 12 月），卷 80，頁 2085。彭維杰指出朱子詩傳新說異於舊說者有三，一是修正文辭相互矛盾處，二是以古制補前說之不足，三是義理轉精，見〈朱子詩傳舊說探析〉，《國文學誌》第 3 期（1999 年 6 月），頁75-101。

❷　參考束景南：《朱熹年譜長編》（上海：華東師範大學出版社，2001 年 9月）各年記事。

❸　〔宋〕黎靖德編，王星賢點校：《朱子語類》，卷 80，頁 2078。

治《詩》歷程，頗為清晰，始而質疑《詩序》，終至否定《詩序》。這是從「結局」而知道「開端」，亦即是從現在「是什麼」，推定原初「是什麼」，而「為什麼」就在這一推定過程中發現。從現在推定過去時，過去就呈現有秩序的情況；不同的現在，就有不同的過去；過去的立場不一，此時卻被純化。歷史是編次而成，由此可知。個人史也如此。❹

即使如此，我們必須再追問：朱子質疑了什麼？又否定了什麼？朱子云：「他做《小序》，不會寬說，每篇便求一箇實事填塞了。」又云：「《詩小序》不可信。而今看詩，有詩中分明說是某人某事者則可知。其他不曾說者，而今但知其說此等事而已。」❺亦即朱子所反對者是在詩中人與事的具體比附，但並不反對在詩中對事件的解釋。用「實指」與「虛指」這兩個概念說明，實指意謂美刺有具體對象，虛指則是指出此一解釋方向，朱子反對的是實指，而未反對虛指。

例如《小序》論〈雄雉〉：「刺衛宣公也，亂不恤國事，軍旅數起，大夫久役，男女怨曠，國人患之，而作是詩。」朱子反駁云：「《序》所謂大夫久役，男女怨曠者得之，但未有以見其為宣公之時，與淫亂不恤國事之意耳。」論〈匏有苦葉〉：「刺衛宣公

---

❹ 弗朗克·克默德（Frank Kermode）《結尾的意義》（*The Sense of an Ending*）即云：根據結尾來解釋開頭的思維方式，一直存在於歷史、生活與虛構的觀念，參見華萊士·馬丁（Wallace Martin）著，伍曉明譯：《當代敘事學》（*Recent Theories of Narrative*）（北京：北京大學出版社，1991 年 5 月），頁 95。

❺ 〔宋〕黎靖德編，王星賢點校：《朱子語類》，卷 80，頁 2072。

也，公與夫人並為淫亂。」朱子云：「未有以見其為刺宣公、夫人之詩。」❻朱子接受《小序》所指部分或全部詩意（前者是〈雄雉〉，後者是〈匏有苦葉〉），但不接受具體人事（衛宣公）。如果以上簡析可被接受，就可以知朱子解經仍採風教說。是以指朱子為反對《詩序》的主要人物，可能須區分實指與虛指之別，亦即朱子仍在風教說傳統下，質疑《詩序》。❼

至於方苞《詩經》著作，可分專著與散篇。專著《朱子詩義補正》，罕有傳本，今有《續修四庫全書》影印北京大學圖書館藏清

---

❻　俱見〔宋〕朱子：《詩序辨說》，頁 11，《續修四庫全書・經部・詩類》第 56 冊（上海：上海古籍出版社影印明崇禎毛氏汲古閣刻本，1995 年 3 月）。

❼　何定生即指出朱子《詩集傳》「三頌」與《序》說同或逕用《序》說者十四篇，《大雅》有十七篇，《小雅》有二十三篇，《國風》有八十九篇，計一四二篇，見〈宋儒對詩經的解釋態度〉，收入林慶彰編：《詩經研究論集》（臺北：臺灣學生書局，1983 年 11 月），頁 411-412。李家樹統計《國風》中《詩序》與《詩集傳》相同者佔 29.83%，大同小異者佔 38.13%，見〈漢宋詩說異同比較〉，收入《詩經的歷史公案》（臺北：大安出版社，1990 年 11 月），頁 77-82。莫礪鋒則作全面比較，指出《詩集傳》與《小序》全同計八十二首，與〈小序〉大同小異八十九首，與《小序》不同一二六首，見《朱熹文學研究》（南京：南京大學出版社，2000 年 5 月），頁 216-217。均可見出朱子《詩集傳》並未完全超越《毛傳》，甚至與《毛傳》相同者多。黃忠慎更說有學者指責朱子反《序》不夠徹底，但朱子反《序》本來就不想徹底，見〈關於朱子詩經學的評價問題〉，《國文學誌》第 3 期（1999 年 6 月），頁 23-73。大陸學者郝桂敏則分析朱子新舊《詩》說轉變原因，一在受前此說《詩》廢《序》的影響，二是以文學角度論《詩》，三是以理學角度釋《詩》，這些觀點都不能成立。見〈從詩集解和詩集傳詩旨差異看朱熹詩學觀學念的轉變及原因〉，《孔子研究》2002 年第 3 期，頁 96-100。

乾隆三十二年刻本。❽本書體例較特殊：並非解釋《詩經》所有作品，而是從中選錄二百二十首作品釋義，此其一；選錄作品，只有詩題，略無本文，此其二；釋詩也未逐句逐字解釋，而是略談全詩大義，或論其本事，或析其背景，或說其訓詁，最後下以己意，此其三。所以研讀《朱子詩義補正》，須先讀《詩經》毛傳鄭箋、朱子《詩集傳》；而讀者若非精熟《詩經》，閱讀時則甚感費力；對春秋史事、制度也須有一定程度理解，否則難以索解方苞解說。散篇有〈讀二南〉、〈讀行露〉、〈讀邶鄘至曹檜十一國風〉、〈讀邶鄘魏檜四國風〉、〈讀王風〉、〈讀齊風〉、〈書周頌清廟詩後〉、〈又書周頌清廟詩後〉，均收錄於《方苞集》卷一，也見於《朱子詩義補正》相關篇章。

　　方苞嘗自評其《朱子詩義補正》云：

　　　　僕說《詩》雖有與朱子異者，而所承用，皆朱子之意義。❾

又云：

---

❽　收入《續修四庫全書·經部·詩類》（上海：上海古籍出版社，1995 年 3 月）第 62 冊。

❾　〔清〕方苞：〈答劉拙修書〉，劉季高（1911-2007）校點：《方苞集·集外文》（上海：上海古籍出版社，1983 年 5 月），卷 5，頁 600。劉拙修，劉岩字枝桂，又字大山，家有拙修齋，方苞以拙修稱之，生卒年不詳。見孟醒仁：《桐城派三祖年譜》（合肥：安徽大學出版社，2002 年 12 月），頁 17，29。

> 僕於朱子《詩》說所以妄為補正者，乃用朱子說《詩》之意
> 義，以補其所未及，正其所未安，非敢背馳而求以自異
> 也……吾兄謂《小序》亦不可盡廢，最為平允。然其無據而
> 未甚害義者，朱子已過存之。其已刪而猶可用者，以鄙意測
> 之，不過〈風雨〉、〈伐檀〉、〈蒹葭〉數篇耳。❿

方苞很明確的指出其所著《朱子詩義補正》是承朱子《詩集傳》而
來，是補朱子之缺，正朱子之誤。而補正的核心，就在《小序》。
《小序》所以說明詩旨，並在說詩之時，隱隱然建構一文化理想，
後之說詩者，其實是重新理解這一文化理想，並傳述之、修正之。
而此一文化理想又從歷史中來。

第二節　方苞詩經學歷史想像：政權與禮典

正因歷史是我們反思的對象，方苞解《詩》，就是在歷史之中
建構文化理想。歷史會因解釋者的位置：時代、學派、價值、信念
等而有不同意義的呈顯。所以歷史的意義是開放的，經由不斷的建
構而形成，過去不能賦歷史以意義，只有現在與未來才能賦歷史予
意義。從而在文字罅隙之間，有待讀者填補；或字裡行間之間，有
待讀者解釋。這些未必有文獻可資證明，但讀者就是依原典讀出各
種意義。由此構成歷史想像：根據歷史事件，重建歷史真相——與

---

❿　〔清〕方苞：〈再與劉拙修書〉，劉季高校點：《方苞集》，卷 6，頁 175-
　　176。

讀者價值判斷符合的真相。並據此一真相，投射到存在情境，從而有現實意義。❶

〈殷武〉第三章：「天命多辟，設都于禹之績，歲事來辟，勿予禍適，稼穡匪懈。」朱子解為：「言天命諸侯各建都于禹所治之地，而皆以歲事來至於商，以祈王之不譴，曰我之稼穡，不敢解也，庶可以免咎矣。言荊楚既平，而諸侯畏服矣。」❷方苞則解為：

> 禹平水土，烝民乃粒，天命多辟，以為民也。能勤稼穡，歲述所職，則予曷為重加禍讁，如荊楚之撻伐哉？天之降監甚嚴，予為天吏，賞不敢僭，刑不敢濫，兢兢業業，不敢自暇自逸，所以申命于下國者，惟欲其遠于禍讁，而大建其福耳。❸

「予」依朱子之意，是諸侯自稱之詞，意謂我能事奉天子，並勤於

---

❶　〔英〕柯靈烏（R.G. Collingwood，1889-1943）指出歷史家對過去的構圖，是他自己先驗想像的產物，無論任何東西，它所以進入歷史家的想像，絕不是因為歷史家的想像被動地接受它進來，而是因為歷史家的想像主動的要求它進來，俾讓過去的構圖，成為可理解的圖案。在方法上是將現在當成它自身之過去的證據，以重建現在的過去。見氏著，陳明福譯：《歷史的理念》（The Idea of History）（臺北：桂冠圖書公司，1982 年 3 月），頁 325-328。

❷　〔宋〕朱子：《詩集傳》，汪中（1925-2010）斠補本（臺北：蘭臺書局，1979 年 1 月），卷 20，頁 247。

❸　〔清〕方苞：《朱子詩義補正》，卷 8，頁 39。

農事，期能免咎。方苞則解「予」為殷高宗自稱，且推論「天子」
是「天吏」，代天監管下國諸侯，諸侯之職，就在重視農業，尊敬
王室。根據這一理論，建立了天子／諸侯之間的架構，隱約將君臣
相對的關係，轉換為絕對的關係。天子地位如此崇高，所以方苞不
能接受「剪商」之說。〈閟宮〉第二章：「后稷之孫，實維大王，
居岐之陽，實始剪商。」朱子云：「大王自豳徙居岐陽，四方之
民，咸往歸之，於是而王跡始著，蓋有剪商之漸矣。」❶ 方苞云：

> 太王時，殷未衰，崎嶇狄戎之間，史克乃以實始剪商之誣辭
> 為頌，世教之衰，人心之蔽，作者之鄙倍，皆于是見之矣。❶

對「剪商」反應激烈，其實已隱含其後秩序意義，又云：

> 惟〈閟宮〉辭繁而複，事多失寔，意主獻諛，又以剪商上誣
> 太王，而孔子不刪，豈以僖公僭祀之實，後宜有考，與諸國
> 風貞滛並存，以垂法戒之義同與？❶

方苞以君臣名分為由，不能接受太王剪商，並以為孔子未刪此詩，
是用垂法戒。於此雖未明言反對朱子，但已清楚的不以朱子為然。
於〈武〉亦然，朱子云：「言武王無競之功，實文王開之。而武王

---

❶ 〔宋〕朱子：《詩集傳》，卷20，頁240。
❶ 〔清〕方苞：《朱子詩義補正》，卷8，頁32。
❶ 〔清〕方苞：《朱子詩義補正》，卷8，頁33。

嗣而受之，勝殷止殺，以致定其功也。」❶❼意即克殷之業，文王開之，武王成之。方苞則云：

> 乃周公深探三分有二以服事殷之心，以明文王之武功，皆受命專征，率方伯之職，為殷屏翰，而非自立武節，以啟疆宇也。❶❽

根本不承認文王有伐紂之心，反指出詩意是指文王受命專征，屏障王室，未有自立之心。所以朱子解〈清廟〉僅云：「此周公既成洛邑而朝諸侯，因率之以祭文王之樂歌。」❶❾方苞則說此詩之義是：

> 維天乃推闡文王之德之合于天道，是受天命，得民心，立典法為後王後賢儀式之根源也。❷⓿

武王自是有克商的事實，但此一事實乃承文王而來，而文王又承受天命，推源論始，周家建業，是承受天命，避開了克商這一具體過程的討論，也就避開了君臣上下分際的敏感論題。即使周王朝承受天命而來，但人仍必須要有所作為才能完成天命，亦即天命不會自我顯現，仍須透過人顯現。方苞於此並未詳析，卻在天命的討論有若干暗示。（詳下節）

---

❶❼　〔宋〕朱子：《詩集傳》，卷20，頁231。

❶❽　〔清〕方苞：《朱子詩義補正》，卷8，頁17。

❶❾　《詩集傳》，卷19，頁223。

❷⓿　〔清〕方苞：《朱子詩義補正》，卷8，頁4。

〈甫田〉首章：「攸介攸止，烝我髦士。」朱子云：「於其所美大止息之處，進我髦士而勞之也。」並解「髦士」之義為：「古者士出於農，工商不與焉。」❷❶方苞云：

> 不窋失官，自竄于西戎，至公劉始經田野，萬事草剏，故就省之時而烝髦士，若文、武、成、康之時，則士歸于學校，賓興有典，視學有期，不宜就田間而進之矣。❷❷

田間進士，據方苞說是在公劉遷豳初期，至文、武、成、康，典制大備，不應有此情事。兩兩相較，方苞增補並推論了甚多的情境，但這些情境並不在作品中。亦即是何典制？具體內容為何？何以後世必須遵守？均未明言。而其主要目的是指向文、武、成、康的規制，足為後世模範。所以方苞續云：

> 豳既定遷，人聚物豐，故宗廟用太牢，方社用犧羊，而備成國之禮。❷❸

這是受朱子解詩的影響：「此詩述公卿有田祿者力於農事，以奉方

❷❶ 〔宋〕朱子：《詩集傳》，卷 13，頁 156。士出於農，可參考徐復觀（1903-1982）：〈封建政治社會的崩潰與典型專制政治的成立〉，《兩漢思想史》（臺北：臺灣學生書局，1980 年 3 月臺 4 版），頁 86-88。

❷❷ 〔清〕方苞：《朱子詩義補正》，卷 5，頁 32。

❷❸ 〔清〕方苞：《朱子詩義補正》，卷 5，頁 32。

社田祖之祭。」❷全詩並未有祭祀之事，方苞不但以為此詩是「春祈之詩」，且指出宗廟太牢、方社犧羊之禮。重點是這些禮制足以成國。而禮制之後是禮意，借由制度、形式、儀物、動作等，直觸其中的意義，感受之、浸潤之、實踐之，合儀節與禮意為一，莊嚴生命，也莊嚴家國。

〈賓之初筵〉，朱子云：「衛武公飲酒悔過而作此詩。」❷方苞云：

> 厲王顛覆厥德，與群小荒宴，而亂禮之大常，武公目擊心傷，故託言飲酒悔過，以為子孫臣庶之戒。❷

飲酒悔過與託言飲酒悔過自是大異，前者確有其事，後者造事寄意；前者指向自身，後者指向他人；前者意在痛悔，後者在諷刺。這是詩旨不同。《小序》以為是衛武公刺幽王時之詩，朱子並未指出時代，方苞則確定是厲王時作，厲、幽之間，還有宣王，時間差距近九十年。❷這是時代不同。方苞並未考證這些史事，直接說明詩作年代，指出是因厲王違禮，致令宗社阢隉不安。這可能才是方

---

❷　〔宋〕朱子：《詩集傳》，卷13，頁156。

❷　〔宋〕朱子：《詩集傳》，卷14，頁163。

❷　〔清〕方苞：《朱子詩義補正》，卷5，頁37。

❷　厲王失政，後為共和元年（前841），宣王於前827至前782在位，幽王於前781至前771在位，如上溯厲王在位末十年，前後約九十年。衛武公元年當宣王十六年（前812），平王元年東遷，當衛武公四十三年（前770年）。

苞解詩重心所在。

〈江漢〉末章：「虎拜稽首，對揚王休，作召公考，天子萬壽。明明天子，令聞不已，矢其聞德，洽此四國。」方苞云：

> 宣王節政之初，中興之譽翕然，其後不藉千畝，料民太原，而謗議興，則令聞不能終矣。敗績於姜氏之戎，則不能矢文德以洽四國，武競而不振之明驗也。❷❽

全詩敘述召穆公虎征伐淮夷之功，末章是召公虎作「召公考」，祭祀召公，並頌美宣王，根本無方苞所述之意。也與朱子解全詩之意：「宣王命召穆公平淮南之夷，詩人美之。」❷❾大異。厲王之後，宣王號稱中興，方苞不稱揚其中興之業，反而以其後之失德為戒，這已超越解詩的範圍，不是「解詩」——針對文本以釋義，也不是「用詩」——文本與引詩者所處情境符合以取義，而是延伸詩作的歷史時間，將文本所指涉的對象，論其行事，對照其前後異同，以為後世法戒。

西周之衰，淵源有自，司馬遷（前145-前86）指出：昭王之時，王道微缺；穆王之時，王道衰微；懿王之時，王室遂衰，詩人作刺。❸❶從「微缺」到「衰微」再到「遂衰」，可以見出西周國力在懿王時即已然不行，往後日趨嚴重。導致西周隕滅的遠因，在宣王

---

❷❽ 〔清〕方苞：《朱子詩義補正》，卷7，頁19。

❷❾ 〔宋〕朱子：《詩集傳》，卷18，頁217。

❸❶ 〔漢〕司馬遷：《史記·周本紀》（臺北：鼎文書局三家注點校本，1978年11月），卷4，頁134，140。

不修親耕之禮，致王師敗績於姜氏之戎，又料民（登記人口）於太原，以補充所喪之師眾，至幽王終廢滅。❸

　　由是可知，宣王雖然法文、武、成、康，但中興之業卒衰於不行籍禮。降至幽王，王室固然腐敗，但連年旱災，也使國家混亂。❸方苞既不推源於懿王時周室已衰，也不著重於連續天災，卻著眼於宣王失禮，所以國勢不振。這顯然都是有所選擇而出此議論。〈召旻〉就從人事說明幽王的見殺。

　　〈召旻〉末章：「昔先王受命，有如召公，日辟國百里，今也日蹙國百里。於乎哀哉，維今之人，不尚有舊。」朱子云：「文王之世，周公治內，召公治外，故周人之詩，謂之〈周南〉，諸侯之詩，謂之〈召南〉，……今謂幽王之時。」❸方苞云：

> 〈民〉、〈勞〉及〈板〉，幽王始近暗昧頑童，老臣憂國，猶冀以苦言感發其本心，此二詩（案：指〈瞻卬〉及〈召旻〉）則小人皆安于昏椓，婦寺恣其忮慝，天篤降喪，民卒流亡，

❸　〔漢〕司馬遷：《史記・周本紀》，卷 4，頁 144-145。〔吳〕韋昭（204-273）：《國語注・周語上》（臺北：九思出版社點校本，1978 年 11 月），頁 24。楊寬（1914-2005）：《西周史》（臺北：臺灣商務印書館，1999 年 4 月），頁 805-809。

❸　楊寬：《西周史》，頁 811-812。許倬雲則指出共、懿、孝、夷四世，錫命之禮頻繁，官職猥多，國力消耗；天子的威權，漸由左右代行；周人戍邊的諸侯，與夷狄有婚姻關係，內外相結，周室不免有噬臍之患；凡此均導致西周中葉以後的衰落，見《西周史》（臺北：聯經出版公司，1984 年 10 月），頁 186-187，248，283-284。

❸　〔宋〕朱子：《詩集傳》，卷 18，頁 222。

善人云亡，疆宇日蹙，而王終不悛。❸

小人與婦寺並列，就已排除天災是西周覆滅的原因，天子本心流失，或是西周傾亡的主因。方苞的歷史解釋，很清楚的指向禮制的崩壞，才是國家興衰的根本所在。從厲王到幽王，其義均同。

所以國家至治，其根本仍是回到禮制，以禮治國。〈大田〉，朱子云：「故或疑此〈楚茨〉、〈信南山〉、〈甫田〉、〈大田〉四篇，即為〈豳雅〉。」❸方苞云：

> 〈信南山〉以下三詩，宜作于一時。蓋自公劉遷豳，立君宗，定田賦，遂作〈信南山〉言宗廟之事，〈甫田〉言春祈，〈大田〉言秋報，其後宗廟之器物漸備，禮儀益詳，更作〈楚茨〉。❸

〈公劉〉言公劉遷豳的史實，〈信南山〉、〈甫田〉、〈大田〉、〈楚茨〉並言農事，均無方苞所言之意。方苞將之導向禮儀，可溯源於朱子引呂祖謙說：「〈楚茨〉極言祭祀所以事神受福之節，致詳致備，所以推明先王致力於民者盡，則致於神者詳。」❸何以「致力於民者盡，則致於神者詳」？方苞云：

---

❸ 〔清〕方苞：《朱子詩義補正》，卷7，頁23。
❸ 〔宋〕朱子：《詩集傳》，卷13，頁158。
❸ 〔清〕方苞：《朱子詩義補正》，卷5，頁33。
❸ 〔宋〕朱子：《詩集傳》，卷13，頁154。

《周官·大宗伯》五禮，惟祭曰「吉禮」。國家無事，主人無喪疾，年豐物備，及時享祀，即莫大之福。**❸**

並在《周官集註》有更詳細的申說：「國家無故，上下和睦，以事天地宗廟百神，乃天地之最吉者，故曰『吉禮』。喪疾禍亂則祀事不能舉矣。」**❸**並不是求神以致福，正好相反，是年豐物備而祭神。神與人之間，存在著既敬神祇，又盡己力的循環結構：祀神以求國家無故，上下和睦；而國家無故，上下和睦，又是國君治民的結果。事神所以求報，但這一報本身，卻繫乎主祀者的人格典範及治國理政的成果。祭祀所以是吉禮，借由祭禮這一形式，彰顯國家德盛政修。在〈采菽〉更說明朝聘之禮所以能實行的背景：「惟盛王之世，朝聘以時，貢獻有節，禮下以誠，四方無金革札荒，然後朝會者能優游而自得，此詩人之善言治象也。」**❹**在在指出行禮惟有盛世方有可能。禮，是國家文治的象徵。此所以禮壞樂崩是國家

---

❸ 〔清〕方苞：《朱子詩義補正》，卷 5，頁 29。又於〈天保〉云：「五禮惟祭祀為吉，蓋國家無事，君無喪疾，春秋時享，君臣盡志，以從事於宗廟，人事之吉，莫大於此。」見同書卷 4，頁 6。

❸ 〔清〕方苞：《周官集註·春官·大宗伯》，卷 5，頁 12，《影印文淵閣四庫全書·經部·禮類》第 101 冊（臺北：臺灣商務印書館，1983 年），並於《周官析疑·春官·大宗伯》複述此段話語，見卷 17，頁 1-2，《續修四庫全書·經部·禮類》第 86 冊（上海：上海古籍出版社影印《抗希堂十六種》本，1995 年 3 月）。祭禮的意義及祭祀對象，可參見林素英：《古代祭禮中之政教觀——以禮記成書前為例》（臺北：文津出版社，1997 年 9 月），該書有詳盡的疏釋。

❹ 〔清〕方苞：《朱子詩義補正》，卷 5，頁 39。

衰頹的跡象。

朱子所引呂祖謙語，是事神所以能受福的原因，方苞則從祭禮去說明這一原因的理論基礎。

第三節　方苞詩經學文化建構：禮典與天命

在《周禮·春官·大宗伯》中，祭祀的對象有三大類：天神、地祇、人鬼。天神是指昊天上帝、日月星辰、司中、司命、飌師、雨師；地祇是社稷、五祀、五嶽、山林川澤、四方百物；人鬼是先王。以今日眼光視之，大約就是自然與人事，首當其要者是上帝。❹

《詩經》中天與文王經常連言，但不表示天與文王合一，天是透過文王展現意旨。此時天與文王的關係至少有二種：天命降在文王，並無倫理意涵；天命降在文王，是因文王愛民敬天。第一種類似決定論，天選擇文王展現其意旨，其意旨內容不在討論之列，純粹只是意志的展現，人只能匍匐其前，接受天帝安排，《詩經》並不呈現這種理念。第二種才是《詩經》所欲傳達的理念，❹方苞於〈載見〉云：

---

❹　詳見〔清〕孫詒讓（1848-1908）著，王文錦、陳玉霞點校：《周禮正義·春官·大宗伯》（北京：中華書局，1987 年 12 月）。《詩》、《書》中的天命、帝命其意相同，天、帝、上帝其意亦同，見李杜：《中西哲學思想中的天道與上帝》（臺北：聯經出版公司，1982 年 5 月），頁 16-17。

❹　唐君毅（1909-1978）指出《詩》、《書》中天命內涵，一是天命靡常，一是天之降命，後於人之修德，見《中國哲學原論·導論篇》（臺北：臺灣學生書局，1979 年 2 月），頁 504-505。

> 凡能自昭明德，以篤多祐者，皆天啟其也；其有昏德而自棄
> 其命者，乃天奪之鑒也。❸

明德或是天啟，昏德則是自棄。此一講法，戒人不應自棄，卻也戒
人不應自滿，明德歸美於上天，昏德則歸過於自身。天保證了純粹
可敬的形上原理，使人有所祈嚮忻慕，生命呈現立體境界，可以層
層上遞，也說明了人墮落的原因。〈蕩〉首章：「蕩蕩上帝，下民
之辟。疾威上帝，其命多辟。天生烝民，其命匪諶。靡不有初，鮮
克有終。」朱子云：「蓋其降命之初，無有不善，而人少能以善道
自終，是以致此大亂，使天命亦罔克終，如疾威而多辟也。」❹每
一生命個體都承受純粹的天命，不能繼天發揚此善性，終將導致大
亂，天的純粹性也無法完成。天命仍須藉人才能完成，方苞有更淺
顯的說明：

> 人性皆善，靡不有初也；而多自棄于邪慝，鮮克有終也。天
> 命人以善，則皆欲賜之以福，靡不有初也；人自棄，天亦棄
> 之，鮮克有終也。❺

善與福並列，亦即實踐善行則有福報，反之則為天所揚棄。完全承
繼朱子之意，肯定人之性善，人之性善又從天命而來，命人之善，

---

❸　〔清〕方苞：《朱子詩義補正》，卷8，頁15-16。

❹　〔宋〕朱子：《詩集傳》，卷18，頁203。

❺　〔清〕方苞：《朱子詩義補正》，卷7，頁1。

即賜人之福。善／福一體，而有因果關係。天顯然有強烈的意志性格，但也指出天之所命，實依乎人自身。

〈烝民〉首章：「天生烝民，有物有則，民之秉彝，好是懿德。」朱子云：「天生眾民，有是物必有是則。蓋自百骸、九竅、五藏而達之君臣、父子、夫婦、長幼、朋友，無非物也，而莫不有法焉。如視之明，聽之聰，貌之恭，言之順，君臣有義，父子有親之類是也。是乃民所執之常性，故其情無不好此美德者。」**❻**「物」包含身體，即百骸、九竅、五藏，及由此推擴的他人，即君臣、父子、夫婦、長幼、朋友；「則」包含身體的道德官能，即視之明，聽之聰，貌之恭，言之順，及由此推擴的人倫結構，即君臣有義，父子有親。這不是由前者推向後者，而是分別建各自的範疇。方苞承朱子之說：

> 凡人之行能應乎物則，即為懿德。**❼**

人自身的行為，須合乎道德官能及人倫結構，亦即須有個人道德實踐與社會倫理的實踐，方能為天命所附。

這一懿德，在禮儀更能具體呈顯，〈板〉末章：「敬天之怒，無敢戲豫。敬天之渝，無敢馳驅。昊天曰明，及爾出王。昊天曰旦，及爾游衍。」朱子云：「禮儀三百，威儀三千，無一事而非仁

---

❻ 〔宋〕朱子：《詩集傳》，卷18，頁214。
❼ 〔清〕方苞：《朱子詩義補正》，卷7，頁15。

也。」**48**仁心具存於人，在內是修己敬天，在外是仁民愛物，但是規範自我行為，安排人間秩序，必須有一套具體儀節與制度，才能完成仁。行禮即所以踐仁。方苞並未於此衍申，而是接受這一前提，並接續說：

> 人同此心，心同此理，所謀一于天理，則辭必輯，民必協和；所謀即乎人心，則辭必懌，民必安定。

禮上升到理，有形上的意義；天返歸人，在人世實踐天心，最後則是：

> 天與人相通也。**49**

就人而言，天命雖附，仍須人的努力；就天而言，天命仍有不可測之處，理論上的可能，在現實中或有不可能，〈既醉〉第五章：「威儀孔時，君子有孝子。孝子不匱，永錫爾類。」方苞云：

> 有子孫而不為天命所附，有天命而子孫不賢，皆不得為善。**50**

天命固然無常，但仍可透過敬天、知天，而為天命所附，藉由人的

---

48 〔宋〕朱子：《詩集傳》，卷17，頁202。

49 俱見《朱子詩義補正》，卷6，頁28。

50 〔清〕方苞：《朱子詩義補正》，卷6，頁19，20。

努力能確定天心，所以方苞於〈正月〉云：

> 乃天心豈終無定者？❺❶

再藉由式法、祭祀文王獲得天命。〈我將〉首章：「我將我享，維羊維牛，維天其右之。」朱子云：「言奉其牛羊以享上帝，而曰天右乎，蓋不敢必也。」次章：「儀式刑文王之典，日靖四方，伊嘏文王，既右享之。」朱子云：「言我儀式刑文王之典，以靖天下，則此能錫福之文王既降而在此之右，以享我祭。若有以見其必然也。」末章：「我其夙夜，畏天之威，于時保之。」朱子云：「又言天與文王既右享我矣，則我其敢不夙夜畏天之威，以保天與文王所以降鑒之意乎。」❺❷朱子分解詩意，以為祭祀上帝與文王之時，從不確定上帝降臨的態度，漸漸轉為確定，其中關鍵在式刑文王；上帝降臨之後，就須畏天之威，以長保天意。式刑文王，即所以敬法天帝，具體內容就是「文王之典」。天——文王——文王之典，是一完整的祭祀暨學習結構。方苞就指陳甚明：

> 儀謂修于身者，式謂施于政者，刑謂禮度之範圍子孫臣庶者，三者皆能恪守文王之典，然後能日靖四方。曰「日靖」者，一日不能用典，則不能保四方之靖矣。❺❸

---

❺❶　〔清〕方苞：《朱子詩義補正》，卷5，頁13。

❺❷　〔宋〕朱子：《詩集傳》，卷19，頁225-226。

❺❸　〔清〕方苞：《朱子詩義補正》，卷8，頁8。

修身、政制與禮度，約略是文王之典，這不是個人道德，也不是從個人道德推向社會群體，是三種範疇，並須每日用典，才能保天下安平。欲長保天命，除了敬慎，還需勤政。敬與勤缺一不可。敬、勤均須以禮導之。

〈文王〉末章：「儀刑文王，萬邦作孚。」朱子云：「夫知天之所以為天，又知文王之所以為文，則夫與天同德者，可得而言矣。」❺❹方苞云：

> 人心肆，則物欲交，而本體之明息，文王惟敬，故能不息其明。❺❺

人心縱肆，去而不返，惟有敬以回復清明的本心。〈賚〉：「文王既勤止，我應受之。敷時繹思，我徂維求定。時周之命，於繹思。」朱子云：「言文王之勤勞天下至矣，其子孫受而有之，然而不敢專也。」方苞承朱子之意：

> 天生民而立之君，本以求民之定耳。文王既克勤民，則我周應受天命。❺❻

如果敬著重在人內在的本心，勤就著重在外在的治國理政。〈維天

---

❺❹　〔宋〕朱子：《詩集傳》，卷16，頁177。

❺❺　〔清〕方苞：《朱子詩義補正》，卷6，頁3。

❺❻　〔清〕方苞：《朱子詩義補正》，卷8，頁22。

之命〉：「維天之命，於穆不已，於乎丕顯，文王之德之純。假以
溢我，我其收之。駿惠我文王，曾孫篤之。」朱子直接指出：「天
命，即天道也。」❺方苞云：

> 能順文王之道，斯能秉文王之德，以合乎天命而流慶無窮
> 耳。❻

天道的內容就是文王之道，能秉持文王之道，天命自會流衍，無待
他求。並於〈清廟〉云：

> 維天乃推闡文王之德之合于天道，是受天命，得民心，立典
> 法為後王後賢儀式之根源也。❼

方苞承朱子之意，以為本詩專祀文王。既行文王之道，復行此祭
禮，冀獲天命保祐。祭文王，即所以祭天；祭天，即所以獲天命。
祭禮的完成，詳究其實，是整個文王之典的完成。這一禮典的完
成，即象徵甚或指涉文王理想的完成。由此可論方苞特殊的《詩
經》經世觀。

---

❺　〔宋〕朱子：《詩集傳》，卷 19，頁 223。
❻　〔清〕方苞：《朱子詩義補正》，卷 8，頁 5。
❼　〔清〕方苞：《朱子詩義補正》，卷 8，頁 4。

第四節　歷史想像與文化建構下的詩用觀：美刺與垂戒

方苞首先即批評毛《傳》、鄭《箋》的不可信：

> 毛《序》、鄭《箋》必強依於時事，曲附以美刺，皆由不明
> 此義。**⓺**

美刺說原本《詩序》，其特色是將結合詩歌與西周、春秋時事，並以歷史事件詮解詩義。方苞所說強依、曲附，就是這一解詩進路的流弊。

　　然而詩歌與事件之間，未必有相互平行的關係，勉強結合二者，就會出現方苞所說之病。其實朱子早已指出這一問題：「《詩序》多是後人妄意推想詩人之美刺，非古人之所作也。」**⓻**雖然朱子曾云：「大率古人作詩，與今人作詩一般，其間亦自有感物道情，吟詠情性，幾時盡是譏刺他人？」**⓼**然而朱子並未完全摒棄《小序》，甚而採納《小序》之說。方苞亦然，其穿鑿附會處有過於《小序》者。以〈采綠〉為例：《小序》：「〈采綠〉，刺曠怨

⓺　〔清〕方苞：《朱子詩義補正·國風》，卷 1，頁 1。

⓻　〔宋〕黎靖德編，王星賢點校：《朱子語類·詩一·綱領》，卷 80，頁 2077。

⓼　〔宋〕黎靖德編，王星賢點校：《朱子語類·詩一·綱領》，卷 80，頁 2076。

也。幽王之時，多怨曠者也。」❸若僅探究字義，殊不能見出刺曠怨之意。朱子：「婦人思其君子……。」❹去其刺意，而取怨曠意，仍承《小序》而有變化。方苞則引李光地（1642-1718）語：「此詩以為婦人念其君子，則意味甚淺。蓋刺居位而怠其職事者，故言終朝所采無幾，而己託言歸沐矣。」❺詩作只有感物道情，而乏寄託比興、託物言志等，確實意味較淺；但刺居位而怠其職，其實也乏具體證據。

其中爭論是詩歌的美感，是存在於形式結構即可，抑或尚需寄託比興。上引朱子語，似重在前者，方苞引李光地語，似重在後者。詳究其實，朱子也承繼《小序》，強調寄託比興，方苞也常指出詩歌美感技巧。這一問題，也將繼續爭論，難有定論。

方苞雖引李光地語釋詩，但其對美刺的評論卻不完全同於李光地：

> 漢唐諸儒，于變風傅會時代，各有主名，以入于美刺，朱子既明辨之，而世儒猶嘵嘵以至于今。蓋謂一國之詩，數百年之久，所存必政教之尤大者，閭閻叢細之事、男女猥鄙之情，即閒錄以垂戒，不宜其多至于如此。而不知刪詩之指要即於是焉存。❻

---

❸ 〔唐〕孔穎達：《毛詩正義》，卷15之2，頁6。

❹ 〔朱子〕：《詩集傳》，卷15，頁170。

❺ 〔清〕方苞：《朱子詩義補正》，卷5，頁44。

❻ 〔清〕方苞：《朱子詩義補正·邶鄘至曹衛十二變風》，卷2，頁1。

美刺與垂戒並不是一組平行用語，美刺也可用以垂戒，但垂戒並不
一定以美刺出之。其後所說，更可了解這一意義：

> 而叢細猥鄙之辭，與美刺昭然可為法戒者同收並列，且無一
> 之或遺。蓋民俗之真，國政之變，數百年後廢興存亡昏明之
> 由，皆于是可辨焉。❻❼

方苞雖反對《小序》專以美刺解詩，但這一講法，其實仍從《小
序》而來：孔子編詩，何以留存如此眾多的淫詩？美刺說重在解
詩，並未說明這一問題，方苞用垂戒說解決這一難題：變風之詩，
是聖人用以垂戒後世，後人藉詩觀世，以為警惕。

　　這就是方苞《詩經》學的問題。垂戒說既從美刺說變化而來，
就不可避免的會承繼《小序》。既是如此，垂戒與美刺究竟有何異
同？二者在解經方向上其實並無扞格之處，而是在解經的實際技巧
上不同。如同前述，美刺難免有比附之譏，垂戒即在極力避免此一
狀況。

　　嚴格而言，方苞並未提出「垂戒」這一概念，以與美刺抗衡，
而是強調詩所以垂戒，不應事事比附。垂戒是《詩經》的功能展
現，功能的目標其實相當清晰，至於意義即在類型中得知。方苞論
〈桑柔〉：

> 作詩者之于群小，或誦言而使之知；或陰規以求其改；終不

---

❻❼　〔清〕方苞：《朱子詩義補正·邶鄘至曹衛十二變風》，《卷2，頁1。

能聽，則作歌以誚讓之。正為庶僚共政，故敢以朋友責善之
道相規。⓰

作者創作，本就在借作品諷諭讀者，此時，詩歌不是作者抒情發
意，也不是美感呈現，整個創作過程，有一預設的目的存在，預設
作者創作動機，預設限定的讀者，更預設讀者閱讀目標。這是從作
者的角度看待《詩經》─讀者所想像的作者。⓱

一、以風俗垂戒

方苞論《詩》，最重風俗，尤可從其論〈王風〉得見：

> 世儒謂讀〈王風〉而知周之不再興，非深于《詩》者之言
> 也。方是時，上之政教雖俍，而下之禮俗未改。其君子抱義
> 而懷仁，其細民畏法而守分。以道興周，蓋視變魯變齊而尤
> 易。⓲

⓰ 〔清〕方苞：《朱子詩義補正》，卷7，頁10。

⓱ 這可從「典型作者」與「典型讀者」理解：典型作者對讀者說話，要求讀者
與他一致；典型讀者會思考典型作者如何引導讀者。相對於典型作者與典型
讀者，則是經驗作者──指真實的作者，與經驗讀者──指每一個閱讀文本
的人，見〔義〕安貝托・艾柯（Umberto Eco）著，黃寤蘭譯：《悠遊小說
林》（*Six walks in the fictional woods*）（臺北：時報文化出版公司，2000年
11月），頁14，17，24，40。但是艾柯是從作者立場討論，方苞則是從讀者
立場逆證作者理應如此。

⓲ 〔清〕方苞：《朱子詩義補正・王風》，卷2，頁15。

指出周朝仍有可能復興，且較藉魯、齊興復周文化為易。其論斷理
由是君子抱義懷仁，人民畏法守分；至其如此論斷的證據是：

> 〈黍離〉、〈兔爰〉憂時閔俗……〈大車〉檻檻，師都猶能
> 正其治也。〈君子陽陽〉，匿跡下僚而不改其樂也。〈采
> 葛〉憂良臣之見讒。〈邱中〉懼賢者之伏隱……〈君子于
> 役〉發乎情止乎禮者無論矣。〈葛藟〉悲無兄弟，則宗子收
> 族，大功同財之淳風猶未泯也。**⓱**

表列《小序》與方苞說之異同如下：**⓲**

篇名	小序	方苞
黍離	閔宗周也	憂時閔俗
兔爰	閔周也（桓王失信）	憂時閔俗
大車	刺周大夫也	師都能正其治
君子陽陽	閔周也	匿跡下僚不改其樂
采葛	懼讒也	憂良臣見讒
邱中有麻	思賢也（莊王不明）	懼賢者伏隱
君子于役	刺平王也	發乎情止乎禮
葛藟	王族刺平王也	悲無兄弟

〈黍離〉、〈采葛〉與《小序》全同；〈兔爰〉、〈邱中有麻〉與

⓱ 〔清〕方苞：《朱子詩義補正·王風》，卷2，頁15。

⓲ 此一順序是方苞綜論〈王風〉的順序，《詩經·王風》的順序不如是。

《小序》略同；〈大車〉、〈君子陽陽〉、〈君子于役〉、〈葛藟〉則與《小序》差異頗大。這可說明方苞雖批評《小序》穿鑿附會，但在一定程度上仍須依靠《小序》解《詩》；其次，方苞在分析〈王風〉詩篇，儘量避免指實，或曰實指，亦即詩作不是在美或刺某人某事。導向比較廣泛的論述，這可稱為指虛，或曰虛指。

最可為代表者為〈兔爰〉：

> 國是既非，至于君邪項領，方正戕沒，則百度皆亂。可憂之端，不一而足，所見之象，無非不祥，故曰「逢此百罹」、「逢此百兇」。而致此皆由上有昏德，故曰「尚寐無吪」、「尚寐無覺」、「尚寐無聰」……世治則清靜寧一，各安其業，若無事者，故曰「尚無為也」；國將亡必多制，時平則無所創作，故曰「尚無造也」；世末極亂，則亂政猶未敢亟用，故曰「尚無庸也」。❼❸

通論一個時代治亂的外在展現，至於這一時代，方苞並未確指。

至其觀察〈魏風〉則可更確美刺與垂戒的異同：

> 觀首二篇則知公室宗族褊急而無禮，觀末二篇則知卿尹有司貪暴而不仁。❼❹

---

❼❸ 〔清〕方苞：《朱子詩義補正》，卷2，頁17-18。
❼❹ 〔清〕方苞：《朱子詩義補正·魏風》，卷3，頁7。

〈魏風〉首二篇為〈葛屨〉、〈汾沮洳〉，《小序》指出詩旨分別為：「刺褊也」、「刺儉也」。末二篇為〈伐檀〉、〈碩鼠〉，《小序》指出詩旨分別為：「刺貪也」、「刺重斂也」。❼⑤方苞顯然採取《小序》之說，似與《小序》無異，而細析《小序》所說，固重在刺，但並無確指的人物。

　　方苞論析詩旨，略有兩種狀況：一是承認《小序》，一是別出己見。方苞如果承認《小序》，會在分析詩旨時或默示或明示，指出《小序》可信，前者是敘述詩旨時近似甚或全同《小序》，後者則明白說明《小序》可信。在採取《小序》之說時，最大的共同點，即是泛論某一情境，而不是具體指斥某人某事。

　　方苞所關心的是文學作品中所含藏的文化問題，即文學是文化的展現。方苞認為周道可以復興，正從〈王風〉中得見：「十篇之中，淫志溺志、敖辟煩促之音，無一有焉。」關鍵在於：

> 蓋自周公師保萬民，君陳、畢公繼治于伊洛，自上以下，莫不漸于教澤，愮于德心，而知禮義之大閑，故降至春秋，篡弒攘奪，接跡于諸夏之邦，而王室則無之，以眾心之不可搖奪也。❼⑥

作品不是一孤立的文本，而是風俗的綜合呈現，又須從歷史發展觀察此一呈現的意義。方苞少談詩歌的形式技巧，其故可從此理解。

---

❼⑤　分見〔唐〕孔穎達：《毛詩正義》，卷5之3，頁2，4，9，12。

❼⑥　〔清〕方苞：《朱子詩義補正》，卷2，頁15-16。

以方苞論〈秦風〉為例，就可見出此一意義的具體指向：

> 秦則以媚子從狩，輶車載獫，其不貴禮義而尚武健，不任仕
> 人而親群小，自立國之始而已然矣。及其亡也，釁卒起于游
> 獵，而禍成于奄尹佞幸。孔子編〈秦風〉，不首〈小戎〉、
> 〈蒹葭〉，而首〈車鄰〉、〈駟驖〉，所以志其本俗為後鑒
> 也。❼

〈車鄰〉、〈駟驖〉，《小序》指出詩旨分別是：「美秦仲也」、
「美秦襄公」。方苞不從美刺立論，而從風俗分析秦所以敗亡之
故。「志其本俗以為後鑒」，正說明「文學——風俗——鑒戒」的
這一結構。文學作品的內容主要是文化（風俗），文化（風俗）又可
作為後世規範或殷鑒——規範可供後人學習，殷鑒則足為後人戒
惕。最終導向讀者觀風以知得失：

> 觀車馬之殷盛，則井甸之蕃實可知矣；觀軍帥之謀武，則宅
> 俊之得人可知矣；觀眾志之向方，則政教之素洽可知矣；觀
> 庶邦之時會，則德威之遠孚可知矣。❽

事實上〈車攻〉並無如此繁複之意，而是方苞綜合〈六月〉、〈采
芑〉、〈車攻〉、〈吉日〉、〈常武〉等詩論述，《小序》指出諸

---

❼ 〔清〕方苞：《朱子詩義補正》，卷3，頁11。
❽ 〔清〕方苞：《朱子詩義補正》，卷5，頁3。

詩在美周宣王，方苞也承認《小序》所說，卻更重視：「未有內政不修而外威能振者。」「讀詩」變為「觀風」，讀詩，其實有一特殊目的。

二、以歷史垂戒

觀風論俗，須在具體事件中實踐，才能見出其文化意涵，也才有鑑戒的功能。此一具體觀察的場域，即是歷史。方苞云：

> 稽之春秋，中原建國，兵禍結連，莫劇于陳、鄭，衛次之，宋又次之，而淫詩惟三國為多。以此知天惡淫人，不惟其君以此敗國亡身殞嗣，其民夫婦男女亦死亡危急，焦然無寧歲也。❼❾

推論敗國亡身的原因是淫風盛行，而淫風盛行，則是從詩歌中察知。詩歌雖未必反映現實，然而卻可呈顯文化或風俗趨向，再從此趨向觀察社會群體有否意義的追尋，從而判斷未來的發展，或逐日興衰。而其結論是：

> 總而計之，邶、鄘無徵，魏、檜早滅，衛、鄭以下七國之亡，並于所存之詩見之。非聖人知周萬物，而百世莫之能違，其孰能與于此。❽⓪

---

❼❾　〔清〕方苞：《朱子詩義補正·邶鄘至曹檜十二變風》，卷2，頁2。
❽⓪　〔清〕方苞：《朱子詩義補正·邶鄘至曹檜十二變風》，卷2，頁2。

聖人編詩，就在觀興衰而鑑百世。詩歌或文學作品，與其說是個人抒情發意，毋寧說更具有社會意涵，承載了整個群體選擇。此一選擇與群體中的每一個體有關，所以方苞才說夫婦男女也因此而歲無寧日──這是行為的結果，而非無辜受殃。

方苞所以認為衛、鄭之詩為淫，大致上是接受朱子的見解。這可從其《朱子詩義補正》作一逆向推論得知：方苞雖大力批評衛、鄭之詩，但《朱子詩義補正》含邶、鄘在內，直指某詩為國君淫佚惑於美色者極少，而《詩集傳》則皆具體指出。

方苞的基本觀念，從〈日月〉可以得知：

> 莊姜賢者，不獨以失愛自傷也。內寵蔑正，嬖子配嫡，亂本成矣。[81]

《小序》：「衛莊姜傷己也。遭州吁之難，傷己不見答于先君，以至困窮之詩也。」朱子承之：「莊姜不見答於莊公，故呼日月而訴之。」[82]衛莊公最初娶於齊莊姜，並無子嗣；再娶陳厲媯，生孝伯，但不幸早死；厲媯之娣戴媯生桓公，莊姜愛之以為己子。至於州吁則為莊公所寵幸嬖人之子，莊公甚為寵愛，且使其指揮軍隊，莊姜極為厭惡。其後州吁果然弒桓公自立。莊姜不見答於莊公，不載於《左傳》、《史記》等典籍，推測大概是莊姜既厭惡州吁，曾向莊公勸諫，但莊公不聽，是以《小序》有此說，在《左傳》中是

---

[81]　〔清〕方苞：《朱子詩義補正》，卷2，頁5。

[82]　〔宋〕朱子：《詩集傳》，卷2，頁17。

石碏力勸莊公，但莊公弗聽。 ❽

　　當一旦以歷史為場域，傳統美刺說的具體指向，立即出現。《小序》如影隨形，難以擺脫。即使方苞清楚的自覺《小序》所說未必確當，在解詩時仍會採用。其次，方苞所謂「亂本成矣」之本，固可解釋為原因，但與其理學立場合觀，則有特殊的思想意義。

三、以義理垂戒

　　此即逐漸導向個人行為與意志，〈鹿鳴〉：

> 人君之於賢者，求其善言，則如不得聞；師其德行，則如將不及。然後奉之以幣帛，將之以酒醴，始足以燕樂賢者之心。若駕馭以權術，縻繫以爵祿，言不敢盡其誠，道有所屈於己，庸鄙之夫，或奔走焉，豈足以盡賢者之心而盡其力哉。 ❽

君臣之間，若有相得，不是藉權位，而是以禮樂，以禮樂引發內心的情志，作為人與人之間的基本存在關係。何止如此，整個政治社會架構基本上也此為核心。所以方苞又云：

---

❽　事見《左傳・隱公三年》，後州吁被殺，見《左傳・隱公四年》。參見楊伯峻（1909-1992）：《春秋左傳注》（北京：中華書局，2000年7月6刷），頁30-33，37-38。

❽　〔清〕方苞：《朱子詩義補正》，卷4，頁1。

> 凡出言之無章，令聞之不宣，威儀之不類者，周旋於琴瑟笙
> 簧、筐篚樽俎之間，必有愧怍而不安者矣。故必平時不惌於
> 德義，然後臨事能盡志禮樂，此先王之以善養人而德威惟畏
> 者也。㊄

在日常生活中建立禮樂儀式，這一儀式導向超越現實的意義，從而
規範我們的行為。超越的根據，就在天命，但方苞反對專恃天命，
〈文王〉：

> 繼世之君，所以恣睢于民上者，往往以祖德為可恃，天命可
> 為常。㊅

這自非方苞創見，〈文王〉本身即有「天命靡常」之語，方苞於
〈時邁〉更明白說出：

> 天位非一姓所私，必能輯和神人，乃可信其為天下君。㊆

如此，所恃者惟有一己：

> 人心肆則物欲交，而本體之明息。文王惟敬，故能不息其

㊄　〔清〕方苞：《朱子詩義補正》，卷4，頁1。
㊅　〔清〕方苞：《朱子詩義補正》，卷6，頁3。
㊆　〔清〕方苞：《朱子詩義補正》，卷8，頁9。

明。❽❽

方苞本身就是程朱學派的信仰者，所以「本體之明」、「敬」等概念，並未具體分析。這些概念，應是直接承自理學而來，承自朱子而來。方苞認為天理即人心，因此天心與人事可以感通。❽❾讀者閱讀詩歌，即可感受人事，進而察知天理之所在，方苞並不是建立宇宙論，而是建立文學閱讀的超越根據。

其所說聖賢論，即與此有關，在〈文王〉云：

> 惟所稟之氣，純一而不雜，乃能生聖賢。周公推原文王之生，實由大任、王季維德之行，是謂明於天地之性，可為凡為夫婦者之法戒。❾❵

天地之氣──聖人──讀者法戒，又構成《詩經》另一垂戒系統。❾❶由聖賢論再論及聖賢之學，〈訪落〉：

> 思天命之不易，畏其陟降日監，而每事自省察，所以檢身愈

---

❽❽　〔清〕方苞：《朱子詩義補正》，卷8，頁9。

❽❾　〔清〕方苞：《朱子詩義補正·板》，卷6，頁28。

❾❵　〔清〕方苞：《朱子詩義補正》，卷6，頁4。

❾❶　朱子嘗云：「詩者人心之感物，而形於言之餘也，心之所感有邪正，故言之所行有是非。惟聖人在上，則其所感者無不正，而其言皆足以為教。」見《詩集傳·序》。聖人所感無不正，朱子在此並未說明理由，方苞則說聖人所稟，純一不雜。由此可進一步推論聖人所感無不正的論據。

　　嚴密矣。非徒保身之為貴，而明其身之為貴，此所以為聖賢
　　之學也。❷

詩中「保明其身」句，意為保佑顯揚其身，方苞卻分成「保身」、
「明身」二層析述，尤其是「明身」，若與上述「本體之息明」並
列，意指回復人最原初清明的本性，顯然有深刻的哲學意義。

　　回復人的原初本性，此一「人」即指讀者本身，〈抑〉：

　　然德之謹持於己者，莫要于「慎獨」。❸

讀詩而及式法聖人，修養己德，這是方苞《詩經》學最大特色。但
是方苞又說：

　　不能慎獨，則德皆虛。然能慎獨，而知識或有所蔽，氣質或
　　有所偏，非取諸人以自鏡，德無由進也。❹

既是取諸人以自鏡，於是又回到風俗觀察、歷史考索，以反省偏
蔽。

---

❷　〔清〕方苞：《朱子詩義補正》，卷8，頁18。
❸　〔清〕方苞：《朱子詩義補正》，卷7，頁4。
❹　〔清〕方苞：《朱子詩義補正》，卷7，頁6。

第五節　結　語

　　朱子所反對者是在詩中人與事的具體比附，但並不反對在詩中對事件的解釋。方苞很明確的指出其所著《朱子詩義補正》是承朱子《詩集傳》而來，是補朱子之缺，正朱子之誤。而補正的核心，就在《小序》。《小序》所以說明詩旨，並在說詩之時，隱隱然建構一文化理想，而此一文化理想又從歷史中來。

　　朱子引呂祖謙說，以為行禮須有相當的物質條件，方苞更推論並不是求神以致福，正好相反，是年豐物備而祭神。

　　朱子以為從不確定上帝降臨的態度，漸漸轉為確定，其中關鍵在式刑文王；上帝降臨之後，就須畏天之威，以長保天意。式刑文王，即所以敬法天帝，具體內容就是「文王之典」。天——文王——文王之典，是一完整的祭祀暨學習結構。方苞更具體指出修身、政制與禮度，約略是文王之典。

　　方苞根據朱子《詩集傳》，在解詩之外，其實是借著解詩反省西周王室由盛轉衰之故，就在於禮典不備，而不考慮其他因素。而禮典最重要的象徵是祭禮，經由祭禮，連結上天與人事（文王），而以為文王之典就是後世學習的對象。這一推論，對方苞而言，有其現實的意義，尋求文王之典背後的原理，再以此原理應用於當代，間接的實現聖人的理想。

　　方苞的詩用觀，涉及文學與社會、文學與歷史、文學與義理等問題，文化關懷超越文學關懷。文學可見出社會風俗，文學可見出歷史變遷，文學可作為修身根據。俱將之視為理所當然，而缺乏第二義的討論。而且方苞是從閱讀的角度來說明這些問題，所闡述者

著重編詩者（聖人）之意，作者之意或作品之意，較不在考慮之列。

方苞所以如此解《詩》，其實是承《大序》的傳統而來。詩人有所感而為詩，這一感受的對象或是自然世界、或是社會結構、或是生命體悟。《詩序》解詩，即設想作者，並規仿作者所思，建構其理論。

餘論：詩大序的解經方法

方苞何以能如此解詩？今人輒以《詩序》為政教解詩，並詆之為政治附庸，然考其實際，似有不然者。重釋《大序》解經方法，或可更理解方苞所為。

《大序》云：

> 詩者志之所之也，在心為志，發言為詩。情動於中而形於言，言之不足，故嗟歎之，嗟歎之不足，故永歌之，永歌之不足，不知手之舞之，足之蹈之也。治世之音安以樂，其政和。亂世之，怨以怒，其政乖。亡國之音，哀以思，其民困。❾❺

「情動於中」是《大序》的重點，亦即詩歌之作，是作者中有所感而成，其過程約略如下：「感受主體──感受對象──感受表

---

❾❺ 〔唐〕孔穎達：《毛詩正義》，卷 1 之 1，頁 5。

出」。感受主體自是作者，或逕曰詩人；感受對象，於此所陳述者是人事現象，即政治的良窳；感受表出是作品，或直稱詩歌。詩人既有所感，而後有詩，所感之對象，自不應限於政教，但不能因所感者是政教，即推論為詩歌為政教附庸。至於感受之表出，在讀者實際所見則是：「感受表出——感受對象——感受主體」。進入作品的世界，理解其意義，逆推作者心志。所以《大序》續云：

> 先王以是經夫婦，成孝敬，厚人倫，美教化，移風俗。**❾❻**

執政者見到詩人所感，引為施政之戒，並從教化風俗入手，以為施政核心。所以才說：

> 故正得失，動天地，感鬼神，莫近於詩。**❾❼**

因詩人的情志——作品所呈現的作者情志，而這一情志又能表現為詩，所以能感動天地鬼神。

綜合言之，詩人有所感而為詩，這一感受的對象或是自然世界、或是社會結構、或是生命體悟。《大序》較偏重政治社會現象，由於政治社會的良窳，觸動詩人內心感受，而詩人也可主動感知外在環境，於是發而為詩，詩歌風格的哀樂，直接與政治良窳有關，是以國君可借以察知國政興衰。整個理論的核心，不是政治，

---

❾❻ 〔唐〕孔穎達：《毛詩正義》，卷1之1，頁9。
❾❼ 〔唐〕孔穎達：《毛詩正義》，卷1之1，頁8。

而是詩人與作品。詩人的生命與外界交融互攝，情感蓄積既久，勢
必噴吐而出，最終產生作品。這一情感的發露，可以感動天地鬼
神，國君也受此情感感動，而知所作為——所謂經夫婦、成孝敬
等。亦即先有「詩」而後才能厚人倫、美教化，而不是以厚人倫、
美教化論定是否是「詩」。所以教化論只是詩歌的連帶作用，而非
詩歌的主要價值。

　　《大序》接著說明「六義」。六義眾說紛紜，尤其是賦、比、
興。儘管如是，但各家所強調者，仍是「感受」或「感發」。徐復
觀分析：「興是一種『觸發』，即朱《傳》的所謂引起。其所以能
觸發的是因為先有了內在的潛伏感情；被它觸發的還是預先儲存著
的內在的潛伏感情；觸發與被觸發之間，完全是感情的直接流注，
而沒有滲入理智的照射。在感情的直接流注中，客觀的事物，乃隨
著感情而轉動，其自身失掉了客觀的固定性。」❾❽《詩序》解詩，
正是客觀事物失掉了客觀固定性，而為人詬病，但其方向仍為歷代
學者遵從。民國以後才全面翻轉此一原則。

　　葉嘉瑩說明比興與人事現象、自然意象的結構：「要而言之，
中國詩歌原是以抒寫情志為主的，情志之感動由來有二，一者由於
自然界之感發，一者由於人事界之感發。至於表達此種感發之方式
有三，一為直接敘寫（即物即心），二為借物為喻（心在物先），三為
因物起興（物在心先），三者皆重形象之表達，皆以形象觸引讀者之
感發，惟第一種多用人事界之事象，第三種多用自然界之物象，第

---

❾❽　徐復觀：〈釋詩的比興——重新奠定中國詩的欣賞基礎〉，《中國文學論
　　集》（臺北：臺灣學生書局，1982 年 9 月 5 版），頁 101-102。

二種則既可為人事界之事象，亦可為自然界之物象，更可能為假想之喻象。」❾葉嘉瑩就《詩經》文本分析，如就《大序》立場，自然意象的背後其實是人事現象，人事現象與自然意象間有更複雜的關係。

　　蔡英俊綜合前人研究，指出比興一詞有兩種不同意義：「就諷諭寄託一層看，『比興』是從詩歌與政治、社會的關係來考慮詩人創作意圖與詩歌的效用；而就興會感發一層看，『比興』是就詩歌與情感表現、作者與讀者的美感經驗的關係來衡量詩歌的藝術效果與美學價值。」❿從諷諭寄託而言，詩歌也不是直接陳述，仍是藉著比興表達，從而既有政教效用，也有美感效果。美刺說是將這一隱喻直接點破。

　　《大序》續云：

> 上以風化下，下以風刺上，主文而譎諫，言之者無罪，聞之者足以戒，故曰風。至於王道衰，禮義廢，政教失，國異政，家殊俗，而變風變雅作矣。國史明乎得失之跡，傷人倫之廢，哀刑政之苛，吟詠情性，以風其上。達於事變而懷其舊俗者也。故變風發乎情，止乎禮義。發乎情，民之性也；

---

❾　葉嘉瑩：〈中國古典詩歌中形象與情意之關係例說——從形象與情意之間看「賦、比、興」之說〉，《嘉陵談詩二集》（臺北：東大圖書公司，1985 年2 月），頁 139。

❿　蔡英俊：《比興、物色與情景交融》（臺北：大安出版社，1986 年 5 月），頁 155。

止乎禮義，先王之澤也。❶⓪❶

如果詩歌是詩人情志的抒發，這一情志則是有鑒於文化的崩潰而中有所感，終乃見之於詩作。傳統的瓦解，自是指先王之道衰，具體言之，是禮壞樂崩，終而導致刑政苛虐，風俗澆薄，所以詩人抒情發憤，就是恢復這一禮樂傳統。其方法是借詩以喻志。然而爭論最多者，就是這一解經方向，究竟是讀者之志抑或作者之志？

如歐陽修（1007-1072）分《詩經》之義有四種：「詩人之意、太師之職、聖人之志、經師之業。」⓪❷車行健詳析詩人之意是原始意義，經師之業是在經生詮解活動所形成的詩義，太師之職及聖人之志，是藉由保存、編排、刪定等過程及從事宗廟、朝庭、鄉人聚會的禮樂活動，甚至道德修勵等實際運用過程中，所植入的詩義。⓪❸魏源（1794-1856）則區分為六種：「有作詩者之心，而又有采詩者、編詩者之心焉；有說詩者之心，而又有賦詩者、引詩者之心焉。」⓪❹除作者之外，更將讀者區分為五種型態，其實已相當了解詩義是根據不同情境而產生。

其次，所謂「發乎情，民之性也」，豈不是承認情感是人的本

---

❶⓪❶　〔唐〕孔穎達：《毛詩正義》，卷 1 之 1，頁 12-14。

⓪❷　〔宋〕歐陽修：《詩本義·本末論》，《四部叢刊·三編·經部》（臺北：臺灣商務印書館，1971 年），卷 14，頁 6。

⓪❸　車行健：《詩本義析論——以歐陽修與龔橙詩義論述為中心》（臺北：里仁書局，2002 年 2 月），頁 48，49。

⓪❹　〔清〕魏源著，何慎怡點校：《詩古微·毛詩明義》（長沙：嶽麓書社，1989 年），卷上，頁 54。

性，這是以情為性的思考路向，從根本上肯定情的重要，也不太可能是壓制情感。但以情為性是一事，情不能放縱是另一事。是以情感必須有所節制，節制之道，就是先王所傳下的禮樂。整個思考結構，固然是「以情為性」，但情不能縱，於是「緣情制禮」，最終是「以禮制情」。如果只見到以禮制情，自會有情欲與禮教的衝突的結論，從而大加撻伐漢儒這一理論。❶⓹

　　至於何者是美詩，何者是刺詩，所根據的是時代，《大序》云：

　　　　至於王道衰，禮義廢，政教失，國異政，家殊俗，而變風、
　　　　變雅作矣。❶⓰

鄭玄（127-200）有具體的分類：文王、武王、成王制禮作樂，相應的詩篇是〈周南〉、〈召南〉屬正風，〈鹿鳴之什〉、〈文王之什〉等屬正雅；夷王、厲王失禮政衰，〈邶風〉以降十三國風，俱屬變風，《小雅》〈六月〉、《大雅》〈民勞〉以後則屬變雅；並云：「以為勤民恤功，昭事上帝，則受頌聲，弘福如彼；若違而弗用，則被劫殺，大禍如此。吉凶之所由，憂娛之萌漸，昭昭在斯，足為後王之鑒，於是止矣。」❶⓻由於人事現象的紛擾不一，作者有

---

❶⓹　漢儒主情的人性論，參考龔鵬程：〈從呂氏春秋到文心雕龍——自然氣感與
　　　抒情自我〉，《文學批評的視野》（臺北：大安出版社，1990 年 1 月），頁
　　　47-84。
❶⓰　〔唐〕孔穎達：《毛詩正義》，卷 1 之 1，頁 12。
❶⓻　〔漢〕鄭玄：〈詩譜序〉，〔唐〕孔穎達：《毛詩正義》。

感而發，表現在作品中，讀者引以為戒，將受稱美，不以為鑑，則蒙惡聲，終而吉凶異途。所謂作者，其實是理想中的作者，所謂讀者，多指稱國君。以為戒鑑，則是解詩者所處的情境。

赫施（E.D. Hirsch）指出文本意義有「含義」與「意義」二種，含義存在於作者用一系列符號系統所要表達的事物中；意義是指含義與某個人、某個系統、某個情境或與某個完全任意的事物之間的關係。含義是作者的原意，意義是從含義延伸而來。此涉及作者意圖的問題，作者意圖不可知是新批評派「文本中心主義」重要觀點，認為作者意圖體現在作品之中，不應在傳記文獻中尋求作者意圖，作者意圖更不應與作品評價混淆。根據這一脈絡，並不意謂作者沒有意圖，而是如何尋求作者意圖。至於中國文學傳統觀念，可稱為「作者中心主義」，亦即作品內容是作者人格的延伸，以文本中心主義衡量作者中心主義，兩者適相枘鑿。

《詩序》解詩，即設想作者，並規仿作者所思，建構其理論。就整個《詩經》學史而言，或可稱《詩經》各篇的作者可為一作者，《詩序》為第二作者。但後代讀者，已不接受第二作者所言，逐尋第一作者之義，甚或否定有第一作者，直從作品中求得詩義。⑩

---

⑩ 德國學者沃爾夫岡·韋爾施（Wolfgana Welsch）將「感知」分為「知覺」與「感覺」，知覺指認識顏色、聲音、味道、氣味等感官屬性；感覺是指生存情感的愉快或不愉快。但人不能僅處於原始直接的感知狀況，不論感覺或知覺，都會提升到更高的層次，原始的層次是感官趣味層，處於其上的是反思趣味層。人不會只停留在生理的愉悅層，還會有審美愉悅層。亦即從生存提升到生活，並要求過更好的生活。從原始的愉悅到更好的生活，倫理學是在美學內部生長，不是從外部進入，而有倫理／美學的內涵。見氏著，陸揚、張岩冰譯：《重構美學》（*Undoing Aestherics*）（上海：上海譯文出版社，

附：朱子詩集傳與
方苞朱子詩義補正詩旨比較表

一、本表取自朱子《詩集傳》二十卷汪中斠注本，方苞《朱子詩義
　　補正》乾隆三十二年刻本。

二、朱子《詩集傳》錄《詩經》全詩，方苞《朱子詩義補正》選錄
　　詩經二二〇首詩，本表以方苞選詩對照朱子《詩集傳》。

三、朱子《詩集傳》於各詩首章均指出詩旨，方苞《朱子詩義補
　　正》並無此體例。

四、方苞《朱子詩義補正》空欄，其因略有五端：

　　1.方苞同朱子詩說。

　　2.方苞僅解詩名物制度，無預詩旨。

　　3.方苞僅解單章詩意。（或首章，或次章，餘類推）

　　4.方苞僅解文詞之美。

　　5.方苞借詩論議。

	篇名	朱子詩集傳	方苞朱子詩義補正	備考
國風周南				
1	關雎	周之文王生有聖德，又有聖女姒氏以為之配，宮中之人，於其始至，見其有幽閒貞靜之德，故作是	去其支謬，而專取所謂后妃樂得淑女，義自可通。	

2002 年 5 月），頁 80-85，這一部分是倫理／美學的基本觀念。《大序》釋
詩，輒以善為美，或可從倫理／美學理解。

		詩。		
2	葛覃	蓋后妃既成絺綌而賦其事。	凡百婦功，無不親執，所以內事治而女教章也。	
3	卷耳	后妃以君子不在而思念之，故賦此詩。	婦人而我其夫，于情尤近。	
4	樛木	后妃能下逮，而無嫉妒之心，故眾妾樂其德而稱願之。	樛木下逮，葛藟上附，纏綿固結，而不可解如此。	
5	桃夭	文王之化，自家而國，男女以正，婚姻以時。	蓋婦人固有當于夫，而不宜于家人者。	
6	兔罝	化行俗美，賢材眾多，雖兔罝之野人，而其材之用猶如此。	婦人皆式于禮，則男子可知矣。武人皆明于義，則丰答子不待言矣。	
7	芣苢	化行俗美，家室和平，婦人無事，相與采芣苢，而賦其事以相樂也。	觀芣苢則知蠶織之隙，婦人皆樂事而務藏。	
8	漢廣	文王之化，自近而遠，先及於江漢之間，而有以變其淫亂之俗。	水之大者，非舟楫不可通；女之貞者，非禮義不可接也。	
國風召南				
9	鵲巢	南國侯被文王之化，能正心修身以齊其家，其女子亦被后妃之化，而有專靜純一之德。	婦人之德，惟不妒尤難。	
10	采蘩	南國被文王之化，諸侯夫人能盡誠以奉祭祀，而其家人敘其事以美之也。		
11	采蘋	南國被文王之化，大夫妻	古者實祭，必使主婦即	

		奉祭祀，而其家人敘其事 以美之也。	事。	
12	甘棠	召伯循行南國，以布文王 之政，或舍甘棠之下。	召伯巡行，草舍露宿， 何也？周諮周度，必環 視四境，不得盡由經 涂。	
13	行露	南國之人遵召伯之教，服 文王之化，有以革其前日 淫亂之俗，故女子有能以 禮自守，而不為強暴所污 者，自述其志，作此詩以 絕其人。	不知設詐以求偶，即此 已不足為人夫。此貞女 所以疾之深而拒之決 也。	
14	摽有梅	南國被文王之化，女子知 貞信以自守，懼其嫁不及 時，而有強暴之辱也。	當為求賢之詩。	
15	小星	南國夫人承后妃之化，能 不妒忌以惠其下，故其眾 妾美之如此。		
16	江有汜	是時汜水之旁，媵有待年 於國，而嫡不與之偕行 者，其後嫡被后夫人之 化，乃能自悔而迎之。	猶姪娣之附于女君也。	
17	野有死麕	南國被文王之化，女子有 貞潔自守，不為強暴所污 者，故詩人因所見以興其 事以美之。	此蓋旁觀之人，見此女 徐徐而退，未嘗動其 悅，未嘗驚其犬，故賦 其事以美之。	
18	騶虞	南國諸侯被文王之化，修 身齊家以治其國，而其仁 民之餘恩，又有以及於庶 類，故其春田之際，草木	天子不合圍，諸侯不掩 群，若以盡物為心，則 于禮為過。	

		之茂，禽獸之多，至於如此，而人述其事以美之。	
國風邶			
19	柏舟	婦人不得於其夫，故以柏舟自比。	鑑乃無情之物，故能好醜並容，人則心知是非，而有羞惡群小之猖狂。
20	燕燕	莊姜無子，以陳戴嬀之完為己子，莊公卒，完即位，嬖人之子州吁弒之，故戴嬀大歸于陳，而莊姜送之，作此詩也。	古人相愛以德，愛之篤，則憂之深。
21	日月	莊公不見答於莊公，故呼日月而訴之。	莊姜賢者，不獨以失愛見傷也。內寵蔑正，孽子配適，亂本成矣。
22	凱風	衛之淫風流行，雖有七子之母，猶不能安其室。	亦使其母念育子之艱，而不忍去室也；亦使其母覺年歲已長，而顧惜名義也。
23	雄雉	婦人以其君子從役于外，故言雄雉之飛舒緩自得如此。	以忠勤而獨肩勞役也。
24	匏有苦葉	此刺淫亂之詩。	蓋刺汲汲干進，而不能以禮自守者。
25	谷風	婦人為夫所棄，故作此詩，以敘其悲怨之情。	
26	式微	舊說以為黎侯失國，而寓於衛，其臣勸之。	
27	旄丘	舊說黎之臣子自言久寓於衛，時物變矣，故登旄丘	衛之君臣褒如充耳焉。

		之上，見其葛長大而節疏闊，因託以起興。	
28	簡兮	賢者不得志而仕於伶官，有輕世肆志之心焉，故其言如此，若自譽實自嘲也。	賢者無自言簡易不恭之義。
29	新臺	舊說以為衛宣公為其子伋娶於齊，而聞其美，欲自娶之，乃作新臺於河上而要之。國人惡之，而作此詩以刺之。	齊女本燕婉之求，而此惡疾之人，乃不遄死。
國風鄘			
30	牆有茨	舊說以為宣公卒，惠公幼，其兄庶頑烝於宣姜，故詩人作此詩以刺之。	喻國母據崇高而為淫慝，臣民雖知其惡，無道以除之。
31	君子偕老	言夫人當與君子偕老，故其服飾之盛如此，而雍容自得，安重寬廣，又有以宜象其服。	臨之以先君，質之以賓客，重之以禮，見其為愧怍，不必言矣。
32	定之方中	衛為狄所滅，文公徙居楚丘，營立宮室，國人悅之而作是詩以美之。	蓋人君能知小民之依，則所以克己屬俗，任賢修政，皆有不能自已者矣。
33	于旄	言衛大夫乘此車馬，建此旌旄，以見賢者。	
34	載馳	宣姜之女為許穆夫人，閔衛之亡，馳驅而歸，將以唁衛侯於曹邑。	原始而見其學修之篤也。……要終而美其德器之純也。
國風衛			
35	考槃	詩人美賢者隱處澗谷之	

		間。		
36	碩人	莊姜美而無子，衛人為之賦碩人。	深訝莊公之狂惑，而歎禍變之所從生，其理有不可解者也。	
37	氓	此淫婦為人所棄，而自敘其事以道其悔恨之意也。	假棄婦自悔之辭，以垂戒于耳。	
38	芄蘭	此詩不知所謂，不敢強解。	惟童子不知自懼，故見者代為之懼也。	
39	伯兮	婦人以夫久從征役而是詩。	離憂之人，感時思遠，觸景增悲，或雨或暘，皆惻然有隱也。	
40	有狐	國亂民散，有寡婦見鰥夫而欲嫁之。	朱子斷為寡婦見鰥夫而欲嫁之也。	
41	木瓜	疑亦男女贈答之詞，如靜女之類。	其諸朋友贈之詞與？	
國風王				
42	黍離	周既東遷，大夫行役至于宗周，過故宗廟宮室，盡為禾黍。	此詩似預憂小人釀亂，而歎眾人之憒憒。	
43	君子于役	大夫久役于外，其室家思而賦之。		
44	揚之水	平王以申國近楚，數被侵伐，故遣畿內之民戍之，而戍者怨，作此詩也。	蓋戍者不得代，而託怨于儕伍，以刺其上耳。	
45	兔爰	周室衰微，諸侯背叛，君子不樂其生而作此詩。	蓋不敢斥其上，而姑泛言之。	
46	葛藟	世衰民散，有去其鄉里家族而流離失所者，作此詩以自歎。		
47	采葛	蓋淫奔者託以行也。	序謂懼讒亦可通。	

48	大車	周衰而大夫猶能以刑政治其私邑者，故淫奔者畏而歌之如此。	
49	丘中有麻	婦人望其所私者而不來。	序所謂賢人放逐，國人思之，理亦可通。
國風鄭			
50	緇衣	此淫奔者之辭。	
51	大叔于田	蓋叔多材好勇，而鄭人愛之如此。	
52	清人	鄭文公惡高克，使將清邑之兵，禦狄于河上，久而不召，師散而歸，鄭人為之賦此詩。	
53	羔裘	蓋美其大夫之詞，然不知其所指矣。	
54	遵大路	淫婦為人所棄。	序以為思君子理亦可通。
55	有女同車	此亦疑淫奔之詩。	序謂國人追咎鄭忽失婚于齊，義似有著。
56	山有扶蘇	淫女戲其所私者。	山澤宜生良材，喻朝庭宜宅賢俊也。
57	狡童	此亦淫女見絕而戲其人之詞。	此必心懷嫉惡，而易期以相避也。
58	風雨	淫奔之女，言當此之時見其所期之人而心悅也。	世亂而不改其度。
59	揚之水	淫者相謂。	骨肉相疑，必有讒人交搆其間，故正告之。
國風齊			
60	雞鳴	詩人敘其事而美之。	
61	著	時齊俗不親迎，故女至婿	

		門，始見其俟己也。		
62	猗嗟	齊人極道魯莊公威儀技藝之美如此，所以刺其不能以禮防閑其母，若曰惜乎其獨少此耳。	蓋責其何不用以復讎討賊也。	
國風魏				
63	葛屨	魏地陝隘，其俗儉嗇而褊急。		
64	園有桃	詩人憂其國小而無政，故作是詩。	此賢士處隱，憂在位者之無良，而無可告語也。	
65	陟岵	孝子行役不忘其親，故登山以望其父之所在。		
66	伐檀	雖欲自食其力而不可得者。	此亦刺貪之詩。	
67	碩鼠	民困於貪殘之政，故託言大鼠害已去之也。		
國風唐				
68	綢繆	國亂民貧，男女有失其時而後得遂其婚姻之禮者。		
69	葛生	婦人以其夫久從征役而不歸，故言葛生而蒙於楚，薇生而蔓于野，各有所依託，而予之所美者獨不在是，則誰與而獨處此乎？		
70	采苓	此刺聽讒之詩。		
國風秦				
71	車鄰	是時秦君始有車馬及此寺人之官，將見者必使寺人通之，故國人創見而誇美	不貴禮儀而尚武健，不任士人而親群小。	方苞合車鄰、駟鐵並論。

		之。		
72	駟鐵	此亦前篇之意也。	不貴禮儀而尚武健，不任士人而親群小。	
73	蒹葭	不知何所指也。	秦民思周而作。	
74	無衣	秦俗強悍，樂於戰鬥，故其人平居而相謂曰，豈以子之無衣，而與子同袍乎。	雍州之民，天性義勇，文武成康之德在人，平王不能自用，而坐委于秦，以撥其本根，惜夫。	
國風陳				
75	東門之池	此亦男女會遇之詞。		
76	墓門	不良之人，不知何所指。	為陳佗而作，情事甚合。	
77	防有鵲巢	此男女之有私而憂或有閒之詞。		
78	澤陂	此詩大旨與月出相類。	于所私之女而見為儼，猶俟人于城隅之女而見為靜。	
國風檜				
79	羔裘	舊說檜君潔其衣服，逍遙遊宴，而不能自強於政治，故詩人憂之。	大夫諫而不聽故去之。	
80 81	隰有萇楚	政煩賦重，人不堪其苦，歎其不如草木之無知而無憂也。	上有逍遙翱翔之君，則民窮于無告。	
82	匪風	周室衰微，賢人憂歎而此詩。	蓋屬王之世，貢重役繁，威命時出，小國尤不勝其困，亂形已在人心目間。	
83	蜉蝣	此詩蓋以時人有玩細娛而	將去而自明其志。	

		忘遠慮者。		
84	候人	此剌其君遠君子而近小人之詞。	蓋謂才德無以異人，只可給役事之小者。	
國風豳				
85	七月	周公以成王未知稼穡之艱難，故陳后稷、公劉風化之所由，使蒙瞽朝夕諷誦以教之。		
86	鴟鴞	成王猶未知公之意也，公乃作此詩以貽王。	此詩作于未迎周公之先。	
87	東山	于是周公東征已三年矣，既歸，因作詩以勞軍士。	室家男女之情。	
88	破斧	從軍之士以周公勞己之勤，故言此答其意。	人之欲義，有甚于生也。	
89	伐柯	周公居東之時，東人言此，以比平欲日見周公之難。	似王既迎周公，周人喜之而作也。	
90	九罭	此亦周公居東之時，東人喜得見之。		
91	狼跋	周公雖遭疑謗，然所以處之不失其常，故詩人美之。	疑此亦公既歸，而周人美之。	
小雅鹿鳴之什				
92	鹿鳴	此燕饗賓客之詩也。	人君之于賢者，求其善言，則如不得聞，師其德行，則如將不及，然後奉之以幣帛，將之以酒醴，始足以燕樂賢者之心。	
93	四牡	此勞使臣之詩也。	言王事尚未堅固，故不	

			違自恤其私也。	
94	皇皇者華	此遣使臣之詩也。		
95	常棣	此燕兄弟之樂歌。	周公遭中弟之變，故不覺其情之蹙，言之悲也。	
96	伐木	此燕朋友故舊之歌。	燕王族之無服者，外姻之無職以及少與同學之士。	
97	天保	人君以鹿鳴以下五詩燕其臣，臣受賜者歌此詩號人答其君。	祝嘏之辭。	
98	采薇	此遣戍役之詩。		
99	出車	此勞還率之詩。		
100	杕杜	此勞還役之詩。		
小雅白華之什				
101	蓼蕭	諸侯朝于天子，天子與之燕以示慈惠，故歌此詩。		
102	湛露	此亦天子燕諸侯之詩。		
小雅彤弓之什				
103	彤弓	此天子燕有功諸侯，而錫以弓矢之樂歌也。		
104	六月	宣王即位，命尹吉甫帥師伐之，有功而歸。詩人作歌以敘其事如此。	集思廣益，以張治教。	
105	采芑	宣王之時，蠻荊背叛，王命方叔南征。軍行采芑而食，故賦其事而起興。	歸功方叔。	
106	車攻	至于宣王，內脩政事，外攘夷狄，復文武之竟土，脩車馬，備器械，會諸侯		

		於東都，因田獵而選車徒焉，故詩人作此以美之。		
107	鴻鴈	舊說周室中衰，萬民離散，而宣王能勞來還定集之，故流民喜之而作此詩。		
108	庭燎	王將起視朝，不安於寢，而問夜之早晚。		
109	沔水	此憂亂之詩。	昏亂之世，在位者非泄泄而怠，則譴譴而驕，以致民困於下，訛言朋興，則亂本成矣。	
小雅祈父之什				
110	祈父	軍士怨於久役，故呼祈叔而告之。		
111	白駒	為此詩者以賢者之去而不可留也，故託其所乘之駒食我場苗而繫維之，庶幾以永今朝。	歆之以爵位，誘之以逸樂，非所留賢也。	
112	我行其野	民適異國，依其婚姻而不見收卹，故作此詩。	我以舊姻故相依。	
113	斯干	此築室既成，而燕飲以落之，因歌其事。	以後嗣王不能躬化，又不能以禮防也。	
114	無羊	此詩言牧事有成，而牛羊眾多也。		
115	節南山	此詩家父所作，刺王用弱尹氏以致亂。		
116	正月	此詩亦大夫所作。言霜降失節，不以其時，既使我心憂傷矣，而造為姦偽之	天變於上，民怨於下。	

		言，以惑群聽者，又方甚大，然眾人莫以為憂，故我獨憂之，以至於病也。	
117	十月之交	彼月則有宜而虧矣，此日不宜虧而今亦虧，是亂亡之兆矣。	
118	雨無正	此時饑饉之後，群臣離散，其不去者，作詩以責去者。	蓋幽王之末，群臣列辟，皆知王室之將傾，欲自遠以免禍。
小雅小旻之什			
119	小旻	大夫以王惑於邪謀，不能斷以從善，而作此詩。	
120	小弁	舊說幽王太子宜臼被廢，而作此詩。	
121	巧言	大夫傷於讒，無所控告，而訴之於天。	
122	何人斯	舊說於詩無明文可考，未敢信其必然耳。	
123	巷伯	時有遭讒而被宮刑為巷伯者而作此詩。	
124	谷風	此朋友相怨之詩。	
125	蓼莪	人民勞苦，孝子不得終養，而作此詩。	民生雖同此隑隑，而有父母存者，尚可盡以啜菽飲水之歡。
126	大東	序以為東國困於役而傷於財，譚大夫作此以告病。	職貢有常經也。
127	四月	此亦遭亂自傷之詩。	其所憂在禍亂已成，君國人民無所底麗，故不禁言之悲憤，而非為一身之故也。

小雅北山之什

128	北山	大夫行役而作此詩。	惟大夫之不均，而無怨上之辭，所謂止乎禮義。	
129	無將大車	此亦行役勞苦而憂思者之作。	蓋賢者生亂世，見柄國者非人，以致奸賢不分，百事倒置。	
130	小明	大夫以二月西征，至歲莫，而未得歸，故呼天而訴之。	戒其同官，果能守道不移，則民神鑒之，必不至罹彼不祥。	
131	鼓鐘	此詩之義未詳。		
132	楚茨	此詩述公卿有田祿者力於農事，以奉其宗廟之祭。	四篇皆祭祀之詩。	
133	信南山	此詩大旨與楚茨略同。		
134	甫田	此詩述公卿有田祿者力於農事，以奉方社田之祭。	此春祈之樂章。	
135	大田	此詩為農夫之詞，以頌美其上，若以答前篇之意也。	此秋報之樂章。	
136	瞻彼洛矣	此天子會諸侯於東都以講事，而諸侯美天子之詩。		

小雅桑扈之什

137	桑扈	此天子燕諸侯之詩。		
138	鴛鴦	此諸侯所以答桑扈也。		
139	頍弁	此亦燕兄弟親戚之詩。	勸親親如棠棣之類。	
140	車舝	此宴樂其新婚之詩。	宴樂其新婚也。	
141	賓之初筵	衛武公飲酒悔過而作此詩。	厲王顛覆厥德，武公目擊心傷，故託言飲酒悔過，以為子孫臣庶之戒。	

142	魚藻	此天子燕諸侯，而諸侯美天子之詩。	政教之順成，民物之乂安。	
143	采菽	此天子所以答魚藻也。	此詩人善言治象也。	
144	角弓	此刺王不親九族，而好讒佞，使宗族相怨之詩。		
145	菀柳	王者暴虐，諸侯不朝，而作此詩。		
小雅都人士之什				
146	都人士	亂離之後，人不復見昔日都邑之盛，人物儀容之美，而作此詩以歎惜之。	蓋因晚近服飾之滛靡，而思先古之樸素也。	
147	采綠	婦人思其君子。	蓋刺居位而怠其職事。	
148	黍苗	宣王封申伯於謝，命召穆公往營城邑，故將徒役南行，而行者作此。	見說以先民，民忘其勞。	
150	隰桑	此喜見君子之詩。	思賢者告以善道也。	
151	白華	幽王娶申女為后，又得褒姒而黜申后，故申后作此詩。		
152	緜蠻	此微賤勞苦，而思有所託者，為鳥言以自比者。		
153	漸漸之石	將帥出征，經歷險遠，不堪勞苦，而作此詩也。		
154	苕之華	詩人自以身遠周室之衰，如苕附物而生，雖榮不久，故以為此，而自言其心之憂傷也。		
155	何草不黃	周室將亡，行者苦之，故作此詩。	詩之作，時代雖不可考，然如都人士，必東遷以後之詩也。	

大雅文王之什				
156	文王	周公追述文王之德，明周家所以受命而代商者，皆由於此，以戒成王。		
157	大明	此亦周公戒成王之詩。		
158	緜	此亦周公戒成王之詩。		
159	棫樸	此亦以歌詠文王之德。		
160	皇矣	此詩敘大王、大伯、王季之德，以及文王伐密、伐崇之事也。		
161	靈臺	文王所作，謂之靈者，言其倏然而成，如神靈之所為也。		
162	下武	此章美武王能纘大王、王季、文王之緒，而有天下也。		
163	文王有聲	此詩言文王遷豐，武王遷鎬之事。		
大雅生民之什				
164	生民	周公制禮，尊后稷以配天，故作此詩，以推本其始生之祥，明其受於天，固有以異於常人也。		
165	行葦	疑此祭畢而燕父兄耆老之詩。	文王世子載公與族食之禮，又有公與族燕之禮，此其樂歌也。	
166	既醉	此父兄所以答行葦之詩。		
167	假樂	疑此即公尸之所以答鳧鷖者也。		
168	公劉	舊說以召康公以成王將涖		

		政，當戒以民事，故詠公劉之事以告之。		
169	卷阿	此詩舊說亦召康公而作，疑公從成王游歌於卷阿之上，因王之歌，而作此以為戒。		
170	民勞	序說以此為召穆公刺厲王之詩。以今考之，乃同列相戒之辭耳，未必專為刺主而發。然其憂時感事之意，亦可見矣。		
171	板	序以此為凡伯刺厲王之詩。今考其意，亦與前篇相類，但責之益深切耳。		
大雅蕩之什				
172	蕩	蓋始為怨天之辭，而卒自解之如此。	此詩為厲王而作無疑。	
173	抑	衛武公作此詩，使人日誦於其身側以自警。	似武公家訓，所以示其子孫也。	
174	桑柔	舊說此為芮伯刺厲王而作。	此詩似作于共和之時，蓋厲王既流，而宣王尚未定王也。	
175	雲漢	舊說以為宣王承厲王之烈，內有撥亂之志，遇栽而懼，側身脩行，欲銷去之，天下喜於王化復行，百姓見憂，故仍叔作此詩以美之。		
176	崧高	宣王之舅申伯出封于謝，而尹吉甫作詩以送之。		

177	烝民	宣王命樊侯仲山甫築城於齊，而尹吉甫作詩以送之。		
178	韓奕	韓侯初立來朝，始受王命而歸，詩人作此以送之。		
179	江漢	宣王命召穆公平淮南之夷，詩人美之。		
180	常武	詩人作此以美之(宣王)。		
181	瞻卬	此刺幽王嬖褒似任奄人以致亂之詩。		
182	召旻	此刺幽王任用小人，以致饑饉侵削之詩也。		
周頌清廟之什				
183	清廟	此周公既成洛邑而朝諸侯，因率之以祭文王之樂歌。		
184	維天之命	此亦祭文王之詩。		
185	維清	此亦祭文王之詩。		
186	烈文	此祭於宗廟而獻助祭諸侯之樂歌。		
187	天作	此祭大王之詩。	追王時告廟之樂歌。	
188	昊天有成命	祀成王之詩。		
189	我將	此宗祀文王於明堂，以配上帝之樂歌。		
190	時邁	此巡守而朝會告之樂歌也。	天既全付所覆于天子，則不獨王畿之內。	
191	執競	此祭武王、成王、康王之詩。		
192	思文			

周頌臣工之什			
193	臣工	戒農官之詩。	此王將耕籍，裸鬯饗醴于社稷之樂歌也。	
194	噫嘻	戒農官之詞。	此命農官遍戒庶民，而不及庶官，即籍禮稷遍戒百姓紀農協功之事也。	
195	振鷺	此二王之後來助祭之詩。		
196	豐年	此秋冬報賽田事之樂歌。		
197	有瞽	序以此為始作樂而合乎祖之詩。	周人……未聞作樂而合乎祖也。	
198	潛	季春薦鮪于寢廟，此其樂歌也。		
199	雝	此武王祭文王之詩。		
200	載見	此諸侯助祭于武王廟之詩。	此成王免喪始吉祭于武王之廟之樂歌也。	
201	有客	此微子來見祖廟之詩。	此微子始封，受命于周，周人重其名德，于其歸也，又特告于祖廟以遣之，而作是詩。	
202	武	周公象武王武功之舞，歌此詩以奏之。	乃周公深探三分有二以服事殷之心，以明文王之武功。	
周頌閔予小子之什			
203	訪落	成王既朝于廟，因作此詩，以道延訪群臣之意。	周公代作，用以答周人之望，又使日誦以自警也。	
204	小毖	此亦訪落之意。	同訪落。	
205	載芟		公劉荒圖，始疆田里、立宮室時所作也。	

206	良耜		同載芟	
207	絲衣	祭而飲酒之詩。	饗耆老無疑。	
208	酌	此亦頌武王之詩。		
209	桓	頌武王之功。	武王之德，能致天之純佑。	
210	賚	此頌文武之功，而言其大封功臣之意也。	疑必始革殷命，散財發粟，興滅繼絕時，誥諭曾及此。	
211	般	般之義未詳。	蓋武王克商之後，嘗舉時巡之典。	
魯頌				
212	駉	此詩言僖公牧馬之盛，由其立心之遠。	蓋繼世之君，苟無武德，則治教將有壅。	
213	有駜	此燕飲而頌禱之辭也。	此言臣職之脩明。	
214	泮水	此飲於泮宮而頌禱之辭也。		
215	閟宮	時蓋修之，故詩人歌詠其事，以為頌禱之詞。		
商頌				
216	那	舊說以為祭成湯之樂。		
217	烈祖	祭成湯之樂。		
218	元鳥	祭祀宗廟之樂，追敘商人之所由生，以及其有天下之初也。	祫祭之樂歌。	
219	長發	祫祭之詩。	祫祭之樂歌。	
220	殷武	舊說以為祀高宗之樂。	史記稱祖庚時祖己，嘉武丁之德，立其廟曰高宗，此其樂歌也。	

第五章
朱子春秋學的衍異：方苞春秋學的創作意圖與意義解釋

第一節　前　言

　　方苞《春秋》學著作凡三書：康熙五十五年（1716）《春秋通論》成，該書排比《春秋》經文類似事件，分為四十類，每類又有若干章，合計九十九章。❶再推論所以如此記載之因，以發掘孔子

---

❶　《春秋通論》章數各家不一，四庫館臣云四十篇九十九章。見〔清〕永瑢（1743-1790）等著，王伯祥（1890-1975）斷句：《四庫全書總目·經部·春秋類四·春秋通論》（北京：中華書局影印乾隆六十年浙江刊本，1995 年 4 月 6 刷），卷 29，頁 239。方苞〈春秋通論序〉云九十七章，見氏著，劉季高（1911-2007）校點：《方苞集》（上海：上海古籍出版社，1983 年 5 月），卷 4，頁 84。其〈春秋直解後序〉則云九十六章，見《方苞集·集外文》，卷 4，頁 600。但收錄於《春秋直解》之〈後序〉計二篇，一是方苞自作，云九十七章；一是其弟子程鉴所作，亦云九十七章，見《春秋直解》，《續修四庫全書·經部·春秋類》第 140 冊（上海：上海古籍出版社影印乾

的義理。書成之後，由於是類聚經文，推尋意義，學者若不精熟
《春秋》經文及三傳，研讀甚為困難，於是應弟子程崟（1687-
1767）、王兆符（1681-1723）等要求，次年又完成《春秋直解》，逐
年解說經文記載異同之故，其實就是將《春秋通論》各章所論分
散，繫於各年。至於《春秋比事目錄》成書應在《春秋通論》與
《春秋直解》之間，《春秋通論》雖類聚經文，但只擇其要者析
論，所重在事與義，並未詳載經文出處，《春秋比事目錄》就彌補
此一缺失，在每類每事下，注明出自某公某年，俾學者檢尋。方苞
《春秋》三書，《春秋通論》論大義；將大義散入各年成為《春秋
直解》；注明《春秋通論》出處是《春秋比事目錄》。

　　四庫館臣指出《春秋通論》多取材自張自超（1653？-1718？）
《春秋宗朱辨義》，❷而《春秋宗朱辨義》的特色是：「是書大
義，本朱子據事直書之旨，不為隱深阻晦之說，惟就經文前後參
觀，以求其義，不可知者則闕之。」❸點出張自超承朱子（1130-
1200）之說，以「據事直書」解《春秋》。於是從方苞可上推張自

隆刻本，1995 年 3 月）。而《影印文淵閣四庫全書》本《春秋通論》則為一
　　百章。

❷　張自超字彝歎，江南高淳人（今南京市高淳縣），康熙四十二年癸未
　　（1703）進士。其生平不詳，略知其少年孤苦，耕讀奉母，年五十始中進
　　士，卻無意仕途。為方苞至交，嘗稱其乃「志趣之近者」。參見方苞：〈四
　　君子傳〉、〈張彝歎哀辭〉，劉季高校點：《方苞集》，卷 8，16。

❸　〔清〕永瑢等著，王伯祥斷句：《四庫全書總目·經部·春秋類四·春秋宗
　　朱辨義》，卷 29，頁 239。惟《春秋宗朱辨義》，《四庫全書珍本》四集
　　（臺北：臺灣商務印書館，1973 年）書前提要則云：「後方苞作《春秋》經
　　解，多取材于此書。」《春秋》經解應泛指上述三書。

超，並遠溯朱子。在清代初期，形成朱子一系《春秋》學的脈絡。
❹然而朱子、張自超與方苞《春秋》學仍有異同。

　　考《春秋》經傳解釋學的傳統，略有二途：其一是以例解經：
例，或稱凡例，或稱條例，或稱義例。以《左傳》為例，其成書約
當戰國中期，至遲在戰國末葉，已有以例解經的學風。❺而從漢至
晉，此風大盛。《隋書・經籍志》所錄《春秋》義例之作，《左
傳》有八種，《公羊傳》有三種，《穀梁傳》有一種。❻

　　義例的性質，大致有二：一是編寫的體製，就文獻本身分類整
理，作者對事件、人物的意見不顯；與此相對，是作者的意見，以
一定的規律呈顯，只要掌握這些規律，就可以理解作者的價值判
斷。❼劉知幾（661-721）云：「夫史之有例，猶國之有法。國無

---

❹　朱子一系《春秋》學，在清初的發展，除張自超外，還有俞汝言（1614-
　　1679）《春秋平義》，官方則有康熙敕編《日講春秋解義》、《春秋傳說匯
　　纂》等。詳可參考戴維：《春秋學史》（長沙：湖南教育出版社，2004 年 5
　　月），頁 428-433。

❺　例的源流，詳見柳詒徵（1879-1956）：《國史要義・史例》（臺北：臺灣中
　　華書局，1976 年 8 月），頁 162-189。柳詒徵上推例源於《周易》爻辭。程
　　元敏指出「發凡言例」一詞，乃杜預（222-284）所自創，見《春秋左氏經傳
　　集解序疏證》（臺北：臺灣學生書局，1999 年 8 月），頁38。

❻　據〔清〕姚振宗（1842-1906）：《隋書經籍志考證・春秋類》，《續修四庫
　　全書・史部・目錄類》第 915 冊（上海：上海古籍出版社影印開明書店鉛印
　　《師石山房叢書》本，1995 年 3 月）計算。

❼　漆永祥指出古書通例歸納從形式上可以分為專書通例與群書通例；從內容上
　　可分為標舉大義例、行文修辭例和發疑正誤例，頗足參考。見〈論中國傳統
　　經學研究方法──古書通例歸納法〉，蔣秋華編：《乾嘉學者的治經方法》
　　（臺北：中央研究院中國文哲研究所，2000 年 10 月），頁 71-108。但似應
　　補上寫作編輯例，方能賅括古書編寫時的情況。鄭吉雄分析乾嘉學者治經方

法，則上下靡定；史無例，則是非莫準。昔夫子修經，始發凡例；左氏立傳，顯其區域。科條一辨，彪炳可觀。」❽就在說明這些現象。以法喻例，也說明義例的功能：視義例為共守的規範，用以判斷是非。

例以褒貶，可能是作者為之——聖人，也可能是讀者解讀——三傳作者，更有可能是集體作者編定；所以例與褒貶的關係未必一致，此即以例解經最大的問題。如「公即位例」，賈逵（30-101）云：「四公皆實即位，孔子修經，乃有不書。」至於不書之故：「不書即位，所以惡桓之簒。」❾就與杜預不同：「假攝君政，不

法九例，至為詳晰，第一條即以本經自證，並云以經釋經的觀念，是向經部文獻之內發明義例義理。見〈乾嘉學者治經方法與體系舉例試釋〉，前揭書，頁 109-139。義例之學，就是在經典內部歸納書寫條例，以為解經方法。程克雅更將例的意涵分為例證、舉例之意的 example、instance，先例、例外的 precedent、exception，範例、規律之意的 regulation、rule。中國的文例，也涉及這三種不同的性質。見〈乾嘉禮學學者解經方法「文例」之建立與應用〉，前揭書，頁 461-507。三氏所稱之標舉大義、以經證經、規律，可指涉《春秋》經傳義例之學。

❽ 〔唐〕劉知幾：〈序例〉，〔清〕浦起龍（1679-？）釋，呂思勉評（1884-1957）：《史通釋評》本（臺北：華世出版社，1981 年），頁 106。

❾ 引文分見〔唐〕孔穎達（574-648）：《左傳正義·隱公元年》（臺北：藝文印書館影印嘉慶二十年南昌府學刊本，1985 年 12 月），卷 2，頁 13；〔晉〕杜預：〈公即位例〉，《春秋釋例》（臺北：臺灣中華書局影印《古經解彙函》本，1970 年 3 月），卷 1，頁 2。葉政欣以為賈、杜二氏皆未的當，應云：「隱公有讓桓之心，即位之禮有所未備，故不書即位也。」見《漢儒賈達之春秋左氏學》（臺南：興業圖書公司，1983 年 1 月），頁 95。另參氏著：《杜預及其春秋左氏學》（臺北：文津出版社，1989 年 10 月），頁 144-147。

修即位之禮，故史不書於策，傳所以見異於常。」至於不書之故，則是：「隱既繼室之子，于第應立，而尋父娶仲子之意，委位以讓桓。天子既已定之，諸侯既已正之，國人既已君之，而隱終有讓國授桓之心，所以不行即位之禮也。隱、莊、閔、僖雖居君位，皆有故而不修即位之禮。或讓而不為，或痛而不忍，或亂而不得，禮廢事異，國史固無所書，非行其禮而不書於文也。」❿一是惡桓公之弒，一是美隱公之讓，難以斷定何者說是。至於杜預以後的說解，更是異說並陳。⓫此所以朱子不信義例之故歟？

　　《春秋》經傳解釋學傳統，其二是據事直書，即杜預所稱：「盡而不污，直書其事，具文見意。」並申說其意為：「謂直言其事，盡其事實，無所污曲。」⓬據杜預之說，至少《左傳》涵攝以

---

❿　引文分見〔唐〕孔穎達：《左傳正義》，卷 1，頁 1；〔晉〕杜預：〈公即位例〉，《春秋釋例》，卷 1，頁 2。

⓫　見陳槃（1905-2001）：《左氏春秋義例辨》（臺北：中央研究院歷史語言研究所，1993 年 5 月），卷 8，頁 14-18，詳列自宋至清解說隱公不書即位之義。陳槃舉二十四證全然否認《左傳》義例，大致可分三類：或鈔襲前代典籍，或不明古書體例，或嚮壁虛造，乃劉歆輩或其後學所為。前揭書，〈綱要〉，頁 20-54。戴君仁（1901-1978）認為以例說經，是漢以降經師風尚，不以義例之說為然。詳見《春秋辨例》（臺北：國立編譯館中華叢書編審委員會，1978 年 12 月）。

⓬　程元敏：《春秋左氏經傳集解序疏證》，頁 44、48。至於劉知幾所云直書，是指史家不畏權勢，秉筆直書：「若南、董之仗氣直書，不避強禦；韋、崔之肆情奮筆，無所阿容。」見〈直書〉，《史通釋評》，頁 228-229。偏重在作者──史家個人風骨，而非作品──撰述方法。呂思勉亦曰：「乃至事實具在，識力亦非不及，徒以徇私畏禍之故，甘為惡直醜正之徒，則史事之糾紛彌多，而後欲睹信史，亦愈難矣。」前揭書，頁 231。

例解經與據事直書兩種解經方法。朱子以為孔子作《春秋》時，確有筆削，魯史是經過採擇而成《春秋》。在書錄史文之時，孔子是「直書」於《春秋》之中。直書非「照錄史文」之意，而是書寫之際，並無書法、條例在其間，所以朱子一再強調讀《春秋》不應一句一字求其義。魯史書則書之，不書則不書之，是謂直書。**⑬**

朱子並指出《春秋》是其時「實事」，經由孔子「書寫」，目的是「經世」，但後儒各以「己意解經」，是以說多穿鑿，「理精義明」才能讀《春秋》，取胡安國（1074-1138）《春秋傳》庶幾近之。這些講法，大致構成朱子《春秋》學的基本觀點。**⑭**張自超則以為《春秋》是記事之書，所以義在事中，這與朱子大略相同。但所記之事，學者多取《左傳》，至於事之是非曲直，則以三《禮》判斷；張自超並不全然信之，此與朱子有異。**⑮**

朱子也認為如《春秋》全依魯史，則不必作《春秋》。《春

---

⑬ 可參見〈孟子五·滕文公下·公都子問好辯章〉；〈論語十六·述而·述而不作〉，〔宋〕黎靖德（？-？）編，王星賢點校：《朱子語類》（臺北：文津出版社，1986 年 12 月），卷 55，頁 1318；卷 34，頁 855。其後，〔宋〕黃仲炎（？-？）《春秋通說》、〔宋〕呂大圭（1227-1275）《春秋五論》、〔元〕黃震（1213-1280）《黃氏日鈔》、〔元〕程端學（1280-1336）《春秋本義》均受朱子影響，見戴君仁：《春秋辨例》，頁 133-144。〔清〕錢大昕（1728-1804）指出《春秋》有例，但僅是史例，與褒貶無關：「其褒貶奈何？直書其事，使人之善惡無所隱而已矣。」見氏著：〈春秋論〉，陳文和點校：《潛研堂文集》，卷 2，頁 17，陳文和編：《嘉定錢大昕全集》（南京：江蘇古籍出版社，1997 年 12 月），第 9 冊。

⑭ 參見〔宋〕黎靖德編，王星賢點校：《朱子語類·春秋·經》，卷 83，頁 2175-2176。

⑮ 〔清〕張自超：《春秋宗朱辨義·總論》，頁 4。

秋》絕不能同於魯史，否則即與魯史無別，失去聖經的地位。這是在《春秋》有特殊性質前提下，所導出的結論。如此，從魯史到《春秋》，必定有改寫的成份。據事直書就須有更精確的說明，才能區別魯史與《春秋》，也才能確定《春秋》的地位。❶

　　張自超則依違在兩者之間：一是「魯史據事之實，夫子仍史之初文」、「據魯史以書其事」、「因其實以著之」、「因乎舊史，非有筆削」；另一則是「夫子筆削魯史，直書於冊」、「是非以筆削而見，褒貶以是非而見」、「比事屬辭，《春秋》之教」。❷前者似是將魯史直接「複製」於《春秋》中，後者則是魯史經過「修改」再載於《春秋》中。兩者形式，大相逕庭；記事中之意義自復不同。魯史與《春秋》的關係，究竟是「複製」抑或「修正」，不僅是解經方法的問題，更涉及對聖人義理的認知。而張自超會合兩者，皆名之為據事直書。

　　方苞也以為孔子所作《春秋》是根據魯史增刪而來，亦即經由史而來。經與史的差別在於歷史事件記載中義之有無，而義的來源，本諸孔子，這自是據孟子所云而立說。方苞所論義的形式，可分為消極形式與積極形式，前者在不改變魯史的記載之下，見出經

---

❶　〔宋〕黎靖德編，王星賢點校：《朱子語類·論語十六·述而》，卷34，頁855。張高評即有深入細致的討論，以為據事直書，要達到美惡自見，取決於史料的安排措注，文獻的剪裁筆削，歷史編纂的結構設計等，具體方法為以敘為議，屬辭比事，藉言作斷，側筆烘托。見〈左傳據事直書與以史傳經〉，《成大中文學報》第9期（2001年8月），頁175-190。後收入《春秋書法與左傳學史》（臺北：五南圖書出版公司，2002年1月），頁15-36。

❷　俱見〔清〕張自超：《春秋宗朱辨義·總論》。

義；後者則增刪魯史的記載，見出經義。史官之史與聖人之經，於此有所區隔。因為類聚經文，發掘意義，所以方苞名為治經，實則對春秋歷史變遷有深切的體會。方苞又從書法異同，見出事件異同。亦即書法之異，是因事件之異而來，事件本身成為主要考量。因而同時承認敘事見義與書法見義，史官之史與聖人之經，於此有所交融。

朱子提出問題，張自超嘗試據以解經，卻依違在經與史之間，方苞則從不同的經義形式，試圖區別並聯繫經與史。從朱子到方苞，解釋《春秋》的方法，不斷的在流動。經典的意義，就在這過程中，不斷的被建構，也不斷的被深化。本文即以這種參照方式，見出經典意義的流變。其後所隱藏的是聖人——孔子——創作經典意圖的支配性。所以會不斷的追問：此一事件有何意義？聖人何以會書寫此一事件？事件與事件之間關係如何？聖人最終之意圖何在等？此時聖人意圖也是被建構而來。方苞雖有意識的區別與聯繫經史之異，而在這一過程中，其所建構的具體內容為何，這些是經典的意義還是聖人的意圖，或逕是方苞本人的理解，是本文所欲探究的課題。

第二節　禮制與歷史：聖人意圖的建構

方苞對《周禮》的認知即是如此，方苞以為《周禮》是周公所作，周公又是聖人，其所作之書，自可經世濟民，垂範萬代。聖人凡百作為，均可為後世取法，時移世異，過往的陳跡，何能規範後世？所以方苞強調世變雖殊，大體卒不可易，須借著這一大體以結

合古今，才能完成方苞所指陳的理想。亦即不是枝枝節節的規仿
《周禮》中的各項政制，而是尋求制度背後的原理，再以此原理應
用於當代，間接的實現聖人的理想。

　　方苞指出：

> 凡義理必載於文字，惟《春秋》、《周官》則文字所不載，
> 而義理寓焉。蓋二書乃聖人一心所營度，故其條理精密如
> 此。**⓲**

要在文字所不載處見出義理，不僅在〈周官析疑序〉強調此一理
念，於〈周官集注序〉也再度出現。**⓳**於是文獻考定有時而窮，勢
必著重觀念推論。義理在《春秋》的事件之外，這與據事直書的方
法互異；義理在《周禮》的制度之外，與四庫館臣之說：「考聖王
經世之道，莫切於禮。然必悉其名物而後可求其制度，得其制度而
後可語其精微。猶之治《春秋》者，不核當日之事實，即不能明聖
人之褒貶。」**⓴**也大相逕庭。方苞解《春秋》與解《周禮》，在方
法的運用上，途轍相同。亦即經由《春秋》的事件與《周禮》的制
度，直接探求隱寓其後的義理，不甚重視事件與制度本身的考證，

⓲　〔清〕方苞：〈周官析疑序〉，劉季高校點：《方苞集》，卷 4，頁 82。
　　《周官析疑》，《續修四庫全書・經部・禮類》第 86 冊（上海：上海古籍出
　　版社影印《抗希堂十六種》本，1995 年 3 月），未載此序。

⓳　〔清〕方苞：〈周官集注序〉，劉季高校點：《方苞集》，卷 4，頁 83。

⓴　〔清〕永瑢等著，王伯祥斷句：《四庫全書總目・經部・禮類一・禮說》，
　　卷 19，頁 156。

著重事件與制度所揭示的意義。❷

　這首先表現在《春秋》何以始於隱公：

> 隱公之篇，王數加禮，而魯不一答，天下無道，遂至於此。
> 此《春秋》之作，所以始於隱公而不始於惠公也。禮樂征伐
> 無一自天子出，篡弒攘奪所以接跡於天下也。❷

案：春秋之世，魯君朝天子者二，如京師者一；魯國聘周王室者
四；天子聘魯國者七。但魯君如齊者十一，如晉者二十，魯聘齊者
十六，聘晉者二十四。兩者差距頗大，確可見出魯對待周室的態
度。《春秋》編年，始於隱公，就不是「自然時間」的現象，而是
「文化時間」的構成。歷史的「開始」，即具有作者特殊的懷抱。

　這一講法，不僅方苞，並引李光地（1642-1718）：「十二公不

---

❷　劉聲木（1878-1959）指出方苞：「說經則每于空曲交會無文字處，獨得古聖
　　仁賢微意之所在，確有前儒所見不到者。其節錄《通志堂經解》，治之三
　　反，始刪其繁蕪，去三之二，理明詞達，學者易於觀覽，惜其書不傳。」氏
　　著，徐天祥點校：《桐城文學淵源考／撰述考》合刊本（合肥：黃山書社，
　　1989年12月），卷2，頁103。張舜徽（1911-1992）稱美其：「寢饋宋元經
　　說為尤深，故揭櫫大義，每多自得之言。」見《清人文集別錄·望溪先生文
　　集》（臺北：明文書局，1982年2月），卷4，頁106。借由劉、張之評
　　論，或可理解方苞解經方法之特色。張高評則具體分析方苞《周禮》「儀
　　法」之互見、偏載、詳略、舉大該細、即細見大等，與方苞義法之虛實、詳
　　略、去取、異同、後先之剪裁，與文字雅潔、遣辭體要等，相互發明。見
　　〈方苞義法與春秋書法〉，《春秋書法與左傳學史》，頁271。
❷　〔清〕方苞：《春秋通論》，《影印文淵閣四庫全書·經部·春秋類》178
　　冊（臺北：臺灣商務印書館，1983年），卷1，頁2，8。

朝聘者眾矣，而獨於隱舉法，何也？《春秋》之始也。」❷❸顧棟高
（1679-1759）也說：「孔子曰：『天下有道則禮樂征伐自天子
出。』又曰：『天下有道則政不在大夫。』嗚呼！此孔子當日作
《春秋》之發凡起例也。」❷❹也引華學泉：「……此天下之盡無
王，而《春秋》所以作也。」❷❺就歷史現象分析，平王東遷，應是
王室陵夷之結果，而非開始。西周之衰，淵源有自。導致西周隕滅
的遠因，在宣王不修親耕之禮，致王師敗績於姜氏之戎，又料民於
太原，以補充所喪之師眾，至幽王終廢滅。❷❻就方苞等人觀察，周
室之衰，一可遠溯至宣王，降至東周，又與魯國等王室於諸侯有
關。於是以魯國為標的，作為《春秋》斷限的開始。

　　方苞又進入到歷史情境，以為：

> 《春秋》作始于平、桓之交，蓋深痛平王坐失可為之時，至
> 桓王則力屈于所欲為，而身困于所當為也。❷❼

---

❷❸　〔清〕方苞：《春秋直解》，卷 1，頁 27。

❷❹　〔清〕顧棟高著：〈春秋吉禮表卷十五·敘〉，吳樹平、李解民點校：《春
秋大事表》（北京：中華書局，1993 年 6 月），頁 1436。

❷❺　〔清〕顧棟高著：〈春秋賓禮表卷十七之上〉引，吳樹平、李解民點校：
《春秋大事表》，頁 1563。華學泉，字天沐，號霞峰，生卒年不詳，為顧棟
高母舅。其生平簡介，見吳樹平：〈顧棟高和他的春秋大事表〉，頁 5。

❷❻　〔吳〕韋昭（204-273）：《國語注·周語上》（臺北：九思出版社點校本，
1978 年 11 月），頁 24；楊寬：《西周史》（臺北：臺灣商務印書館，1999
年 4 月），頁 805-809。

❷❼　〔清〕方苞：《春秋通論》，卷 1，頁 5。

桓王伐鄭，未為不可。但為魯、宋所撓，鄭、齊助之。所以如此，
在於平王即位之初，晉、鄭同心，齊、魯、宋、衛仍心向王室，秦
國效命於西陲，此時若號召諸侯之師，討伐申侯，周室可轉危為
安，且興復可期。但平王不此之圖，致喪失戎機。王靈自此不振。❷

至於《春秋》之終則是：

> 其終於獲麟，而是歲之事不更書，則意或有所寓耳。麟之
> 出，必有聖人在乎位。身雖窮，未嘗不思世之治也。即序
> 《詩》而《風》終於〈豳〉，《雅》終於〈召旻〉之意也。❷

方苞解〈召旻〉，是從人事說明幽王的見殺，指出小人與婦寺並
列，天子本心流失，才是西周覆滅的原因。方苞的歷史解釋，很清
楚的指向禮制的崩壞，才是國家興衰的根本所在。❸

所以國家至治，其根本仍是回到禮制，以禮治國。朱子以為
〈楚茨〉、〈信南山〉、〈甫田〉、〈大田〉四篇，即為〈豳
雅〉。❸然〈公劉〉言公劉遷豳的史實，〈信南山〉、〈甫田〉、
〈大田〉、〈楚茨〉並言農事，均無方苞所言「言宗廟，言春祈，
言秋報，器物漸備，禮儀漸詳」之意。❸方苞又云：「國家無事，

---

❷　〔清〕方苞：《春秋通論》，卷1，頁4-5。
❷　〔清〕方苞：《春秋直解·哀公十四年》，卷12，頁24。
❸　〔清〕方苞：《朱子詩義補正》，卷7，頁23。
❸　〔宋〕朱子：《詩集傳》，汪中（1925-2010）斠補本（臺北：蘭臺書局，
　　1979年1月），卷13，頁158。
❸　〔清〕方苞：《朱子詩義補正》，《續修四庫全書·經部·詩類》第62冊

主人無喪疾，年豐物備，及時享祀，即莫大之福。」**❸❸**並不是求神以致福，正好相反，是年豐物備而祭神。神與人之間，存在著既敬神祇，又盡己力的循環結構：祀神以求國家無故，上下和睦；而國家無故，上下和睦，又是國君治民的結果。事神所以求報，但這一報本身，卻繫乎主祀者的人格典範及治國理政的成果。祭祀所以是吉禮，借由祭禮這一形式，彰顯國家德盛政修。在在指出行禮惟有盛世方有可能。禮，是國家文治的象徵。此所以禮壞樂崩是國家衰頹的跡象。

《春秋》的「結束」，一方面指出天子失禮為國政混亂的本源，一方面又指出要回復先王禮制，自會國治而政理。

方苞既是如此論《春秋》的首尾結構，就不同於一般的「編年史」：既無結局，也就無起始，只是史家開始登錄事件而得以存在。**❸❹**《春秋》的「開始與結束」，即「隱公元年」與「哀公十四年」，都有聖人大義所在；而「從開始到結束」，即「從隱公元年到哀公十四年」，則有聖人的微言。**❸❺**四庫館臣云：「魯史所錄，

（上海：上海古籍出版社影印乾隆三十二年刻本，1995 年 3 月），卷 5，頁 33。

❸❸　〔清〕方苞：《朱子詩義補正》，卷 5，頁 29。

❸❹　見海登・懷特（Hayden White）著，劉安世譯：《史元：十九世紀歐洲的歷史想像》（*Metahistory: The Historical Imagination in Nineteenth-Century Europe*）（臺北：麥田出版社，1999 年 12 月），頁 8。

❸❺　大義與微言的區分，參考〔清〕皮錫瑞（1850-1908）所說：「所謂大義者，誅討亂賊以戒後世是也。所謂微言者，改立法制以致太平也。」見〈論春秋大義在誅討亂賊微言在改立法制孟子之言與公羊合朱子之注深得孟子之旨〉，《春秋通論》，《經學通論》（臺北：臺灣商務印書館，1989 年 10

具載一事之始末，聖人觀其始末，得其是非，而後能定以一字之褒貶。」㊱聖人是在時間仍然持續的情境下，選取了其中一段記敘，開始、結束與過程，就都充滿了聖人所以如此選擇的意義。

方苞從《春秋》書寫的方式，說明《春秋》書寫的內容：

> 《春秋》之法，常事不書。然必盡合于禮，而後得為常。㊲

聖人思以治世，其根本就在禮。《春秋》之載事與議論，由是展開。據此，《春秋》也成為「治世之書」，而不僅是「歷史之作」。治經重禮，其故在此：

> 所以養君德，施政教，正俗化，莫急於禮。而禮非天子不能行。禮之興，然後君德可成，而百官得其宜，萬事得其序，和仁信義得其質，宗廟朝廷得其秩，室家鄉里得其情。㊳

以為禮的功能，從天子到庶人，俱可通之。雖重禮若此，但仍缺乏

月），卷4，頁1。大義可指《春秋》作者對歷史人物事件的價值判斷，微言則指《春秋》作者借歷史人物事件寄託的政治理想。蔣年豐（1955-1996）有異於傳統的新解，指出微言屬修辭學範疇，大義近似實踐哲學領域。見〈從興的現象論春秋經傳的解釋學傳統〉，楊儒賓、黃俊傑編：《中國古代思維方式探索》（臺北：正中書局，1996年11月），頁111-112。

㊱　〔清〕永瑢等著，王伯祥斷句：〈史部總敘〉，《四庫全書總目》，卷45，頁397。

㊲　〔清〕方苞：《春秋通論》，卷1，頁8。

㊳　〔清〕方苞：〈讀經解〉，劉季高校點：《方苞集》，卷1，頁33。

禮的根源性說明：禮何以能如此？惟所重者在從經典中習得禮學，所以才說：「學者循誦《易》、《詩》、《書》、《春秋》之文，而虛言其義，有得有失……。」❸❾既然禮非天子不能行，宗廟不謹，德命不修，其責顯然在王室。魯所以不行朝聘之禮，根本原因昭昭明矣。

　　方苞所說「意有所寓」，如指《春秋》始於隱公之失禮，終於治世之以禮。此與董仲舒（前 179？-前 104？）所說：「孔子曰：『吾因其行事，加吾王心焉。』假其位號以正人倫，因其成敗以明順逆。」❹❶似較接近。事件只是指涉的記號，意義由記號延伸。此一延伸的意義，則是聖人創作的本義。方苞云：

> 隱公之篇，無公朝京師及魯臣聘周之文，而王使三至。王之不君，魯之不臣，皆可見矣。觀魯史所載，而天下諸侯及齊、晉大國，舉可知矣。❹❶

從魯史延伸至諸侯，再延伸至霸主，均可見出不禮天子之心。聖人創作，就是欲明此義，不只是責魯而已。所謂因魯以見天下。而與張自超所說較遠：「魯之弱東周而卑天王若此，聖人蓋傷之也。於是因乎舊史崩而書崩，葬而書葬，有其事則書，無其事則不書。而

---

❸❾　〔清〕方苞：〈讀經解〉，劉季高校點：《方苞集》，卷 1，頁 33。

❹❶　〔漢〕董仲舒：〈俞序〉，〔清〕蘇輿（1873-1914）著，鍾哲點校：《春秋繁露義證》（北京：中華書局，1992 年 12 月），頁 163。

❹❶　〔清〕方苞：《春秋直解·隱公九年》，卷 1，頁 22-23。

魯之罪不可掩也。」❷聖人目擊心傷，所以表現者僅在《春秋》的書寫的形式，並以此質實魯之功過。至於書寫的形式，張自超認為是根據魯史，方苞卻以為除魯史而外，並根據禮制。兩者差異，此其一。

　　胡安國分析天子崩葬的義例：「《春秋》十二王，桓、襄、匡、簡，志崩志葬，赴告及，魯往會之也。莊、僖、頃崩葬皆不志，王室不告，魯亦不往也。平、惠、定、靈，志崩不志葬，赴告雖及，魯不會也。」❸張自超即據此立論，方苞亦然。❹但另指出齊桓公稱霸之初，誠信未孚，威望未懾：

　　　　至僖公之世，退狄、伐戎、帖楚，然後諸侯服，霸勢成。而
　　　　尊王之事起，著于經者可考也。魯事周之勤怠，一視乎霸跡
　　　　之盛衰。❺

此時魯之功過，就繫連著春秋霸主的態度。至於霸主的功過，又可從魯史見出：

---

❷　〔清〕張自超：《春秋宗朱辨義·隱公三年》，卷 1，頁 17。

❸　〔宋〕胡安國：《春秋傳》，《影印文淵閣四庫全書·經部·春秋類》第
　　151 冊（臺北：臺灣商務印書館，1983 年），卷 1，頁 10。另參考〔清〕顧
　　棟高著：〈春秋凶禮表卷十六〉，吳樹平、李解民點校：《春秋大事表》。

❹　〔清〕方苞：《春秋直解·隱公三年》，卷 1，頁 11。

❺　〔清〕方苞：《春秋通論》，卷 1，頁 11。另可參考〔清〕高士奇（1645-
　　1704）著，楊伯峻（1909-1992）點校：《左傳紀事本末·齊桓公之伯》（臺
　　北：里仁書局，1980 年 3 月），卷 17；〔清〕顧棟高著：〈春秋齊楚爭盟表
　　卷二十六〉，吳樹平、李解民點校：《春秋大事表》。

觀莊、僖二王，崩葬之不志，則霸者之功不可沒矣。觀桓、文
以後諸侯卒無親赴天王之崩葬者，則霸者之罪不可掩矣。**❹**

聖人之意，不僅是一人一事的褒貶，而是進入歷史發展脈絡，探求
聖人據事直書的要義。兩者差異，此其二。

　　方苞《春秋直解》之「直」，就可從此理解，反對字字有義，
也不贊成從稱謂名號定褒貶。這與據事直書之「直」，義略相當。
可是欲深入理解《春秋》之義時，方苞從歷史脈絡看待人物事件的
是非，是非的準據是禮。就歷史脈絡而言，《春秋》的故事是根據
魯史而來；從是非準據而言，《春秋》的意義是聖人意圖之所在。
從春秋（魯史）到《春秋》，再從《春秋》到春秋（含蓋魯史在內的春
秋史）。聖人據魯國文獻創作《春秋》，再從《春秋》大義以為時
代升降的判準。

第三節　聖人意圖的展現：歷史情境的分析

　　張自超《春秋》學有一重要認知，即以為《春秋》是為齊桓、
晉文攘楚而作。既是為攘楚而作，其間中原諸侯與楚國之交涉過
程、中原諸侯之內爭，自是全錄實事。後世讀者藉由這些實事，了
解齊桓、晉文攘楚之功，及中原諸侯在此事之功過。**❹**張自超因而

---

❹　〔清〕方苞：《春秋通論》，卷 1，頁 11。《春秋》經傳，天子崩葬，諸侯
　　並無親往奔喪、會葬之事。見楊伯峻：《春秋左傳注》（北京：中華書局，
　　1990 年 5 月），頁 569-570。

❹　〔清〕張自超：《春秋宗朱辨義·僖公元年》，卷 5，頁 3。

指責齊桓公，應修文德才能來諸侯，不能徒恃武力；須扶弱抑強，討伐有罪；諸侯懷貳，須反躬自省等。❹至於對待晉文公，則為其報私怨辯解。侵曹、伐衛、圍鄭確有伸其私憤之意，但也有攘楚之功。《春秋》書其事，兼有二意，不可偏於一方以責晉文公。更分析其時局勢，以為諸侯除宋外，皆已從楚，不侵曹、伐衛，無以解宋圍，也無以治陳、蔡、鄭、許，更無以服內諸侯。❹

方苞既欲回復先王禮制，而這一先王禮制具存於《周禮》。所以方苞云：

> 嗚呼！周公建六典以經邦國，中外上下聯為一體，惟恃禮樂征伐以維持而貫達焉。周道傷于幽、厲，至平王而廢絕，然後禮樂征伐不出于天子，然人不能由而道未嘗亡也。故桓、文倡霸，假其道而用之，則數十年中，篡弒者多伏其辜，參盟者幾絕，私戰亦希……用此觀之，苟有用孔子者皆可以為東周。❺

王道必須有實踐的方式，先禮樂而後征伐，所謂「天子立宗伯，使掌邦禮，典禮以事神為上，亦所以使天下報本反始」，「天子立司馬，共掌邦政，政可以平諸侯，正天下」。前者是《周禮・春官》

---

❹　分見〔清〕張自超：《春秋宗朱辨義》：〈莊公十五年〉，卷 3，頁 27；〈僖公十五年〉，卷 5，頁 31；〈莊公十七年〉，卷 3，頁 31；〈莊公二十八年〉，卷 3，頁 48-49。

❹　〔清〕張自超：《春秋宗朱辨義・僖公十三年》，卷 5，頁 67，55。

❺　〔清〕方苞：《春秋通論》，卷 1，頁 6-7。

宗伯之職，後者是《周禮・夏官》司馬之掌。❺假道用之是解讀
《春秋》的方法，返回周禮，則是解讀《春秋》的目的。

　　桓、文既假借天子之禮樂征伐而用於天下，於是可借霸主的行
事，以明周禮。周禮為周公所作，而呈現在《周禮》，所以由其假
又可明周公之道。孔子尊周，用心見於《春秋》，從《春秋》反
逆，則可了解孔子之道。聖人系統、聖人所欲建構的意義，胥於此
閱讀過程中完成。

　　是以《春秋》與《周禮》，在方苞看來，又不僅是解經方法相
同，借《春秋》以明禮制，明禮制以重解《周禮》，聖人與其制作
形成平行對照組，其結構如下：「周公──孔子／《周禮》──
《春秋》」。從形式到內容，都是聖人理想的寄託。以此方式論
《春秋》，自不同於張自超執實以談。

　　方苞以為天子失禮，才是聖人撰作的原因，並於「天王狩於河
陽」再次複述：

　　　《汲冢周書》：「周襄王會晉文公於河陽。」當時史臣文士
　　　所見止如此，故孔子懼而作《春秋》。❺

---

❺　〔漢〕鄭玄（127-200）：《三禮目錄》，分見〔清〕孫詒讓（1848-1908）
　　著，王文錦、陳玉霞點校：《周禮正義》（北京：中華書局，1987 年 12
　　月），卷 32，54。

❺　〔清〕方苞：《春秋直解・僖公二十八年》，卷 5，頁 54。按原文為：「周
　　襄王會諸侯于河陽。」見方詩銘、王修齡：《古本竹書紀年輯證》（上海：
　　上海古籍出版社，2005 年 10 月），頁 81。

所以對齊桓公於魯莊公十三年會諸侯於北杏以謀霸業始，至魯僖公十七年逝世止，其間的列國會盟，別有主意，不類張自超分析諸會盟對霸業的影響。對晉文公於魯僖公二十四年重返晉國執掌政權始，至魯僖公三十二年逝世止，方苞依然如此，且於晉文公之卒，無一字之評論。

　　禮制的崩解，方苞從下列四方面析述。首先是方苞對齊桓公的評論：

　　《春秋·莊公十六年》：「冬，十又二月，會齊侯、宋公、陳侯、衛侯、鄭伯、許男、滑伯、滕子同盟于幽。」方苞云：

> 舉天下而聽命於一國，齊桓以前，未之有也。故載書要言曰「同」……書會而不書公，特文以見義也。霸跡之興實宇宙非常之變，恐天下狃於桓、文之功，而昧其義，故特起此例……經之書會，而沒公者三：以諸侯主天下之盟，自幽始；大夫與諸侯抗盟，自于齊始；大夫眾會而盟王臣，自翟泉始。皆前此所未有，故特文以見義。❸

齊桓公同盟於幽，從此天下諸侯聽命於霸主，這是前此未有的鉅變，確定了周天子在往後的地位，也開啟了諸侯爭霸的局面，更是戰國爭戰的遠源。同盟之義，杜預認為是「服異」，孔穎達詳細說明：「嘗同盟而異，乃稱服異；未嘗同盟，則不為服異。」❸重在

---

❸　〔清〕方苞：《春秋直解》，卷3，頁24。
❸　〔唐〕孔穎達：《左傳正義·莊公十六年》，卷9，頁10-11。

「服異」，而非「同盟」。未服異即書「盟」，服異則書「同盟」，其別在此。⑤同盟於幽，固是齊桓公霸業之始，方苞卻點出歷史之變。

方苞以為歷史的變局，不止於此。《春秋·僖公十九年》：「冬，會陳人、蔡人、楚人、鄭人盟于齊。」方苞云：

> 此諸侯與大夫齊盟之始也。⑤

指出這是「四國之大夫，來盟齊、魯之君」，也是「大夫與諸侯抗盟之始」。從諸侯的立場是「抗盟」，從大夫的立場是「齊盟」，大夫的地位進一步提高。但據《左傳》本年記載，陳穆公倡議諸侯修好，以無忘齊桓公之德，而有此盟。⑤與盟者應不僅齊、魯二國之君。集矢大夫，可能未盡其實。

及至《春秋·僖公二十九年》：「夏六月，會王人、晉人、宋人、齊人、陳人、蔡人、秦人盟于翟泉。」方苞云：

> 惟翟泉則大夫之僭端見焉，而是乃僖之季世也。⑤

---

⑤　盟會請參考劉伯驥（1908-1983）：《春秋會盟政治》（臺北：國立編譯館中華叢書編審委員會，1977 年 6 月），頁 425-458，於會盟之區別、盟會之分類、盟期、盟地、盟辭、稱謂等，分析至為詳晰。陳戍國：《先秦禮制研究》（長沙：湖南教育出版社，1991 年 12 月），頁 243-250，也有簡要的說明。

⑤　〔清〕方苞：《春秋直解》，卷 5，頁 34。

⑤　〔唐〕孔穎達：《左傳正義·僖公十九年》，卷 14，頁 23。

⑤　〔清〕方苞：《春秋通論》，卷 1，頁 20。

又云：

> 諸侯之大夫與王臣同盟，通《春秋》僅見於此。❺⑨

大夫竟與王臣盟會，所以方苞以「僭端」稱之。從幽、到齊再到翟泉三盟，與盟者的身分，即象徵禮樂征伐（朝覲會盟）自天子下逮至諸侯，再下逮至大夫。政權不斷下移的過程，也意謂社會的不斷變遷。從此固可見出大夫的地位逐漸提升，而方苞所見則是王權不斷的下降。《左傳》論禮，以禮定功罪；方苞也論禮，更著重於從禮論歷史的變遷。

其次是方苞對晉文公的態度：

對晉文公的霸業，方苞論析甚夥。城濮之戰，踐土之會，所在意者，厥為書例而已。並將之與幽、齊、翟泉之盟並論，以書例分析：「會者公而不書公，然後知三會之非禮也。」類推至：「王在踐土而不書王出，然後知就見諸侯之非禮也。」❻⓪書例所以表達禮制，禮制所以斷定是非。霸主之功過，及判斷之準的，於是可知。

第三是方苞對楚國興起的分析：

---

❺⑨ 〔清〕方苞：《春秋直解》，卷 5，頁 56。據《左傳》，與會者為卿，但指出：「卿不書，罪之也。在禮，卿不會公侯，會伯子男可也。」杜預、孔穎達略同，見《左傳正義·僖公二十九年》，卷 17，頁 2。楊伯峻認為五等既非事實，褒貶亦難懸揣，見《春秋左傳注》，頁 477。但杜正勝從鐘鼎文、《左傳》盟會班序、貢賦多寡，指出春秋確有五等爵位，見《編戶齊民》（臺北：聯經出版公司，2004 年 6 月），頁 318-323。

❻⓪ 〔清〕方苞：《春秋直解》，卷 5，頁 51。

中原與楚的關係，在前述《春秋·僖公十九年》盟於齊後，方苞云：

> 自有此盟，然後宋孤，而中夏之勢大屈。盟薄戰泓，楚氣益熾，曹、衛亦折而南嚮矣。至於戍穀逼齊，合兵圍宋，遂有鞭笞天下之心。非晉文暴起而挫之，殆哉岌岌乎。蓋世未有內釁不作，而外患乘之者也。❻

這是指齊桓公去世後，宋襄公欲繼齊桓公霸業，於魯僖公十九年執滕宣公，圍曹；二十一年秋為楚人所執，是年冬會於薄而釋之。二十二年宋又伐鄭，而有宋、楚泓之戰，宋師大敗。二十三年春齊藉機伐宋。五月宋襄公即去世。❻二十六年楚人伐宋，僖公並以楚師伐齊，取穀以逼齊。二十七年楚合陳、蔡、鄭、許圍宋，其時楚始得於曹，新婚於衛，楚國勢力大張。❻

　　方苞推原論始，認為正是禍起內釁，所以外患乘之。內釁所起的具體內涵，即是前述之天子失禮在先，於是禍亂發生於後。張自超解釋與方苞不同，以為宋襄公昧於局勢意欲稱霸，不但與中原諸

---

❻　〔清〕方苞：《春秋直解》，卷5，頁34。

❻　另可參考〔清〕高士奇著：〈宋襄公圖霸〉，楊伯峻點校：《左傳紀事本末》，卷 35；〔清〕顧棟高著：〈春秋宋楚爭盟表卷二十七〉，吳樹平、李解民點校：《春秋大事表》。

❻　另可參考〔清〕顧棟高著：〈春秋晉楚爭盟表卷二十八〉，吳樹平、李解民點校：《春秋大事表》，顧棟高甚至認為：「天下大勢，楚蓋十居八九矣。」見頁 1983。

侯為敵，更連外（楚）以敵內（中原諸侯）。後者尤其是宋襄公罪之
所由來。❻兩者相較，尤可見出方苞不孤立的看待某一事件，聯結
同類事件，並置這些事件於一歷史脈絡之中，以見出其意義。

第四是諸侯失權原因：

天子失禮，權在諸侯，而諸侯亦蹈此覆轍：

> 春秋之初，天王猶小有征伐，至子突救衛以後，則無聞焉。
> 自隱至僖，凡盟會戰伐之大者，皆諸侯主之，是天子之微而
> 諸侯之恣也。自僖之末以至文、宣，則諸侯之怠而大夫之張
> 也。自宣之末以至襄、昭，則大夫之恣而諸侯之微也。自昭
> 以至定、哀，則列國之衰，而吳、楚之橫也。❻

將春秋時期，王政下逮分為四階段。春秋初期，天子尚有權力。自
隱公至僖公，天子衰微，而諸侯漸起。自僖公末至文公、宣公，諸
侯漸衰而大夫漸起。自文公、宣公末至襄公、昭公，大夫主政。至
於自昭公之末以至定公、哀公，則是吳、楚橫行中原之時。❻推原
論始，仍在綱紀：

> 一國之紀散，則無以率臣民；霸者之紀散，則無以屬諸侯。

---

❻　〔清〕張自超：《春秋宗朱辨義·僖公二十一年》，卷 5，頁 42。

❻　〔清〕方苞：《春秋通論》，卷 1，頁 15。

❻　方苞的四期說，可與《公羊》三世說比較：《公羊》學虛擬三世以指向未
　　來；方苞四期則就歷史發展區分。

非一朝一夕之故，其所由來者久矣。**⑥**

方苞並未討論整個封建制度——周禮何以衰微之故，僅是一再強調恢復周禮綱紀之重要。就此而言，不能觸及歷史問題的核心。特別的是將吳、楚之興起，置於這一架構下觀察，不同於張自超的中原——異族對抗說。天子至大夫，是縱向系統，中原、邊陲，是橫向結構，方苞是將後者攝於前者之下。亦即異族文化的興起，其實是中原文化衰落所致。

　　這一歷史過程，可從魯史見出：

　　魯君之會盟與戰伐相表裡，而列國之會盟戰伐，皆與魯一轍。察其始終，則世變極矣。**⑧**

魯政下逮，諸侯之政也下逮，這本是兩個相平行的歷史發展，或說是其時共同的歷史發展，但方苞特別指出魯國，意謂可從魯以見天下。此時，魯國之史，就不再是魯國本身的歷史，而是承載了天下的歷史。非止如此，從魯國制度的變化，也可見出魯國的變遷：

　　觀魯之軍政，而盛衰存亡之由可考也。**⑨**

---

⑥　〔清〕方苞：《春秋通論》，卷1，頁16。
⑧　〔清〕方苞：《春秋通論》，卷1，頁21。
⑨　〔清〕方苞：《春秋通論》，卷2，頁1。

· 195 ·

從軍政可看出魯國盛衰存亡，由魯國盛衰存亡，可看出諸侯盛衰存亡。事件、魯史、天下，於此往復循環，可由前以觀後，也可由後以觀前。任何一事件，都關係到魯國及諸侯，所以任何一事件，也都不是孤立的。所謂不是孤立的，略有二種意義。將事件脈絡化之後，每一事件都有史學或經學的意義。前者是魯史的意義，後者是《春秋》的意義。

禮樂征伐自天子出，原自周代封建制度。封建既頹，後世自不可能回到封建社會。這些禮典、禮制，固是周朝典制；人物、事件，也在春秋時代。研讀《春秋》，是借經傳以考古、釋古進而知古。《春秋》僅存文獻價值，史學家多宗之，是為史學的意義。然而《春秋》傳統，向不如此。戰國時代，三傳的解釋即已表明《春秋》是意義的根源與典則。❼由於已預設或認定《春秋》作者是聖人——孔子，自會在閱讀時，追問經文的意義，經文的「意義」，又與作者的「意向」有關。意義須置於「語境」下觀察，語境或指作者個人意向或情感態度，或指作者社會與歷史情境。❼方苞分析了孔子所處的歷史情境，進一步就必須探討孔子的意向。區別何者是魯史，何者是新經，才能理解並掌握孔子的意向。

---

❼ 李威熊即指出《春秋》在戰國時代已演化為三傳，見《中國經學發展史論》（臺北：文史哲出版社，1988 年 12 月），頁 95-113。趙伯雄有更詳細的論述，見《春秋學史》（濟南：山東教育出版社，2004 年 4 月），頁 8-83。

❼ 蔡英俊：《中國古典詩論中「語言」與「意義」的論題——「意在言外」的用言方式與「含蓄」的美典》（臺北：臺灣學生書局，2001 年 4 月），頁15。

第四節　舊史之文與春秋之法

　　方苞解釋《春秋》時，區分「舊史」與「新經」，就是在這一前提下導出。舊史指魯史舊文，新經指孔子書法，現有的《春秋》即含蓋這兩者。方苞試圖指出何者是舊史之文，何者是《春秋》之法。這與趙汸（1319-1369）頗有類同之處。趙汸以為《春秋》有兩體：一是國之正史，一是孔子筆削之作。讀者必須區判何者是國史，何者是孔子筆削。趙汸以「存策書之大體」、「假筆削以行權」說明兩者異同。但策書與筆削的判準何在，甚為困難，往往是作者自己的認知。❼❷

　　這一困境，就在類聚《春秋》經文，並無法見出經義，必須有一套說解系統當之，如《春秋比事目錄·王臣奔》：

> 春，周公出奔晉。成公十又二年。
> 王子瑕奔晉。襄公三十年五月。
> 尹氏、召伯、毛伯以王子朝奔楚。昭公二十又六年冬十月。❼❸

其事類同，而其辭互異：有「出奔」、「奔」、「某以某奔」三種辭例。辭例是事件書寫的呈顯，何以有此呈顯，無由得知；必須解釋所以如此呈顯的原因，這就涉及對歷史人物事件的價值判斷；義

---

❼❷　分見〔元〕趙汸：《春秋屬辭》，《索引本通志堂經解》第 26 冊（臺北：漢京文化公司，1985 年），卷 1，頁 1；卷 8，頁 1。

❼❸　〔清〕方苞：《春秋比事目錄》，卷 1，頁 9。

例之學就在此一脈絡下形成。❼方苞釋云：其時襄王在鄭，所以周公書「出奔」；王子瑕並非滅國之君與在外之臣，故僅能言「奔」；尹氏等三家以王子朝奔，是著三族怙亂之罪。❼上述三例自是書寫，相對於書寫，還有不書寫，何以書寫，又何以不書寫，方苞根據這些辭例，分析書或不書的原則，建構其《春秋》解釋學。

方苞列舉的原則如下：

一、失禮則書

首先，是常事不書：

> 《春秋》之法，常事不書。臺囿之築，譏，從欲也。王姬之館之築，志變禮也。❼

---

❼ 「屬辭比事」說法紛紜，張高評指出連屬前後之文辭，以比觀其相類或相反之事，以見筆削褒貶之微言大義。見〈史記筆法與春秋書法〉，《春秋書法與左傳學史》，頁 83。張素卿指出「屬辭」是斟酌用語以命字設辭，「比事」是將事件排比編次使整合為一。藉此判斷是非，嚴明大義。見《敘事與解釋——左傳經解研究》（臺北：書林出版公司，1998 年 4 月），頁 135。均甚具體明確。段熙仲（1897-1987）之「比事」未有理論說明，但以二家之說觀之，即可理解。至其論「屬辭」，則分為「事同辭同」、「事同辭異」、「事異辭同」、「事異辭異」而各有其義。見氏著，魯同群等點校：《春秋公羊學講疏》（南京：南京師範大學出版社，2002 年 11 月），頁 59-223。屬辭異同之間，即構成例。同書，頁 227-405。從而可知義之所在。

❼ 分見〔清〕方苞：《春秋直解》，卷 8，頁 19-20；卷 9，頁 52；卷 10，頁 44。

❼ 〔清〕方苞：《春秋通論》，卷 4，頁 5。

常事不書其實是根據《公羊傳》而來的原則。**⓿**表列方苞所舉之例
於下：

表一：城築

春秋經文	方苞經解
莊公三十一年春，築臺于郎。	一歲三築臺，豈即丹楹刻桷之意，務悅齊女而示之以侈與？**⓰**
莊公三十一年夏四月，築臺于薛。	
莊公三十一年秋，築臺于秦。	
成公十八年八月，築鹿囿。	成公之世，晉、楚爭衡，勞役日駭，強臣擅國，母幽名辱，而自娛於苑囿，可謂失其本心矣。**⓱**
昭公九年冬，築郎囿。	季氏奪其君之地與民，而姑以是豢也。**⓲**

⓿　〔唐〕徐彥（?-?）：《公羊傳注疏》（臺北：藝文印書館影印嘉慶二十年南昌府學刊本，1985 年 12 月），〈桓公四年〉，卷 4，頁 11；〈桓公八年〉，卷 5，頁 2；〈桓公十四年〉，卷 5，頁 14。惟《公羊傳》所指一是田狩，二是烝嘗，俱為四時必行之禮，以是常事不書。方苞據此推一切書法，或有擴充之嫌。另參〔清〕顧棟高著：〈春秋軍禮表卷十八〉，吳樹平、李解民點校：《春秋大事表》，顧棟高之評論及引〔明〕卓爾康（1570-1641）之評論，頁 1629-1630。卓爾康云：「四時之田，止書蒐狩。蒐狩經多不書，其書者必有故也⋯⋯于郎行狩，以當用武治兵之法。書此者，謹其事者也。」見《春秋辯義》，《影印文淵閣四庫全書·經部·春秋類》第 170 冊（臺北：臺灣商務印書館，1983 年），卷 3，頁 27。

⓰　〔清〕方苞：《春秋直解》，卷 3，頁 44。

⓱　〔清〕方苞：《春秋直解》，卷 8，頁 36。《左傳》則以為：「書，不時也。」楊伯峻：《春秋左傳注》，頁 913。

⓲　〔清〕方苞：《春秋直解》，卷 10，頁 17。《左傳》則以為：「書，時

定公十三年夏，築蛇淵囿。	
莊公元年秋，築王姬之館于外。	魯主王姬，舊矣。古者婚禮接於廟。魯人知接於廟不可也，故築館于外，以仇讐接婚姻，以衰麻接弁冕，而避於廟以自欺。❽

　　方苞以縱欲指責築臺囿之事，築王姬之館于外則是變禮。據此原則，常事不書，所書者則非常事。亦即所有築臺囿之事均非常事。由於築王姬之館于外僅一例，以此理解經文的價值判斷，甚為清晰。

　　至於斷定常事與非常事的標準是禮：

　　　　失禮則書者，《春秋》之法也。經書內災者六，惟雉門、兩
　　　　觀書新作。❽

　　也。」楊伯峻：《春秋左傳注》，頁 1312。方苞的意見，可能本〔宋〕張洽
　　（1161-1237）：「以《左傳》觀之，有以見意如逄君以耳目之娛而日竊其
　　權，昭公安之而不悟也。人君于此可戒哉。」見〔清〕顧棟高著：〈春秋魯
　　政下逮表卷二十一〉引，吳樹平、李解民點校：《春秋大事表》，頁 1752。
　　並見張洽：《春秋集注》，《影印文淵閣四庫全書·經部·春秋類》第 156
　　冊（臺北：臺灣商務印書館，1983 年），卷 9，頁 15。〔元〕俞皋（1252-
　　1316）亦曰：「剗民力以為耳目之娛，故書以為後世戒。《左氏》書時之
　　說，非也，觀叔孫昭子之言可知矣。」見《春秋集傳釋義大成》，《影印文
　　淵閣四庫全書·經部·春秋類》第 159 冊（臺北：臺灣商務印書館，1983
　　年），卷 10，頁 24。
❽　〔清〕方苞：《春秋直解》，卷 3，頁 3。
❽　〔清〕方苞：《春秋通論》，卷 4，頁 6。

表列方苞所舉之例於下：

表二：內災

春秋經文	方苞經解
定公二年夏五月王辰，雉門及兩觀災。	子家駒以設兩觀為僭天子，是非諸侯之制明矣。❽
定公二年冬十月，新作雉門及兩觀。	凡書作者，非僭禮則踰舊也。❽

方苞所據為子家駒語，見《公羊傳・昭公二十五年》：「設兩觀，乘大路，朱干，玉戚，以舞〈大夏〉，八佾以舞〈大武〉，此皆天子之禮也。」❽並由此建立凡例。而根據此一凡例，判斷經文，也甚為清晰。

方苞並進一步說明舊史與《春秋》之異同：

> 逆后、王姬歸，魯為主則書者，舊史之法也。失禮然後書，《春秋》之法也。❽

具體指明《春秋》之前，有一「舊史」，《春秋》即本此舊史而來，兩者差異，就在書法。表列方苞所舉之例如下：

---

❽　〔清〕方苞：《春秋直解》，卷11，頁4。
❽　〔清〕方苞：《春秋直解》，卷11，頁4。
❽　〔唐〕徐彥：《公羊傳注疏》，卷24，頁7。
❽　〔清〕方苞：《春秋通論》，卷1，頁14。

表三：逆后歸王姬

春秋經文	方苞經解
莊公元年夏，單伯逆王姬。	歸王姬於齊襄，其事詳，在喪而主讐婚，故備書以著其惡也。**❽** 此何以書？志變也。義不可受於京師也。以此知魯主王姬，舊史備書逆者，孔子以為常事而削之也。其不削則志變以發疑。**❽❽**
莊公元年，王姬歸于齊。	王后之崩，夫人之娶，內女之歸，皆以常事不書，則王姬之歸，法不當書審矣。**❽❾**
莊公二年秋七月，齊王姬卒。	桓之王姬不書卒，而襄之王姬書卒，見公之偏厚于讐仇也。**❾⓪**
莊公十一年冬，王姬歸于齊。	魯為諸姬之宗國，餘公豈無主王姬者，而無一見，於經常事也。惟莊之篇兩書王姬歸于齊，著忘親之罪也。**❾❶**

---

❽ 〔清〕方苞：《春秋通論》，卷 1，頁 14。

❽❽ 〔清〕方苞：《春秋直解》，卷 3，頁 3。李崇遠有類似意見：「今案《春秋》王姬之歸，書之最備者，齊王姬也。書之備者，所以見莊公之盡禮於仇讐，而無恩於先君也。罪之大，則書之備；惡之積，不可掩也。」見《春秋三傳傳禮異同考要》（臺北：嘉新水泥公司文化基金會研究論文第 107 種，1967 年 1 月），頁 181。而實本《穀梁傳·莊公元年》說：「仇讎之人非所以接婚姻也，衰麻非所以接弁冕也。其不言齊侯之來逆，何也？不使齊侯得與吾為禮也。」〔唐〕楊士勛（？-？）：《穀梁傳注疏》（臺北：藝文印書館影印嘉慶二十年南昌府學刊本，1985 年 12 月），卷 5，頁 3。

❽❾ 〔清〕方苞：《春秋直解》，卷 3，頁 4。

❾⓪ 〔清〕方苞：《春秋通論》，卷 1，頁 14。

❾❶ 〔清〕方苞：《春秋直解》，卷 3，頁 18。

舊史之例是魯主王姬之婚，皆書「逆」，孔子因其為常事削
「逆」，但有不削者，則是志其變，以引發讀者之疑。此處書逆，
是欲著莊公忘親之仇。至於王姬之歸、王姬之卒亦然，所以書者，
均在著莊公之惡。這已導出舊史有書法，《春秋》亦有書法，只是
兩者不同。不同的關鍵，在孔子修之。至此，方苞已確認《春秋》
為孔子所作，文獻則據舊（魯）史。其次，常事不書的原則，也略
有變化。前此是失禮則書；但魯主王姬，乃依禮而行，不應書而
書，目的依然是引發讀者之疑，以深入追索其因，因而發現經文之
義。《春秋》經文，有失禮而書，也有合禮而書，讀者必須同時考
慮兩種情境，不能僅據失禮則書這一原則。於是有得禮而書第二項
原則。

二、得禮而書

方苞對得禮而書有更深入的說明：

> 《春秋》之法，常事不書，然必盡合于禮，而後得為常。二
> 百四十二年之中，聘王者三，朝王者二，如京師者一，而得
> 為常事乎？**❷**

常事不但須合禮，且須「盡合于禮」，才有不書的可能。表列方苞
所舉之例於下：

---

❷　〔清〕方苞：《春秋通論》，卷 1，頁 8。

表四：王使至魯魯君臣朝聘于王

春秋經文	方苞經解
僖公二十八年，公朝于王所。	書公朝，然後知王在而諸侯皆朝，知諸侯皆朝，然後知削而不書為不以尊王之義予晉也。❾❸
僖公二十八年壬申，公朝于王所。	朝王，禮也，何以書？二百四十年僅再見焉，而又非其所，故以非常志也。❾❹
成公十三年三月，公如京師。夏五月，公自京師，遂會晉侯、齊侯、宋公、衛侯、鄭伯、曹伯、邾人、滕人伐秦。	不書朝于京師而曰如者，不予以朝也。❾❺
僖公三十年冬，天王使宰周公來聘，公子遂如京師，遂如晉。	魯之聘周，禮也，何以書？聘，禮也；不朝而聘，則非禮也。❾❻
文公元年，叔孫得臣如京師。	
宣公九年夏，仲孫蔑如京師。	
襄公二十四年，叔孫豹如京師。❾❼	

---

❾❸ 〔清〕方苞：《春秋直解》，卷5，頁51。

❾❹ 〔清〕方苞：《春秋直解》，卷5，頁54。〔清〕朱大韶（？-？）以為會同即巡守之禮，天子巡行邦國曰巡守，天子至方岳覲諸侯曰會同。凡邦國有疑，會同則掌其盟約之載及其禮儀，此是會同而盟諸侯。周襄王是巡守至踐土，諸侯朝見，並非失禮。見《春秋傳禮徵》，《續修四庫全書·經部·春秋類》第128冊（上海：上海古籍出版社影印民國張氏刻《適園叢書》本，1995年3月），卷4，頁34-35。

❾❺ 〔清〕方苞：《春秋直解》，卷8，頁21。

❾❻ 〔清〕方苞：《春秋直解》，卷5，頁59。

❾❼ 張國淦（1859-1946）云：「魯自宣九年蔑如京師後，不聘王者四十餘年……當時王室衰微，所謂禮者，亦可知矣。」見《左傳禮說》，《叢書集成續

諸侯朝王，為應行之禮，既依禮而行，自也不應書。所以書，正因
其不合於禮。或是諸侯不朝而聘，或是因故而朝，或根本未按時朝
王。此時書朝書如，就有深微的大義在其中。

　　方苞繼續分析這一書法，指出：

> 然則書者皆失禮乎？失禮而書者，譏也。非失禮者而書者，
> 明嫌也。桓夫人之書也，以齊侯親送至魯境也。莊夫人之書
> 也，以娶讎女而親迎也。文、宣二夫人之書也，以喪婚也。❾❽

表列方苞所舉之例於下：

表五：內夫人之一

春秋經文	方苞經解
桓公三年九月，齊侯送姜氏于讙。	送女而君親之，非禮也；越境，非禮也。❾❾
莊公二十四年夏，公如齊逆女。	逆夫人，使卿禮也；君親之，非禮也。❿

編·史地類》第 272 冊（臺北：新文豐出版社影印《寓園叢書》本，1988
年），卷 5，頁 18。

❾❽　〔清〕方苞：《春秋通論》，卷 3，頁 14。

❾❾　〔清〕方苞：《春秋直解》，卷 2，頁 8。

❿　〔清〕方苞：《春秋直解》，卷 3，頁 33。方苞以為親迎非禮，應是參考
〔宋〕程頤（1033-1107）所說：「親迎者，迎於其館，故有親御授綏之
禮，豈有委宗廟社稷，遠適他國，以逆婦者乎？非惟諸侯，卿大夫以下皆
然。《詩》稱文王親迎于渭，未曾出疆也。」見《春秋傳》，《河南程氏經

文公四年夏，逆婦姜于齊。	
宣公元年，公子遂如齊逆女。	在喪而婚，懼討而急，自結於齊也。⑩

諸侯娶婦，並非失禮；得禮而書之故，或送女之禮有失，或娶婦之時不當。惟譏宣公喪娶出於《公羊傳·宣公元年》：「夫人何以不稱姜氏？貶。曷為貶？譏喪娶也。」⑩至於文公娶雖在喪期外，但納幣在二年，此時仍處於喪期內，所以何休云：「僖以十二月薨，至此未滿二十五月。」⑩汪克寬（1304-1372）承此說。⑩方苞遠採《公羊》，近取元儒義。但方苞既以此為得禮而書，喪娶之譏，就未必合理。所謂明嫌，約略細部分析不當之處。

　　得禮而書者，除明嫌外，還有著變：

說》，卷4，《二程集》（臺北：漢京文化公司點校本，1986年9月），總頁1090。另可參考〔清〕黃以周（1828-1899）著，王文錦點校：《禮書通故第六·昏禮通故》（北京：中華書局，2007年4月），頁255的討論。黃以周綜合諸家，以為諸侯送女於京師，天子迎娶於館較合理；諸侯以降，則皆親迎於家。張國淦則以為：「春秋以前，天子諸侯久不行親迎之禮。」見《左傳禮說·隱公二年》，卷1，頁2。

⑩　〔清〕方苞：《春秋直解》，卷7，頁1。

⑩　〔唐〕徐彥：《公羊傳注疏》，卷15，頁1-2。

⑩　〔唐〕徐彥：《公羊傳注疏》，卷13，頁7。

⑩　〔清〕顧棟高著：〈春秋嘉禮表卷十九〉引，吳樹平、李解民點校：《春秋大事表》，頁1643。汪克寬云：「喪雖二十五月大祥，然中月而禫，必二十七月始為終制……十三月殺哀而圖婚，失禮甚矣。」見《春秋胡傳附錄纂疏》，《影印文淵閣四庫全書·經部·春秋類》第165冊（臺北：臺灣商務印書館，1983年），卷14，頁22。楊伯峻則認為當時未必以為非禮，見《春秋左傳注》，頁645。

內夫人出入必書，舊史之文也。違禮而出則書，得禮則不書，《春秋》之法也……然亦有得禮而書者，則著變也。🄯

方苞所舉僅一例：

表六：內夫人之二

春秋經文	方苞經解
文公九年，夫人姜氏如齊。	夫人之歸寧不書者也，此何以書？夫人至是不安於魯矣。是他日子弒、夫人大歸之始事也，故特書以發疑焉。🄰

參照《左傳·昭公三十二年》：「（史墨曰）魯文公薨，而東門遂殺適立庶，魯君於是乎失國，政在季氏，於此君也四公矣。」🄱方苞指出歸寧得禮不應書，所以書之故，是點出日後（文公十八年）襄仲殺嫡立庶，出姜大歸，魯政從此歸於季氏，這一歷史變局的關

🄯　〔清〕方苞：《春秋通論》，卷 3，頁 16。

🄰　〔清〕方苞：《春秋直解》，卷 6，頁 15-16。方苞可能從〔宋〕趙鵬飛（？-？）而來：「文公並妃匹嫡，齊女出姜，生惡及視。又嬖於共嬴，生倭。嬴寵而倭將貴，故出姜如齊，謀於父母也。其歸寧蓋有故存焉，是以聖人書之，以著十八年歸齊之張本。」見《春秋經筌》，《影印文淵閣四庫全書·經部·春秋類》第 157 冊（臺北：臺灣商務印書館，1983 年），卷 8，頁 39-40。張國淦則以為文公四年書「逆婦姜于齊」，「此為十八年夫人歸于齊立案，明婦姜為嫡夫人，非敬嬴之比，且以正襄仲及敬嬴之罪也。」見《左傳禮說》，卷 3，頁 4。這是書法異而義同。

🄱　楊伯峻：《春秋左傳注》，頁 1520。

鍵。故知所謂著變，是指政局重大的變化，尤其著重致此變化的原因。

可是一原則又有變例：

> 內女之歸也，非失禮不書。得禮而書者，著變也。無變而書者，明嫌也。⑩⑧

方所舉之例為：「鄫季姬之歸也，以及鄫子遇防而書也。宋伯姬之歸也，以公孫壽納幣、行父致女、三國來媵而書。紀伯姬、叔姬之歸也，未嘗有失禮，而書則閔其後之變也。」⑩⑨表列於下：

表七：內女

春秋經文	方苞經解
隱公二年冬十月，伯姬歸于紀。	紀伯姬書歸，以其後姬卒紀亡，而齊侯葬之耳。⑩⑩
隱公七年春王三月，叔姬歸于紀。	叔姬，伯姬之娣也。娣歸不書，以其後紀亡而姬歸於酅，故錄其始也。⑪⑪

---

⑩⑧ 〔清〕方苞：《春秋通論》，卷3，頁20。

⑩⑨ 〔清〕方苞：《春秋通論》，卷3，頁20。

⑩⑩ 〔清〕方苞：《春秋直解》，卷1，頁9。張國淦亦云：「紀亡而伯姬葬於齊侯，變也。紀侯殁而叔姬歸酅，葬於叔，變也。」同方苞說，見《左傳禮說》，卷1，頁2。

⑪⑪ 〔清〕方苞：《春秋直解》，卷1，頁19。此義實本何休：「媵賤，書者，後為嫡，終有賢行。紀侯為齊所滅，紀季以酅入于齊，叔季歸之，能處隱約，全竟婦道，故重錄之。」見〔唐〕徐彥：《公羊傳注疏》，卷3，頁8。

| 僖公十五年九月，季姬歸于鄫。 | 內女之歸，非失禮不書。此以及鄫子遇防而書之。⓬ |
| 成公九年，伯姬歸于宋。 | 內女之歸不書，此何以書？納幣非禮，致之非禮，媵之非禮，故不得不致其歸也。⓭ |

得禮而書有兩種情況，一是明嫌，二是著變。若從其書而無著變之義，則是明嫌。嚴格而言，就是明嫌與著變。上表紀伯姬、叔姬，其實較接近著變；鄫季姬、宋伯姬是明嫌。但納幣、致女、來媵之非禮，三傳俱無此論。方苞也僅說出結果，並無論證。

三、徵過而書

與失禮則書、得禮而書不同，還有徵過而書。方苞將「諱恥」與「徵過」並論：

> 諱恥者，舊史之文也；徵過者，《春秋》之法也。⓮

表列方苞所舉之例如下：

⓬ 〔清〕方苞：《春秋直解》，卷5，頁25。
⓭ 〔清〕方苞：《春秋直解》，卷8，頁16。
⓮ 〔清〕方苞：《春秋通論》，卷1，頁19。

表八：會盟

春秋經文	方苞經解
文公二年三月乙巳，及晉處父盟。	處父之盟，沒公以諱恥，舊史所知也。于宿、于幽、于齊、翟泉、蘇子、高傒之沒公以徵過，則非舊史所能知也。[115]
隱公元年九月，及宋人盟于宿。	此諸侯與卿大夫特盟之始也，故諱不書公以見義焉。[116]
莊公十六年冬十有二月，會齊侯、宋公、陳侯、衛侯、鄭伯、許男、滑伯、滕子同盟于幽。	書會而不書公，特文以見義也。[117]
僖公十九年冬，會陳人、蔡人、楚人、鄭人，盟于齊。	此諸侯與大夫齊盟之始也。[118]
僖公二十九年夏六月，會王人、晉人、宋人、齊人、陳人、蔡人、秦人，盟于翟泉。	諸侯之大夫與王臣盟，通《春秋》僅見於此，故書會不書公以見義也。[119]
文公十年，及蘇子盟于女栗。	天王之喪不赴，而與王臣要盟，故沒公以見義焉。[120]
莊公二十二年秋七月丙申，及齊高傒盟于防。	桓戕於齊，未嘗明著於經，非特文以見義，不知其婚於讎也。[121]

[115] 〔清〕方苞：《春秋通論》，卷 1，頁 19，24-25。
[116] 〔清〕方苞：《春秋直解》，卷 1，頁 5。
[117] 〔清〕方苞：《春秋直解》，卷 3，頁 24。
[118] 〔清〕方苞：《春秋直解》，卷 5，頁 34。
[119] 〔清〕方苞：《春秋直解》，卷 5，頁 56。
[120] 〔清〕方苞：《春秋直解》，卷 6，頁 20。
[121] 〔清〕方苞：《春秋直解》，卷 3，頁 30。

上表諸例，是魯國行會盟之禮時，均不書「公」。其因是與王臣會盟，嫌於僭越；與諸侯之卿、大夫會盟，有失身分。❷方苞以為不書公，或是諱魯國之恥，或是徵魯國之過。前者是舊史之文，史官之例；後者是《春秋》之法，聖人所書。但書法既同，根本難以判別其中之異。此時需要輔助原則：

> 凡經之辭同而義異，皆於其事別之也。❸

> 經有文同而義異者，非以事別，即於前後文見之。❹

不書公，是文（辭）同；或諱恥，或徵過，是義異。必須從事件的發展，或行文脈絡，才能見出究竟是史官之義，抑或聖人之義。不論是主要原則還是輔助原則，都無法直接區別兩者之異，所以最後的認定，可能在讀者的認知。以讀者的判斷，當聖人之書法，是此項原則最大的問題。

---

❷ 黃以周認為：「古有道之世，諸侯不得擅盟。惟天子巡狩方嶽及殷見東國，事畢乃與諸侯盟，以同好惡，至五霸擅盟，自稱盟主，此三王之世所未有也。」見氏著，王文錦點校：《禮書通故第三十·會盟禮通故》，頁 1292。黃以周論會盟禮，先從朝覲禮始，正以此故。李崇遠亦云：「王人與諸侯，有會無盟，蓋天子主天下，不可與諸侯盟也。」見《春秋三傳傳禮異同考要》，頁 175。

❸ 〔清〕方苞：《春秋通論》，卷 3，頁 3。

❹ 〔清〕方苞：《春秋通論》，卷 3，頁 11。

四、不書

最後是不書：

> 內君之不書即位也，舊史無其文，而孔子因之以見義也。其
> 薨而不地，葬而不志，則孔子削之以見義也。[125]

表列方苞所舉之例於下：

表九：魯君即位薨葬

春秋經文	方苞經解
隱公元年春王正月	隱將致國於桓，莊、閔、僖繼故，本未行即位之禮，故舊史無其文，以為孔子削之，則義無所處矣。[126]
隱公十一年冬十有一月壬辰，公薨。	薨而不地，故也。臣子所不忍言也。知然者，以君之薨無不地也。[127]
莊公元年春王正月	《穀梁傳》：「繼故不言即位，正也。先君不以道終，則子不忍即位也。」[128]
閔公元年春王正月	閔公立於慶父，而能不行即位之禮，何也？慶父實欲自取，故視嗣君即位之禮無關輕重。[129]

---

[125] 〔清〕方苞：《春秋通論》，卷2，頁10。
[126] 〔清〕方苞：《春秋直解》，卷1，頁2。
[127] 〔清〕方苞：《春秋直解》，卷1，頁26。
[128] 〔清〕方苞：《春秋直解》，卷3，頁1。
[129] 〔清〕方苞：《春秋直解》，卷4，頁1。

| 閔公二年八月辛丑，公薨。 | 薨而不地，葬而不書，故也。❸ |
| 僖公元年春王正月 | 《公羊傳》：「繼弒君不言即位。此非子也，臣子一例也。」❸ |

行即位之禮則書，不行即位之禮則不書，這是從杜預以降，《春秋》經傳學者的共識：「假攝君政，不脩即位之禮，故史不書于策。」❸但杜預除說明不書即位的書例，也指出不行即位之禮的原因。解經不能止於以不行此禮，故不書即位為足。三傳也都試圖探討其後之因。朱子正是指出現象，而未探討根本。❸方苞於此，實是承《公》、《穀》之學，甚於朱子之說。薨、葬的書例是：

> 經有特文以見義，而未嘗沒事之實也。薨、卒未有無其地者，君薨、子卒未有不葬者，故可削以見義也。❸

> 以是知見弒之君之葬，其國有訃有不訃，舊史有書有不書，

---

❸　〔清〕方苞：《春秋直解》，卷4，頁5。

❸　〔清〕方苞：《春秋直解》，卷5，頁1。張國淦以為：「臣子當私其君父，是諱國惡乃禮之所在也。」是不書即位為諱國惡，是聖人所為，此亦書法同而義異之例。見《左傳禮說》，卷2，頁3。

❸　〔唐〕孔穎達：《左傳正義・隱公元年》，卷2，頁13。

❸　〔宋〕黎靖德編，王星賢點校：《朱子語類・春秋・綱領》，卷83，頁2145。另可參考〔清〕顧棟高著：〈春秋吉禮表卷十五〉，吳樹平、李解民點校：《春秋大事表》，頁1451-1456。

❸　〔清〕方苞：《春秋通論》，卷2，頁13。另可參考〔清〕顧棟高著：〈春秋凶禮表卷十六〉，吳樹平、李解民點校：《春秋大事表》，頁1491-1497。

　　而一切削之者，《春秋》之法也。**⑬**

方苞預設薨地、葬志，舊史備書；薨而不地，葬而不書，是孔子削舊史之文以見義。**⑯**此項原則如單純應用於薨葬，也甚為清晰。

　　綜合上述，可以略知方苞區分現有之《春秋》為兩部分，一是魯國舊史，一是聖人新經。方苞分別以舊史之文與《春秋》之法稱之。舊史於書寫魯國歷史確有史例，但備書史事；新經則是失禮則書，若得禮而書，一以明嫌，二以著變。舊史有諱恥而書，新經則徵過而書。由於舊史備書史事，所以並無刪削史事以見義的書例，新經則有此例。**⑰**可作一簡表以明其區別：

表十：舊史與新經異同表

書法	目的	書寫方式	備考
舊史備書			舊史之文
失禮則書	譏刺		春秋之法
得禮而書	明嫌		春秋之法
	著變		春秋之法
諱恥而書		沒魯公之名	舊史之文
徵過而書		沒魯公之名	春秋之法
不書		削薨地與葬志	春秋之法

---

⑬　〔清〕方苞：《春秋通論》，卷2，頁15。

⑯　此義可能本程頤：「薨不書地，弒也。賊不討，不書葬，無臣子也。」見《春秋傳》，《河南程氏經說》，卷4，《二程集》，總頁1100。

⑰　張高評則分析方苞義法為筆削見義、法隨義變、屬辭比事。見〈方苞義法與春秋書法〉，《春秋書法與左傳學史》，頁277-285。

顧炎武（1613-1682）云：「自隱公以下，世道衰微，史失其官，於是孔子懼而修之。自惠公以上之文無所改焉，所謂『述而不作』者也。自隱公以下，則孔子以己意修之，所謂『作《春秋》』也。然則自惠公以上之《春秋》，固夫子所善而從之者也，惜乎其書之不存也。」惠公以上的《春秋》，是史官原本，隱公以下的《春秋》，是孔子修撰。惟未見前者，是以無從縱向對比孔子《春秋》與史官原本筆法的異同。黃汝成（1799-1837）引左暄（？-？，乾隆嘉慶間人）：「《春秋》筆則筆，削則削，魯史之舊本無存，筆削之新義莫考。」⑱但觀左暄引《公羊》、《禮記·坊記》以證明孔子《春秋》與舊史不同，似又意指隱公以下也有史官原本，後代無存，無由橫向對比孔子《春秋》與魯史的異同。無論是從縱向抑或橫向對比，因缺乏原本之故，均無法確定孔子的本意為何。

四庫館臣亦云：「是自昔通儒，以不見《魯史》，無從辨別為憾，苞乃於二千餘載之後，據文臆斷，知其孰為原書，孰為聖筆，如親見尼山之操觚，此其說未足為信。」⑲以例說經，或是《春秋》學乃至經學重要方法，但斷為某句為魯國舊史，某句為聖人所作，在沒有原本對照之下，很難為學者承認。

---

⑱　以上引文，分見〔清〕顧炎武著，黃汝成集釋，樂保群、呂宗力點校：《日知錄集釋·魯之春秋》（上海：上海古籍出版社，2006 年 12 月），卷 4，頁 179，180。

⑲　〔清〕永瑢等著，王伯祥斷句：《四庫全書總目·經部·春秋類四·春秋通論》，卷 29，頁 239。

第五節　結　語

　　《春秋》經傳解釋學的傳統，略有二途：其一是以例解經，義例的性質，大致有二：一是編寫的體製，就文獻本身分類整理，作者對事件、人物的意見不顯；與此相對，是作者的意見，以一定的規律呈顯，只要掌握這些規律，就可以理解作者價值判斷。《春秋》經傳解釋學傳統，其二是據事直書，直書非「照錄史文」之意，而是書寫之際，並無書法、條例在其間，所以朱子一再強調讀《春秋》不應一句一字求其義。魯史書則書之，不書則不書之，是謂直書。

　　四庫館臣指出方苞《春秋通論》多取材自張自超《春秋宗朱辨義》，而《春秋宗朱辨義》的特色是承朱子之說，以「據事直書」解《春秋》。朱子認為如《春秋》全依魯史，則不必作《春秋》。張自超則依違在兩者之間，或是將魯史直接「複製」於《春秋》中，或是魯史經過「修改」再載於《春秋》中。兩者形式，大相逕庭；記事中之意義自復不同。方苞以為孔子所作《春秋》是根據魯史增刪而來，亦即經由史而來。經與史的差別在於歷史事件記載中義之有無，而義的來源，本諸孔子。方苞即從禮制切入，分析歷史發展，建構聖人意圖。

　　所以《春秋》編年，始於隱公，不是「自然時間」的現象，而是「文化時間」的構成。歷史的「開始」，即具有作者特殊的懷抱。至於《春秋》的「結束」，一方面指出天子失禮為國政混亂的本源，一方面又指出要回復先王禮制，自會國治而政理。

　　方苞既是如此論《春秋》的首尾結構，就不同於一般的「編年

史」：既無結局，也就無起始，只是史家開始登錄事件而得以存在。《春秋》的「開始與結束」，即「隱公元年」與「哀公十四年」，都有聖人大義所在；而「從開始到結束」，即「從隱公元年到哀公十四年」，則有聖人的微言。聖人是在時間仍然持續的情境下，選取了其中一段記敘，開始、結束與過程，就都充滿了聖人所以如此選擇的意義。

　　方苞從《春秋》書寫的方式，說明《春秋》書寫的內容。聖人思以治世，其根本就在禮。《春秋》之載事與議論，由是展開。據此，《春秋》也成為「治世之書」，而不僅是「歷史之作」。治經重禮，其故在此。

　　就歷史脈絡而言，《春秋》的故事是根據魯史而來；從是非準據而言，《春秋》的意義是聖人意圖之所在。因此必須分析歷史情境，方能得知聖人意圖。

　　張自超《春秋》學有一重要認知，即以為《春秋》是為齊桓、晉文攘楚而作。既是為攘楚而作，其間中原諸侯與楚國之交涉過程、中原諸侯之內爭，自是全錄實事。方苞以為齊桓、晉文既假借天子之禮樂征伐而用於天下，於是可借霸主的行事，以明周禮。假道用之是解讀《春秋》的方法，返回周禮，則是解讀《春秋》的目的。以此方式論《春秋》，自不同於張自超執實以談。

　　由於已預設或認定《春秋》作者是聖人——孔子，自會在閱讀時，追問經文的意義，經文的「意義」，又與作者的「意向」有關。意義須置於「語境」下觀察，語境或指作者個人意向或情感態度，或指作者社會與歷史情境。方苞分析了孔子所處的歷史情境，進一步就必須探討孔子意向。區別何者是魯史，何者是新經，才能

理解並掌握孔子的意向。

　　方苞區分現有之《春秋》為兩部分，一是魯國舊史，一是聖人新經。方苞分別以舊史之文與《春秋》之法稱之。舊史於書寫魯國歷史確有史例，但備書史事；新經則是失禮則書，若得禮而書，一以明嫌，二以著變。舊史有諱恥而書，新經則徵過而書。由於舊史備書史事，所以並無刪削史事以見義的書例。從這些書法，可以得知孔子的意向。

　　從朱子、張自超到方苞，都設定據事直書為解讀《春秋》的方法，並據以掌握孔子創作《春秋》之意。可是朱子本身，即已懷疑《春秋》全錄魯史，則《春秋》不必作。張自超則不自覺的視《春秋》介於複製與修正魯史之間，而無定論。方苞承據事直書的解經方法，而欲區分何者是魯史，何者是《春秋》，以明經史異同，卻走向朱子所反對的書法義例之說。且自定義例，以為是聖人之意，在方法上，與傳統《春秋》學者無別。就其整體《春秋》學觀之，是「《春秋》學者」，而不是「三傳學者」。

第六章
方苞周禮學的女官系統
與女教思想

第一節　前　言

　　徐復觀（1903-1982）嘗云：「以官制表現政治理想，是在政治
思想史中所發展出的一種特別形式。」又云：「官制之所以能表現
政治理想，有兩個系統。一是著眼到由官制的合理地分配、分工，
可以提高政治效率，達成政治上所要求的任務。甚至想以官制限制
君權，以緩和專制的毒害。……另一是要由官制與天道相合而感到
政治與天道相合的系統」。❶以制度作為研究思想史的方法，並以
此探討《周禮》。但以這一方法觀察《周禮》，即使擺脫劉歆（?-

---

❶　徐復觀：《周官成立之時代及其思想性格》（臺北：臺灣學生書局，1980 年
　　5 月），頁 5-6。

23）作偽說，❷無論是認為《周禮》是周公所作，抑或戰國末年所作，還是成書於漢武帝之後，至少從《周禮·天官》的設官分職看，其「政治理想」卻頗有疑義。

胡宏（1105-1155）即云：「王裘服宜夫人嬪婦之任也，今既有司裘，又有縫人、屨人等九官，則皆掌衣服者也。膳夫、酒正之職固不可廢，又有臘人、鹽人等十有六官，則皆掌飲食者也。醫師之職固不可廢，又有獸醫等五官，皆醫事也。帷幕次舍之事固不可廢，而皂隸之所作也，亦置五官焉。凡此不應冗濫如是，且皆執技以事上，役於人者也，而以為冢宰進退百官均一四海之屬，何也？」❸簡言之，胡宏的質疑是冢宰既輔王治國，何以設如是之多的內廷官職；其次，各官職司以技術為主，且多有重疊；第三，各

---

❷　《周禮》真偽的考辨，舉其要者如下：錢穆（1895-1990）：〈周官著作時代考〉，《燕京學報》1932 年 6 月第 11 期，後收入《兩漢經學今古文平議》（臺北：東大圖書公司，1978 年 7 月），頁 285-434；郭沫若（1892-1978）：〈周官質疑〉，《金文叢考》（北京：人民文學出版社，1954年），頁 49-81；楊向奎（1910-2000）：〈周禮內容的分析及其成書時代〉，《山東大學學報》1954 年第 4 期，後收入《繹史齋學術文集》（上海：上海人民出版社，1983 年 5 月），頁 228-276；顧頡剛（1893-1980）：〈周公制禮的傳說和周官一書的出現〉，《文史》第 6 輯（北京：中華書局，1979 年 6 月）；徐復觀：《周官成立之時代及其思想性格》；侯家駒：《周禮研究》（臺北：聯經出版公司，1987 年 6 月）；彭林：《周禮主體思想與成書年代研究》（北京：中國社會科學出版社，1991 年 9 月）；金春峰：《周官之成書及其反映的文化與時代新考》（臺北：東大圖書公司，1993 年 11 月）。

❸　張心澂：《偽書通考》（臺北：鼎文書局，1973 年 10 月）引，冊上，頁347。

官位階又大都不高，為人所役。以此當冢宰之任，頗不相合。方孝孺（1357-1402）也云：「冢宰治之本，天下之大事宜見於冢宰，今《周禮》列於冢宰之下者，預政之臣不過數人，而六十屬皆庖臣之賤事，攻醫制服之淺技。夫王之膳服固冢宰之所宜知，然以是為冢宰之職，則陋且褻矣，此必非周公之意。」❹也質疑冢宰設立官職，與聞國政不過少數人，餘人從事的則是賤職淺技，設官的原則不明。聲口一如胡宏。

今人侯家駒則敘述〈天官〉職掌的現象：「〈天官〉不僅主財政，還管百官人事，兼管宮廷之事。」❺卻未指出原因。金春峰從歷史的沿革分析：「《周官》之「冢宰」兼管內朝與外朝，既是政治上的管家，亦是王室王宮的總管。這是王之國事與家事，國與家尚未完全分開的宗法制度的歷史情況的反映。」❻西周金文職官確實有宰。斯維至從金文證明宰之官實仿自殷制，並指出宰本小臣，《周禮》以冢宰攝百官，決非西周之制。❼張亞初、劉雨全面比對金文與《周禮》：宰之官職，至晚在殷代晚期已經出現，但在西周早期還不是重要的人物，到西周中晚期，才越來越重要。至於大宰一名，在西周金文中尚未發現。宰的職掌可以歸納為以下兩點：一、管理王家內外，傳達宮中之命。二、在錫命典禮中作儐右或代

❹　張心澂：《偽書通考》引，冊上，頁 358。
❺　侯家駒：《周禮研究》，頁 33。
❻　金春峰：《周官之成書及其反映的文化與時代新考》，頁 9。
❼　斯維至：〈兩周金文所見職官考〉，《中國文化研究叢刊》第 7 卷，1947 年，後收入《中國古代社會文化論稿》（臺北：允晨文化公司，1997 年 4 月），頁 189-190，221。

王賞賜臣下。《周禮》中的冢宰是百官之長，這與銘文中的情況不符。西周之宰，主要是管理王家宮內事務，與《周禮》的小宰、內宰地位職司相當，但是宰的權勢的確有與日俱增的趨勢。❽

顧頡剛分析〈曲禮〉中的大宰，認為其原始意義是掌祭祀屠牲的頭子，後來失去原意，便成為總百官的宰相了。又從《詩經》〈十月之交〉、〈雲漢〉論析冢宰的官屬，原是天子的近臣，雖只管理天子的某一部分生活，而實際上卻掌握著政權，所以他們做得好時為人民所歌頌，做不好時便為人民所痛罵。❾彭林則從《左傳》、《國語》等文獻考證春秋列國楚、宋、鄭諸國大宰均非相職，魯國三桓執政也非相職。只有吳國大宰相當於相，但情況較特殊。其結論認為周代並無後世一人之下萬人之上的相，到戰國時國君之下始分設將相，分掌文武二柄。❿無論從金文抑或傳世文獻，均可見出宰的地位的變化。

既然宰的權勢與日俱增，《周禮》中的冢宰，就不會完全是宗法制度的反映，也不會完全是銘文中職權的反映。可能的推論是在宰的權勢日漸擴增之後，《周禮》的作者賦宰以百官之長的職權。這就涉及到看待《周禮》的立場：如果將《周禮》視為歷史文獻，前述的研究成果，基本上已給我們清晰的答案。但如視《周禮》為含義理於其中的經典，不論作者為誰，且在不涉及作偽的前提下，

---

❽　張亞初、劉雨：《西周金文官制研究》（北京：中華書局，1986 年 5 月），頁 40-41。

❾　顧頡剛：〈周公制禮的傳說和周官一書的出現〉，《文史》第 6 輯，頁 22，29-30。

❿　彭林：《周禮主體思想與成書年代研究》，頁 185-194。

何以要有如此的設計？楊天宇析論〈天官〉系統六十三職官，除治官外，其餘可分為：第一類掌飲食的官，第二類掌服裝的官，第三類是醫官，第四類掌寢舍的官，第五類是宮官，第六類是婦官，第七類是掌婦功的官。並指出大宰的屬官，除前述第一類諸官（案：指治官）協助施行部分職掌外，其他各類職官的職事皆甚細微，幾與〈天官〉作為治官的職掌無涉，而尤以服務生活和宮內事務的職官為多，占了〈天官〉系統職官的絕大部分，因此頗為後世學者所譏。但楊天宇認為作者究竟為何如此設官，恐怕還是值得研究的問題。❶

　　而〈天官〉中的宮官、婦官、婦功之官等，更引起非議。胡宏即云：「王后之職，恭儉不妒忌，帥夫人嬪婦以侍天子奉宗廟而已矣。今內宰凡建國左右立市，豈后之職也哉？內小臣掌王后之命，后有好事於四方，則使往，有好令於卿大夫則亦如之。閹人掌王宮中門之禁。說者以為二官奄者、墨者也。婦人無外事，以貞潔為行，若外通諸侯，內交群下，則將安用君矣。」❷這些批評，或不免於以今視古，或不免於批評者個人的意識型態，都忽略了制度的內涵。

　　制度的設計，是設計者的籌畫：就制度本身而言，具有形式或儀式的特色，以《周禮》論，六官就是一相對整齊的系統，六官所屬職官職司細微，照應到每一個點上，某些職官的職司，象徵的功

❶　楊天宇：《周禮譯注》（上海：上海古籍出版社，2006 年 4 月 4 刷），頁 1-2。

❷　張心澂：《偽書通考》引，冊上，頁 346。

能可能超過實際的功能。其次，制度也涉及權力，各個職官雖賦予一定的權力，但賦予就是一種限制性的操作，權力於此必須不斷被解釋。在解釋之時，權力或是提高，或被削弱。第三，制度的最高目標是維持國家或社會的秩序，所以是一秩序建構的動態過程，各個職官的職司會互相影響，甚至互相平衡。❸

是以官制的背後，其實涉及是制度的觀察：一是社會制度，指實際且持續在運作的制度，旨在處理社會問題，維持社會秩序。一是社會化的制度，旨在構思並建立各種制度，將社會各個成員納入社會之中。❹然而這是為了便於分析而有的理論上的分別。社會制度，往往就是社會化的制度；而社會化的制度，也落實在社會制度。《周禮》雖是以官制表達政治理想的作品，但官制所涉及的層面，包含社會各個結構，在分析《周禮》時，採用社會化制度這一觀念，不僅能描述其理想性質，且從政治擴及於社會，頗能得其實際。

於此即可見出方苞《周禮》學特殊之處。方苞不同於胡宏、方孝孺等人，在嘗試分析〈天官〉職官系統的結構，從權力與社會化的角度說明宮廷類職官所以設置的緣故。對〈天官〉的女官及延伸而來的女教也不從反面批評，而是從正面析述。藉由這些詮釋，或可見出不同於已往的見解。更能得知方苞對《周禮》設置女官的分

---

❸ 以上對制度的分析，參考卡爾·西格博·萊具格著，黃晶、程煒譯：〈作為象徵符號具形化的制度〉，陳恆、耿相新主編：《新史學（觀念的歷史）》第9輯（鄭州：大象出版社，2009年5月），頁128-145。

❹ 〔美〕喬爾·查農（Joel Charon）著，汪麗華譯：《社會學與十個大問題》（北京：北京大學出版社，2009年6月），頁52-54。

析，對女教的詮釋。

第二節　周禮的女官系統與女教系統

　　冢宰的職能既是治理國政，而所屬職官與問國政者少，服務宮廷者多，從制度是設計者的籌畫而論，這顯然不能完全從歷史的反映解釋。劉師培（1884-1919）云：「太宰本係掌膳之臣，因周公為此官，復有輔周之績，因升太宰為首輔，以冠六卿。若膳夫以下，則仍古太宰之屬官，與序官所言天官掌治，半屬相違，可以知太宰本非顯秩矣。」❶宰的職能，本就處理王家事務，所以《周禮》的作者在設計〈天官〉時，就保存了這一功能。但宰的地位原本不高，設計者卻賦予宰如此重要的責任。如果宰僅僅是西周的遺留，應保留宰的原有職能與地位。如果宰的權力在戰國後日漸增高，就不應存在如此多的宮廷類官，或至少有與宮廷類官數量相當的治官。這一現象，還是應考慮《周禮》作者何以如此設計。

　　宮廷類官又以女官爭議最多，也是本文主旨，列出各官女官表

---

❶　劉師培：〈論歷代中央官制之變遷〉，《國粹學報》第 27 期，「政篇」，光緒三十三年（1907）二月十二日（臺北：臺灣商務印書館影印《國粹學報》舊刊全集，1974 年 9 月），頁 2。《左傳・僖公九年》：「經：夏，公會宰周公、齊侯、宋子、鄭伯、許男、曹伯于葵丘。」此宰周公即宰孔，楊伯峻（1909-1992）疑為周公忌父，見《春秋左傳注》（北京：中華書局，1990 年 5 月 2 版），頁 324。《公羊傳・僖公九年》：「宰周公者何？天子之為政者也。」《穀梁傳・僖公九年》：「天子之宰，通于四海。」宰在《春秋》經傳中的地位已大為提高。

如下：**⑯**

表一：周禮女官表

職官		配屬	位階	職掌	備考
天官冢宰					
1	酒人	女酒三十人，奚三百人	在奄人之下	掌為五齊、三酒	
2	漿人	女漿十五人，奚一百五十人	在奄人之下	掌供王之六飲	
3	籩人	女籩十人，奚二十人	在奄人之下	掌四籩之食	
4	醢人	女醢二十人，奚四十人	在奄人之下	掌四豆之實	
5	醯人	女醯二十人，奚四十人	在奄人之下	掌共五齊、七菹	
6	鹽人	女鹽二十人，奚四十人	在奄人之下	掌鹽之政令	
7	冪人	女冪十人，奚二十人	在奄人之下	掌供巾冪	
8	九嬪	嬪九人		掌婦學之法	

---

⑯ 〔清〕孫詒讓（1848-1908）以為：「全經五篇，凡本非屬官而以事類附屬者有三：一婦官，此九嬪、世婦、女御、女祝、女史及〈春官〉世婦、內外宗等是也。一三公，地官之鄉老，爵尊於大司徒是也。一家臣，〈春官〉之都宗人、〈夏官〉之都司馬、家司馬、〈秋官〉之朝大夫、都士、家士是也。三者皆無所繫屬，故以其職相近者附列各官，亦大宰八法屬官之變也。」見氏著，王文錦、陳玉霞點校：《周禮正義·天官·敘官》（北京：中華書局，1987年12月），冊1，卷1，頁50。婦官既非〈天官〉屬官，又以事類相近而置一類，其因為何，更值單獨探討。

9	世婦			掌祭祀、賓客、喪紀之事	
10	女御			掌御敘於王之燕寢	
11	女祝	四人，奚八人		掌王后之內祭祀	
12	女史	八人，奚十六人		掌王后之禮職	
13	內司服	女御二人，奚八人	在奄人之下	掌王后之六服	
14	縫人	女御八人，女工八十人	在奄人之下	掌王宮之縫線之事	
地官司徒					
15	舂人	女舂抌二人，奚五人	在奄人之下	掌供米物	
16	饎人	女饎八人，奚四十人	在奄人之下	掌凡祭祀共盛	
17	稾人	女稾每奄二人，奚五人	在奄人之下	掌共外內朝冗食者之食	
春官宗伯					
18	守祧	女祧每廟二人，奚四人	在奄人之下	掌守先公先王之廟祧	
19	世婦	每宮卿二人 下大夫四人 中士八人 女府二人 女史二人 奚十六人		掌女宮之宿戒	
20	內宗		凡內女之有爵者	掌宗廟之祭祀薦加豆籩	
21	外宗		凡外女之有爵者	掌宗廟之祭祀佐王后薦玉豆	
22	巫	女巫無數		掌歲時祓除	

　　《周禮》職官等級從〈序官〉所見可分為卿、大夫（中大夫、下大夫）、士（上士、中士、下士）、府、史、胥、徒。❶〈天官·宰夫〉：「一曰正，掌官法以治要。二曰師，掌官成以治凡。三曰司，掌官法以治目。四曰旅，掌官常以治數。五曰府，掌官契以治常。六曰史，掌官書以贊治。七曰胥，掌官敘以治敘。八曰徒，掌官令以徵令。」這是說明各官職掌。而在說明職掌之時，府、史、胥、徒列入其中系統。鄭玄（127-200）注：「正，辟於治官，則冢宰也。……師，辟小宰、宰夫也。……司，辟上士、中士。……旅，辟下士也。」❶正是六官之長，師是六官副貳，司相當於上士、中士，旅（下士）即下士。鄭玄在〈天官·冢宰〉又云：「自大宰至旅下士，轉相副貳，皆王臣也。」❶這是說明各官爵位，府、史、胥、徒不在此一系統之內。賈公彥並說府、史、胥、徒是「庶人在官」。

　　賈公彥在〈天官·宮正〉云：「府……主藏文書也，史……主作文書，胥……為什長，徒……給徭役。諸官體例言府、史、胥、徒之義皆然。……諸言『伯』者，伯者長也，以尊長為名。縣師之

---

❶　王爾敏指出不見於〈序官〉而載於相關職官者則有三公，未載實有職掌；公，有實官職守；孤，未附任何實職。見〈周禮所見婦女之地位及職司〉，《漢學研究》第 12 卷第 2 期（1994 年 12 月），頁 6-7。又據〈春官·司服〉職官爵位依序為王、公、侯、伯、子、男、孤、卿大夫、士。府、史、胥、徒不列入。

❶　〔唐〕賈公彥（？-？，高宗永徽時〔651-655〕官太學博士）：《周禮注疏》（臺北：藝文印書館影印嘉慶二十年南昌府學刊本，1985 年 12 月），卷 3，頁 12。

❶　〔唐〕賈公彥：《周禮注疏》，卷 1，頁 5。

類言『師』者，皆可取師法也。諸稱『人』者，……即〈冬官〉鄭云：『其曰某人者，以其事名官。』言氏者有二種，……鄭注〈冬官〉：『族有世業，以氏名官。』……鄭注引《春秋》：『官有世功，則有官族』是也。……言司者，皆是專任其事。言『典』者，出入由己，課彼作人，故謂之為典也。諸稱『職』者，財不久停，職之而已。凡云『掌』者有三義：一者他官供物，己則蹔掌之而已，………二則掌徵斂之官，……三者，掌非己所為，……凡六官序官之法，其義有二：一則以義相從，……二則凡次序六十官，不以官之尊卑為先後，皆以緩急為次弟，……。」**⑳**賈公彥進一步申說府、史、胥、徒的職掌，再說明各官得名之故，末則說明序官的原則。

　　賈公彥在〈天官・酒人〉云：「奄不稱士，則此奄亦府、史之類，以奄異也。言『女酒三十人』，則女酒與奚為什長，若胥、徒也。」**㉑**據此可略推知女官地位高低。

　　〈天官〉系統的女官，從女酒到女冪，主掌飲食，包括供王后、祭祀、賓客之飲食等。在奄人之下，地位不高。且均無官位或爵位。從九嬪到女御，為天子之妾，主要職掌是禮事，次為宮內之事。女祝、女史也是主掌禮事。內司服、縫人下的女御主掌衣飾。〈地官〉系統的女官，從女舂抌到女槁，主掌官員的飲食及祭祀，也在奄人之下，均無官位或爵位。〈春官〉系統的女官女祧、內

---

⑳　〔唐〕賈公彥：《周禮注疏》，卷 1，頁 7-8。
㉑　〔唐〕賈公彥：《周禮注疏》，卷 1，頁 11。

宗、外宗、女巫主掌禮事。世婦、內宗、外宗有爵位。㉒

以上計二十二職女官，除九嬪、世婦、女御、世婦、內宗、外宗六職，餘均無官爵位。如再去除九嬪、世婦、女御為天子之妾不計，僅三職有官爵位。至於主要職掌，以祭禮為主，次則飲食，再次則是衣服。飲食也多與祭禮有關。九嬪掌婦學，與女教關係最切，餘均有實際的職司，距女教較遠。其女教的內涵，須從祭祀的儀式中見出。

如據賈公彥序官的原則「不以官之尊卑為先後，皆以緩急為次弟」，〈天官〉六十三官，酒人、漿人、籩人、醢人、醯人、鹽人、冪人分別位於第二十二、二十三、二十五、二十六、二十七、二十八、二十九；九嬪、世婦、女御、女祝、女史，分別位於第五十至五十四；內司服、縫人分別位於第五十九、六十。〈地官〉七十八官，舂人、饎人、稾人分別位於第七十六至七十八。〈春官〉七十官，守祧、世婦、內宗、外宗，分別位於第十四至十七，女巫位於第六十四。也可見出禮事為要，飲食次之。

再參照張亞初、劉雨〈周禮六官與西周金文職官對照表〉，㉓〈天官〉部分酒人到冪人金文無此類職官。九嬪，張亞初、劉雨指

㉒ 王爾敏認為《周禮》所見，婦女可任高官，世婦以下，婦女職官較高者為內宗及外宗。見〈周禮所見婦女之地位及職司〉，《漢學研究》第 12 卷第 2 期，頁 7。但以整體比例而言，數量偏低。陳麗蓮認為各職官依據職掌安排適合人選，女子不一定卑下，必要時可任重要職位。說較合理。見〈周禮婦教研究〉，《中山中文學刊》第 1 期（1995 年 6 月），頁 207。又王爾敏將典婦功列入女官，但該官性別不明，故本文未列入。

㉓ 張亞初、劉雨：《西周金文官制研究》，頁 112-139。

出金文有保侃母，乃女性之師保類官，職司與此類女官有相類似之處。從世婦到女史，金文有婦氏，與此相類。〈地官〉部分舂人、饎人、稾人，金文無此類職官。〈春官〉守祧、內宗、外宗、女巫，金文無此類職官，世婦，金文有婦氏與此相類。在六官下，只有第一層級標明是女性官職者，金文才有與之相類的女官（婦氏），即九嬪、世婦、女御、女祝、女史、世婦六官；以下二、三、四層級的女職，金文全無。金文中的婦氏，傳達君氏（王后）之命，應是宮中的女官。❷❹《周禮》的作者，擴大西周的女官數量，婦氏分化為世婦等五官，並承襲女官從事宮中職務的傳統。胡宏對女官的批評，顯然未理解西周職官的系統。

　　《周禮》的部分職官，其職責與女性的教化相關，所以本文稱為女教系統。並非《周禮》專設此一系統。其官員並非均為女性，且九嬪、世婦與女官重複。列表如下：

表二：周禮女教表

職官	配屬	位階	職掌	備考
天官冢宰				
1　內宰	下大夫二人 上士四人 中士八人 府四人 史八人 胥八人		掌治王內之政令	

❷❹　張亞初、劉雨：《西周金文官制研究》，頁 48。

		徒八十人			
2	內小臣	奄上士四人 史二人 徒八人		掌王后之命，正其服位	
3	寺人			掌王之內人及女宮之戒令	
4	九嬪			掌婦學之法，以教九御	
5	典婦功	中士二人 下士四人 府二人 史四人 工四人 賈四人 徒二十人		掌婦式之法，以受嬪婦及內人女功之事齎	
春官宗伯					
6	世婦	女府二人 女史二人 奚十六人		掌女宮之宿戒	

寺人未列官爵，典婦功的工、賈位階不明。除此之外，其官爵平均
較女官系統為高。內宰、內小臣列於〈天官〉第四十五、四十六，
比女官為前，典婦功則在女官之後。至其職掌，一在政令，二在婦
學。內宰在金文中宰與此相類，內小臣在金文中小臣與此相類，但
在西周早、中、晚期，其地位高與低同時存在。❷寺人金文中有寺

❷　張亞初、劉雨：《西周金文官制研究》，頁114，44-45。

與此相類，但其職責不完全限於宮內。❷❻世婦則是前文中所稱婦氏。

　　《周禮》的女官系統與女教系統，或可如此分判：女官地位較低，女教則較高。女官重在禮事，女教則重在法令；從此延伸，女官執行宮廷內實際的工作，女教執行宮廷內規範的工作。依排列次序而定的緩急輕重，女官也不如女教。

第三節　方苞的周禮觀

　　四庫館臣敘述宋以降《周禮》學流變：「《周禮》一書，得鄭注而訓詁明，得賈疏而名物制度考究大備。後有作者，弗能越也。周、張、程、朱諸儒，自度徵實之學，必不能出漢唐上，故雖盛稱《周禮》而皆無箋注之專書。其傳於今者，王安石、王昭禹始推尋於文句之間，王與之始脫略舊文，多輯新說，葉時、鄭伯謙始別立標題，借經以抒議。其於經義，蓋在離合之間。於是考證之學，漸變為論辯之學，而鄭、賈幾乎從挑矣。」❷❼從「考證」之學，漸變為「論辯」之學，自與四庫館臣治學方法有關；但是方法本身並非中立，涉及價值評估。在四庫館臣看來，宋元明《周禮》學，就是一論辯之學，缺乏考證，而考證又是治禮學的基本方法。評惠士奇（1671-1741）《禮說》就清楚說明：「古聖王經世之道，莫切於

---

❷❻　張亞初、劉雨：《西周金文官制研究》，頁 114，43。

❷❼　〔清〕永瑢（1743-1790）等著，王伯祥（1890-1975）斷句：《四庫全書總目·經部·禮類一》（北京：中華書局影印乾隆六十年浙江刊本，1995 年 4 月 6 刷），卷 19，頁 155。

禮。然必悉其名物而後可以求其制度；得其制度而後可語其精微。」❷從名物、制度到思想，可以見出四庫館臣研治禮學的方法論反省。如以此為標的，或可看到從晚明至清初《周禮》學的變遷。明代《周禮》學者王應電（？-？）有《周禮傳》十卷、《圖說》二卷、《刪翼》二卷，為明代中期重要《周禮》學者，四庫館臣評云：「雖略於考證，而義理多所發明。」❷至於王志長（？-？）《周禮注疏刪翼》三十卷，四庫館臣云：「志長此書亦多采宋以後說，浮文妨要，蓋所不免，而能以注疏為根柢，尚變而不離其宗。」❸所謂「尚變」正是指前述從考證到論辯的治禮風氣。所謂「不離其宗」指王志長仍本注疏，而略有考證之學。但是這「不離其宗」的學風，其實是四庫館臣本身的治禮方法論，及由此而來的價值判斷。在晚明「尚變」才是其時主要學風。

　　明清之際的禮學轉變，一是禮學的內在化、本體化。禮不是外在的規範，而是內在於生命之中，生命與德目合一，呈現一「即心即禮」的思考模式。❸明清之際禮學另一轉變是從家禮轉向儀禮，亦即從私家儀注轉向以經典為法式，禮經的校勘、注疏、訓詁、圖表、釋例、正義等步步展開，禮意才得以重現；至於禮學功用在準

---

❷　〔清〕永瑢等著，王伯祥斷句：《四庫全書總目·經部·禮類一》，卷 19，頁 156。

❷　〔清〕永瑢等著，王伯祥斷句：《四庫全書總目·經部·禮類一》，卷 19，頁 154。

❸　〔清〕永瑢等著，王伯祥斷句：《四庫全書總目·經部·禮類一》，卷 19，頁 155。

❸　詳見龔鵬程：《晚明思潮》（臺北：里仁書局，1994 年 11 月），頁 2-9 的分析。

古禮以革其時禮律，並矯正民間禮俗。❸❷入清之後，康熙朝的禮學注重具體禮制儀節的研究，從雍正到乾隆，禮學轉變為經學注解的研究。❸❸乾隆元年（1736）下詔開三禮館，至乾隆十九年（1754）三禮義疏定本刊刻，經歷十九年的修纂禮書工作，就在這一大背景下完成。❸❹

　　與此同時，方苞（1668-1749）的三禮學也次第完成。方苞禮學專著有康熙五十九年（1720）成《周官集注》十二卷、乾隆十四年（1749）成《儀禮析疑》十七卷、康熙五十一年（1712）成《禮記析疑》四十八卷，康熙六十年（1721）成《周官析疑》三十六卷附《考工記析疑》四卷，次年成《周官辨》一卷。❸❺《周官集注》是簡易訓詁，可作為初研《周禮》讀本；至其《周官析疑》、《儀禮析疑》、《禮記析疑》三部著作，不是逐字逐句訓解文字、考證名物與辨析制度，而是針對經文提出質疑，並以己說解之。其中固有典制考證，但在質疑經文之時，其實已呈顯方苞個人見解。散篇則

---

❸❷　張壽安：《十八世紀禮學考證的思想活力——禮教論爭與禮秩重省》（臺北：中央研究院近代史研究所，2001 年 12 月），頁 29-128。

❸❸　周啟榮：〈清代禮教思潮與考證學——從三禮館看乾隆前期的經學考證學兼論漢學興起的問題〉，勞悅強、梁秉賦主編：《經學的多元脈絡——文獻、動機、義理、社群》（臺北：臺灣學生書局，2008 年 10 月），頁 55。

❸❹　詳參林存陽：《三禮館：清代學術與政治互動的鏈環》（北京：社會科學文獻出版社，2008 年 5 月）。該書敘述三禮館諸問題頗詳。惟林存陽從明清易代之際，析述清代禮學的發展，過分強調政治層面，較不能見到明清禮學實有一貫穿的脈絡。

❸❺　見〔清〕蘇惇元（1801-1857）：《望溪先生年譜》（臺北：臺灣商務印書館影印道光二十七年刊本，1981 年 1 月）相關各年條。

有三十二篇之多，分見其文集。就其內容觀察，大略可分為四類：考訂禮書真偽正誤、禮學專著序文、纂修禮書條例、現實禮制辯論。方苞治禮大致承襲上述的禮學轉變，注意禮學的義理，禮制的應用，禮書的注解。

方苞云：

> 凡人心之所同者，即天理也。然此理之在身心者，反之而皆同；至其伏藏於事物，則有聖人之所知，而賢者弗能見者矣。**㊱**

本文主旨雖在褒揚《周禮》的聖經地位，但研究《周禮》的方法，卻隱約可見：從天理人心，下降至事物。或者說天理人心，必須從事物逆探才可獲得。天理人心既潛藏於事物，事物本身的研究，就成為獲得此理的方法。方苞禮學，確實屢言天理人心，但卻不甚措意於此，而是從天理人心，強調制度的合理性。**㊲**《周禮》為聖人（周公）所作，不容置疑；而聖人不虛作，有其經世民的情懷，是以研讀《周禮》，應重其安邦定國的功能。這是方苞《周禮》學的基本立場。本此立場，方苞考辨《周禮》真偽，就其考辨方法分

㊱ 〔清〕方苞著：〈周官辨序〉，《集外文》，劉季高（1911-2007）校點：《方苞集》（上海：上海古籍出版社，1983 年 5 月），卷 4，頁 599。

㊲ 楊向奎（1910-2000）認為該文是方苞欲消除學者與聖人認識上的差距，從而理明而人心同，而達正確之本體，但方苞未就此繼續發展，不能成為清初思想家。見氏著：〈方苞望溪學案〉，《清儒學案新編（三）》（濟南：齊魯書社，1994 年 3 月），頁 31。

析，似是從文獻考證進入，但因已有預設，所以隱藏其後的其實是思想在主導。亦即考證的背後，有義理為之，可說是義理主導了考證工作。方苞云：

> 嗚呼！世儒之疑《周官》為偽者，豈不甚蔽矣哉！《中庸》所謂盡人物之性，以贊天地之化育者，於是書具之矣。蓋惟公達於人事之始終，故所以教之、養之、任之、治之之道，無不盡也。❸❽

整部《周禮》所建立的官職，是本於人性，一直擴展到由官職構成的制度，由制度所構的的外在世界。人性的開展，是借由制度而完成；由制度所構成的外在世界，也保證了人性得以開展。論究人性，就須論究制度，此即方苞談論天理人心，卻少究心天理人心的原因，因為天理人心已蘊含在制度之中。並批評王安石（1021-1086）而云：

> 熙寧君臣所附會以為新法者，察其本謀，蓋用為富強之術，以視公之依乎天理以盡人物之性者，其根源較然異矣。❸❾

一是盡人物之性，有本有末；一是富強之術，有末而無本。前者有一義理存在，後者僅是治術。此一批評未必公允，但可見出方苞是

---

❸❽　〔清〕方苞著：〈讀周官〉，劉季高校點：《方苞集》，卷1，頁16。
❸❾　〔清〕方苞著：〈讀周官〉，劉季高校點：《方苞集》，卷1，頁16。

如何觀看《周禮》：《周禮》並不是或並不僅是為富國強兵而存在，其設官立職的根源，來自人性；而其目的則是完成此一人性。方苞輒云：

> 嗚呼！聖人之法，所以循天理而達之也；聖人之經，所以傳天心而播之也……。❹

> 《周官》一書，豈獨運量萬物，本末兼貫，非聖人不能作哉？❹

「始終」、「本末」而外，「天理」最常出現在方苞評價《周禮》的話語中。天理這一觀念，在方苞《周禮》學系統中，並非泛泛之論，而是確然相信。與其同時學者李光坡（1651-1723）《周禮述註》也曾出現：「〈司徒〉一篇教養相俸，蓋聖人酌乎天理人情之安，措之天下。」❹又云：「……又有以見夫天理民彝不容泯滅，無情者必負羞而畏神，使之有所不忍，實善於佐澧之窮者也。」❹而方苞在其《周官集註》中也常引李光坡研究成果。但在江永（1681-1762）《周禮疑義舉要》中，就未見這一話語。

方苞本著上述信念，據以治《周禮》：

---

❹　〔清〕方苞著：〈周官辨偽二〉，劉季高校點：《方苞集》，卷1，頁21。
❹　〔清〕方苞著：〈周官析疑序〉，劉季高校點：《方苞集》，卷4，頁82。
❹　〔清〕李光坡：《周禮述註》，《影印文淵閣四庫全書·經部·禮類》第100冊（臺北：臺灣商務印書館，1983年），卷10，頁52。
❹　〔清〕李光坡：《周禮述註》，卷21，頁51。

其設官分職之精意，半寓於空曲交會之中，而為文字所不載。㊹

又云：

> 凡義理必載於文字，惟《春秋》、《周官》，則文字所不載，而義理寓焉。㊺

兩則文字均在強調研究《周禮》，應著重在義理；但是義理又不完全見載於文字（即官職所構成的制度）之中。於是不能僅就職官制度直接證明義理，而是要間接發明各該職官所以設立的根本原因。即前述所云人性、官職、制度、世界的循環構成。㊻

㊹　〔清〕方苞著：〈周官集注序〉，劉季高校點：《方苞集》，卷 4，頁 83。

㊺　〔清〕方苞著：〈周官析疑序〉，劉季高校點：《方苞集》，卷 4，頁 82。張高評指出方苞以為《周禮》有互見、偏載、詳略、舉大該細、即細見大等，與《春秋》比次成文，而有詳略、虛實、去取、斷續等安排設計之方有相通處。見〈方苞義法與春秋書法〉，《春秋書法與左傳學史》（臺北：五南圖書出版公司，2002 年 1 月），頁 265，271。

㊻　除本文所述論外，劉康威有較細部的分析，指出方苞《周禮》觀一是復《周官》原名，二是駁〈冬官〉未亡之說，三是《周禮》為聖人之治。見《方苞的周禮學研究》（臺北：東吳大學中文系碩士論文，2006 年 2 月），頁 86-111。

第四節　方苞周禮學的女官系統

天理人心的示現，人性與世界的關係，一部分即表現在人類社會最根本的兩性組成。《禮記·昏義》：「昏禮者，禮之本也。」[47]方苞云：

> 余少讀《戴記》，見先王制禮，所以致厚于妻者，視諸父昆弟而每隆焉，疑而不解也。既長受室，然後知父母之安否、家人之睽睦實由之。又見戚黨間或遭大故，遺孤襁褓，其宗室與家聲，皆係于女子之一身，而諸父昆弟有不可如何者。然後知先王制禮，乃述天理以示人，而非世俗之淺意所可測也。[48]

在方苞看來，女性主家，親人彼此之間的和睦，全繫於女性；當家中男性不幸遭逢變故，維繫家庭於不墜，也是女性在主導。這些男性均無與焉。這是從其日常的生活中體驗女性地位的重要。再將這體驗指為先王體天理而制此禮。禮有了形而上的根據，並有形而下的發用。就女性而論，在禮學中有無可替代的地位。方苞並認為女性之禮，超過男性。女性／家庭，是一體兩面。家的支柱，是女而

---

[47] 〔唐〕孔穎達（574-648）：《禮記正義》（臺北：藝文印書館影印嘉慶二十年南昌府學刊本，1985 年 12 月），卷 61，頁 6。

[48] 〔清〕方苞著：〈蔣母七十壽序〉，劉季高點校：《方苞集》，卷 7，頁 209。類似的意見，見〈書孝婦魏氏詩後〉、〈汪孺人六十壽序〉，《方苞集》，卷 5，頁 128；卷 7，頁 210。

非男。方苞再將之擴大為國：

> 周之初，后夫人之德著於《詩》者，皆女婦之常也。其所以
> 傳者，蓋將用之閨門、鄉黨、邦國，以化天下而為聲教焉。❹

治家不等於治國，治家也不能順理成章的推擴到治國。家與國的聯
繫，是以禮為之。將禮從家推擴至國，於是家禮也是國禮，以禮含
蓋家國。

　　方苞的疑問，或來自於《禮記·哀公問》，並以曾發生的歷史
事件說明上述的疑義：

> 觀唐宋、之末，有劫於悍婦，溺於寵嬖，以悖父子之恩，失
> 君臣之義者，然後知聖人告君以是為本，其義深，其慮切
> 矣。❺

一旦宮廷失序，國家即開始漸亂。這是方苞讀史的感受，且據此以
釋經。經典的義理，以歷史的事件證明。這一「本」即是夫妻敵
體。方苞續云：

---

❹　〔清〕方苞著：〈張母吳孺人七十壽序〉，劉季高點校：《方苞集》，卷
　　7，頁 207。類似的意見，見〈書王氏三烈女傳後〉、〈書烈婦東鄂氏事略
　　後〉，《方苞集》，卷 5，頁 127，130。
❺　〔清〕方苞：《禮記析疑》，《影印文淵閣四庫全書·經部·禮類》第 122
　　冊（臺北：臺灣商務印書館，1983 年），卷 28，頁 2。

> 哀公以冕而親迎為已重，蓋視昏禮為男女燕昵之私。故孔子不曰先君而曰先聖，以示公乃文王、周公之裔，不可不自敬其身，而欲敬其身以興敬於民，則必自妻子始。(51)

夫妻結合，既非「男女燕昵之私」，這是因為有男女而後有夫婦，有夫婦而後有家庭、宗族，有家庭、宗族而後才有人倫結構。人倫結構當然就是禮。是以方苞才說婚禮是上承「先聖」而來，而非從「先君」而來。先聖代表的就是文化傳統，先君僅是政治傳承。是以溯源推本，禮始於夫妻。為要明其本根，夫妻上祀天地神明，以崇本報德，下立上下之敬，以反身建則。所以漢儒解《詩經》的傳統，就方苞而言，並不僅是經解，更是真實的歷史。方苞這一講法，並非指涉一般人民，而是特別著重在天子、后妃或君、夫人。

由此可以討論方苞對《周禮》的女官系統的看法。女性的地位如此重要，對《周禮》女官系統，即使地位較低，方苞也有特殊的見解：

> 女酒與奚，皆為什長。若胥、徒，皆庶人之妻，願給事而受廩餼者。注引漢法以為女奴，非也。為齍盛、齊酒、籩豆之實，以事天地宗廟，不宜用罪人。(52)

(51) 〔清〕方苞：《禮記析疑》，卷 28，頁 3。方苞指出正因魯哀公溺愛失敬，所以為強臣所欺陵。將春秋時期魯國國君權柄日漸下移，完全歸為單一原因。

(52) 〔清〕方苞：《周官集注》，《影印文淵閣四庫全書·經部·禮類》第 101 冊（臺北：臺灣商務印書館，1983 年），卷 1，頁 7。

鄭玄云：「女酒，女奴曉酒者。古者從坐男女，沒入縣官為奴。其少才知以為奚。」賈公彥云：「女酒與奚為什長，若胥徒也。……以其曉解作酒有才智則曰女酒；其少有才智給使者則曰奚。」❸女酒為奚之長，方苞同於賈公彥；女酒與奚的身分，鄭玄、賈公彥均認為是因從坐而為奴。兩者之異在於才能的高下，高者為女酒，低者為奚。方苞則認為女酒與奚均參與祭祀之事，不應用罪人。這一論析，根本不從文獻考證中得來，而是直接從義理判斷。參與祭祀為何用女奴，鄭玄、賈公彥均無申說。方苞分析其見解云：

> 〈秋官·司厲〉惟盜賊之子女謂之奴，入于舂稾，則女奴不供他職，而他職之女奚不得為奴明矣。女酒及奚凡三百三十人，舂稾事挍繁重，而女舂抌止二人，奚五人，女稾十有六人，奚四十人，蓋給役者司厲所入女奴，而女舂、女稾及其奚，特監視教導之耳。❺

---

❸ 〔唐〕賈公彥：《周禮注疏》，卷 1，頁 11。

❺ 〔清〕方苞：《周官析疑》，《續修四庫全書·經部·禮類》第 79 冊（上海：上海古籍出版社影印《抗希堂十六種》本，1995 年 3 月），卷 1，頁 4。〔清〕孫詒讓云：「凡女宮皆用刑女，猶奄閹皆用刑男也。」並舉《說文》為證，指出奚即女隸。見氏著，王文錦、陳玉霞點校：《周禮正義·天官·敍官》，冊 1，卷 1，頁 34。案方苞之意應從〔明〕王應電而來：「若女酒、女漿之類，皆擇民間女子之賢而善于其事者以供職。其次者為奚，少才知之稱，亦用之以供役。……舊說以女及奚為女奴非也。」見《周禮圖說》，《影印文淵閣四庫全書·經部·禮類》第 96 冊（臺北：臺灣商務印書館，1983 年），卷上，頁 26-27。方苞之說，有待商榷。但〔清〕黃以周

按〈秋官・司厲〉云：「司厲掌盜賊之任器貨賄，辨其物，皆有數量，賈而楬之，入于司兵。其奴男子入于罪隸，女子入于舂槀。」鄭眾（？-114）云：「坐為盜賊而為奴者輸于罪隸。」此為鄭玄「奴從坐而沒入縣官」之所本。❺❺惟原文似是盜賊男者為罪隸，女者為舂槀，與從坐無關，也與盜賊之子女從坐無關。❺❻方苞其實是承鄭眾等之解釋，再擴大層面。這一解釋，提升了女舂、女槀及奚的地位，成為監視教導罪隸的女官。其後的女漿到女冪等女官，據此也可知是監視教導之官。所以在《周官析疑》就不再針對此點討論。至於內司服之女御，賈公彥云：「……女御還是女奴曉進御衣服者。」其後縫人之女御，「義同於上」，女工是「女奴巧者」。❺❼再據方苞前述的理論，也都不會是女奴。

《周禮》女官系統中較為特殊者是兼有女官與女教功能的女祝與女史。依鄭注，女祝是「女奴曉祝事者」，女史是「女奴曉書者」，❺❽在方苞的解釋系統，自也不能成立。女祝的職掌是：「掌

（1868-1899）意見同於方苞。見氏著，王文錦點校：《禮書通故・職官禮通故三》（北京：中華書局，2007年4月），冊4，頁1471。

❺❺　〔唐〕賈公彥：《周禮注疏》，卷36，頁9。

❺❻　〔清〕黃以周指出：「古律自坐與從坐有輕重之別，為從坐之情多可原也。……盜賊之子自入于舂槀，舂槀不盡是盜賊之子也。」見氏著，王文錦點校：《禮書通故・職官禮通故三》，冊4，頁1456。侯家駒解此為「沒身為奴」，見《周禮研究》，頁147。而據溫慧輝的研究，《周禮》無論是本刑還是附加刑，沒有從坐之罰，見《周禮・秋官與周代法制研究》（北京：法律出版社，2008年3月），頁120-130。

❺❼　〔唐〕賈公彥：《周禮義疏》，卷1，頁19。

❺❽　〔唐〕賈公彥：《周禮義疏》，卷1，頁18。〔清〕孫詒讓則云：「女祝雖無爵位，然備官後宮，且古者巫祝皆世事，則女祝疑當以祝官之家婦女為

王后女內祭祀，凡內禱祀之事。掌以時招梗襘禳之事以除疾殃。」
方苞云：

> 鬼神之事，婦人信之尤酷。聖人因人情之所不能已，制為正
> 祀，領于禮官，則淫祀不禁而自止矣。❺

一是將這些鬼神信仰，納入國家祀典，但最終希望這些信仰能逐漸
消止。二是這一目的是借由女祝——禮官完成，所以女祝實是廣義
的禮官。以禮導淫祀於正，這是在不得不承認鬼神之事一個權宜的
辦法。三是方苞的偏見，女性特別相信鬼神之事，雖然方苞並未否
認男性亦然，但相較之下，女性較男性酷信。這可能也是方苞的生
活經驗，但在其文集沒有明顯的呈露。其後的女史：「掌王后之禮
職，掌內治之貳，以詔后治內政，逆內宮，書內令。」❻方苞更
云：

> 則非有道藝而知禮法者，莫能任也。其諸擇嬪婦之賢者而為
> 之與。❻

之，與女巫略同。鄭概以女奴當之，恐非。」又云：「女史疑當以良家婦女
知書者為之，奚乃女奴耳，鄭義恐未允。」俱見氏著，王文錦、陳玉霞點
校：《周禮正義·天官·敘官》，冊 1，卷 1，頁 53。除對奚的解釋外，女
祝、女史的身分與方苞之見略同。

❺　〔清〕方苞：《周官集注》，卷 2，頁 49。
❻　〔唐〕賈公彥：《周禮義疏》，卷 8，頁 3。
❻　〔清〕方苞：《周官集注》，卷 1，頁 13。

並進一步申說：

> 于后所行之禮，命之曰職，而女史掌之，使朝夕恪勤，凜然
> 于職之不易盡，則驕肆懈惰之習無自而生矣。[62]

女史非女奴，是選擇嬪婦之賢者擔任，協助王后的禮職。王后在盡
其禮職時，卻又為禮職所盡。藉著制度，賦予王后職責及由此職責
所擁有的權力，但制度／職責／權力，卻反過來限制王后，將其納
入這一制度所欲達到的社會目標。王后的社會目標——禮職，可據
女官協助之職責推知：

> 古者內宮九御，自夫人嬪婦以下，贊王后舉內治。以供祭祀
> 賓客之事，以獻蠶桑種稑、織文組就之功，以治王族嘉好合
> 食、內宗三月之教，以備喪祭弔唁之禮，亦如庶司百職之不
> 可缺也。[63]

祭祀宴享一也，蠶桑農事二也，和睦宗族三也，喪祭弔唁四也。除
了祭祀天地之外，大約含蓋了人的生與死。根據這些職事，而有各
種禮典。后夫人等就在參與這些禮典。女官則協助禮典的執行。[64]

---

[62] 〔清〕方苞：《周官集注》，卷2，頁49。

[63] 〔清〕方苞：《周官析疑》，卷1，頁11。

[64] 至於《周禮》的女職，經林素娟分析有桑蠶女工、參與祭禮、生育、協助葬
禮等，至為詳細。見《空間、身體與禮教規訓——探討秦漢之際的婦女禮儀
教育》（臺北：臺灣學生書局，2007年5月），頁273-324。

后以下的後宮，鄭玄注〈九嬪〉引《禮記·昏義》：「古者天子立六宮，三夫人、九嬪、二十七世婦、八十一御妻，以聽天下之內治，以明章婦順，故天下內和而家理也。」並云：「不列夫人于此官者，夫人之於后，猶三公之於王，坐而論婦禮，無官職。」⑥注〈世婦〉：「不言數者，君子不苟於色，有婦德者充之，無則闕。」⑥方苞均同鄭玄。⑥后、夫人、嬪婦等，一方面執掌禮事，一方面又為禮教所規範，而為天下女性的模範，希冀導致天下之家能和而治。

但方苞並不疑後宮百二十人之說，以為：

> 不知苟王心無主，而以欲敗度，則惑弱專妬，即一二人亦足以嬴王躬而亂百度。果能正心修身以齊其家，則九嬪、世婦、女御之備官，不過恪共內職，以廣世嗣而已。⑥

---

⑥　〔唐〕賈公彥：《周禮義疏》，卷1，頁17。

⑥　〔唐〕賈公彥：《周禮義疏》，卷1，頁18。《禮記·昏義》明云二十七世婦，此處鄭玄卻說不言其數，兩者不同。後宮百二十人，乃《禮記》之說，而非《周禮》之說。〔清〕孫詒讓亦以為《周禮》與《禮記》不能強合。見氏著，王文錦、陳玉霞點校：《周禮正義·天官·敍官》，冊1，卷1，頁51。

⑥　〔清〕方苞：《周官集注》，卷1，頁11-12。

⑥　〔清〕方苞：《周官析疑》，卷1，頁11。賈公彥疏〈九嬪〉引鄭玄《禮記·檀弓》注：「夏后氏增以三三而九，為十二人。殷人又增以三九二十七，合三十九人。周人上法帝嚳而立正妃，又三二十七為八十一人，以增三十九，并后合百二十一人。」方苞質疑此說：「夏殷周以三遞增，絕無微據。」但信鄭玄〈九嬪〉注引《禮記·昏義》，以為後宮百二十人確不可易。

先確定其職掌，即前所說後宮諸女，如同庶司百職，不可或缺；再確定女性特有的價值，可廣世嗣。後宮人數的多寡，並不是問題，反而有正面的價值。有問題的是天子能否正心修身。

內司服的女御，鄭玄云：「有女御者，以衣服進，或當於王，廣其禮，使無色過。」賈公彥云：「欲見百二十人之外，兼有此女御之禮，王合御幸之，使無淫色之過，故名女御也。」**❻❾**賈公彥之意，似是內司服的女御在百二十人之外，王可臨幸，以免色過。但果如此說，是廣王之色過，抑或免王之色過？方苞全同於鄭注。**❼⓪**縫人之女御，方苞則無注解。

由此可以推知，王后、九嬪、世婦、女御等雖為天子後宮，但九嬪等序位在女酒等女官之後，女祝、女史等女官之前。之前諸官，掌飲食之職而重在祭祀。之後諸官，又從旁協助王后等行禮職，且名為協助，實則有督導的意味。由是觀之，九嬪等地位雖較高，但受限於諸女官的職掌，反而難以為所欲為。這或許是《周禮》設計者所欲限制的目的。

〈天官〉系統終究廷類官甚多，方苞對此解釋云：

> 〈天官〉之屬，教、禮、政、刑、事五典之綱維，無不統焉。王畿、侯國、六服、四裔之政令，無不行焉。其切於王身者，獨起居、游燕、飲食、衣服、左右、贊御之事耳。劉

❻❾ 〔唐〕賈公彥：《周禮義疏》，卷 1，頁 19。〔清〕孫詒讓指出：「女奴乃罪人沒入者，至卑賤，不得為侍御。」以為賈公彥說誤。見氏著，王文錦、陳玉霞點校：《周禮正義·天官·敘官》，冊 1，卷 1，頁 55。

❼⓪ 〔清〕方苞：《周官集注》，卷 1，頁 13。

氏彝、項氏安世乃謂〈天官〉六十皆王者所用以自治，偏而
不舉矣。⓱

指出〈天官〉諸官，職掌五典，統御天下。與天子有關的職事，相
較之下可說較少，不認為〈天官〉諸職有過多的宮廷之官。但只要
稍加比類析義，此說可能難以服人。方苞混職官與職事不分，就整
體〈天官〉系統所涉職事而論，自是包含所有禮制與四方政令，但
其職官種類與數量，卻明顯的偏向於宮官。所以問題的重點是何以
有此諸官，方苞在注〈天官〉之末引李光坡之言，就在說明這一問
題：

> 蓋飲食男女，人之大欲存焉。自公卿以下至於庶人，或有所
> 制而不敢縱，或有所求而未必逞。若尊為天子，富有四海，
> 何求而不應哉？何憚而不為哉？……周公知百官之得其統，
> 四海之得其均，其要在王身。是故先以宮室安其身焉，次以
> 飲食理其體焉，繼以賦式節其用焉，終以內宮佐其德
> 焉。……天子不得以自私，女子小人不得以竊惑。⓲

⓱　〔清〕方苞：《周官析疑》，卷 3，頁 12。〔宋〕劉彝（1029-1091）著有
《七經中義》一七〇卷；〔南宋〕項安世（1129-1208）著《項氏家說》十
卷。方苞所引，為項安世引劉彝《七經中義》之說，見《項氏家說》，《影
印文淵閣四庫全書·子部·儒家類》第 705 冊（臺北：臺灣商務印書館，
1983 年），卷 5，頁 4。

⓲　〔清〕方苞：《周官集注》，卷 2，頁 62；《周官析疑》，卷 7，頁 27。原

李光坡指出〈天官〉系統設官，略據宮室、飲食、財賦、內宮四大系統。而四大系統的核心就是天子。冢宰所以掌宮內之事，所以多宮廷之官，大概都是從節制天子自身的權力考慮。而內宮的設官，依其層級，后妃嬪婦佐天子之德，女官佐后妃之德。〈天官〉的結構，是以滿足天子飲食男女之欲為前提，卻又以禮制規約天子權力的政治體制。不論是方苞抑或李光坡的說解，整個女官系統，最終似是導向天子。

〈地官〉系統的女官較為單純，女舂扰、女饎、女稾依方苞前例，均非鄭玄所云：「女舂，女奴能曉扰者。」❼❸方苞注〈稾人〉亦云：

> 舂人、稾人其事較饎人為繁重，而饎人奚四十人，舂人、稾人奚止五人者，以舂稾給役者有司屬所入女奴，而女舂、女稾及奚特監視而指揮統治之耳。不列女奴及其數者，以〈司屬〉職有明文，且以罪人入，數不可定也。❼❹

其說一如〈天官〉女官的分析。但〈天官〉畢竟宮官甚多，所以方

文見〔清〕李光坡：《周禮述註》，卷5，頁21。《周官集注》引文與李光坡小異，《周官析疑》引文則全同。將〈天官〉設官做一系統的說明，賈公彥早於李光坡，見〈天官·宮正〉疏，《周禮義疏》，卷1，頁7-8。

❼❸ 〔唐〕賈公彥：《周禮義疏》，卷9，頁17-18。鄭玄於饎人、稾人均不再注女饎、女稾的身分。賈公彥云：「有奄者，以其與女奴同處故也。」又云：「（舂人）在此者與倉人、廩人、饎人連事，故亦連類在此。」據賈公彥建立的連事例及用官例，可以知賈公彥同鄭玄，以女饎、女稾為女奴。

❼❹ 〔清〕方苞：《周官析疑》，卷8，頁15。

苞又引李光坡之言：

> 冢宰掌邦治，舉其要耳。其僚屬庶尹皆經理王宮之政，至于
> 遂生復性，以寵綏斯民者未遑也。故設司徒之職，舉天王作
> 君作師之事，而致之于民。乃順承天，萬物資生，故曰〈地
> 官〉也。❼❺

雖然仍認為冢宰之職是舉其大要，不可能鉅細靡遺，但也間接承認
〈天官〉設官，重在王宮之政，較忽略民眾所需，所以再設〈司
徒〉以補之。與民眾密邇相關的教與養，其實是在〈地官〉。是以
女官於此無所發揮。

〈春官〉系統的女官除世婦外，餘也較為單純。❼❻方苞注〈世
婦〉云：

> 此女官設府于內，以掌后宮之禮者。上自王后，下及內、外
> 宗，皆其所教。以外命婦有齒德者為之，所謂女傅也。內宰
> 自外而治內，春官世婦自內而達外，必如此法制乃備。❼❼

---

❼❺ 〔清〕方苞：《周官集注》，卷4，頁59；《周官析疑》，卷15，頁28。原
文見〔清〕李光坡：《周禮述註》，卷10，頁49。方苞兩引文全同，但與李
光坡小異。

❼❻ 女巫，方苞以為僅是神明降之在女者。見《周官集注》卷5，頁9。至其職
掌，又以為女巫舞雩可以感鬼神。邦有大災，歌哭而請，妖妄不經。見《周
官析疑》，卷23，頁21。是以本文存而不論。

❼❼ 〔清〕方苞：《周官集注》，卷5，頁4。世婦為公卿大夫之妻有齒德者，並
見《周官析疑》，卷20，頁13。〔清〕孫詒讓也以為〈天官·世婦〉為內命

世婦之屬有女府、女史，鄭玄云：「女奴有才知者。」❼❽仍據前
例，方苞不會承認此說。鄭玄、賈公彥均未說明世婦的身分，但方
苞卻指出是外命婦之有齒德者。如此，世婦似是內、外宗之長，更
重要的又是宮中女性之長，與內宰合治宮中。

內宗，鄭玄云：「王同姓之女。」外宗，鄭玄云：「王諸姑姊
妹之女。」❼❾宮卿世婦與內外宗合論，即可清楚見出方苞建立的架
構：

> 九嬪、世婦、女御為治官之屬，內、外宗為禮官之屬。❽⓿

治官治宮內諸事，禮官主宗廟祭祀，前者涉及天子，後者則協助王
后。方苞又指出宮卿世婦的重要：

> 復設宮卿世婦大夫士，以列職於宮中，使王深知深宮燕私一
> 嚬一笑，中外臣庶皆得以耳而目之。所以止邪於未形，而正
> 君心、謹陰禮，俾表裡澄澈，以為萬官億兆之儀則也。❽❶

婦，〈春官·世婦〉為外命婦，見氏著，王文錦、陳玉霞點校：《周禮正
義·天官·敘官》，冊1，卷1，頁52；《周禮正義·春官·敘官》，冊5，
卷32，頁1262。
❼❽　〔唐〕賈公彥：《周禮義疏》，卷17，頁6。
❼❾　均見〔唐〕賈公彥：《周禮義疏》，卷17，頁7。
❽⓿　〔清〕方苞：《周官集注》，卷5，頁4。
❽❶　〔清〕方苞：《周官析疑》，卷16，頁4。

宮卿世婦，除為女性之長外，也可借其設官，規約天子。正君心、謹陰禮確是宮卿世婦的目標；但作為萬官億兆之儀則，就不會是宮卿世婦之責，而是對天子之要求。於是《周禮》的女官系統，及所延伸的女教系統，在方苞的解釋下，其所重者究竟是女性抑或男性？

第五節　方苞周禮學的女教思想

這一問題在下述更是清晰：

> 周公建官，自王宮嬪婦，以及奄寺暱近之人，膳服瑣細之事，皆屬于冢宰。正以暱近則儇媚易生，瑣細則宴私易逞。故董之以師保，務使禮度修明，君心順正，小無所忽，大不可踰，乃心誠意之根源，興道致治之樞紐也。[82]

政權中心既是天子，就必有天子居處之所及相應執事之人。〈天官〉系統，也大致圍繞王宮設立官職，以處理對應事項。各個職官的職掌，可以限制天子的權力，並規範宮廷女官，以為天下的儀則。凡此俱從天子及后妃始，這即是《周禮》的女教系統。

女教系統中最重要且直接的官員就是內宰。鄭注〈內宰〉：「宮中官之長。」賈公彥云：「名內宰者，對大宰治百官，內宰治

婦人之事，故名內宰。」❽大宰既兼統內外，即可知宮廷之事，不
僅是天子私人家務，而關係到天子德行的完備，后妃輔佐的功能，
最終是能治理天下。內宰主要職掌是：「以陰禮教六宮，以陰禮教
九嬪，以婦職之法教九嬪。」鄭玄引鄭眾云：「陰禮，婦人之
禮。」❽但此一婦人之禮的具體內容，鄭玄等並未指出。而鄭玄注
〈地官·司徒〉則云：「陰禮謂男女之禮，昏姻以時，則男不曠，
女不怨。」賈公彥亦云：「以陰禮謂昏姻之禮……。」❽則明指陰
禮是婚禮。對照〈天官·世婦〉：「掌祭祀、賓客、喪紀之事。」
❽、〈天官·女史〉：「掌王后之禮職。」❽、〈春官·世婦〉：
「詔王后之禮事……相內、外宗之禮事。」❽陰禮應不限於婚姻之
禮，確是與女性有關之禮。方苞也認為陰禮是婦人之禮，❽注〈內

---

❽　〔唐〕賈公彥：《周禮義疏》，卷1，頁15-16。〔清〕孫詒讓云：「內宰與
　　小宰相對為內外，小宰治王宮之政令，內宰治王內之政令，職掌略同也。賈
　　謂對大宰，未允。」見氏著，王文錦、陳玉霞點校：《周禮正義·天官·敘
　　官》，冊1，卷1，頁42-43。

❽　〔唐〕賈公彥：《周禮義疏》，卷7，頁12。

❽　〔唐〕賈公彥：《周禮義疏》，卷10，頁6。

❽　〔唐〕賈公彥：《周禮義疏》，卷8，頁1。

❽　〔唐〕賈公彥：《周禮義疏》，卷8，頁3。

❽　〔唐〕賈公彥：《周禮義疏》，卷21，頁18。

❽　〔清〕方苞：《周官集注》，卷2，頁38。〔清〕孫詒讓認為：「凡禮之涉
　　婦人者，通謂之陰禮。」氏著，王文錦、陳玉霞點校：《周禮正義·天官·
　　內宰》，冊2，卷13，頁514。即陰禮可包婚禮，但婚禮不等於陰禮。侯家
　　駒指出鄭玄注〈天官〉與〈地官〉陰禮，兩者不同，比對〈天官·內宰〉職
　　數言陰禮，從而認為〈天官〉注較合理，即陰禮是女性之禮。見《周禮研
　　究》，頁234。金春峰也認為陰禮是婦人之禮。見《周官之成書及其反映的
　　文化與時代新考》，頁105。

宰〉也略同於鄭注。惟一較特殊者是夫人等之財用，方苞云：

> 用此知古者夫人、嬪婦、女御，爵命雖視公卿、大夫、士，
> 然有財用而無祿秩。蓋深居宮禁，隨身調度，及母家姻戚問
> 遺禮幣，凡財用之事，皆包於九式之匪頒、好用中。此古聖
> 王所以謹內治、明女教，而為萬民則效也。❿

〈天官·大宰〉的「九式」中有「匪頒之式」、「好用之式」，鄭
注「匪頒之式」是：「王所分賜羣臣也。」「好用之式」是：「燕
好所賜予。」⓫〈天官·大府〉又云：「家削之賦以待匪頒……幣
餘之賦以待賜予……凡式貢之餘財，以供玩好之用。」⓬而家削之
賦、幣餘之賦，又來自大宰之「九賦」。亦即九式的支出是賴九賦
的徵收。方苞也以為「以九賦待九事」，⓭夫人等有爵命而無祿
秩，財用即來自九式。但在〈大府〉：「凡邦之賦用取具焉。」方
苞注云：「軍旅、田役、施惠以及百府有司祿廩之類，九式所不載
者。」⓮指出夫人等之用度，雖來自九式，卻為九式所不載。注
〈大府〉：「凡式貢之餘財，以供玩好之用。」云：

> 以式貢之餘財共之，則知不可以耗天下之經費矣。猶人情不

---

❿　〔清〕方苞：《周官析疑》，卷7，頁9。

⓫　〔唐〕賈公彥：《周禮義疏》，卷2，頁12。

⓬　〔唐〕賈公彥：《周禮義疏》，卷6，頁14-15。

⓭　〔清〕方苞：《周官集注》，卷2，頁22。

⓮　〔清〕方苞：《周官集注》，卷2，頁23。

能無所親幸，惟列於八柄，詔以冢宰，曰予以馭其幸，則知
不可濫以爵祿矣。聖人制法，慮周萬變，凡此類皆防川者小
決使導，毋致壅潰之意也。**⑨⑤**

似又認為夫人等之財用，來自式貢之餘財。夫人之財用，有來自匪
頒之式、好用之式、式貢之餘三種，形成夫人等財用來源的三種解
釋。**⑨⑥**

　　觀方苞之意，似意謂夫人等地位雖崇，卻非政府的正式官員。
夫人等是天子的家人，不具政府的職務。對夫人等的限制，是做為
女教的象徵。夫人等日常用度，既來自天子賞賜，則應有一定的節
制，無法奢靡浪費；更重要的是夫人等既非官員，自也不能涉及政
務。夫人等的功能，其場域在宮中，其職能在禮事。**⑨⑦**所謂贊王

⑨⑤　〔清〕方苞：《周官析疑》，卷6，頁10。〔漢〕鄭玄注云：「明玩好非治
　　　國之用。」見〔唐〕賈公彥：《周禮義疏》，卷6，頁15。〔清〕孫詒讓則
　　　引沈夢蘭（？-？，乾隆四十八年〔1783〕舉人）：「謂之玩好之用，正不貴
　　　異物之意也。」見氏著，王文錦、陳玉霞點校：《周禮正義·天官·大
　　　府》，冊2，卷11，頁449。均試圖降低供天子玩好之用的負面意涵。
　　　〔清〕黃以周云：「內外府以地言，皆非天子私藏。」見氏著，王文錦點
　　　校：《禮書通故·職官禮通故三》，卷34，頁1458。侯家駒則直接指出玉府
　　　收藏，純供君王私用，內府才是供大事故之用，外府是供王朝經常之用。見
　　　《周禮研究》，頁205。
⑨⑥　侯家駒指出九賦來自邦畿之內，九式的費用，是由九賦支付。府、史、胥、
　　　徒以及賈、工、奚等庶人在官者的薪資、飲食，則出自匪頒。見《周禮研
　　　究》，頁197，207，208。
⑨⑦　杜芳琴將周代女性限於家中，主生育、中饋、事親，男性則主禮典、征伐
　　　等，就忽略了女性在禮事的地位。見〈等級中的合和：西周禮制與性別制

后、執禮事，以此作為天下女教之則。觀乎九嬪、世婦、女御的職掌，不出於此。方苞是更進一步的確定夫人等的地位。

內小臣之職也是佐王后等之禮事，方苞指出與內宰之異：

> 內小臣所詔，則禮事之小者。……知然者，祭祀、賓客，王后涖事於廟，惟內宰、宮卿得贊，而內小臣不得與。宮中喪紀，則內宰不得贊。(98)

內宰是內小臣等之長，應可兼管內小臣之職。但若細分兩者之異，一在宗廟贊禮，一在宮中贊禮。宮中除有相禮諸女官外，也有監督諸女官職事的內小臣。

寺人掌王之內人及女宮的戒令，方苞云：

> 此掌內人之禁令，則禁以所不得為，如膳服踰侈、禮度愆忘、功事廢弛之類。(99)

內人，鄭玄認為是女御，女宮，是刑女之在宮中者。(100)方苞認為內人兼世婦、女御，(101)女宮是女奚之屬。(102)不論為何，寺人及所輔佐

度〉，《浙江學刊》2002 年第 4 期，頁 205-210。

(98) 〔清〕方苞：《周官析疑》，卷 7，頁 10。此處宮卿指〈春官·世婦〉。楊天宇指出內小臣是王后的侍從官。見《周禮譯注》，頁 14。

(99) 〔清〕方苞：《周官析疑》，卷 7，頁 12。

(100) 〔唐〕賈公彥：《周禮義疏》，卷 7，頁 22。

(101) 〔清〕方苞：《周官析疑》，卷 7，頁 11，12。楊天宇則認為還包括女府、

的對象，均較內小臣為低。而所禁止的行為，依方苞前述的理論架
構，何止限於內人及女宮，自可推及后妃嬪婦。而這些才是女教的
具體規範。

九嬪，方苞遵鄭注而云：

> 九嬪既習于德、言、容、功，又備于從人之道，是以教女御
> 也。[103]

與寺人相較，寺人規範世婦等的外在行為，九嬪則較重視女御的內
在德行。

典婦功掌絲枲之事，「以供王及后之用，頒之于內府。」[104]
〈天官・內府〉：「凡四方之幣獻之，金玉齒革兵器，凡良貨賄入
之。……凡王及冢宰之好賜予則共之。」[105]合而觀之，經文明云內
府藏良貨賄，以供王及后之賞賜。方苞卻反駁賈公彥所云：「以待
王及后之用，故藏之於內府也。」以為：「內府……非王及后之私
藏也。」[106]又反駁王應電云：「內府受良貨賄，以共王及后之
用。」以為：「服用之常，宜於儉樸，非若玩好賜予，專取精良

女史、女酒、女籩及宮中諸女工。見《周官譯注》，頁111。
[102] 〔清〕方苞：《周官集注》，卷2，頁45。
[103] 〔清〕方苞：《周官集注》，卷2，頁46。
[104] 〔唐〕賈公彥：《周禮義疏》，卷8，頁4。
[105] 〔唐〕賈公彥：《周禮義疏》，卷6，頁19。
[106] 〔清〕方苞：《周官集注》，卷2，頁50。《周官析疑》，卷7，頁19。原
文見〔唐〕賈公彥：《周禮義疏》，卷8，頁4。

也。」⑩而認為：

> 非宮中所纊績，王與后不用，而所用兼苦良，亦所以勸內
> 職、彰女教也。⑩

綜合方苞意見，王及后服用之絲麻，一則在宮中纊績，非諸侯貢
賦；二則精粗兼用，非專用精良。但是此一解釋，是據其勸內職、
彰女教的前提而來，而與《周禮》原意不合。

至於宮中的法律，方苞注〈小宰〉云：

> 大司寇所掌五刑無宮刑，以小宰建之也。
> 凡宮之糾禁，事在宮外而關涉于宮中者，……皆有糾禁。
> 宮刑使大宰之貳掌之，則雖天子不得私喜怒，而妃妾專妒虐
> 下之患不禁而自弭矣。⑩

---

⑩ 《周官析疑》，卷7，頁19-20。原文見〔明〕王應電：《周禮傳》，《影印
　文淵閣四庫全書·經部·禮類》第96冊（臺北：臺灣商務印書館，1983
　年），卷1下，頁48。

⑩ 〔清〕方苞：《周官集注》，卷2，頁50。《周官析疑》，卷7，頁19。徐
　復觀指出大府所收貨賄，其善者須藏於玉府。至於內府所收，也是良好的。
　於是大府所收，似是只有壞的了。見《周官成立之時代及其思想性格》，頁
　115-116。

⑩ 引文俱見〔清〕方苞：《周官集注》，卷1，頁31；《周官析疑》，卷3，
　頁9。兩者意同而文字稍異。小宰之職掌王宮而兼后宮，所以本文未列入女
　教系統中。互詳注❸。又陳顧遠（1896-1981）已注意宮刑不同於官刑，不在

宮刑獨立於大司寇之外，其所對治的對象，是所有宮中之人。行為
不論在宮中或宮外，均受到限制。這些法律的訂定與執行，均非天
子與后妃所能干預。一方面自是規約宮人，另一方面正是限制天子
與后妃的權力。方苞引葉氏之說：

> 小宰貳太宰，首王宮之刑禁。蓋侍御僕從，一有不正，出入
> 起居，一有不欽，皆足以害治。故宮刑雖以為王宮之禁，而
> 實格君心之非。❿

直接指明宮禁的對象是侍御僕從的日常起居，最後的目標則指向天
子。小宰並非女官或女教系統，其職掌宮刑政令，自不限於女官。
但在方苞等的解釋下，卻導向天子及后妃。后妃能否專妒虐下，又
在君心之是非。

方苞並引王志長之說，以為冢宰職司宮內之教的原因：

> 自冢宰失職，而後有女寵之禍，有閹寺之變，有內藏之私，
> 有宮市之患，有奢僭百出之弊。凡先王治天下之本，莫不廢

〈秋官〉系統中。見〈周禮所述之司法制度〉，原載《中國法學雜誌》1937
年新 1 卷第 5、6 期合刊，收入耿素麗、胡月平編選：《民國期刊分類彙編·
三禮研究》（北京：國家圖書館出版社，2009 年 5 月），頁 457-476。

❿ 〔清〕方苞：《周官集注》，卷 1，頁 31-32。此葉氏為方苞弟子葉西（？-
？），曾任三禮館纂修。可參考林存陽編：〈三禮館儒臣一覽簡表〉，收入
《三禮館：清代學術與政治互動的鏈環》，頁 250-256。

壞焉。⑪

如依照王志長所說，冢宰的主要職責，反不在統掌五典，治理國家，而在治理內宮之事，以節制天子之權。這應是根據歷史的理解——國家之變，多出自宮廷——而來的解釋。有鑒於歷史的事實，所以〈天官〉系統多內廷之官，本為缺點；但在王志長、李光坡等解釋下，這一缺點反而成為優點。或者說鑒於史實，令這些學者想到〈天官〉系統，以面對所處時代。方苞約略繼承了此一解釋脈絡。

第六節　結　語

冢宰的職能既是治理國政，而所屬職官，與問國政者少，服務宮廷者多，宮廷類官又以女官爭議最多。然而官制的背後，其實涉及制度的觀察：一是社會制度，指實際且持續在運作的制度，旨在處理社會問題，維持社會秩序。一是社會化的制度，旨在構思並建立各種制度，將社會各個成員納入社會之中。

《周禮》的部分職官，其職責與女性的教化相關。本文將《周禮》中的女官依其性質及功能，權宜區分為女官及女教系統，再比較其異同，大致而言，女官地位較低，女教則較高。女官重在禮

---

⑪　〔清〕方苞：《周官集注》，卷 1，頁 11。原文見〔明〕王志長：《周禮注疏刪翼》，《影印文淵閣四庫全書·經部·禮類》第 97 冊（臺北：臺灣商務印書館，1983 年），卷 1，頁 43。

事，女教則重在法令；從此延伸，女官執行宮廷內實際的工作，女教執行宮廷內規範的工作。依排列次序而定的緩急輕重，女官也不如女教。

方苞研治《周禮》強調研究《周禮》，應著重在義理；但是義理又不完全見載於文字。於是不能僅就職官制度直接證明義理，而是要間接發明各該職官所以設立的根本原因。方苞論及《周禮》中的女官及女教，也就依循此一理念為之。

方苞認為婚禮是上承「先聖」而來，而非從「先君」而來。先聖代表的是文化傳統，先君僅是政治傳承。是以溯源推本，禮始於夫妻。為要明其本根，夫妻上祀天地神明，以崇本報德，下立上下之敬，以反身建則。

方苞並指出內宮的設官，依其層級，后妃嬪婦佐天子之德，女官佐后妃之德。〈天官〉的結構，是以滿足天子飲食男女之欲為前提，卻又以禮制規約天子權力的政治體制。整個女官系統，最終似是導向天子。

政權中心既是天子，就必有天子居處之所及相應執事之人。〈天官〉系統，也大致圍繞王宮設立官職，以處理對應事項。各個職官的職掌，可以限制天子的權力，並規範宮廷女官，以為天下的儀則。凡此俱從天子及后妃始，這即是《周禮》的女教系統。

冢宰的主要職責，就在治理內宮之事，以節制天子之權。所以〈天官〉系統多內廷之官，本為缺點；此時反成為優點。

方苞解釋《周禮》的女官及女教系統，隱含對女性的行為與模式的期望，而有各種限定，與《周禮》原意有若干距離。這些期望與限定，可從天子后妃擴大為男女兩性，最終則指向男性，於是也

隱含對男性的要求。所以在規範女性的同時，也在規範男性。男性之德，依賴女性，反之亦然。形成兩性動態的關係，任何一方的不圓足，均會影響另外一方。其次，這些規範，是從生活常規出發，注意兩性的日常瑣事，從日常生活中反省自身的行為，而不是建立單一的女教理論，僅限定女性。

　　女官制度的設立，不但將女性納入社會系統中，也將男性納入，從而建立共遵的秩序。此時，《周禮》不僅是聖人的制作，因此而為後人所崇拜，更重要的是經由解釋，《周禮》有了現實的意義。解經，不僅是「論述」前賢往聖之言，著重知識問題；更是「重制」前賢往聖之言，以為當代的規範，著重實踐層面。經典也就不會是故書文獻，而有規範的意識，從而回復了經學的價值。⑫

---

⑫　周婉窈即指出方苞對儒家的禮有生死以之的宗教精神，其原因可能是受到桐城地區母教的影響。見〈清代桐城學者與婦女的極端道德行為〉，《大陸雜誌》第 87 卷第 4 期（1993 年 10 月），頁 18，20。周啟榮則認為方苞治禮，上承康熙朝禮學學風，不只是學術興趣，而是以宗族禮治維持地方秩序。見〈清代禮教思潮與考證學——從三禮館看乾隆前期的經學考證學兼論漢學興起的問題〉，勞悅強、梁秉賦主編：《經學的多元脈絡——文獻、動機、義理、社群》，頁 63。若以方苞《周禮》學觀察，又不止是維持地方秩序，而近於建立國家禮制。

第七章
方苞禮學中的女性角色與地位：
以冠、昏、喪、祭爲核心

第一節　前　言

　　人類的生命是一成長、變化的歷程，生命禮儀就是為人類生命中的成長與變化所舉行的儀式，用以周知生命已邁入新的階段。其所預設的前提是人生於世，原初僅是自然的狀態，必須經歷「通道儀式」才能成為一真正的人，所以生命禮儀不全是宗教性質，更含有文化意涵。❶準此以觀，生命禮儀的特色如下：一是每一階段必須確實呈現為生命歷程的段落，在進入這一階段之前與之後，有明

---

❶　參見〔羅馬尼亞〕伊利亞德（Eliade Mircea，1907-1986）著，楊素娥譯：《聖與俗──宗教的本質》（*The Sacred & The Profane: The Nature of Religion*）（臺北：桂冠出版社，2001 年 1 月），頁 225-226。但伊利亞德認為通道儀式不僅是成年禮，死亡禮也是通道儀式之一，因為死亡是人至另一個世界，須要被死者團體接納。

顯的差異。二是必須舉行與之相應的各種儀式，以表示新的生命階段，此一表示，有象徵的性質。三是為此舉行的儀式，或有不同儀節，但必須公開向親友族人告知。因為生命不同的段落是以儀式表達，生命的差異在儀式過程中呈顯，所以儀式成為生命禮儀的核心。生命本身在儀式前後的變化不一定很明顯（死亡除外），變化既是在儀式中呈顯，遂使儀式成為象徵系統，含蓋儀節規範、儀節物品等。

中國傳統禮學，很早就有生命禮儀，體現在冠、昏、喪、祭的儀式中。這一系列的儀式嚴謹細密。儀式的背後，更存在各種價值，以為生命規範。更重要的是這些禮典牽涉世俗與神聖兩端，每一生命個體在經過這些儀式時，會有宗教性的感動。但這並非說禮等同於宗教，而是指出禮有類似宗教的超越意涵，❷而以符號表出。此一符號體系，是指經典的文字記載與儀式制度等。❸

---

❷　禮的超越意涵，詳見龔鵬程：《飲食男女生活美學》（臺北：立緒文化公司，1998 年 9 月），頁 14-28。龔鵬程從涂爾幹的儀式理論出發，析論儀式所構築的神聖空間，再對比道教科儀，並參照〔美〕蘇珊·朗格（Susanne. K. Langer）的虛幻空間理論，說明藝術形式與宗教儀式相同，也與中國傳統禮儀相同，行禮時所安排的空間，其實就具神聖性，從而也有超越性。蘇珊·朗格說見氏著，劉大基等譯：《情感與形式》（*Feeling and Form*）（北京：中國社會科學出版社，1986 年 8 月）。

❸　經典的符號意義，參見黃亞平：《典籍符號與權力話語》（北京：中國社會科學出版社，2004 年 9 月），頁 1-13。黃亞平指出在文化發展中，經典的能指的符號功能不斷加強，所指的意義性質逐漸減弱。黃侃（1886-1935）云：「是則喪雖主哀，祭雖主敬，苟無禮物威儀以將之，哀敬之情亦無所顯示矣。……是則人而無儀，亦不可以行禮矣。」指出儀式的重要。說見《禮學略說》，黃延祖輯：《黃侃國學文集》（北京：中華書局，2006 年 5 月），

　　《禮記・昏義》云：「夫禮始於冠，本於昏，重於喪祭，尊於朝聘，和於射鄉，此禮之大體也。」孔穎達（574-648）云：「此經因昏禮為諸禮之本，遂廣明禮之始終。始則在於冠昏，終則重於喪祭，其間有朝聘、鄉射，是禮之大體之事也。」❹是禮之始終在冠昏、喪祭；朝聘、鄉射，則是貫穿於其中的政治、社會禮儀。《儀禮》冠、昏、喪、祭涉及女性較多，其餘則甚少。這或者反映女性在政治層面參與所受到的限制，但也可說明女性在生命儀式中不可或缺的地位。也形成在探討禮學時對女性地位正反並見的論述：或是強調女性備受壓抑的情況，但時又指出禮學中仍有尊重女性的思想存在。❺而在研究上述問題時，又發現禮書所說與實際歷史狀況，又有不同，不完全是我們所想像的男尊女卑的結構。❻

　　頁 363。陳戌國更直言儀式本身就是內容，見《中國禮制史（先秦卷）》（長沙：湖南教育出版社，2002 年 2 月），頁 21。參照黃侃、陳戌國所說儀式即內容，黃亞平說可能有待商榷。但黃亞平指出二十世紀後經典的工具論或載體論──指經典是記載古代先王先聖的言論或古代文化的承載者，逐漸取代了經典在古代的崇高地位，則甚為精確。

❹　〔唐〕孔穎達：《禮記正義》（臺北：藝文印書館影印嘉慶二十年南昌府學刊本，1985 年 12 月）。諸禮精要的說明，可參考周何（1932-2003）：《古禮今談》（臺北：萬卷樓圖書公司，1992 年 5 月）。彭林：《中國古代禮儀文明》（北京：中華書局，2005 年 5 月）。

❺　前者如劉弋濤、趙樹貴：〈試論禮教中女性地位的問題〉，《江西社會科學》1994 年第 9 期，頁 63-65；後者如王燦：〈被忽視的另一面──談三禮中尊重女性和子女的思想〉，《安徽廣播電視大學學報》2009 年第 3 期，頁 109-112。

❻　羅曉蓉就說春秋時期的女性，並非永遠的服從者、卑下者，男女地位顛倒的現象，時有所見，制度化的社會模式，不完全等於實際生活。見〈雙重樣態：婚姻禮制和社會生活中的春秋婦女──以儀禮士昏禮與春秋經傳為中心

　　方苞早在康熙五十年（1711）即潛心三禮，康熙五十一年（1712）成《禮記析疑》、《喪服或問》，康熙五十二年（1713）成《周官辨》，康熙五十九年（1720）成《周官集注》，康熙六十年（1721）成《周官析疑》，乾隆十四年（1749）成《儀禮析疑》。散篇則有三十二篇之多，見於其文集。略可分為四類：考訂禮書真偽正誤、禮學專著序文、纂修禮書條例、現實禮制辯論。從方苞禮學論著，可知其禮學有禮書注解及實際禮制實踐兩大層面。至乾隆元年（1736）方苞又擔任三禮館副總裁，❼且三禮義疏條例均根據其擬定。

　　方苞對待女性有極為特殊的觀點，對儒家的禮有生死以之的宗教精神，其原因可能是受到桐城地區母教的影響，❽且曾擔任三禮館副總裁，對女性在禮學中的角色與地位，是其關注的重點之一，在經典解釋中，經常出現。本文即以此為論題，以生命禮儀為範圍，分析方苞禮學中女性的內涵，並理解其禮書注解的方式及禮制實踐的層面。

　　具體的研究對象是方苞《儀禮析疑》、《禮記析疑》兩部著作，該二書不同於傳統禮書注解，全面性的解說經典，而是有疑則析之，無疑則不論。亦即不是逐字逐句訓解文字、考證名物與辨析制度，而是針對經文提出質疑，並以己說解之。在質疑並解說經文

的探討〉，《福建論壇（人文社會科學版）》2008 年第 9 期，頁 67-72。

❼　清代三禮館的人事變遷，詳見林存陽：《三禮館：清代學術與政治互動的鏈環》（北京：社會科學文獻出版社，2008 年 5 月），頁 63-103。

❽　可參考周婉窈：〈清代桐城學者與婦女的極端道德行為〉，《大陸雜誌》第 87 卷第 4 期（1993 年 10 月），頁 13-38。

之時，方苞個人見解就在其中顯現。其書固然有典制考證、名物訓詁，但其最特殊之處，還是以義理解經。❾且相較其他禮學學者，對禮學中女性的角色地位，著墨較多。

第二節　冠禮：女性與宗祊之重

《儀禮・士冠禮》冠者行三加禮之後：「冠者奠觶于薦東，降筵，北面坐，取脯，降自西階，適東壁，北面見于母。母拜受，子拜送，母又拜。」❿《禮記・冠義》：「見於母，母拜之，見於兄弟，兄弟拜之，成人而與以為禮也。」至於「成人」其義涵是：「成人之者，將責成人禮焉也。責成人禮焉者，將責為人子、為人弟、為人臣、為人少者之禮行焉。」⓫即行禮後，冠者取脯出東壁

---

❾　如林存陽即說方苞禮學特色之一是以義理說經。見《清初三禮學》（北京：社會科學文獻出版社，2002 年 12 月），頁 259。鄧聲國也指出方苞《儀禮析疑》長於以義理說禮。見《清代儀禮文獻研究》（上海：上海古籍出版社，2006 年 4 月），頁 95。鄧聲國又分析清代「五服」研究的詮釋方法，其中之一是「情義性詮禮法」，方苞即代表人物之一。見《清代五服文獻概論》（北京：北京大學出版社，2005 年 2 月），頁 151。張壽安全面分析清儒研治《儀禮》學的方法：校勘、分節、釋例、名物度數，再由儀文器數以求禮意。見《十八世紀禮學考證的思想活力——禮教論爭與禮秩重省》（臺北：中央研究院近代史研究所，2001 年 12 月），頁 81, 95。方苞則較著重禮意的推求，略缺之前的考證，所以為乾嘉學者輕視。

❿　〔唐〕賈公彥：《儀禮注疏》（臺北：藝文印書館影印嘉慶二十年南昌府學刊本，1985 年 12 月），卷 2，頁 13-14。

⓫　引文俱見〔唐〕孔穎達：《禮記正義》，卷 61，頁 2。

闔門以拜母。未拜而母先拜之，兄弟亦然。此乃責其成人之道。**⑫**

　　見母在東壁闔門之外，鄭玄（127-200）、賈公彥（？-？，唐高宗永徽時〔651-655〕官太學博士）等並未解釋原因，方苞云：

> 凡內事主婦位于房中，冠則受脯於東壁，何也？將冠者房中南面尊甒，服屨陳于西墉，贊者負東墉而立，則無地以位之。其不可待于北堂，何也？三加畢，贊者將入洗觶。……冠子而母與贊者數相面，則義無取，而禮與辭亦無所施，是以出待于闔門外也。其不于內寢，何也？母喪疾則使人受脯于西階，西階無受者，而母不在東壁，則疑于父存而母歿爾。**⑬**

行冠禮時，房中南面置尊甒，西墉陳服屨，東墉有贊者，房內無位置當母。北堂則贊者須協助行禮，數與母相見，不合乎禮。母遇喪疾才在西階遣人受脯，若西階無人，表示母已歿。所以才受脯於東壁。

　　胡培翬（1782-1849）云：「東壁，堂下東牆也。冠者降自西階，由西而東，折而北，乃得見母，故知適東壁者出闔門也。時母在闔門之外者，江氏筠云：惟房中乃婦人之位，今既因贊者在房，

---

⑫　林素娟指出冠禮後男子已具客觀社會身分，母於此客觀身分亦須尊重。見《空間、身體與禮教規訓──探討秦漢之際的婦女禮儀教育》（臺北：臺灣學生書局，2007 年 5 月），頁 118。

⑬　〔清〕方苞：《儀禮析疑・士冠禮》，《影印文淵閣四庫全書・經部・禮類》第 109 冊（臺北：臺灣商務印書館，1983 年），卷 1，頁 16-17。

而不得位於此，則其不入闈門，明矣。」❶很清楚的解釋冠者下西階後行進的動線，並指出先贊者在房，所以母不在房的緣故。江筠（？-？）說與方苞同。黃以周（1828-1899）云：「冠禮無與婦人之事，其母不入廟，則冠者適東壁見母，為寢之東壁明矣。……時適東壁北面見母，則母在廟西之闈門外，正寢之北堂下也。」❶認為婦女無與冠禮，所以不入廟。並說明東壁位於廟西闈門外，正寢北堂下。方苞避開了母不在廟的解釋，黃以周則補說母不在廟的原因。

　　見母而不見父，方苞認為這是：「冠者無見父之禮。」並分析原因：

> 冠者無見父之禮，何也？父為主而親臨之，故冠後無庸更見，即見贊者而不見賓之義也。凡以爵相授受必拜，父不可與子為賓主之禮，故藉手于賓。……父子主恩，自孩提以後視其寒煥而加之衣，賜以餘瀝而使之飲，數數然矣。使親以冠加而醴之，則為故常，而無震動恪恭之義，不若使賢者臨

---

❶　〔清〕胡培翬著，段熙仲（1897-1987）點校：《儀禮正義·士冠禮一》（南京：江蘇古籍出版社，1993 年 7 月），卷 1，頁 81-82。宮室的細部解說，詳見鄭良樹：《儀禮宮室考》（臺北：臺灣中華書局，1971 年 12 月）。林素娟從冠婚喪祭等禮制，較全面性的分析「婦女行禮空間」，見《空間、身體與禮教規訓——探討秦漢之際的婦女禮儀教育》，頁 113-128。

❶　〔清〕黃以周著，王文錦點校：《禮書通故第五·冠禮通故》（北京：中華書局，2007 年 4 月），頁 228。

之，有所感發而是則是效也。⓰

父主其事，賓主其禮，所以冠後無須正式拜見。其次，父子不行賓主之禮。第三，更重要的是父親自照顧子女飲食衣著，如果主持冠禮，子女以為一如平日的生活關懷，反不能體會冠禮的重要，是以另請主賓主持。由是觀之，父也未必全然「馳騁於社會」，同時也「活動於家庭」。不但如此，父的功能反而類似母。⓱

黃以周云：「父延賓親涖其事，已見之也。」⓲胡培翬引王士讓（?-?）《儀禮紃解》：「父冠其子，延賓以重其事，父自為主而涖之，即是見也。賓既與冠者成禮於堂矣，亦不必更行見賓之禮。」⓳均可補方苞未解冠者不見賓之義，二說與方苞同，但黃以周、胡培翬依禮儀論其儀式，方苞則發揮父的家庭功能。

母拜受，方苞認為：「子未拜送而母先迎拜，何也？」

> 肅拜也，禮成廟中，故迎拜以示宗祊之重。而拜止于肅，則雖改俠拜之儀，而不為過禮也。⓴

⓰　引文俱見〔清〕方苞：《儀禮析疑·士冠禮》，卷 1，頁 15-16。。

⓱　王小健就指出《儀禮》的結構反映男女兩性不同的活動領域，社會是男子馳騁的天地，家庭是女子活動的舞臺。見〈從儀禮看性別的社會化〉，《婦女研究論叢》2004 年 9 月第 5 期，頁 42-47；又見《中國古代性別結構的文化學分析》（北京：社會科學文獻出版社，2008 年 11 月），頁 258。

⓲　〔清〕黃以周著，王文錦點校：《禮書通故第五·冠禮通故》，頁 229。

⓳　〔清〕胡培翬著，段熙仲點校：《儀禮正義·士冠禮一》，頁 82

⓴　〔清〕方苞：《儀禮析疑·士冠禮》，卷 1，頁 16。肅拜，《禮記·少儀》

前已解釋行冠禮時，母不在宗廟而在東壁闈門的原因；現則以「迎拜」說明其意義──示宗衸之重。惟《儀禮》之例，皆先拜受，後拜送。因送者手有所執，既授才便於拜。而受者必先拜，因受物之後即不便拜。㉑方苞不從禮例討論，其實是想要凸顯女性在冠禮的地位。又云：

> 平時子拜，母坐受之，或立受而不答，重冠禮，故肅拜以答也。㉒

平時自是母或坐或立受子拜，母不向子拜。冠禮中的母先拜子，並非以男子為重，而是重視冠禮。其次，父與母兩相對照：父不主冠禮，僅是免於故常之習，母拜受則是宗衸之重。第三，父母同時存

㉑　鄭玄注：「肅拜，拜低頭也。」見〔唐〕孔穎達：《禮記正義》，卷 35，頁 13。〔清〕段玉裁（1735-1815）：〈釋拜〉：「肅拜者，何謂也？舉手下首之拜也。」見氏著，鍾敬華校點：《經韻樓集》（上海：上海古籍出版社，2008 年 4 月），頁 141。錢玄（1910-1999）綜析諸家之說，以為婦女行肅拜，跪而頭略俯而已。見《三禮通論》（南京：南京師範大學出版社，1996 年 10 月），頁 530-531。各種拜姿的圖示，見張光裕：《儀禮士昏禮、士相見之禮儀節研究》（臺北：臺灣中華書局，1971 年 2 月），頁 5-12。俠拜，〔清〕凌廷堪（1755-1809）：〈凡婦人于丈夫皆俠拜〉：「俠拜者，丈夫拜一次，婦人則拜兩次也。」見氏著，彭林點校：《禮經釋例·通例》（臺北：中央研究院中國文哲研究所，2002 年 12 月），卷 1，頁 104。並參〔清〕胡培翬著，段熙仲點校：《儀禮正義·士冠禮一》，頁 82-83。

㉑　見楊天宇：《儀禮譯注》（上海：上海古籍出版社，2004 年 7 月），頁 11。

㉒　〔清〕方苞：《禮記析疑·冠義》，《影印文淵閣四庫全書·經部·禮類》第 128 冊（臺北：臺灣商務印書館，1983 年），卷 42，頁 3。

在家庭之中，但家族的傳承似側重在母拜受顯現。❷在家庭場域中
觀察，依方苞的分析，母的地位，其實不遜於父。

　　從冠禮中的母拜子擴而大之，方苞以為古有長輩拜晚輩之禮：

> 古者君於臣、父於子、舅姑於婦，皆有拜禮。蓋責之也厚，
> 望之也深，故禮之不得不重也，而各有節會焉。❷

黃以周云：「古者君拜臣，父亦拜子，見于母，母拜之，成人而與
為禮也。北面見其母，母南面拜，尊卑之等也。」❷承《禮記‧冠
義》而說。

　　方苞也承《禮記‧冠義》發揮，每一個體，均有其位置，每一
位置，又各有應遵循的規範。位置與規範，構成了整個禮儀系統，
《儀禮》詳述每一動作的行進路線、站立的位置、實施的儀節，就
在表明系統的意義。此一系統是在相對情境下，適用於所有的人。
君、父、舅姑與臣、子、婦就都處在禮這一系統之內，各自有其作
為與限制，相對而成禮。未遵守系統的位置與規範者，就是非禮。
長輩拜晚輩，則是禮之重者。意謂國與家的傳承，端在臣與子的擔
負。冠禮，又不僅是「入社典禮」，接受子女為團體成員；❷其

---

❷　冠禮重生命的延續，詳見林素英：《古代生命禮儀中的生死觀：以禮記為主
　　的現代詮釋》（臺北：文津出版社，1997年8月），頁32。

❷　〔清〕方苞：《禮記析疑‧冠義》，卷42，頁2。

❷　〔清〕黃以周著，王文錦點校：《禮書通故第五‧冠禮通故》，頁229。

❷　參見李安宅（1900-1985）：《儀禮與禮記之社會學的研究》（上海：上海人
　　民出版社，2005年5月），頁38。

次，也不僅是子女作為成人「獨立於世」；更重要的是將「託付傳承」的責任賦予子女。君父所以向臣子行拜禮，就是明示此一責任。上位者以禮表明託付，下位者則以禮表明承擔。

例如方苞指出明代：「女教之盛，前古所未有也。」❷❼但在前此歷史中：「婦人守節死義者，秦、周以前可指計，自漢及唐，亦寥寥焉。」❷❽女性守節死義，幾不存在。推原論始：「蓋夫婦之義，至程子然後大明。」❷❾似乎在宋以前女德可資稱揚者極少，宋以後受程頤影響，女教才大彰，至明而極盛。可是方苞又說：「古之時，女教修明，婦人之有德者眾矣。」❸❶顯然對女德質量的判斷

---

❷❼ 〔清〕方苞：〈書王氏三烈女傳後〉，劉季高（1911-2007）校點：《方苞集》（上海：上海古籍出版社，1983年5月），卷5，頁127。

❷❽ 〔清〕方苞：〈嚴鎮曹氏女婦貞烈傳序〉，劉季高校點：《方苞集》，卷4，頁105。案：〔宋〕程頤（1033-1107）云：「問：孀婦於理似不可取，如何？曰：然。凡取，以配身也。若取失節者以配身，是己失節也。又問：或有孤孀貧窮無託者，可再嫁否？曰：只是後世怕寒餓死，故有是說。然餓死事極小，失節事極大。」此為後世夫死守節之據。但程頤又云：「又問：再娶皆不合禮否？曰：大夫以上無再娶禮。凡人為夫婦時，豈有一人先死，一人再娶、一人再嫁之約？只約終身夫婦也。但自大夫以下有不得已再娶者，蓋緣奉公姑或主內事爾。如大夫以上至諸侯天子，自有嬪妃可以供祀禮，所以不許再娶也。」雖然仍未明說女性不得已可否再嫁，但男性不可再娶是基本原則，且再娶是奉翁姑、主祭祀，非為兩性之歡，終身夫婦是約束夫妻雙方。引文俱見《二程遺書》，卷22下，《二程集》（臺北：漢京文化公司，1986年9月），總頁301，303。

❷❾ 〔清〕方苞：〈嚴鎮曹氏女婦貞烈傳序〉，劉季高校點：《方苞集》，頁4，105。

❸❶ 〔清〕方苞：〈李母馬孺人八十壽序〉，劉季高校點：《方苞集》，卷7，頁207。

前後不一。這固可說是行文需要，而有不同的論述；然而不是更可說明對女性的態度，是經由建構而來，而非本來如此。

方苞先從歷史興衰分析：「竊嘗歎自古亂亡之釁，不過數端，或以權姦，或以女寵，或以宦寺。」❸國亡之亂，女寵三分其一，這或是方苞對女性態度嚴苛的原因之一。反過來講，女教彰顯，是國政清明之源：「周之初，后夫人之德著於詩者，皆女婦之常也。其所以傳者，蓋將用之閨門、鄉黨、邦國以化天下而為聲教焉。」❸並以滿州為例：「始知滿州禮俗，兄弟姻親相依相恤，婦人勤女職，事舅姑，於古禮為近。……余嘗謂本朝勃興，眾皆以為武威無敵於天下，自君子觀之，則王業之本，受命之符，蓋於是乎在矣。……竊念人紀者，政教之本也；閨門者，人紀之源也。」❸強調女性的政教功能，詳究其實，是與其歷史思考有關，再影響到對經典的解釋。

其次從地理環境的分析：「徽郡在群山中，土利不足以贍其人，故好賈而輕去其鄉，自通都大邑以及山陬海聚，凡便賈之地即家焉。其俗男子受室後，尊者即督令行賈，無贏折皆不得速歸，久者數十年，近亦逾紀。用此居恆聚族，而嚴閨門之禮。故婦人以節

---

❸ 〔清〕方苞：〈書王氏三烈女傳後〉，劉季高校點：《方苞集》，卷 5，頁 127。

❸ 〔清〕方苞：〈張母吳孺人七十壽序〉，劉季高校點：《方苞集》，卷 7，頁 206。

❸ 〔清〕方苞：〈書烈婦東鄂氏事略後〉，劉季高校點：《方苞集》，卷 5，頁 130。

著者，比戶多有之，蓋禮俗之所漸然也。」❸由於徽州土地多山且貧瘠，男子須外出經商謀生；男子在婚後即離鄉背井，有數十年不歸者；親人聚族而居，女子須掌家事。❸

由於男性（丈夫）不在家中，女性（媳婦）居於家庭的關鍵地位，而此時最重要的是與公婆的關係。方苞即以此點分析：「古之時，女教修明，婦於舅姑，內誠則存乎其人，而無敢顯為悖者。……終其身榮辱去留，皆視其事舅姑之善否，而夫之宜不宜不與焉。」❸此處所說並不是親屬之間的關係，而是這一關係彼此對

---

❸ 〔清〕方苞：〈王彥孝妻金氏墓碣〉，劉季高校點：《方苞集》，卷 13，頁 404。

❸ 徽州多山，可供耕作田地極少，糧食本就短缺，明清以來尤苦於此，所以男女十三四歲即結婚，十五六歲即出外經商。見王傳滿：〈徽州地理人文環境與明清徽州節烈現象〉，《青島大學師範學院學報》第 25 卷第 3 期（2008年 9 月），頁 48-52。徽商常年在外經商，女性因而在家中承擔所有家務。見許周鶼：〈徽商與徽吳兩地的女性地位〉，《蘇州大學學報（哲學社會科學版）》2009 年 3 月第 2 期，頁 101-105。〔美〕韓書瑞（Susan Naquin）、羅友枝（Evelyn Rawski）指出十八世紀流民進入皖南山區定居，大片植被被破壞，水土流失。見氏著，陳仲丹譯：《十八世紀中國社會》（*Chinese Society in the Eighteenth Century*）（南京：江蘇人民出版社，2008 年 8 月），頁 147。水土流失，自不利於耕種，這也是徽州貧瘠的原因之一。該書述說甚簡，較詳細的分析見陳瑞：〈清代中期徽州山區生態環境惡化狀況研究——以棚民營山活動為中心〉，《安徽史學》2003 年第 6 期，頁 75-83。棚民指外來人口在徽州山區搭棚居住之稱。影響所及，除水土流失外，水利設施也遭破壞。

❸ 〔清〕方苞：〈書孝婦魏氏詩後〉，劉季高校點：《方苞集》，卷 5，頁 128。

待的態度。❸️媳婦對舅姑的態度、舅姑對此態度的判斷，決定了婦的榮辱去留。這些態度系統，是通過禮儀表達，即方苞所稱的女教。再從此擴大：「余少讀《戴記》，見先王制禮，所以致厚于妻者，視諸父昆弟而每每隆焉，疑而不解也。既長受室，然後知父母之安否，家人之睽睦實由之。又見戚黨間或遭大故，遺孤襁褓，其宗祀與家聲，皆繫於女子之一身，而諸父昆弟有不可如何者。」❸️父母之安、家人之睦，皆繫於女性。尤其丈夫過世後，整個家族的生存與傳承，更繫於女性。

如此或可更理解下述話語：「昔聖人之制夫婦之禮也，其合離厚薄，一視其所以事父母，而己之私不與焉，故婦順成，內和而家理。」❸️女性處理家中具體的事務是照顧病夫、奉養舅姑、鞠育幼小、料理喪事、資助祭事、處理債務等。❹️「夫之宜不宜不與

---

❸️ 親屬的稱謂語系統與態度系統，參考〔法〕克維德‧列維—斯特勞斯（Claude Levi-Strauss）著，張祖建譯：《結構人類學》（*Anthropologie Structurale Deux*），頁 41。

❸️ 〔清〕方苞：〈蔣母七十壽序〉，劉季高校點：《方苞集》，卷 7，頁 209。

❸️ 〔清〕方苞：〈汪孺人六十壽序〉，劉季高校點：《方苞集》，卷 7，頁 210。

❹️ 參見王傳滿：〈明清徽州節烈婦女的家庭義務〉，《中共合肥市委黨校學報》2009 年第 3 期，頁 56-61。〔美〕曼素恩（Susan Mann）則著重分析婦女養蠶紡織的經濟生產工作，見氏著，定宜莊、顏宜葳譯：《綴珍錄：十八世紀及其前後的中國婦女》（*Women in China's Long Eighteenth Century*）（南京：江蘇人民出版社，2005 年 1 月），頁 183-224。〔美〕白馥蘭（Francesca Bray）則指出紡織作為技術之後的道德（女德）意涵，見氏著，江湄、鄧京力譯：《技術與性別：晚期帝制中國的權力經緯》（*Technology and Gender: Fabrics of Power in Later Imoerial China*）（南京：江蘇人民出版

焉」、「己之私不與焉」則是男性長期離家的現實情境。

方苞就在此一歷史感知與現實情境中，重新理解並解釋經典中的女性，並賦予特殊化的地位。

第三節　婚禮：女性與家國之本

《儀禮‧士昏禮》：「主人拂几授校，拜送。賓以几辟，北面設于坐，左之，西階上答拜。」賈公彥云：「冠禮者，賓無几，冠禮比昏為輕，故無几。」❹方苞駁：「疏謂冠賓輕，故無几，非也。冠賓與主人敵體，豈得反輕于昏賓？」續云：

> 蓋冠賓乃主人朋好，猶鄉飲、鄉射及燕賓，皆本國之人，故禮從簡略，而几可不設。昏賓則來自婿家，致舅姑之命，猶聘賓來自他邦，其君命，禮宜嚴重，而几不可不設也。❷

《儀禮‧士昏禮》「納采節」云：「主人筵于戶西，西上，右几。」❸這是為神設席。本節則是「醴使者」，為人設席。方苞以為冠賓皆本國之人，故冠禮可從簡，不設几筵。婚禮則不然，婚賓

社，2006 年 4 月），頁 188-190。

❹　〔唐〕賈公彥：《儀禮注疏》，卷 4，頁 5。

❷　〔清〕方苞：《儀禮析疑‧士昏禮》，卷 2，頁 4。

❸　〔唐〕賈公彥：《儀禮注疏》，卷 4，頁 13。又婚禮的分節，依據張光裕：《儀禮士昏禮、士相見之禮儀節研究》。

來自壻家，几筵不可省。❹方苞並以聘賓為相擬昏賓，如是，兩家結好，猶如兩國結盟。

胡培翬引吳廷華（1682-1755）：「案拜至特主人敬賓之意，無相親義。」❺敬賓之說可與方苞所說互參。黃以周云：「聘禮亦賓主不敵，不云授校。」指出是「執校以授」。❻名物考訂較方苞為精。

「親迎節」：「主人揖入，賓執雁從，……賓升，北面，奠雁，再拜稽首。」方苞云：

> 稽首，非君父無所施；以雁授婦，曷為有此禮？娶婦以承宗祀、奉粢盛、供盥饋，祖宗、父母、子姓皆將託焉，故重為禮於其祖禰，以示待之厚、望之深也。❼

所謂「祖宗、父母、子姓皆將託焉」，是整個家族託付予子媳，責任重大，所以婚禮的儀節——稽首，以雁授婦等，就在呈現這此一責任。

胡培翬則云：「夫執摯以拜，而婦不答拜也。不還其摯者，雁

---

❹ 〔清〕凌廷勘：〈凡賓至廟門，皆設几筵〉：「壻至女家，則為賓，女父為主人，故亦設几筵也。」至於〈士冠禮〉不設几筵，凌廷勘云：「此禮主於冠，故異於賓客之禮也。」見氏著，彭林點校：《禮經釋例》，卷6，頁302-303。

❺ 〔清〕胡培翬著，段熙仲點校：《儀禮正義·士昏禮》，卷3，頁159。

❻ 〔清〕黃以周著，王文錦點校：《禮書通故第六·昏禮通故》，頁250。

❼ 〔唐〕賈公彥：《儀禮注疏》，卷5，頁3。〔清〕方苞：《儀禮析疑·士昏禮》，卷2，頁8。

取有常節隨陽義。」❹黃以周則考訂：「鴈明奠于西階上。」❹方苞衍伸禮意，胡培翬說明用雁之意，黃以周考證用雁之地。

「婦饋舅姑節」：「並南上。」鄭玄云：「並南上者，舅姑共席于奧，其饌各以南為上。」賈公彥云：「決同牢，男女東西相對，各上其右也。」方苞釋云：

> 婦見則舅姑別席，示男女正位之義也。婦饋則舅姑同席，循朝夕侍食之儀也。❺

婦見舅姑異席：舅席於阼，姑席於房外。方苞在此依文解義，仍重奉養舅姑之義。但是這一託付不止於此，更在家族的綿延之中。婦能為祖先所憑依，亦能為子孫所仰承。是因為傳遞先人的典範，以為子孫的儀式。宗族的傳統，寄託於婦。子孫有此模範，自內省於心，並發之於外，以無負於先人，如此才能維繫家族於不墜。

黃以周云：「厥明，婦見，舅姑異席。三月奠菜，舅席于廟奧，姑席于北方，亦異席，茲亦宜然。」指出舅、姑、婦三席非並設。❺方苞所說席位不確。

正因妻居此重要地位，方苞解《禮記・哀公問》：「敬之至矣，大昏為大。」云：

---

❹　〔清〕胡培翬著，段熙仲點校：《儀禮正義・士昏禮》，卷3，頁176。

❹　〔清〕黃以周著，王文錦點校：《禮書通故第六・昏禮通故》，頁256。

❺　〔唐〕賈公彥：《儀禮注疏》，卷5，頁11-12。〔清〕方苞：《儀禮析疑・士昏禮》，卷2，頁17。

❺　〔清〕黃以周著，王文錦點校：《禮書通故第六・昏禮通故》，頁261-262。

君臣父子之敬，人所共知也。惟夫婦居室易狎而難敬，故必夫婦能敬而後為敬之至，君子之道，造端乎夫婦，蓋慎獨主敬，必始乎此始。❷

又云：

不能順於舅姑，和於室人，而當於夫，則燕昵之私也。❸

妻上承宗祊之重，傳遞家族風範，下為子孫所規仿。不識此義，夫妻自會僅止於狎昵。所以方苞又云：

不能敬妻子，以恆情觀之，過之小者耳。然究其本原，則為不能敬其身。不能敬其身則傷其親，而禍至於亡其身，乃理勢之相因而必至者。❹

慎獨主敬，自敬妻始；不能敬妻，尋本溯源，就是不能自敬；不能自敬，導致傷身亡親。所以能如此連鎖推論，是因妻家族傳承的文化象徵，應為人所遵循，逸離了這一文化象徵所包孕的內涵，則會引發價值危機，價值一旦崩潰，小則亡其身，大則傷其親。

再從家教擴充到國教，形塑文化儀軌，傳統就在此流衍不斷。

---

❷ 〔唐〕孔穎達：《禮記正義》，卷50，頁9。〔清〕方苞：《禮記析疑·哀公問》，卷28，頁2。

❸ 〔清〕方苞：《禮記析疑·昏義》，卷42，頁1。

❹ 〔清〕方苞：《禮記析疑·哀公問》，卷28，頁4。

君在外為國，在內為家，兩者互為主體，國教是家教的延伸，方苞
盛贊后妃之德，其故須從此理解。**⑤**並據女德以觀國之盛衰，先上
溯三代：

> 微獨士庶人之家必婦順備而後家可長久，三季以來，亂亡之
> 禍，無不起於家不和理，家不和理，無不由於婦之不順，而
> 欲婦順之成，必由身教。孔子告哀公自古明王必敬其妻子有
> 道是也。**⑥**

再下觀唐宋：

> 觀唐宋之末，有劫於悍婦、溺於寵嬖，以悖父子之恩、失
> 君臣之義者，然後知聖人告君以是為本，其義深、其慮切
> 矣。**⑦**

「以是為本」的「本」，即是敬妻子有道及由此而來的婚姻的意

---

⑤　〔日〕尾形勇指出中國古代帝國的基礎，與家的性質相同，並且無數的家與
國是並存的。儒家思想力圖把家的秩序形態擴大到整個國家秩序中，以實現
治國平天下的理想。見氏著，張鶴泉譯：《中國古代的「家」與國家》（中
国古代の「家」と国家：皇帝支配下の秩序構造）（北京：中華書局，2010
年1月），頁89，248。據此即可理解方苞所以如此解釋之故。

⑥　〔清〕方苞：《禮記析疑·昏義》，卷42，頁2。

⑦　〔清〕方苞：《禮記析疑·哀公問》，卷28，頁2。方苞以女教觀國家盛
衰，見其《朱子詩義補正》，《續修四庫全書·經部·詩類》第62冊（上
海：上海古籍出版社影印乾隆三十二年刻本，1995年3月）。

義，至於「哀公以冕而親迎為已重，蓋視昏禮為男女燕昵之私。」
⓹⓼就是昧於上述之義。從方苞的經解，一可知婚姻非為男女歡好，
二可知婚姻的文化──政教意義，三可知女性在家國系統中的重
要。

　　方苞家法，也約略如是。方苞之母：「縫紝、浣濯、洒掃、炊
汲，皆身執之。……十餘年無暇刻休暇。」⓹⓽方苞嘗責讓其嫂：
「自先君沒，冢婦持家。余以老母盥饋及家事數責讓，嫂常含
怒。」⓺⓪其妻蔡氏曾嘆夫妻之間歡聚時少：「自吾歸於君，吾兩人
生辰及伏臘令節、春秋佳日，君常在外。其相聚，必以事故不得入
室。或蒿目相對，無歡然握手一笑而為樂者，豈吾與君之結歡至淺
邪？」⓺⓵蔡氏的哀怨，其實正點出女性──不論是母、嫂、妻，在
方苞的理念中，主要是置於家庭系統中評價，而不是放在夫妻關係
中看待。蔡氏未理解於此，故生此嘆息。

　　康熙五十年（1711）方苞因《南山集》牽連繫獄，曾論其嫂：
「及余遘難，盡室北遷，幼女復依嫂以居，撫之，不異於所生。
吁！此雖嫂之明，抑吾母淳德及吾兄身教之所漸漬也。」⓺⓶方苞經
解中的女性，完全在其家庭中出現。而其所謂的女教，則是由其所

⓹⓼　〔清〕方苞：《禮記析疑・哀公問》，卷28，頁3。

⓹⓽　〔清〕方苞：〈先母行略〉，劉季高校點：《方苞集》，卷17，頁494。

⓺⓪　〔清〕方苞：〈嫂張氏墓誌銘〉，劉季高校點：《方苞集》，卷17，頁
502。

⓺⓵　〔清〕方苞：〈亡妻蔡氏哀辭〉，劉季高校點：《方苞集》，卷17，頁
504。

⓺⓶　〔清〕方苞：〈嫂張氏墓誌銘〉，劉季高校點：《方苞集》，卷17，頁502-
503。

規定的女性價值與男性身教而來。方苞在獄中仍潛心三禮，「切究陳澔《禮記集說》著《禮記析疑》」，其時「同繫獄者皆惶懼，先生閱《禮經》自若。」❻❸看來其存在感受影響經解，而經典也影響其存在感受，兩者互為因果。

第四節　喪服：女性以母為主的身分呈顯

上述女性所面臨的情境，方苞知之甚晰，是以嘗云：「居常者不覺，遭危變然後知婦人擔荷之重如此。先王制禮，妻之喪，居處飲食視伯叔父昆弟而加隆焉，有以也夫。」❻❹可據此檢視女性的喪服制度。

首先是母，方苞云：

> 父歿為母齊衰三年，何也？不貳斬者，原母之情而不敢並於父也。加以再期，原子之情而著其本不異於父也。……然則父在為母期，所以達父之情而非子之情有所殺，便父之事而於子之事無所變也，決矣。❻❺

---

❻❸ 〔清〕蘇惇元（1801-1857）：《望溪先生年譜》（臺北：臺灣商務印書館影印道光二十七年刊本，1981 年 1 月），頁 9，10。陳澔（1260-1341），字可大，號雲住。

❻❹ 〔清〕方苞：〈金陵近支二節婦傳〉，劉季高校點：《方苞集》，卷 8，頁226。

❻❺ 〔清〕方苞：《儀禮析疑・喪服》，卷 11，頁 8。

為父母服喪的儀制不同，是以父系社會結構為主的顯現。**⑥⑥**但方苞的解釋，有意略去此一以男性、父系為主的文化現象。其解釋方向有二：一是以子的立場，去考量母的立場，不欲與夫（父）並尊。這是假擬母的立場發言，將為父母服喪儀制之異，歸導於母本身不欲與父並尊。二是就子的感情，母與父地位其實相同。這是身為子的立場發言，說明服父母之喪，儀制雖有異，但對父母的感情則同。夫妻雖是並列結構，但子服喪時，先考慮父（夫），再考慮母（妻）。

胡培翬就引吳廷華說：「父母，家之嚴君，而父又尊於母，故曰至尊。」**⑥⑦**明白指出父尊於母，而無任何其他解釋。黃以周則引方苞：「然則父在為母期，所以達父之情而非子之情有所殺，便父之事而於子之事無所變也。」贊成其解說。**⑥⑧**

方苞又云：

---

⑥⑥ 章景明指出〈喪服〉具有父系的宗法特徵，傳子以承宗廟之重的父權象徵，父至尊的父治制，父為長子的長子繼承制，見《先秦喪服制度考》（臺北：臺灣中華書局，1971 年 1 月），頁 6-7。石磊指出〈喪服〉是從父居、男性傳遞、男性聯繫的父系體系。見〈儀禮喪服篇所表現的親屬結構〉，《中央研究院民族研究所集刊》第 53 期（1983 年 6 月），頁 1-43。林素英指出〈喪服〉所反映的是以男性為主的社會文化體系，以父系為本的宗族倫理體系。見《喪服制度的文化意義》（臺北：文津出版社，2000 年 10 月），頁 267-300。丁鼎也指出周代喪服制度體現對父權的絕對尊崇。見《儀禮·喪服考論》（北京：社會科學文獻出版社，2003 年 7 月），頁 189-191。

⑥⑦ 〔清〕胡培翬著，段熙仲點校：《儀禮正義·喪服一》，卷 21，頁 1364。

⑥⑧ 〔清〕黃以周著，王文錦點校：《禮書通故第九·喪服通故一》，頁 308。

> 父在為母齊衰期，何也？……古者大夫有出疆之政，則祭必
> 攝，期之外，祭當攝而廢焉，是使父不得伸敬於祖父也。然則
> 父歿為母三年，何以不慮祭之廢？子以哀而不得伸敬於祖父，
> 情也；以子之哀而使父不得伸敬於祖父，是傷父之志也。❻❾

這是從祖、父、子的關係立論。父在為母齊衰期，是因父有出外從
政的可能，子在家須代父祭祀，若服喪三年，無法代行祭祀，於是
有傷父之志。父歿為母三年，父既歿則已無傷於父之志。顯然仍著
重於父系，且以祭祀為核心。為母服喪，縱向考量祖、父、子，橫
向考量夫、妻，而有不同的規範。妻不敢與夫並，子不願傷父志。
在這一系統中，「夫」的身分重於「妻」的身分，「妻」的身分重
於「母」的身分。

　　胡培翬引朱子（1130-1200）：「父在為母期，非是薄於母，只
為尊在其父，不可復尊在母，然亦須心喪三年。」❼⓿也很清楚指出
此乃父尊於母的緣故。

　　至於慈母（父卒，服齊衰三年），方苞云：

> 慈母如母，何也？非天屬也。婦人同室，志常不相得，今使
> 字他人之子，故重其義以生恩也，又緣其恩以起義也。❼❶

---

❻❾　〔清〕方苞：《儀禮析疑‧喪服》，卷 11，頁 10-11。

❼⓿　〔清〕胡培翬著，段熙仲點校：《儀禮正義‧喪服二》，卷 22，頁 1397。

❼❶　〔清〕方苞：《儀禮析疑‧喪服》，卷 11，頁 9。慈母地位較低，《禮記‧
　　喪服小記》：「慈母、妾母不世祭也。」方苞云：「庶子之子立禰廟，則可

慈母此指庶母，母子之間並無血緣關係。母能字子所以是義，因為
超越了常人所能做到的範圍；子服喪則是要回報母之義。庶母與子
之間的恩情，超過於血緣關係。這是看重庶母為母的身分。

　　方苞忽略母子之間的身分關係，胡培翬云：「命為母子，必母
是妾，而子亦為妾子者。以母是適，則凡妾子皆其子，不須父命。
而適妻之子，又不可命以為妾子，故也。」在此前提下，才能說：
「云生養之終其身如母者，謂生則養之如親母也。死則喪之三年如
母者，謂父卒而母死，則亦服三年如親母也。」⓻方苞是借此申說
非血緣關係母子的情義。

　　繼母，方苞云：

> 繼母嫁，從，為之服期，何也？此以權制，使背死而棄孤
> 者，無所逃其罪也。夫無大功之親相養，以生守死義也，而
> 孤則無與立矣。嫁而以從，於死者猶有說焉，故母子之恩不
> 可絕也。古者同財相養，何以不及小功之兄弟？聖人不以眾
> 人之難者望人，蓋專其責於所親也。⓽

如無大功之親相養，孤子無所立；小功之親又難以相養；所以責望
繼母嫁，仍能撫育子女，因為母子之恩不可絕。方苞有意忽略為繼

　　以祭父之生母矣。」見《禮記析疑·喪服小記》，卷 16，頁 11。方苞之說，
　　前提是庶子立為後，否則不可能立廟；二是並未處理慈母世祭的問題。

⓻　引文俱見〔清〕胡培翬著，段熙仲點校：《儀禮正義·喪服一》，卷 21，頁
　　1388。

⓽　〔清〕方苞：《儀禮析疑·喪服》，卷 11，頁 13。

母服喪，有從與不從之別。從為之服，不從則不為之服，與背死棄孤無涉。方苞此說，是要求繼母能撫養子女。服喪的背後，仍著重女性母的功能。

胡培翬就指出：「經但言繼母之嫁，而無父卒母嫁之文，蓋舉繼母以該親母。謂繼母嫁而子從，乃為之服，則母嫁而子不從者，皆不為服可知。謂繼母嫁而子從之者，必為之服，則親母嫁而子從之者，亦必為服可知。此省文以見義也。」❼黃以周引萬斯大（1633-1683）說：「不從，又奚服哉。」❼也指出為繼母服喪，有從與不從之別。

世母、叔母，方苞云：

> 父在為母期，而世母叔母亦期，……何也？……故非其母也
> 而母之，所以責母之義也。非其子而子之，所以責子之義
> 也。❼

世母、叔母與侄之間，並無血緣關係，但類母子系統。「非其母而母之」、「非其子而子之」，顯然是一相對關係，要求母能為母，

---

❼　〔清〕胡培翬著，段熙仲點校：《儀禮正義·喪服二》，卷 22，頁 1406。周何申說此義，以為先言親母改嫁而子從有服，則繼母改嫁而子從者，恐有降服之嫌。有服無服，在其子之從與不從，關係母子恩情是否持續。見〈父卒繼母嫁從為之服報議〉，《禮學概論》（臺北：三民書局，1998 年 1 月），頁 146-147。

❼　〔清〕黃以周著，王文錦點校：《禮書通故第九·喪服通故一》，頁 311。

❼　〔清〕方苞：《儀禮析疑·喪服》，卷 11，頁 14。

子能為子。而非先後關係，母先為母，子才能為子。母能為母，子能為子，是母子不論在何狀況下，均各有應盡的責任；母先為母，子才能為子，則是母先盡其為母的責任，子才盡其為子的責任。所以為世母、叔母服喪，是凝聚家族內無血緣關係的成員，也是著重女性身為母的功能。

胡培翬引盛世佐（?-?）說：「謂世叔母以配世叔父而有母名，故服亦與世叔父同。」而云：「其夫屬父道者，妻皆母道也。此所謂以名服也。」❼❼方苞不從「名服」立論。

其餘無血緣關係，但均有類母子關係者尚有「君子子為庶母慈己者」（服小功），方苞云：

> 三母有慈己之恩，故服加於庶母，不宜以父歿異。❼❽

「士為庶母」（緦麻），方苞云：

> 庶母有所服，所以篤兄弟之恩義也，雖適長亦然。❼❾

「乳母」（緦麻），方苞云：

---

❼❼　〔清〕胡培翬著，段熙仲點校：《儀禮正義·喪服二》，卷 22，頁 1411。
❼❽　〔清〕方苞：《儀禮析疑·喪服》，卷 11，頁 44。三母，《禮記·內則》云是子師、慈母、保母。鄭玄云三母是眾妾中選擇。見〔唐〕孔穎達：《禮記正義》，卷 28，頁 13。〔唐〕賈公彥云子師即傅母。見《儀禮注疏》，卷 33，頁 4。
❼❾　〔清〕方苞：《儀禮析疑·喪服》，卷 11，頁 45。

大夫之子未必皆備三母，而必有食子者，此經所謂乳母是
也。若士之妻，自食其子，而或死亡疾病，豈能不使人乳？
至庶人之家，有故而代乳，則其恩倍篤，豈可不以服報乎？❽

據《儀禮・喪服》原文：「（庶母）以慈己加也。」以慈己故加服
小功，所以鄭玄注云：「其不慈己，則緦可矣。」❽「士為庶母」
則是為了「篤兄弟之義」。乳母不在三母之內，但能乳子，子服喪
以回報。女性在這一系統，完全是以「母」的身分呈現。❽

　　胡培翬認為「君子子為庶母慈己者」是：「適妻之子無母，使
妾養之，慈撫隆至，服以小功者。」❽「士為庶母」是：「以有母
名為之服緦也。」❽「乳母」是：「乳母專以乳哺言，與慈母養己
者異。」如為父妾，「命為母子，則服三年，不命為母子，則服小
功。」❽區別母的身分，而有不同的服制。黃以周則分別喪主身分
不同，而有為諸母服與不服之異：「經言慈母三年，庶母慈己小
功，並主大夫以下之庶母言。大夫以上為庶母無服，其有非庶母而

---

❽　〔清〕方苞：《儀禮析疑・喪服》，卷11，頁46。
❽　〔唐〕賈公彥：《儀禮注疏》，卷33，頁3-4。
❽　綜論各種喪期的精要說明，詳見章景明：《先秦喪服制度考》，頁 49-177。
　　有關諸母的範圍，林素英分為母（親母）、嫡母、繼母、所後母、本生母、
　　出母、嫁母、慈母、庶母、乳母，並逐項分析為諸母服喪的意義，至為詳
　　盡。見《喪服制度的文化意義》，頁311-322。
❽　〔清〕胡培翬著，段熙仲點校：《儀禮正義・喪服四》，卷24，頁1553。
❽　〔清〕胡培翬著，段熙仲點校：《儀禮正義・喪服四》，卷24，頁1561。
❽　引文俱見〔清〕胡培翬著，段熙仲點校：《儀禮正義・喪服四》，卷 24，頁
　　1563。

慈己者，僅可比于〈緦麻〉章之乳母，大夫以上尤不為之服。」❽

其次是妻，方苞云：

> 為妻齊衰期，何也？古之為夫婦者，嚴於始而厚於終，故三
> 月而後反馬。微不當於舅姑，而遂出焉。其能成婦順，則父
> 母得其養，兄弟姑姊妹得其親，三黨得其和，子姓得其式，
> 夫苟亡，常以死責之，其擔負至死而後弛。故於其喪服以
> 期，而非過也。❽

如以妻為中心點，往上是舅姑、往下是子姓，往兩旁是兄弟姑姊
妹；其養、其親、其式，則是妻子以多重身分所完成的家族倫理目
標。夫只是以這些家族倫理目標要求妻，其餘幾看不出夫在家族中
有何重要且不可移易的地位。為妻服喪，與其說是基於夫妻之情，
不如說是基於家族之義。

胡培翬云：「竊疑士卑，父在，適子庶子為妻皆得杖期。大夫
尊，父在庶子為妻大功，其適子為妻雖不降其期服，而降在〈不杖

---

❽ 〔清〕黃以周著，王文錦點校：《禮書通故第九·喪服通故三》，頁 371-
372。

❽ 〔清〕方苞：《儀禮析疑·喪服》，卷 11，頁 11。反馬，見《左傳·宣公五
年》：「冬，（齊高固及子叔姬）來，反馬也。」孔穎達云：「禮，送女適
於夫氏，留其所送之馬，謙不敢自安於夫，若被出棄，則將乘之以歸，故留
之也。至三月廟見，夫婦之情既固，則夫家遣使反其所留之馬，以示與之偕
老不復歸也。」見《左傳正義》（臺北：藝文印書館影印嘉慶二十年南昌府
學刊本，1985 年 12 月），卷 22，頁 2。留馬，新婦示自謙，以未必能長久
居於夫家，或乘之以歸；反馬，則是夫表達對妻的情意。

章〉，……若父沒之後，大夫之適子庶子，為妻皆得杖期。」**❽❽**黃以周也有此議，父在：「明為妻不杖期，自大夫適子始，其士固杖期也。」父沒：「為妻杖期，大夫之適庶子，士之適庶子皆同。」**❽❾**為妻服喪，顯然還是與男性身分地位有關，包括父在父沒，夫的爵位，這些方苞均未進一步分析。

出妻，方苞云：

> 出妻之子為母與父在為母同，何也？父之匹敵，身之所自出也，雖去父之室，服不可降於期，然自是而終矣。**❾⓪**

母雖與父匹敵，但既已出，不論其出的原因為何，與父的關係斷絕，於是僅存身之所自出，即所著重者是出妻中母的身分。另一種情況是：「出妻之子為父後者，則為出母無服。」方苞云：

> 父沒無服，以有服則不可以祭。……而居處飲食，哭泣思慕猶三年。**❾❶**

此時父子是一條線，母子是另一條線。子為父後，母又已出，前者顯現於父歿祭祀之中，後者只能隱藏於母歿無服之中。父子的關係

---

❽❽　〔清〕胡培翬著，段熙仲點校：《儀禮正義・喪服二》，卷22，頁1400。

❽❾　引文見〔清〕黃以周著，王文錦點校：《禮書通故第九・喪服通故二》，頁347，348。

❾⓪　〔清〕方苞：《儀禮析疑・喪服》，卷11，頁12。

❾❶　〔清〕方苞：《儀禮析疑・喪服》，卷11，頁13。

顯然重於母子的關係。

胡培翬云：「父不為出妻服，則子於父在，自不為出母服，明矣。……為出母期者，必父沒乃伸。」[92]但黃以周云：「曰『出妻之子』，明非其所出之子不服，亦主父在為文也。但父在猶喪出母，則父沒可知。……出母者，出而未嫁者也。出母而嫁，謂之嫁母，無服。」[93]胡培翬考量的是父子關係，所以父在不為出母服。黃以周則著重母子關係，父在仍喪出母。證諸經文，黃以周說較合理。方苞仍承其一貫重視祭祀的態度，推論如為父後無服。

母、妻之外，還有娣姒婦（服小功），方苞云：

> 家之乖恆由婦人，嫂叔既無服，故緣弟長之義，而制娣姒之服，以教親睦，所以內和而家理也。[94]

娣姒之間，未必有血親關係，[95]所以互服，方苞認定家族失和，主因在女性，所以為之規定服制，以教導娣姒之間能相互親睦。最後

---

[92] 〔清〕胡培翬著，段熙仲點校：《儀禮正義・喪服二》，卷22，頁1401

[93] 〔清〕黃以周著，王文錦點校：《禮書通故第九・喪服通故一》，頁310。

[94] 〔清〕方苞：《儀禮析疑・喪服》，卷11，頁41。嫂叔有服，始自唐代，至清代未變，但清儒對此有相當的爭議，一主無服，一主有服。詳見張壽安：《十八世紀禮學考證的思想活力——禮教論爭與禮秩重省》，頁337-398。

[95] 娣姒有二義：一指兄弟之妻，兄婦為姒，弟婦為娣。一指姊妹共嫁一夫，姊為姒，妹為娣。前者未必有血緣關係，後者必有血緣關係。丁鼎認為娣姒的稱謂，反映古代從群婚制轉向個體婚制。先從一群姊妹共嫁一群兄弟，依據年齡大小，相互稱為娣姒。再來是一群姊妹共嫁一夫，姊妹之間仍保留此一名稱。其後兄弟之妻相沿不改。見《儀禮・喪服考論》，頁255-257。

達到內和家理的理想狀況。整個家族內部是由女性主導，方苞才會有此議。其次，娣姒既無血緣親情，彼此互服，就是以功能性為主，目的在聯結家族為一體。第三，由此而形塑共同的價值意識，內化於家族女性成員。**⑯**

胡培翬引敖繼公（？-？）說：「以居室相親，不可無服故爾。」**⑰**與方苞說小同。但方苞更伸說禮意。

依據方苞經解，女性喪服，似可分為三個系統：一是母，又可分為生母，在這一系統中，夫的身分重於妻的身分，妻的身分重於母的身分。其次是諸母，女性在這一系統，完全是以母的身分呈現。二是妻，又可分為妻，為妻服喪，與其說是基於夫妻之情，不如說是基於家族之義。其次是出妻，自是以母的身分為重。三是娣姒婦，彼此互服，以聯結家族，著重其功能性。大較言之，女性主要是以母的身分出現。**⑱**

女性又以夫家為主，《儀禮·士喪禮》：「婦人髽于室。」方

---

⑯ 不具血緣關係，但以功能性服喪者尚有《禮記·喪服小記》：「妾為君之長子與女君同。」〔唐〕孔穎達：《禮記正義》，卷33，頁1。方苞云：「先王制禮，女君歿，妾猶服女君之黨，又為君之長子服，與女君同重，其分誼，以長恩愛，化嫉妬，所謂止邪於未形也。」妾為君之長子服、女君之黨服，目的在讓女君與妾和睦相處。見《禮記析疑·喪服小記》，卷16，頁7。

⑰ 〔清〕胡培翬著，段熙仲點校：《儀禮正義·喪服四》，卷24，頁1452。

⑱ 朱成實、伍純初認為宋以後內向自保型的宗族形態，最大特點是維護宗族、血緣的純潔性，前者體現在大量家譜，後者體現在要求女子的操守，突出母親的地位。見〈試論中國古代母親概念的異化──以服母喪的變化為視角〉，《中華女子學院山東分院學報》2004年第3期，頁30-34。

苞釋云：「婦人朝夕侍舅姑，雖父母之喪，卒哭後即易吉筓而以輕服，髽則道大悖矣。」❾這是根據《儀禮·喪服》：「女子子適人者為其父母，婦為舅姑，惡笄有首以髽。卒哭，子折笄首以笄布總。」❿出嫁女為舅姑、為父母，雖齊衰一年，但頭上服飾，仍有不同。方苞即據此說明侍舅姑與為父母有別，而以前者為要。

　　胡培翬認為：「舅姑之服雖期，而與他期服異。」並引吳澄（1249-1333）說：「期之後，夫未除服，婦已除服，而居喪之實如其夫。」其結論是：「舅姑之服期而實三年也。」⓫黃以周亦云：「人無二天，亦無二斬，故子非父不天，父在則母降矣。婦非夫不天，從夫則父母皆降矣。……以其父母之期服舅姑，亦云可矣。且夫以三年而復寢，婦亦俟夫終喪，不敢遽被綺紈之飾……。」⓬婦因從夫而降服父母，並以父母喪期服舅姑，但因夫服三年之喪，婦雖除服，實際上仍有三年喪期。至於「易吉笄」，胡培翬云：「至卒哭後，或有事於夫家，則易吉笄而折其首以著之。」⓭前者方苞未論，後者與方苞同。

　　喪服又不止於此。《儀禮·喪服》：「寢不說絰帶。」方苞云：「聖人依人性而作儀，莫著於喪禮，喪禮至切要者莫如男女各

❾　〔唐〕賈公彥：《儀禮注疏》，卷36，頁13。〔清〕方苞：《儀禮析疑·士喪禮》，卷12，頁17。

❿　〔唐〕賈公彥：《儀禮注疏》，卷34，頁7。

⓫　引文俱見〔清〕胡培翬著，段熙仲點校：《儀禮正義·喪服二》，卷22，頁1442。

⓬　〔清〕黃以周著，王文錦點校：《禮書通故第九·喪服通故二》，頁345。

⓭　〔清〕胡培翬著，段熙仲點校：《儀禮正義·喪服五》，卷25，頁1603。

有次，不脫絰帶。所以清其內行，使邪慝無自而萌。盧堊室之中不與人坐，非喪事不言。所以絕其外緣，使哀痛不至有間。修身者能持此，則四端日以充長。治家者能謹此，則門內由此敦睦。為政者能以此防民，即孔子所謂齊之以禮之根源也。」❿④用外在的儀式——男女有次、不說絰帶、不與人坐、非喪事不言，以規範內在的情感，如同前述，而這些儀式本身就是情感的表現，即儀式、即內容。方苞在另一處的解說，即直言：「制於外以養其中也。」❿⑤外與中不是分離的狀況，外即是中，中即是外。「外」為儀式所制之時，「內」也因此處於理想的情境。更重要的是，修身、治家、為政，此三者並非層遞漸進，從修身到治家再到為政，而是喪服儀式可以同時籠罩到此三者。

第五節　祭禮：女性母與婦的身分互轉

方苞解《儀禮·士虞禮》「特豕饋食」云：

> 昏禮，婦歸之明日以特豕饋，子婦忠養之始也；既葬而虞，以特豕饋食，追養之始也。此先王制禮，事死如生，事亡如存之義也。❿⑥

---

❿④　〔唐〕賈公彥：《儀禮注疏》，卷 28，頁 5。〔清〕方苞：《儀禮析疑·喪服》，卷 11，頁 4。

❿⑤　〔清〕方苞：《儀禮析疑·既夕禮》，卷 13，頁 32。

❿⑥　〔清〕方苞：《儀禮析疑·士虞禮》，卷 14，頁 1。

虞祭自不僅是主婦祭之，而是夫婦共祭，方苞聯結婚禮子婦以特豕
饋舅姑與虞祭之特豕饋食，並以特豕饋食舅姑專屬於主婦，這是因
為方苞認為：「饋食之饌，惟主婦為最先，以生時饋盥，主婦職
也。」⑩婚禮是生命之始，虞禮是生命之終，女性用特豕饋食貫穿
了生命的開始與終結，也貫穿了家族的源始與延續。就個人與家族
的生命開展而論，婚禮與虞禮實有暗合之處。胡培翬也引方苞此
條，以申禮意。⑱

在喪禮特別強調男女之別，祭禮則特別強調夫婦之別，《儀
禮·特牲饋食禮》「賓三獻禮」：「主婦洗爵，酌，致爵于主
人。」方苞云：

> 凡事宜夫倡而婦隨，致爵則婦先而夫從，何也？承獻祝佐食
> 之爵，又飲乃致養之事，不宜夫先於婦也。⑲

除儀節先後順序外，最重要的還是以食致養乃婦人之事。其後在
「主婦答拜受爵，酌，醋。」方苞提出受爵、洗爵、易爵的區分，
主婦受爵於主人：

> 惟主婦受主人之卒爵而自酢，無易爵、洗爵之文，蓋婦承其

---

⑩　〔清〕方苞：《儀禮析疑·特牲饋食禮》，卷 15，頁 11。
⑱　〔清〕胡培翬著，段熙仲點校：《儀禮正義·士虞禮一》，卷 32，頁 1975。
⑲　〔唐〕賈公彥：《儀禮注疏》，卷 45，頁 11。〔清〕方苞：《儀禮析疑·特
　　牲饋食禮》，卷 15，頁 20。《儀禮·特牲饋食禮》的分節，參考黃啟方：
　　《儀禮特牲饋食禮儀節研究》（臺北：臺灣中華書局，1971 年 2 月）。

夫無所嫌。⑩

但主人致爵於主婦：

> 主人致爵於主婦，然後降、洗，以示女之不相瀆，雖夫之於
> 婦，猶以敬彰別，此聖人因事制宜，以盡精微而各不可易
> 也。⑪

前條引文似表示婦的地位低於夫，但後條引文卻又說明夫應敬婦。
婦承其夫無所嫌，應是指婦對夫的情感；女之不相瀆，則在指出夫
婦之間雖親暱，夫仍應尊重婦。其解《儀禮·既夕禮》：「男子不
絕于婦人之手，婦人不絕于男子之手。」說甚清晰：「凡人邁疾，
以至於死，彌留之際，親身褻事，亦不能不假手於人。慮夫婦溺愛
而不自嫌，故特設此禁，使毋相瀆以正其終。」⑫將原文男女易為
夫婦，且說夫婦不相瀆，前後對照，對婦的敬重，實乃生死以之。

胡培翬則云：「〈祭統〉但言酢必易爵，明夫婦之別，不云婦

---

⑩ 〔唐〕賈公彥：《儀禮注疏》，卷 45，頁 12〔清〕方苞：《儀禮析疑·特牲
饋食禮》，卷 15，頁 20-21。

⑪ 〔清〕方苞：《儀禮析疑·特牲饋食禮》，卷 15，頁 21。《禮記·祭統》：
「夫婦相授受，不相襲處，酢必易爵，明夫婦之別也。」〔唐〕孔穎達：
《禮記正義》，卷 49，頁 14。方苞解為：「謂此蓋授爵受爵易地不相襲
耳。」增「易地」解「不相襲」，遂與原文義異。見《禮記析疑·祭統》，
卷 26，頁 11。

⑫ 〔唐〕賈公彥：《儀禮注疏》，卷 40，頁 7。〔清〕方苞：《儀禮析疑·既
夕禮》，卷 13，頁 29。

酢不更爵。」⑬黃以周贊成胡培翬之說，⑭而與方苞明顯有異。方苞其實是據此論夫婦相處之道，胡培翬、黃以周則謹守禮學大略以論禮制。

夫婦相致爵先於致敬於賓，方苞云：

> 原主人之意，必急欲致敬於賓，而夫婦之致爵，乃先焉，何也？原祖考之意，惠之所加，莫先於主人主婦也。⑮

「賓三獻」節並無致敬於賓，方苞的解說其實是針對此點而發。其推論是主人之意是應先致敬於賓，但考慮祖考之心，以血緣親情為重，家族傳承為要，所以夫婦致爵在先，至「獻賓與兄弟」節方才敬賓。

胡培翬引高愈（1640-1717）說：「未獻賓而主人主婦親相致爵者，蓋夫婦和而後家道成，主人主婦親相致爵，則皇尸其樂矣。」⑯方苞重家族傳承，高愈則重夫婦和樂。

至於賓獻主人主婦，方苞云：

---

⑬　〔清〕胡培翬著，段熙仲點校：《儀禮正義·特牲饋食禮二》，卷 35，頁 2153。

⑭　〔清〕黃以周著，王文錦點校：《禮書通故第十七·肆獻饋食禮通故第四》，頁 842。

⑮　〔清〕方苞：《儀禮析疑·特牲饋食禮》，卷 15，頁 23。

⑯　〔清〕胡培翬著，段熙仲點校：《儀禮正義·特牲饋食禮二》，卷 35，頁 2151。

賓有酬致於主人主婦，何也？賓長非祖考之至交，即鄉里之
耆德也。喜姻親故舊，得良子婦以守宗祊，故於正獻之終，
特酬以致慶焉。所以作主人主婦之孝恭而為兄弟子姓宗婦女
賓所觀聽也。……。先王制禮所以陰感乎人心，而漸積為風
教也。**⓱**

在「賓三獻」節有「更爵，酢于主人。」方苞釋云：「致爵雖兼主
婦，而所酢惟主人，禮統於尊者。」**⓲**很明顯的是以主人為尊，但
此處之賓獻主人主婦，方苞則解為以主婦為重心，有良子婦以守宗
祊，所以致慶。冠禮，母以宗祊始；祭禮，婦以宗祊終。如逆推祭
禮到冠禮，女性是從婦到母的身分轉變。

胡培翬也云：「賓致爵主人主婦，乃惟酢主人者，禮主於尊
者，猶主人遍獻眾賓，而惟酢於賓長也。」**⓳**黃以周不同方苞、胡
培翬兩家之說，認為是主人、主婦及賓皆自酢：「主人主婦交致自
酢，無尊卑之不敵。」**⓴**而均無方苞重女德之說。

《儀禮·特牲饋食禮·記》：「主婦及內賓、宗婦亦旅，西
面。」方苞云：

⓱　〔清〕方苞：《儀禮析疑·特牲饋食禮》，卷 15，頁 23-24。

⓲　〔唐〕賈公彥：《儀禮注疏》，卷 45，頁 12。〔清〕方苞：《儀禮析疑·特
牲饋食禮》，卷 15，頁 24。

⓳　〔清〕胡培翬著，段熙仲點校：《儀禮正義·特牲饋食禮二》，卷 35，頁
2155。

⓴　〔清〕黃以周著，王文錦點校：《禮書通故第十七·肆獻饋食禮通故第
四》，頁 832。

其長者於是慘禮儀，其少者於是觀莫贊，尊卑序列，獻酬相
屬，女教因以明彰，睦嫺由此深固矣。**⑫**

家族內的女性，借由祭禮儀節，安排行禮秩序，從而彰顯女性從婦
到母、女性親屬結構的女教。

胡培翬仍從禮制為解：「經但言主人洗獻內兄弟于房中，不及
婦人旅酬之禮，故記補之。」**⑫**不同於方苞以此為女教之本。

第六節　結　語

方苞認為冠禮不見父，是因父主其事，賓主其禮，所以冠後無
須正式拜見。其次，父子不行賓主之禮。第三，更重要的是父親自
照顧子女飲食衣著，如果主持冠禮，子女以為一如平日的生活關
懷，反不能體會冠禮的重要，是以另請主賓主持。冠禮中的母先拜
子，並非以男子為重，而是重視冠禮。其次，父與母兩相對照：父
不主冠禮，僅是免於故常之習，母拜受則是宗祊之重。第三，父母
同時在家庭之中，家族的傳承似側重在母拜受顯現。上位者以禮表
明託付，下位者則以禮表明承擔。

方苞指出婚禮就是整個家族的託付，責任重大，所以婚禮的儀
節也呈現這一責任。但是這一託付不止於此，而是呈現在整個家族

---

⑫　〔唐〕賈公彥：《儀禮注疏》，卷 46，頁 12。〔清〕方苞：《儀禮析疑·特
牲饋食禮》，卷 15，頁 36。

⑫　〔清〕胡培翬著，段熙仲點校：《儀禮正義·特牲饋食禮三》，卷 36，頁
2213。

的綿延中。婦能為祖先所憑依，亦能為子孫所仰承。這是因為婦可傳遞先人的典範，以為子孫的儀式。宗族的傳統，寄託於婦。子孫有此模範，自內省於心，並發之於外，以無負於先人，如此才能維繫家族於不墜。從方苞的經解，一可知婚姻非為男女歡好，二可知婚姻的文化——政教意義，三可知女性在家國系統中的重要。

依據方苞經解，女性喪服，似可分為三個系統：一是母，又可分為生母，在這一系統中，夫的身分重於妻的身分，妻的身分重於母的身分。其次是諸母，女性在這一系統，完全是以母的身分呈現。二是妻，又可分為妻，為妻服喪，與其說是基於夫妻之情，不如說是基於家族之義。其次是出妻，自是以母的身分為重。三是娣似婦，彼此互服，以聯結家族，著重其功能性。大較言之，女性主要是以母的身分出現。

方苞聯結婚禮子婦以特豕饋舅姑與虞祭之特豕饋食，並以特豕饋食舅姑專屬於主婦，婚禮是生命之始，虞禮是生命之終，女性用特豕饋食貫穿了生命的開始與終結，也貫穿了家族的源始與延續。就個人與家族的生命開展而論，婚禮與虞禮實有暗合之處。冠禮，母以宗祊始；祭禮，婦以宗祊終。如逆推祭禮到冠禮，女性是從婦到母的身分轉變。

方苞對女性的規範雖甚為嚴屬，但從其禮學中對女性的解釋可得知，在兩性位置上，未必像後人所想像或論述，女性完全受到壓抑，居於配屬的地位。即使如此，仍要追問這一現象的原因為何，而不是以此為前提，研究中國女性，否則易形成循環論證。方苞之後的學者，在探討此一問題時，也不能全以壓迫／被壓迫的簡化方

式處理。⓬

　　而從方苞對冠、婚、喪、祭的解釋可知，女性的身分著重在母與婦，功能則集中在維持家族傳承。例如媳婦對舅姑的態度、舅姑對此態度的判斷，決定了婦的榮辱去留。妻又是家族傳承的文化象徵，逸離了這一文化象徵所包孕的內涵，則會引發價值危機，價值一旦崩潰，小則亡其身，大則傷其親。所以為妻服喪，與其說是基於夫妻之情，不如說是基於家族之義。而家族內的女性，也是借由祭禮等儀節，安排行禮秩序，從而彰顯女性從婦到母、女性親屬結構的女教。

　　方苞的解說是從女性處於舅姑、夫婦、母子、宗婦的結構辨析女性的意義。也就在這裡出現一個問題：女性不是女子的身分出現，而是以姑、婦、母的身分出現。兩者大不相同，女子較有可能具獨立的自主性，姑、婦、母則相對於舅、夫、子，而有其被賦予的責任，且圍限在家族之中。這或是女性受拘束、限制的原因。

⓬　例如乾嘉學者對室女守節、婦女改嫁、出妻制度等，都有和以往不同的見解。見張壽安：《十八世紀禮學考證的思想活力——禮教論爭與禮秩重省》，頁 399-459。林慶彰：〈清乾嘉考據學者對婦女問題的關懷〉，《清代經學研究論集》（臺北：中央研究院中國文哲研究所，2002 年 8 月），頁 278-307。張晶萍：〈乾嘉考據學者的婦女觀——關於乾嘉考據學者義理觀的探討之二〉，《湖南師範大學社會科學學報》第 33 卷第 2 期（2004 年 3 月），頁 89-93。黃愛平：〈18 世紀中國社會知識界對婦女問題的關注〉，《故宮博物院院刊》2001 年第 1 期，頁 36-46。該文雖以十八世紀知識界為範圍，但仍集中討論乾嘉學者的婦女觀點。

第八章　結　論

一、方苞的生活世界

方苞出身舉業世家，青年時代即以古文揚名，卻不願專意時文，而時人仍推重其時文；初不以宋儒為然，刪節《通志堂經解》，以義理解經，終至推崇宋儒；至京之後，輟古文之學，專求經義，以經生自命，但後世少論其經學，所注目者仍是其詞章之學。方苞的自我定位，顯然沒有達到預期目標，後人論方苞，大概也忽略方苞此一自我定位。

方苞強調文學經世，由此推導，作品必須面對政治社會，實用功能重於美感形式，技能知識先於寫作律法。此時作者經驗須與讀者經驗融合，是以方苞返回聖典，尋求聖人與經典，以保證作品內容的合理，朱子即在此一理論下被選擇，以矯正陽明後學之失。既是如此，勢須從晚明以降心性之學的內在世界，轉向到經世之學的外在世界，借禮以重建合理的社會。所以可說方苞學問的規模，其後有一定的邏輯推導而成，僅以文士視之，並不能見方苞治學之全。

方苞解經目的呈現在實體諸身及與民同患，經典不僅是客觀研究的對象，也是主體實踐的典範。前者是窮究性命，後者是日用倫

常，從日常生活漸至追尋最高形上原理，此一形上原理也可逆探至
日常生活。前者受朱子影響，後者則在禮學。但方苞並未建構形上
原理，而是以禮為當然存在的理則，並用以規範女性。這就顯現了
方苞解經的特色：在經典中尋求那不可變易的理。而理非方苞自
鑄，而是前有所承，此即程、朱的義理。

方苞治經重經世致用，但這一觀念，有其內在的問題。經世致
用是對每一具體生命及由此生命所構成的群體，有一朝向完美境界
的責任及方法，此時政治制度、財政收支、農田水利等實用知識，
成為學問的主要內容，而支撐此一意念的人文精神，反被壓抑，最
終極易形成自我否定的心態，好文非務學，就是此一心態的呈現，
如再追問所學為何，與實用無關的學問都會被否定。

方苞的詩用觀，涉及文學與社會、文學與歷史、文學與義理等
問題，文化關懷超越文學關懷。文學可見出社會風俗，文學可見出
歷史變遷，文學可作為修身根據。俱將之視為理所當然，而缺乏第
二義的討論。

二、方苞生活世界中的經典解釋

在方苞的生活世界中，最特殊的就是對女性的態度。方苞女性
認知的來有三：一是經典解釋，經由增補，形塑對女性的規範。方
苞解《詩》的目的是建立極端的女性道德規範，這些女性道德規範
呈顯在日常生活中，於是乎瑣屑又為其特色。除不妒外，尚有親執
婦功、法式禮儀、內和家理、樂事務藏等。二是理學，以理為女性
的德化內容，含蓋志在女功、躬儉節用、貴而能勤、富而能儉、尊
敬師傅、孝順父母等。三是現實生活，對節婦烈婦，以為是天理的

呈現，對惡婦妒婦，則以為須男性教化，教化成男性心目中理想的
形象。以女子之行為道德模範，大概是方苞基本概念，所以女性又
是男性生命的投射，女性對丈夫的節烈，即是臣子對國君的忠心。
既然政權更迭並非不可能，君臣結構也就不是絕對的狀態。

　　君臣結構的變化，則在《春秋》中見出。方苞很清楚的分析
《春秋》撰作的時代成因：平、桓之交正是周王室由盛轉衰的關鍵
期，指出《春秋》撰作的目的是恢復周王朝的威權，重建天下秩
序，這是偏重經學義。天子失權，政由諸侯；諸侯失權，政下大
夫，其實這正是周天子盡其威權的一系列結果。方苞此一觀察甚為
合理，也轉變研究《春秋》的方向：從歷史發展中見出變遷的軌
跡。所以方苞《春秋》研究經常有歷史變遷的觀察，及由此而來的
意義判斷，而較少注意名物制度的考證。

　　恢復王權之道，是撰作《春秋》，在歷史記載中，寓託王法，
以為後世戒。這一王權或王法，是在制度之中顯現。亦即《周禮》
所擘畫的制度，就是最理想的國家體制。此處《周禮》是一給定的
制度，只要實踐《周禮》之制，即可恢復周王朝的聲威。方苞開啟
了《春秋》通向《周禮》的路程。《春秋》是孔子所作，《周禮》
是周公所作，《春秋》通向《周禮》，象徵由孔子通向周公，文化
系統的承傳，變得極其自然。

　　方苞根據朱子《詩集傳》解詩，其實是借著解詩，反省西周王
室由盛轉衰之故，就在於禮典不備，而不考慮其他因素。而禮典最
重要的象徵是祭禮，經由祭禮，連結上天與人事（文王），而以為
文王之典就是後世學習的對象。這一推論，對方苞而言，有其現實
的意義，尋求文王之典背後的原理，再以此原理應用於當代，間接

的實現聖人的理想。

這一聖人理想，也可從《春秋》探究。方苞從《春秋》書寫的方式，說明《春秋》書寫的內容。聖人思以治世，其根本就在禮。《春秋》之載事與議論，由是展開。據此，《春秋》也成為「治世之書」，而不僅是「歷史之作」。治經重禮，其故在此。就歷史脈絡而言，《春秋》的故事是根據魯史而來；從是非準據而言，《春秋》的意義是聖人意圖之所在。因此必須分析歷史情境，方能得知聖人意圖。

理想又必須有制度支撐，這些制度則在禮學。方苞解釋《周禮》的女官及女教系統，隱含對女性的行為與模式的期望，而有各種限定，與《周禮》原意有若干距離。這些期望與限定，可從天子后妃擴大為男女兩性，最終則指向男性，於是也隱含對男性的要求。所以在規範女性的同時，也在規範男性。男性之德，依賴女性，反之亦然。形成兩性動態的關係，任何一方的不圓足，均會影響另外一方。其次，這些規範，是從生活常規出發，注意兩性的日常瑣事，從日常生活中反省自身的行為，而不是建立單一的女教理論，僅限定女性。

女官制度的設立，不但將女性納入社會系統中，也將男性納入，從而建立共遵的秩序。此時，《周禮》不僅是聖人的制作，因此而為後人所崇拜，更重要的是經由解釋，《周禮》有了現實的意義。解經，不僅是「論述」前賢往聖之言，著重知識問題；更是「重制」前賢往聖之言，以為當代的規範，著重實踐層面。經典也就不會是故書文獻，而有規範的意識，從而回復了經學的價值。

而從方苞對冠、婚、喪、祭的解釋可知，女性的身分著重在母

與婦，功能則集中在維持家族傳承。例如媳婦對舅姑的態度、舅姑對此態度的判斷，決定了婦的榮辱去留。妻又是家族傳承的文化象徵，逸離了這一文化象徵所包孕的內涵，則會引發價值危機，價值一旦崩潰，小則亡其身其，大則傷其親。所以為妻服喪，與其說是基於夫妻之情，不如說是基於家族之義。而家族內的女性，也是借由祭禮等儀節，安排行禮秩序，從而彰顯女性從婦到母、女性親屬結構的女教。

　　女性又是男性生命的投射，所有對女性的要求，自然也適用於男性。君臣結構、王權之道、禮典重建、制度架構，俱在此論述中完成。

徵引書目

壹、經部

1. 毛詩正義 〔唐〕孔穎達著 臺北 藝文印書館影印嘉慶二十年南昌府學刊本 1985 年 12 月

2. 詩本義 〔宋〕歐陽修著 四部叢刊三編經部 臺北 臺灣商務印書館 1971 年

3. 詩集傳 〔宋〕朱熹著 汪中斠補本 臺北 蘭臺書局 1979 年 1 月

4. 詩序辨說 〔宋〕朱熹著 續修四庫全書經部詩類第 56 冊 上海 上海古籍出版社影印明崇禎毛氏汲古閣刻本 1995 年 3 月

5. 詩經通論 〔清〕姚際恆著 顧頡剛點校 臺北 廣文書局 1993 年 10 月 3 版

6. 朱子詩義補正 〔清〕方苞著 續修四庫全書經部詩類第 62 冊 上海 上海古籍出版社影印乾隆三十二年刻本 1995 年 3 月

7. 詩古微 〔清〕魏源著 何慎怡點校 長沙 嶽麓書社 1989 年

8. 詩補傳與戴震解經方法 岑溢成著 臺北 文津出版社 1992 年 3 月

9. 朱子詩經學新探 黃忠慎著 臺北 五南圖書公司 2002 年 1 月

10. 詩本義析論——以歐陽修與龔橙詩義論述為中心 車行健著 臺北 里仁書局 2002 年 2 月

11. 周禮注疏 〔唐〕賈公彥著 臺北 藝文印書館影印嘉慶二十年南昌府學刊本 1985 年 12 月

12. 周禮注疏刪翼 〔明〕王志長著 影印文淵閣四庫全書經部禮類第 97 冊 臺北 臺灣商務印書館 1983 年

13. 周禮圖說　〔明〕王應電著　影印文淵閣四庫全書經部禮類第 96 冊　臺北　臺灣商務印書館　1983 年

14. 周禮傳　〔明〕王應電著　影印文淵閣四庫全書經部禮類第 96 冊　臺北　臺灣商務印書館　1983 年

15. 周禮述註　〔清〕李光坡著　影印文淵閣四庫全書經部禮類第 100 冊　臺北　臺灣商務印書館　1983 年

16. 周官析疑　〔清〕方苞著　續修四庫全書經部禮類第 79 冊　上海　上海古籍出版社影印抗希堂十六種本　1995 年 3 月

17. 周官集註　〔清〕方苞著　影印文淵閣四庫全書經部禮類第 101 冊　臺北　臺灣商務印書館　1983 年

18. 周禮正義　〔清〕孫詒讓著　王文錦點校　北京　中華書局　1987 年 12 月

19. 周官著作時代考　錢穆著　燕京學報 1932 年 6 月第 11 期　收入兩漢經學今古文平議　臺北　東大圖書公司　1978 年 7 月

20. 周官質疑　郭沫若著　金文叢考　北京　人民文學出版社　1954 年

21. 周官成立之時代及其思想性格　徐復觀著　臺北　臺灣學生書局　1980 年 5 月

22. 周禮研究　侯家駒著　臺北　聯經出版公司　1987 年 6 月

23. 周禮主體思想與成書年代研究　彭林著　北京　中國社會科學出版社　1991 年 9 月

24. 周官之成書及其反映的文化與時代新考　金春峰著　臺北　東大圖書公司 1993 年 11 月

25. 周禮譯注　楊天宇著　上海　上海古籍出版社　2006 年 4 月第 4 次印刷

26. 方苞的周禮學研究　劉康威著　臺北　東吳大學中文系碩士論文　2006 年 2 月

27. 周禮·秋官與周代法制研究　溫慧輝著　北京　法律出版社　2008 年 3 月

28. 儀禮注疏　〔唐〕賈公彥著　臺北　藝文印書館影印嘉慶二十年南昌府學刊本　1985 年 12 月

29. 儀禮析疑　〔清〕方苞著　影印文淵閣四庫全書經部禮類第 109 冊　臺北　臺灣商務印書館　1983 年

30. 禮經釋例　〔清〕凌廷堪著　彭林點校　臺北　中央研究院中國文哲研究所　2002 年 12 月

31. 儀禮正義　〔清〕胡培翬著　段熙仲點校　南京　江蘇古籍出版社　1993年 7 月

32. 儀禮士昏禮、士相見之禮儀節研究　張光裕著　臺北　臺灣中華書局　1971 年 2 月

33. 先秦喪服制度考　章景明著　臺北　臺灣中華書局　1971 年 1 月

34. 儀禮特牲饋食禮儀節研究　黃啟方著　臺北　臺灣中華書局　1971 年 2 月

35. 儀禮宮室考　鄭良樹著　臺北　臺灣中華書局　1971 年 12 月

36. 喪服制度的文化意義　林素英著　臺北　文津出版社　2000 年 10 月

37. 儀禮・喪服考論　丁鼎著　北京　社會科學文獻出版社　2003 年 7 月

38. 儀禮譯注　楊天宇著　上海　上海古籍出版社　2004 年 7 月

39. 儀禮與禮記之社會學的研究　李安宅著　上海　上海人民出版社　2005年 5 月

40. 清代五服文獻概論　鄧聲國著　北京　北京大學出版社　2005 年 2 月

41. 清代儀禮文獻研究　鄧聲國著　上海　上海古籍出版社　2006 年 4 月

42. 禮記正義　〔唐〕孔穎達著　臺北　藝文印書館影印嘉慶二十年南昌府學刊本　1985 年 12 月

43. 禮記析疑　〔清〕方苞著　影印文淵閣四庫全書經部禮類第 128 冊　臺北　臺灣商務印書館　1983 年

44. 古代生命禮儀中的生死觀：以禮記為主的現代詮釋　林素英著　臺北　文津出版社　1997 年 8 月

45. 古代祭禮中之政教觀——以禮記成書前為例　林素英著　臺北　文津出版社　1997 年 9 月

46. 禮書通故　〔清〕黃以周著　王文錦點校　北京　中華書局　2007 年 4 月

47. 三禮通論　錢玄著　南京　南京師範大學出版社　1996 年 10 月

48. 先秦禮制研究　陳戍國著　長沙　湖南教育出版社　1991 年 12 月

49. 空間、身體與禮教規訓——探討秦漢之際的婦女禮儀教育　林素娟著　臺北　臺灣學生書局　2007 年 5 月

50. 以禮代理——淩廷堪與清中葉儒學思想之轉變　張壽安著　臺北　中央研究院近代史研究所　1994 年 5 月

51. 十八世紀禮學考證的思想活力——禮教論爭與禮秩重省　張壽安著　臺北　中央研究院近代史研究所　2001 年 12 月

52. 清初三禮學　林存陽著　北京　社會科學文獻出版社　2002 年 12 月

53. 禮學略說　黃侃著　黃延祖輯　黃侃國學文集　北京　中華書局　2006 年 5 月

54. 三禮館：清代學術與政治互動的鏈環　林存陽著　北京社會科學文獻出版社　2008 年 5 月

55. 左傳正義　〔唐〕孔穎達著　臺北　藝文印書館影印嘉慶二十年南昌府學刊本　1985 年 12 月

56. 春秋左傳注　楊伯峻著　北京　中華書局　1990 年 5 月

57. 春秋釋例　〔晉〕杜預著　臺北　臺灣中華書局影印古經解彙函本　1970 年 3 月

58. 左傳紀事本末　〔清〕高士奇著　楊伯峻點校　臺北　里仁書局　1980 年 3 月

59. 左傳禮說　張國淦著　叢書集成續編史地類第 272 冊　臺北　新文豐出版社影印寓園叢書本　1988 年

60. 漢儒賈逵之春秋左氏學　葉政欣著　臺南　興業圖書公司　1983 年 1 月

61. 杜預及其春秋左氏學　葉政欣著　臺北　文津出版社　1989 年 10 月

62. 敘事與解釋——左傳經解研究　張素卿著　臺北　書林出版公司　1998 年 4 月

63. 春秋左氏經傳集解序疏證　程元敏著　臺北　臺灣學生書局　1999 年 8 月

64. 左氏春秋義例辨　陳槃著　臺北　中央研究院歷史語言研究所　1993 年 5 月二版

65. 春秋繁露義證　〔清〕蘇輿著　鍾哲點校　北京　中華書局　1992 年 12 月

66. 公羊傳解詁　〔漢〕何休著　臺北　臺灣中華書局四部備要本　1980 年 1 月臺 3 版

67. 公羊傳注疏　〔唐〕徐彥著　臺北　藝文印書館影印嘉慶二十年南昌府

學刊本　1985 年 12 月

68. 春秋公羊學講疏　段熙仲著　南京　南京師範大學出版社　2002 年 11 月

69. 穀梁傳注疏　〔唐〕楊士勛著　臺北　藝文印書館影印嘉慶二十年南昌府學刊本　1985 年 12 月

70. 春秋傳　〔宋〕程頤著　二程集　臺北　漢京文化公司點校本　1986 年 9 月

71. 春秋傳　〔宋〕胡安國著　影印文淵閣四庫全書經部春秋類第 151 冊　臺北　臺灣商務印書館影印　1983 年

72. 春秋集注　〔宋〕高閌著　影印文淵閣四庫全書經部春秋類第 151 冊　臺北　臺灣商務印書館　1983 年

73. 春秋集注　〔宋〕張洽著　影印文淵閣四庫全書經部春秋類第 156 冊　臺北　臺灣商務印書館　1983 年

74. 春秋經筌　〔宋〕趙鵬飛著　影印文淵閣四庫全書經部春秋類第 157 冊　臺北　臺灣商務印書館　1983 年

75. 春秋集傳釋義大成　〔元〕俞皋著　影印文淵閣四庫全書經部春秋類第 159 冊　臺北　臺灣商務印書館　1983 年

76. 春秋胡傳附錄纂疏　〔元〕汪克寬著　影印文淵閣四庫全書經部春秋類第 165 冊　臺北　臺灣商務印書館　1983 年

77. 春秋屬辭　〔元〕趙汸著　臺北　漢京文化公司索引本通志堂經解第 26 冊　1985 年

78. 春秋辯義　〔明〕卓爾康著　影印文淵閣四庫全書經部春秋類第 170 冊　臺北　臺灣商務印書館　1983 年

79. 春秋比事目錄　〔清〕方苞著　四庫全書存目叢書經部春秋類第 139 冊　臺南　莊嚴文化事業公司影印康熙嘉慶間刻本　1997 年 2 月

80. 春秋直解　〔清〕方苞著　續修四庫全書經部春秋類第 140 冊　上海　上海古籍出版社影印乾隆刻本　1995 年 3 月

81. 春秋通論　〔清〕方苞著　影印文淵閣四庫全書經部春秋類第 178 冊　臺北　臺灣商務印書館　1983 年

82. 春秋大事表　〔清〕顧棟高著　吳樹平、李解民點校　北京　中華書局

1993 年 6 月

83. 春秋傳禮徵　〔清〕朱大韶著　續修四庫全書經部春秋類第 128 冊　上海　上海古籍出版社影印民國張氏刻適園叢書本　1995 年 3 月

84. 春秋三傳傳禮異同考要　李崇遠著　臺北　嘉新水泥公司文化基金會研究論文第 107 種　1967 年 1 月

85. 春秋辨例　戴君仁著　臺北　國立編譯館中華叢書編審委員會　1978 年 12 月

86. 河南程氏經說　〔宋〕程頤著　二程集　臺北　漢京文化公司點校本　1986 年 9 月

87. 經學通論　〔清〕皮錫瑞著　臺北　臺灣商務印書館　1989 年 10 月

88. 經學與史學　錢穆著　四部概論　中國學術通義　收入錢賓四先生全集第 25 冊　臺北　聯經出版公司　1998 年 1 月

貳、史部

1. 史記　〔漢〕司馬遷著　臺北　鼎文書局三家注點校本　1978 年 11 月

2. 史記會注考證　〔日〕瀧川龜太郎著　臺北　大安出版社　2006 年 8 月

3. 漢書　〔漢〕班固著　臺北　鼎文書局顏師古注點校本　1978 年 11 月

4. 古本竹書紀年輯證　方詩銘、王修齡著　上海　上海古籍出版社　2005 年 10 月

5. 國語　〔吳〕韋昭著　臺北　九思出版社點校本　1978 年 11 月

6. 國史大綱　錢穆著　臺北　臺灣商務印書館　1980 年 11 月修訂 7 版

7. 國史舊聞　陳登原著　北京　中華書局　2000 年 8 月

8. 西周史　楊寬著　臺北　臺灣商務印書館　1999 年 4 月

9. 春秋史　童書業著　臺北　臺灣開明書店　1978 年 11 月臺 4 版

10. 春秋會盟政治　劉伯驥著　臺北　國立編譯館中華叢書編審委員會　1977 年 6 月

11. 編戶齊民　杜正勝著　臺北　聯經出版公司　2004 年 6 月

12. 中國古代性別結構的文化學分析　王小健著　北京　社會科學文獻出版社　2008 年 11 月

13. 東華續錄 〔清〕王先謙著 十二朝東華錄本 臺北 文海出版社 1963年9月

14. 清朝文獻通考 清高宗敕撰 臺北 新興書局 1965年10月

15. 繹史 〔清〕馬驌著 劉曉東等點校 濟南 齊魯書社 2001年6月

16. 四庫全書總目 〔清〕永瑢等著 臺北 藝文印書館影印同治七年廣東本 1989年1月6刷

17. 四庫全書總目 〔清〕永瑢等著 北京 中華書局影印乾隆六十年浙江刊本 1995年4月6刷

18. 隋書經籍志考證 〔清〕姚振宗著 續修四庫全書史部目錄類第915冊 上海 上海古籍出版社影印開明書店鉛印師石山房叢書本 1995年3月

19. 偽書通考 張心澂著 臺北 鼎文書局 1973年10月

20. 清人文集別錄 張舜徽著 臺北 明文書局 1982年2月

21. 桐城文學淵源考／撰述考合刊本 〔清〕劉聲木著 徐天祥點校 合肥 黃山書社 1989年12月

22. 朱熹年譜長編 束景南著 上海 華東師範大學出版社 2001年9月

23. 孫夏峰先生年譜 〔清〕湯斌等編 叢書集成簡編第822冊 臺北 臺灣商務印書館 1966年6月

24. 望溪先生年譜 〔清〕蘇惇元編 臺北 臺灣商務印書館影印道光二十七年刊本 1981年1月

25. 桐城派三祖年譜 孟醒仁著 合肥 安徽大學出版社 2002年12月

26. 萬斯同評傳 方祖猷著 南京 南京大學出版社 1996年1月

27. 中國考試制度史 沈兼士著 臺北 臺灣商務印書館 1986年2月5版

28. 西周金文官制研究 張亞初、劉雨著 北京 中華書局 1986年5月

29. 清代科舉考試述錄及有關著作 〔清〕商衍鎏著 天津 百花文藝出版社 2004年7月

30. 中國經學發展史論 李威熊著 臺北 文史哲出版社 1988年12月

31. 漢學師承記（外二種） 徐洪興編校 北京 三聯書店 1998年6月

32. 春秋學史 戴維著 長沙 湖南教育出版社 2004年5月

33. 春秋學史 趙伯雄著 濟南 山東教育出版社 2004年4月

34. 春秋左傳學史稿　沈玉成、劉寧著　南京　江蘇古籍出版社　1992年6月

35. 春秋書法與左傳學史　張高評著　臺北　五南圖書出版公司　2002年1月

36. 中國思想史論集續編　徐復觀著　臺北　時報文化出版公司　1982年3月

37. 中國思想史　葛兆光著　上海　復旦大學出版社　2003年6月第4次印刷

38. 兩漢思想史　徐復觀著　臺北　臺灣學生書局　1980年3月臺4版

39. 晚明思潮　龔鵬程著　臺北　里仁書局　1994年11月

40. 清代思想史　陸寶千著　臺北　廣文書局　1983年9月3版

41. 清代學術思想的變遷與文學　馬積高著　長沙　湖南人民出版社　2002年6月

42. 乾嘉考據學研究　漆永祥著　北京　中國社會科學出版社　1998年12月

43. 康雍乾三帝統治思想研究　高翔著　北京　中國人民大學出版社　1995年10月

44. 文統與政統之間：康雍乾時期的文化政策和文學精神　李明軍著　濟南　齊魯書社　2008年11月

45. 史通釋評　〔唐〕劉知幾著　〔清〕浦起龍釋　呂思勉評　臺北　華世出版社　1981年

46. 文史通義校注　〔清〕章學誠著　葉瑛校注　臺北　仰哲出版社　未標出版年月

47. 國史要義　柳詒徵著　臺北　臺灣中華書局　1976年8月

48. 歷史的理念（*The Idea of History*）　〔英〕柯靈烏（R.G. Collingwood）著　陳明福譯　臺北　桂冠圖書公司　1982年3月

49. 史元：十九世紀歐洲的歷史想像（*Metahistory: The Historical Imagination in Nineteenth-Century Europe*）　〔美〕海登·懷特（Hayden White）著　劉安世譯　臺北　麥田出版社　1999年12月

50. 綴珍錄：十八世紀及其前後的中國婦女（*Women in China's Long Eighteenth Century*）　〔美〕曼素恩（Susan Mann）著　定宜莊、顏宜葳譯　南京　江蘇人民出版社　2005年1月

51. 技術與性別：晚期帝制中國的權力經緯（*Technology and Gender: Fabrics of Power in Later Imoerial China*）　〔美〕白馥蘭（Francesca Bray）著

江湄、鄧京力譯　南京　江蘇人民出版社　2006 年 4 月

52. 章學誠的生平及其思想（*The Life and The Tuought of Chang Hsuch-ch'eng 1738-1801*）　〔美〕倪德衛（David Nivison）著　楊立華譯　南京　江蘇人民出版社　2007 年 10 月

53. 十八世紀中國社會（*Chinese Society in the Eighteenth Century*）　〔美〕韓書瑞（Susan Naquin）、羅友枝（Evelyn Rawski）著　陳仲丹譯　南京　江蘇人民出版社　2008 年 8 月

54. 中國近代思惟的挫折（中國における近代思惟の挫折）　〔日〕島田虔次著　甘方萍譯　南京　江蘇人民出版社　2005 年 10 月

55. 章學誠的知識論——以考證學批判為中心（章學誠の知識論——考證學批判を中心として）　〔日〕山口久和著　王標譯　上海　上海古籍出版社　2006 年 12 月

56. 中國古代的「家」與國家（中国古代の「家」と国家：皇帝支配下の秩序構造）　〔日〕尾形勇著　張鶴泉譯　北京　中華書局　2010 年 1 月

參、子部

1. 二程遺書　〔宋〕程顥、程頤著　二程集　臺北　漢京文化公司　1986 年 9 月

2. 朱子語類　〔宋〕黎靖德編　王星賢點校　臺北　文津出版社　1986 年 12 月

3. 項氏家說　〔南宋〕項安世著　影印文淵閣四庫全書子部儒家類第 705 冊　臺北　臺灣商務印書館　1983 年

4. 日知錄集釋　〔清〕顧炎武著　黃汝成集釋　欒保群、呂宗力點校　上海　上海古籍出版社　2006 年 12 月

5. 孫夏峰先生語錄　〔清〕孫奇逢編　臺北　廣文書局　1970 年 10 月

6. 宋元學案　〔清〕全祖望等著　夏瑰奇等校點　黃宗羲全集第 3 冊至第 6 冊　杭州　浙江古籍出版社　2005 年 1 月

7. 明儒學案　〔清〕黃宗羲著　夏瑰奇等校點　黃宗羲全集第 7 冊至第 8 冊　杭州　浙江古籍出版社　2005 年 1 月

8. 中國哲學原論　唐君毅著　臺北　臺灣學生書局　1979 年 2 月

9. 中西哲學思想中的天道與上帝　李杜著　臺北　聯經出版公司　1982 年 5 月

10. 清儒學案新編　楊向奎著　濟南　齊魯書社　1994 年 3 月

11. 清初朱子學研究——對一種經世理學的解讀　林國標著　長沙　湖南人民出版社　2004 年 9 月

12. 王陽明傳習錄詳註集評　陳榮捷著　臺北　臺灣學生書局　1983 年 12 月

13. 典籍符號與權力話語　黃亞平著　北京　中國社會科學出版社　2004 年 9 月

14. 情感與形式（*Feeling and Form*）　〔美〕蘇珊‧朗格（Susanne. K. Langer）著　劉大基等譯　北京　中國社會科學出版社　1986 年 8 月

15. 語義學（*Semantics*）　〔英〕杰弗里‧利奇（Geoffrey Leach）著　李瑞華等譯　上海　上海外語教育出版社　1987 年 8 月

16. 意義的探究——當代西方釋義學　張汝倫著　臺北　谷風出版社　1988 年 5 月

17. 飲食男女生活美學　龔鵬程著　臺北　立緒文化公司　1998 年 9 月

18. 西方美學導論　劉昌元著　臺北　聯經出版公司　1987 年 8 月修訂再版

19. 普通語言學教程（*Cours de Linguistique Generale*）　〔瑞士〕索緒爾（Ferdinand de Saussure）著　高名凱譯　臺北　弘文館出版社　1985 年 10 月

20. 第三次普通語言學教程（*Les sources manuscrites du cours de linguistique générale*）　〔瑞士〕索緒爾（Ferdinand de Saussure）著　屠友祥譯　上海　上海人民出版社　2002 年 10 月

21. 當代敘事學（*Recent Theories of Narrative*）　華萊士‧馬丁（Wallace Martin）著　伍曉明譯　北京　北京大學出版社　1991 年 5 月

22. 解釋的有效性（*Validity in Interpretation*）　〔美〕赫施（E.D. Hirsch）著　王才勇譯　北京　三聯書店　1991 年 12 月

23. 聖與俗——宗教的本質（*The Sacred & The Profane: The Nature of Religion*）　〔羅馬尼亞〕伊利亞德（Eliade Mircea）著　楊素娥譯　臺

北　桂冠圖書公司　2001 年 1 月

24. 重構美學（*Undoing Aesthetics*）　〔德〕沃爾夫岡・韋爾施（Wolfgana Welsch）著　陸揚、張岩冰譯　上海　上海譯文出版社　2002 年 5 月

25. 舒茲論文集第一冊（*Collected Papers Vol.1: The Problem of Social Reality*）　〔美〕舒茲（Alfred Schutz）著　盧嵐蘭譯　臺北　桂冠圖書公司　2002 年 6 月

26. 結構人類學（*Anthropologie Structurale Deux*）　〔法〕克維德・列維－斯特勞斯（Claude Levi-Strauss）著　張祖建譯　北京　中國人民大學出版社　2006 年 1 月

27. 文化人類學（*Cultural Anthropology*）　〔美〕威廉.A.哈維蘭（William A. Haviland）著　瞿鐵鵬、張鈺譯　上海　上海社會科學院出版社　2006 年 7 月

28. 儀式思維——性、死亡和世界（*Ritual Thinking: Sexuality, Death, World*）　〔義大利〕馬里奧・佩爾尼奧拉（Mario Perniola）著　呂捷譯　北京　商務印書館　2006 年 12 月

29. 社會學與十個大問題（*Ten questions : a sociological perspective*）　〔美〕喬爾・查農（Joel Charon）著　汪麗華譯　北京　北京大學出版社　2009 年 6 月

30. 朱子學與陽明學（朱子学と陽明学）　〔日〕島田虔次著　蔣國保譯　西安　陝西師範大學出版社　1986 年 7 月

31. 王陽明與明末儒學（王陽明と明末の儒学）　〔日〕岡田武彥著　吳光等譯　上海　上海古籍出版社　2000 年 5 月

肆、集部

1. 震川先生集　〔明〕歸有光著　周本淳點校　上海　上海古籍出版社　1981 年 9 月

2. 亭林詩文集　〔清〕顧炎武著　華忱之點校　北京　中華書局　1983 年 5 月 2 版

3. 戴名世集　〔清〕戴名世著　王樹民編校　北京　中華書局　1986 年 2 月

4. 白田草堂存稿　〔清〕王懋竑著　四庫全書存目叢書集部第 268 冊　臺南　莊嚴文化公司影印乾隆刻本　1997 年 6 月

5. 方苞集　〔清〕方苞著　劉季高校點　上海　上海古籍出版社　1983 年 5 月

6. 方望溪遺集　〔清〕方苞著　徐天祥、陳蕾點校　合肥　黃山書社　1990 年

7. 鮚埼亭集　〔清〕全祖望著　臺北　華世出版社　1977 年 3 月

8. 全祖望集彙校集注　〔清〕全祖望著　朱鑄禹集注　上海　上海古籍出版社　2000 年 12 月

9. 潛研堂文集　〔清〕錢大昕著　陳文和點校　陳文和主編　嘉定錢大昕全集第 9 冊　南京　江蘇古籍出版社　1997 年 12 月

10. 東原文集　〔清〕戴震著　余國慶等整理　張岱年主編　戴震全書　合肥　黃山書社　1995 年 8 月

11. 惜抱軒詩文集　〔清〕姚鼐著　劉季高標校　上海　上海古籍出版社　1992 年 11 月

12. 經韻樓集　〔清〕段玉裁著　鍾敬華校點　上海　上海古籍出版社　2008 年 4 月

13. 雕菰樓集　〔清〕焦循著　臺北　鼎文書局　1977 年 9 月

14. 太乙舟文集　〔清〕陳用光著　續修四庫全書集部別集類第 1493 冊　上海　上海古籍出版社影印道光二十三年孝友堂刻本　2002 年

15. 攷盤集文錄　〔清〕方東樹著　續修四庫全書集部別集類第 1497 冊　上海　上海古籍出版社影印光緒二十年刻本　2002 年

16. 制義叢話／試律叢話　〔清〕梁章鉅著　陳居淵校點合刊本　上海　上海書店出版社　2001 年 12 月

17. 科舉文體研究　汪小洋、孔慶茂著　天津　天津古籍出版社　2005 年 3 月

18. 萇楚齋隨筆（續筆、三筆、四筆、五筆）　〔清〕劉聲木著　劉篤齡點校　北京　中華書局　1998 年 3 月

19. 中國文學理論　劉若愚著　杜國清譯　臺北　聯經出版公司　1985 年 8 月 2 刷

20. 朱熹文學研究　莫礪鋒著　南京　南京大學出版社　2000 年 5 月

21. 清代文論選（下）　王運熙等編　北京　人民文學出版社　1999 年

22. 桐城文派述論　吳孟復著　合肥　安徽教育出版社　1992 年 5 月

23. 義法與經世：方苞及其文學研究　許福吉著　上海　學林出版社　2001 年 6 月

24. 中國文學論集　徐復觀著　臺北　臺灣學生書局　1982 年 9 月 5 版

25. 比興、物色與情景交融　蔡英俊著　臺北　大安出版社　1986 年 5 月

26. 經世思想與文學經世──明末清初經世文論研究　林保淳著　臺北　文津出版社　1991 年 12 月

27. 中國古典詩論中「語言」與「意義」的論題──「意在言外」的用言方式與「含蓄」的美典　蔡英俊著　臺北　臺灣學生書局　2001 年 4 月

28. 文學散步　龔鵬程著　臺北　臺灣學生書局　2003 年 9 月

29. 「新批評」文集　趙毅衡編選　天津　百花文藝出版社　2001 年 9 月

30. 文學符號學　趙毅衡著　北京　中國文聯出版公司　1990 年 9 月

31. 符號學文學論文集　趙毅衡編選　天津　百花文藝出版社　2004 年 5 月

32. 語言與人生（*Language in Thought and Action*）　早川（S.I. Hayakawa）著　柳之元譯　臺北　臺灣時代書局　1975 年 12 月

33. 批評的循環（*The Critical Circle*）　〔美〕霍伊（D.C. Hoy）著　陳玉蓉譯　臺北　南方出版社　1988 年 8 月

34. 鏡與燈──浪漫主義文論及批評傳統（*The Mirror and the Lamp: Romantic Theory and the Critical Tradition*）　〔美〕艾布拉姆斯（M.H. Abrams）著　酈稚牛等譯　北京　北京大學出版社　1989 年 12 月

35. 文學理論導讀（*Literary Theory: An Introduction*）　〔英〕泰瑞·伊格頓（Terry Eagleton）著　吳新發譯　臺北　書林出版公司　1993 年 4 月

36. 悠遊小說林（*Six walks in the fictional woods*）　〔義〕安貝托·艾柯（Umberto Eco）著　黃寤蘭譯　臺北　時報文化出版公司　2000 年 11 月

伍、單篇論文

1. 論歷代中央官制之變遷　劉師培著　國粹學報第 27 期，政篇，光緒三十

三年（1907）二月十二日　臺北　臺灣商務印書館影印國粹學報舊刊全集　1974 年 9 月

2. 從周禮中推測遠古的婦女工作　許倬雲著　大陸雜誌第 8 卷第 7 期　1954年 4 月

3. 周公制禮的傳說和周官一書的出現　顧頡剛著　文史第 6 輯　北京　中華書局　1979 年 6 月

4. 周禮內容的分析及其成書時代　楊向奎著　山東大學學報 1954 年第 4 期收入繹史齋學術文集　上海　上海人民出版社　1983 年 5 月

5. 儀禮喪服篇所表現的親屬結構　石磊著　中央研究院民族研究所集刊第 53 期　1983 年 6 月

6. 宋儒對詩經的解釋態度　何定生著　林慶彰編　詩經研究論集　臺北臺灣學生書局　1983 年 11 月

7. 中國古典詩歌中形象與情意之關係例說──從形象與情意之間看「賦、比、興」之說　葉嘉瑩著　迦陵談詩二集　臺北　東大圖書公司　1985年 2 月

8. 經世致用　余英時著　清代學術思想史重要觀念通釋　中國思想傳統的現代詮釋　臺北　聯經出版公司　1987 年 8 月

9. 詩經朱傳本經文異字研究　糜文開著　詩經欣賞與研究改編版（四）　臺北　三民書局　1987 年 11 月

10. 論方苞之經學與理學　楊向奎著　孔子研究 1988 年第 3 期　1988 年 3 月

11. 朱熹詩集傳二十卷本和八卷本的比較　左松超著　高仲華先生八秩榮慶論文集　高雄　高雄師範學院國文研究所　1988 年 4 月

12. 論康熙的儒學觀　陳祖武著　孔子研究 1988 年第 3 期　1988 年 9 月

13. 從呂氏春秋到文心雕龍──自然氣感與抒情自我　龔鵬程著　文學批評的視野　臺北　大安出版社　1990 年 1 月

14. 孔子與春秋的關係　張以仁著　春秋史論集　臺北　聯經出版公司1990 年 1 月

15. 前期清儒思想之新天地　錢穆著　中國學術思想史論叢(八)　臺北　東大圖書公司　1990 年 4 月再版

16. 漢宋詩說異同比較　李家樹著　詩經的歷史公案　臺北　大安出版社
　　1990 年 11 月

17. 方苞之家世及其詩(上)　廖素卿著　臺中商專學報第 23 期　1991 年 6 月

18. 方苞之家世及其詩(下)　廖素卿著　臺中商專學報第 24 期　1992 年 6 月

19. 清代桐城學者與婦女的極端道德行為　周婉窈著　大陸雜誌第 87 卷第 4
　　期　1993 年 10 月

20. 試論禮教中女性地位的問題　劉弋濤、趙樹貴著　江西社會科學 1994 年
　　第 9 期

21. 周禮所見婦女之地位及職司　王爾敏著　漢學研究第 12 卷第 2 期　1994
　　年 12 月

22. 周禮婦教研究　陳麗蓮著　中山中文學刊第 1 期　1995 年 6 月

23. 明代中後期社會生活中越禮逾制現象探析　陳瑞著　安徽史學 1996 年第
　　2 期

24. 現代儒學的回顧與展望——從明清思想基調的轉換看儒學的現代發展
　　余英時著　現代儒學論衡　臺北　八方文化企業公司　1996 年 9 月

25. 從興的現象論春秋經傳的解釋學傳統　蔣年豐著　楊儒賓、黃俊傑編
　　中國古代思維方式探索　臺北　正中書局　1996 年 11 月

26. 兩周金文所見職官考　斯維至著　中國文化研究叢刊第 7 卷　1947 年
　　收入中國古代社會文化論稿　臺北　允晨文化公司　1997 年 4 月

27. 父卒繼母嫁從為之服報議　周何著　中國學術年刊第 1 期　1976 年 12 月
　　收入禮學概論　臺北　三民書局　1998 年 1 月

28. 朱子詩傳舊說探析　彭維杰著　國文學誌第 3 期　1999 年 6 月

29. 關於朱子詩經學的評價問題　黃忠慎著　國文學誌第 3 期　1999 年 6 月

30. 清人論婦女問題　陳登原著　國史舊聞第 4 分冊　北京　中華書局　2000
　　年 8 月

31. 論中國傳統經學研究方法——古書通例歸納法　漆永祥著　蔣秋華編
　　乾嘉學者的治經方法　臺北　中央研究院中國文哲研究所　2000 年 10 月

32. 乾嘉學者治經方法與體系舉例試釋　鄭吉雄著　蔣秋華編　乾嘉學者的
　　治經方法　臺北　中央研究院中國文哲研究所　2000 年 10 月

33. 乾嘉禮學學者解經方法「文例」之建立與應用　程克雅著　蔣秋華編
乾嘉學者的治經方法　臺北　中央研究院中國文哲研究所　2000 年 10 月

34. 18 世紀中國社會知識界對婦女問題的關注　黃愛平　故宮博物院院刊
2001 年第 1 期

35. 理學貞節觀、寡婦再嫁與民間社會──明代南方地區寡婦再嫁現象之考
察　陳剩勇著　史林 2001 年第 2 期

36. 左傳據事直書與以史傳經　張高評著　成大中文學報第 9 期　2001 年 8 月
收入春秋書法與左傳學史　臺北　五南圖書出版公司　2002 年 1 月

37. 生活儒學的重建：以朱熹禮學為例　龔鵬程著　年報：2000 龔鵬程年度
學思報告　宜蘭　佛光人文社會學院　2001 年 11 月

38. 從詩集解和詩集傳詩旨差異看朱熹詩學觀念的轉變及原因　郝桂敏著
孔子研究 2002 年第 3 期

39. 清乾嘉考據學者對婦女問題的關懷　林慶彰著　清代經學研究論集　臺
北　中央研究院中國文哲研究所　2002 年 8 月

40. 等級中的合和：西周禮制與性別制度　杜芳琴著　浙江學刊 2002 年第 4 期

41. 乾嘉考據學者的婦女觀──關於乾嘉考據學者義理觀的探討之二　張晶
萍著　湖南師範大學社會科學學報第 33 卷第 2 期　2004 年 3 月

42. 試論中國古代母親概念的異化──以服母喪的變化為視角　朱成實、伍
純初著　中華女子學院山東分院學報 2004 年第 3 期

43. 清代中期徽州山區生態環境惡化狀況研究──以棚民營山活動為中心
陳瑞著　安徽史學 2003 年第 6 期

44. 從儀禮看性別的社會化　王小健著　婦女研究論叢 2004 年第 5 期　2004
年 9 月

45. 男女性別分工與周禮父權宗法特質溯源　葛志毅著　學習與探索 2005 年
第 5 期

46. 納蘭成德與通志堂經解　高岸著　林慶彰、蔣秋華編　通志堂經解研究
論集　臺北　中央研究院中國文哲研究所　2005 年 8 月

47. 通志堂經解輯刻者述辨　黃志祥著　林慶彰、蔣秋華編　通志堂經解研
究論集　臺北　中央研究院中國文哲研究所　2005 年 8 月

48. 滿漢學者通力合作的成果——通志堂經解述論　劉德鴻著　林慶彰、蔣秋華編　通志堂經解研究論集　臺北　中央研究院中國文哲研究所　2005年8月

49. 通志堂經解之編纂及其學術價值　林慶彰著　林慶彰、蔣秋華編　通志堂經解研究論集　臺北　中央研究院中國文哲研究所　2005年8月

50. 徽州地理人文環境與明清徽州節烈現象　王傳滿著　青島大學師範學院學報第25卷第3期　2008年9月

51. 雙重樣態：婚姻禮制和社會生活中的春秋婦女——以儀禮士昏禮與春秋經傳為中心的探討　羅曉蓉著　福建論壇（人文社會科學版）2008年第9期

52. 清代禮教思潮與考證學——從三禮館看乾隆前期的經學考證學兼論漢學興起的問題　周啟榮著　勞悅強、梁秉賦主編　經學的多元脈絡——文獻、動機、義理、社群　臺北　臺灣學生書局　2008年10月

53. 以詩論詩：文學詩經學導論　龔鵬程著　六經皆文：經學史／文學史　臺北　臺灣學生書局　2008年12月

54. 周代性別制度的確立及發展　丁聯著　漳州師範學院學報（哲學社會科學版）2009年第1期

55. 徽商與徽吳兩地的女性地位　許周鶼著　蘇州大學學報（哲學社會科學版）2009年第2期　2009年3月

56. 被忽視的另一面——談三禮中尊重女性和子女的思想　王燦著　安徽廣播電視大學學報2009年第3期

57. 明清徽州節烈婦女的家庭義務　王傳滿著　中共合肥市委黨校學報2009年第3期

58. 周禮所述之司法制度　陳顧遠著　原載中國法學雜誌1937年新1卷第5、6期合刊　收入耿素麗、胡月平編選　民國期刊分類彙編·三禮研究　北京　國家圖書館出版社　2009年5月

59. 作為象徵符號具形化的制度　卡爾·西格博·萊具格著　黃晶、程煒譯　陳恆、耿相新主編　新史學（觀念的歷史）第9輯　鄭州　大象出版社　2009年5月

附錄一：
方法論下的春秋觀：
朱子的春秋學

第一節　前　言

朱子（1130-1200）曾說其於《春秋》未有專著之因：

> 問：「先生於《二禮》、《書》、《春秋》未有說，何
> 也？」曰：「《春秋》是當時實事，孔子書在冊子上。後世
> 諸儒學未至，而各以己意猜傳，正橫渠所謂『非理明義精而
> 治之，故其說多鑿』，是也。唯伊川以為『經世之大法』，
> 得其旨矣。然其間極有無定當、難處置處，今不若且存取胡
> 文定本子與後來看，縱未能盡得之，然不中不遠矣。」❶

---

❶　〔宋〕黎靖德（？-？）編，王星賢點校：《朱子語類·春秋·經》（臺北：
文津出版社，1986 年 12 月），卷 83，頁 2175-2176。

明確指出《春秋》是其時「實事」，經由孔子「書寫」，目的是「經世」，但後儒各以「己意解經」，是以說多穿鑿，「理精義明」才能讀《春秋》，取胡安國（1074-1138）《春秋傳》庶幾近之。這些講法，大致構成朱子《春秋》學的基本觀點。其中焦點則在如何確知《春秋》的意義。朱子屢次指出《春秋》經義難明：

1. 《春秋》，某煞有不可曉處，不知是聖人真箇說底話否。❷
2. 《春秋》難看，此生不敢問。如鄭伯髡頑之事，傳家甚異。❸
3. 《春秋》固是尊諸夏、外夷狄。然聖人當初作經，豈是要率天下諸侯而尊齊、晉？自秦檜和戎之後，士人諱言內外，而《春秋》大義晦矣。❹

第一則是說《春秋》作者雖是孔子，但解讀出來的意義，是否合乎孔子原意，頗難認定。第二則就在說明三傳並稱解經，但家各異說，確義難明。第三則指出經解受時代氛圍影響，若干經義會因此隱晦不明。以上均觸及經典解釋諸問題：作者之意是否能貫穿到作品之中？讀者又如何從作品中獲致作者原意？何以歷來經解，代有不同之外，且人各異說？解經者存在感受如何影響釋讀結果？

以朱子所云鄭僖公（髡頑）之事說明上述問題：

---

❷ 〔宋〕黎靖德編，王星賢點校：《朱子語類·春秋·經》，卷83，頁2175。
❸ 〔宋〕黎靖德編，王星賢點校：《朱子語類·春秋·經》，卷83，頁2176。
❹ 〔宋〕黎靖德編，王星賢點校：《朱子語類·春秋·經》，卷83，頁2175。

《左傳・襄公七年》：「經：十有二月，公會晉侯、宋公、陳侯、衛侯、曹伯、莒子、邾子于鄬。鄭伯髡頑如會，未見諸侯，丙戌，卒于鄵。傳：鄭僖公之為太子也，於成之十六年與子罕適晉，不禮焉。又與子豐適楚，亦不禮焉。及其元年朝于晉，子豐欲愬諸晉而廢之，子罕止之。及將會于鄬，子駟相，又不禮焉。侍者諫，不聽；又諫，殺之。及鄵，子駟使賊夜弒僖公，而以瘧疾赴于諸侯。」❺從所載事件言之，鄭僖公所以被弒，是肇因於為太子時，即不禮執政大臣，有以致之，即位為君，承而未改，終有大禍。

《公羊傳・襄公七年》：「經：十有二月，公會晉侯、宋公、陳侯、衛侯、曹伯、莒子、邾婁子于鄬。鄭伯髡原如會，未見諸侯；丙戌，卒於操。傳：操者何？鄭之邑也。諸侯卒其封內不地，此何以地？隱之也。何隱爾？弒也。孰弒之？其大夫弒之。曷為不言其大夫弒之？為中國諱也。曷為為中國諱？鄭伯將會諸侯于鄬，其大夫諫曰：『中國不足歸也，則不若與楚。』鄭伯曰：『不可。』其大夫曰：『以中國為義，則伐我喪；以中國為強，則不若楚。』於是弒之。鄭伯髡原何以名？傷而反，未至乎舍而卒也。未見諸侯，其言如會何？致其意也。」❻魯襄公會諸侯伐鄭，鄭僖公此時面抉擇困難：從晉抑或從楚。此時鄭大夫難鄭僖公：以義，中

---

❺ 〔唐〕孔穎達（574-648）：《春秋左傳正義》（臺北：藝文印書館影印嘉慶二十年南昌府學刊本，1985年12月），卷30，頁12。

❻ 〔唐〕徐彥（?-?）：《春秋公羊傳注疏》（臺北：藝文印書館影印嘉慶二十年南昌府學刊本，1985年12月），卷19，頁11-12。

國曾趁鄭成公喪伐鄭——成公子即僖公——不義在先；❼論強，中國又不若楚。但僖公卒從晉，所以為鄭大夫所弒。就《春秋》大義而言，鄭自應從中原諸國，但中原諸國無義又國弱，何能為天下表率。此所以《公羊傳》以「諸侯卒於封內不地」為《春秋》書法，推論鄭僖公卒於操，明顯的是「書地」，藉以指出鄭僖公為臣子所弒之故，與中國不義又國弱有關，原因是為中國諱。

《穀梁傳・襄公七年》：「經：公會晉侯、宋公、陳侯、衛侯、曹伯、莒子、邾子于鄬。鄭伯髡原如會。未見諸侯。丙戌，卒于操。傳：未見諸侯，其曰：『如會』，何也？致其志也。禮，諸侯不生名，此其生名，何也？卒之名也。卒之名，則何為加之如會之上？見以如會卒也。其見以如會卒，何也？鄭伯將會中國，其臣欲從楚；不勝其臣，弒而死。其不言弒，何也？不使夷狄之民加乎中國之君也。其地，於外也；其日，未踰竟也。日卒時葬，正也。」❽《穀梁傳》以「諸侯不生名」為《春秋》書法，此時「生名」，並在「如會」之上，是表明因欲赴會而被弒。

朱子所謂「難看」，略有數層意義：如就《左傳》本年記事，不易見出鄭僖公因舍楚從晉而被弒，須與《左傳・襄公二年》合觀，方能得知此義。《公羊傳》、《穀梁傳》此義雖同，所以見出此義之方法（書法）則不同。《公羊傳》明指中國伐鄭喪，不義在先，所以為中國諱，《穀梁傳》則無此義。這就顯出《左傳》與

---

❼ 中原諸侯伐鄭迫楚，見《左傳・襄公二年》，其時鄭成公卒，故鄭國諸大夫有此言。

❽ 〔唐〕楊士勛（？-？）：《春秋穀梁傳注疏》（臺北：藝文印書館影印嘉慶二十年南昌府學刊本，1985年12月），卷15，頁6-7。

《公羊》、《穀梁》之異。即事見義，其實較難導出華夷之辨。朱子所強調《春秋》是實事，由孔子所書寫，會面臨意義能否讀出的困境，所以朱子才說「傳家甚異」。《公》、《穀》大義相同，而致義之法，又有所不同，書法見義，可能也面臨同一書法，卻意義分歧的困境。

即事見義，其實是知道事件的緣起、發展與結果，並不能完全從敘述中看出對事件的價值判斷，這一部分有待讀者判斷。書法見義，才是在敘述中直接點出對事件的價值判斷。朱子比較三傳異同時，就指出這一差異：

1. 國秀問三傳優劣。曰：「《左氏》曾見國史，考事頗精，只是不知大義，專去小處理會，往往不曾講學。《公》、《穀》考事甚疏，然義理卻精，二人乃是經生，傳得許多說話，往往都不曾見國史。」❾

2. 以三傳言之，《左氏》是史學，《公》、《穀》是經學。史學者記得事卻詳，於道理上便差；經學者於義理上有功，然記事多誤。❿

可表列為下列格式：

---

❾　〔宋〕黎靖德編，王星賢點校：《朱子語類・春秋・綱領》，卷 83，頁 2151-2152。

❿　〔宋〕黎靖德編，王星賢點校：《朱子語類・春秋・綱領》，卷 83，頁 2152。

史學	經學
左氏	公穀
考事頗精	考事甚疏
記事卻詳	記事多誤
不知大義	義理卻精
於道理便差	於義理有功

果如此說，應會通三傳方能得知《春秋》之義，或云以《公》、
《穀》之義，合《左傳》之事，以解《春秋》。但朱子解《春秋》
方向，卻不是如此。以事件為解《春秋》的方法，質疑以義例解
《春秋》的效果，讀者須與作者有相同的境界，才能理解經義等，
這些才是朱子《春秋》學的內涵。內涵與基本觀點一致，卻與評論
三傳特色矛盾，本文就在處理這一問題。

朱子又論《春秋》經義云：

> 某嘗謂：「說《春秋》者只好獨自說，不可與人論難。蓋自
> 說，則橫說竪說皆可，論難者便說不行。」⓫

其意是解《春秋》如果是在封閉系統之下，解經者自可任意為之；
但一旦置於開放系統之下，必須與人討論，以求得經義，此時困難
立即出現——根本無法論辯。朱子其實已預設經典有一本義存在，
《春秋》仍有本義。所謂本義，一是指在作品中探討作者的原意；
其次，在集體創作前提下，則指作品的原始意義。只是這一本義如

⓫ 〔宋〕黎靖德編，王星賢點校：《朱子語類·春秋·經》，卷83，頁2161。

何能求得。讀者所宣稱的本義，究竟是作者的本義，還是讀者詮釋出的意義？所以探討朱子《春秋》學，一開始即觸及方法論問題。朱子認為《春秋》的性質是：

> 問《春秋》。曰：「此是聖人據魯史以書其事，使人自觀之以為鑒戒爾。其事則齊威、晉文有足稱，其義則誅亂臣賊子。」⓬

《春秋》確是孔子所作，是聖人製作的經典；但孔子在製作經典時，有其特殊的論述方式，即據魯史以書其事；讀者必須根據這些史事，以求其大義；最終的目標是緣此而獲得鑒戒。聖人既製作經典，自有其義在其間，義則寄託在事中，讀者即事求義。此是「作者──事件／意義──讀者」並延伸至「鑒戒功能」的結構。意義既在事件之中，理論上只要了解事件，即能掌握意義，何以朱子有上述的質疑？問題不在事件，而在意義，或說在獲得意義的方式，這又與解讀事件的方法有關。朱子云：

> 世間人解經，多是杜撰。且如《春秋》只據赴告而書之，孔子只因舊史而作《春秋》，非有許多曲折。⓭

⓬ 〔宋〕黎靖德編，王星賢點校：《朱子語類·春秋·綱領》，卷 83，頁 2145。

⓭ 〔宋〕黎靖德編，王星賢點校：《朱子語類·春秋·綱領》，卷 83，頁 2146。

所謂許多曲折，即指後儒發展的各種解經方法：

1. 《春秋》大旨，其可見者，誅亂臣，討賊子，內中國，外夷狄，貴王賤霸而已。未必如先儒所言，字字有義也。❹

2. 《春秋》只是直載當時之事，要見當時治亂興衰，非是於一字上定褒貶。❺

3. 但聖人作經，直述其事，固是有所抑揚，然抑非故意增減一二字，使後人就一二字上推尋。❻

4. 若欲推求一字之間，以為聖人褒善貶惡專在於是，竊恐不是聖人之意。❼

5. 或有解《春秋》者，以日月為褒貶，書時月則以為貶，書日則以為褒，穿鑿得全無義理。❽

6. 《春秋》傳例多不可信，聖人記事，安有許多義例。❾

---

❹ 〔宋〕黎靖德編，王星賢點校：《朱子語類·春秋·綱領》，卷 83，頁 2144。

❺ 〔宋〕黎靖德編，王星賢點校：《朱子語類·春秋·綱領》，卷 83，頁 2144。

❻ 〔宋〕黎靖德編，王星賢點校：《朱子語類·春秋·綱領》，卷 83，頁 2157。

❼ 〔宋〕黎靖德編，王星賢點校：《朱子語類·春秋·綱領》，卷 83，頁 2145。

❽ 〔宋〕黎靖德編，王星賢點校：《朱子語類·春秋·綱領》，卷 83，頁 2146。

❾ 〔宋〕黎靖德編，王星賢點校：《朱子語類·春秋·綱領》，卷 83，頁 2147。

上引第一則至第四則均指出《春秋》非以一二字定褒貶，第五則明說「時月日例」不可信，第六則直接否定全部義例。傳統解《春秋》之法，即預設《春秋》有「書法」，字不虛設，有其特殊意義，而後歸納相同諸字之義，形成條例，即所謂解經條例之學。讀者就根據這些條例解讀《春秋》。因此是「作者──事件／條例──讀者」結構。與前述結構相較：

作者──事件／條例──讀者
作者──事件／意義──讀者

傳統解《春秋》是藉條例以知事件的意義，朱子顯然欲去條例而直探事件的意義。前者有一隱含未明示的意旨，即歷史固由重要事件而構成，但事件並不是客觀記載，而是經由作者編定而成，既是作者編定，關鍵詞自有大義存在，讀者勢須理解這些關鍵詞，才能知曉經義。朱子則不然，盡去這些關鍵詞，認為從事件入手即已足夠解釋經義，即使如此，事件仍須經由讀者解釋才能有意義。雖然有此兩種分歧，但此時歷史已不再是單純的事件的歷史，而成為文字的歷史，或逕曰是符號的歷史，我們所認知的歷史，就是由符號所構成，我們從來不是直接經驗歷史事件，而是經由複雜的解讀過程，才能得知歷史的意義所在。

歷史學家與物理學家不同，他的事實屬於過去，不可能在純物理的客觀意義上使它再生，只能給它新的理想的存在。所以只能是理想的重建，而非經驗的觀察。此一理想的重建又建立在各種文獻、遺跡之上，即建立在各種符號之上。歷史學家必須閱讀、解釋

這些符號，才能重建歷史。這些符號經過解釋後，充滿豐富的意義。❷

朱子讀《春秋》之法，是：

問：「《春秋》當如何看？」曰：「只如看史樣看。」❷

「看史樣看」並不等於《春秋》就是史著，或是視《春秋》為古史；看史樣看是指閱讀《春秋》的方法，方法與對象並不相等。❷但是《春秋》畢竟是當時歷史事件的記載，從「史」讀出「義」，是朱子解讀《春秋》的目標，❷並進而處理史與義的關係：義的具體內容為何？義的目的又為何？何以義從史來？

世界有兩種：通過語文學到的世界，稱為「言辭的世界」，直

---

❷ 卡西勒（Ernst Cassirer，1874-1945）著，甘陽譯：《人論：人類文化哲學導引》（*An Essay On Man: An Introduction to A Philosophy of Human Culture*）（臺北：桂冠圖書公司，1997 年 11 月再版四刷），頁 249-299。

❷ 〔宋〕黎靖德編，王星賢點校：《朱子語類‧春秋‧綱領》，卷 83，頁 2148。

❷ 蔡方鹿即由此判斷，朱子視《春秋》「不過是一部史書而已」，可能有過度推論之嫌，見《朱熹經學與中國經學》（北京：人民出版社，2004 年 4 月），頁 464。趙伯雄亦然，指出朱子《春秋》學最大的特點，「就是他把《春秋》看做是史」，見《春秋學史》（濟南：山東教育出版社，2004 年 4 月），頁 487。

❷ 柳詒徵（1879-1956）以為史之三要素：事、文、義，而以義最重要。所謂義又關乎政治，但此所謂政治，柳氏指出是知德義之府、生民之本，則與現今所云政治不全同，見《國史要義‧史義》（臺北：臺灣中華書局，1976 年 8 月 6 版），頁 130-161。

接由個人經驗知道的世界，稱為「外向的世界」。言辭世界和外向世界的關係，類似地圖和實際的地區，有兩種途徑造成和地區不合的地圖：一是地圖本身錯誤，二是地圖正確，但我們解讀錯誤；都會有錯誤的世界觀。❷如以《春秋》比擬，可以下列圖示：

地圖	地區
言辭世界	外向世界
春秋	世界

其所指涉的是外向的世界，非個人經驗所能直接知道，所以只能是文化的世界。這兩者是否相等，涉及《春秋》學基本問題：以《春秋》指涉歷史世界，為當時歷史的圖像，顯然是史學方向；以《春秋》指涉價值世界，為當時歷史的判斷，則是經學方向。解讀《春秋》，經典沒有問題，亦即地圖沒有問題，問題在解讀者持此一地圖所欲指向的地區，是實體地區，抑或虛擬地區。本題的價值即從此以理解朱子研讀《春秋》的方法，並得知朱子研讀《春秋》的目的。請先從朱子認知《春秋》的性質始。

第二節　以經世定春秋

對《春秋》一書功能的認定，朱子答弟子問云：

---

❷　早川（S.I. Hayakawa，1906-1992）著，柳之元譯：《語言與人生》（*Language in Thought and Action*）（臺北：臺灣時代書局，1975 年 12 月），頁 17-27。

或問伊川〈春秋序〉後條。曰：「四代之禮樂，此是經世之
大法也。《春秋》之書，亦經世之大法也。然四代之禮樂是
以善者為法，《春秋》是以不善者為戒。」又問：「孔子有
取乎五霸，豈非時措從宜？」曰：「是。」又曰：「觀其予
五霸，其中便有一箇奪底意思。」❷❺

朱子這一說法，承自程頤（1033-1107）。程頤答弟子問：「劉絢
問：『孔子何謂作《春秋》？』子曰：『由堯舜至於周，文質損
益，其變極矣，其法詳矣。仲尼參酌其宜，以為萬世王制之所折中
焉，此作《春秋》之本意也。觀其告顏子為邦之道可見矣。』」❷❻
文質代變，出自董仲舒（前176?-前104?）《春秋繁露‧三代改制質
文》，意謂天地之道，一文一質，文質則指禮文與樸質，各自有其
禮樂系統，偏重在文化層面，亦即文化是由文質交互構成，朝代僅
是文質的象徵。❷❼百王不易之法，就在文質代變中，這一變遷，又
含蘊詳密之法。問題是《春秋》非制度法律之書，何能從中獲致經

---

❷❺ 〔宋〕黎靖德編，王星賢點校：《朱子語類‧春秋‧綱領》，卷83，頁
2154。

❷❻ 〔宋〕程頤：《河南程氏粹言》，卷1，《二程集》（臺北：漢京文化公司
點校本，1983年9月），總頁1200。

❷❼ 如主天法商而王，其道佚陽，親親而多仁樸；主地法夏而王，其道進陰，尊
尊而多義節；主天法質而王，其道佚陽，親親而多質愛；主地法文而王，其
道進陰，尊尊而多禮文。從親親／尊尊，佚陽／進陰，仁樸／義節，質愛／
禮文等對比，即可略知其文化意義，其下則是各項禮儀制度，更是此一意義
的展現。參見蘇輿（1873-1914）著，鍾哲點校：《春秋繁露義證》（北京：
中華書局，1992年12月）。

世大法？程頤答弟子問：「問：『《左傳》可信否？』曰：『不可全信，信其可信者耳。某年二十時，看《春秋》，黃贄問如何看，答之曰有兩句法，云：以傳考經之事跡，以經別傳之真偽。』又問：『《公》、《穀》如何？』曰：『次於《左氏》。』」❷所謂法，不是法制之謂，而是分析《春秋》中具體的人物、行事，從而得知治國理政、君臣父子等應有的規範；歸納這些規範，形成較具系統的限定；那些言行得體，那些言行不當，以為個人及社會的指針。這些才是法。以傳考經之事跡，自是經文簡單，難以從其中分析、歸納，必須依賴傳文的敘述。以經考傳之真偽，應非記事之真偽，而指由記事所導引出的價值之真偽。朱子云：

> 《春秋》一發首不書即位，即君臣之事也；書仲子嫡庶之分，即夫婦之事也；書及邾盟，朋友之事也；書鄭伯克段，即兄弟之事也。一開首，人倫便盡在。❷

如果以法制論《春秋》，就不能得知朱子此段話語之用意。這些是人倫部分，準此以推，可歸納出經世大法。將禮樂與《春秋》並列，即可推知經世大法的內涵為何。至其所由來則是：

> 問：「〈春秋傳序〉引夫子答顏子為邦之語，為顏子嘗聞《春秋》大法，何也？」曰：「此不是孔子將《春秋》大法

---

❷ 〔宋〕程頤：《河南程氏遺書》，卷 19，《二程集》，總頁 266。
❷ 〔宋〕黎靖德編，王星賢點校：《朱子語類・春秋・經》，卷 83，頁 2160。

向顏子說。蓋三代制作極備矣，孔子更不可復作，故告以四代禮樂，只是集百王不易之大法。其作《春秋》，善者則取之，惡者則誅之，意亦只是如此，故伊川引以為據耳。」**㉚**

朱子之意是《春秋》中的禮樂，並非孔子制作，只是集合三代大法，並以此判斷歷史人物行事之是非。程頤《春秋傳》略是此意。根據程頤〈春秋傳序〉：「後世以史視《春秋》，謂褒善貶惡而已，至於經世之大法，則不知也。」**㉛**指責世人於《春秋》僅知褒貶善惡，不知經世大法，《春秋傳》之作，就是要規復三代於當世。程、朱之異，其實已隱含孔子定位問題：孔子是作者抑或述者；**㉜**至其同則在《春秋》旨在經世不在褒貶。但程、朱之《春秋》經世觀，不在於從《春秋》中推演一理想制度，以施行於當世，而在於以義理斷定人事之是非。朱子所云「觀其予五霸，其中便有一箇奪底意思」，這一權變與經常的辯證關係，即可見出朱子最終的目的：推尊周天子。朱子云：

1.《春秋》本是明道正誼之書，今人只較齊、晉霸業優劣，

㉚ 〔宋〕黎靖德編，王星賢點校：《朱子語類·春秋·經》，卷83，頁2153。

㉛ 〔宋〕程頤：《河南程氏經說》，卷4，《二程集》，總頁1125。

㉜ 錢穆（1895-1990）嘗言孔子至宋，看重其內聖之一面，偏忽其外王之一面。見〈孔子與春秋〉，《兩漢經學今古文平議》（臺北：東大圖書公司，1978年7月再版），頁265。從程頤《春秋傳》觀察，確有此一現象，雖然反對褒貶，而其經世說，其實是義理說，非制度之建立。但是規復三代於當世，所需者又不僅是義理，外在的制度更不可或缺，程頤、朱子說禮，應是處理此一問題。

反成謀利，大義都晦了。今人做義，且做得齊威、晉文優
劣論。❸❸

2.《春秋》之作不為晉國伯業之盛衰，此篇大意失之，亦近
歲言《春秋》者之通病也。正誼不謀利，明道不計功；尊
王、賤伯、內諸夏、外夷狄，此《春秋》之大旨，不可不
知也。❸❹

朱子所強調的一是王霸之辨，一是夷夏之辨。這些是《春秋》大
旨，但也是「大義」所在。判斷其中是非，所依據者即是義理。這
自與其時代感受有關：「《春秋》固是尊諸夏、外夷狄。然聖人當
初作經，豈是要率天下諸侯而尊齊、晉？自秦檜和戎之後，士人諱
言內外，而《春秋》大義晦矣。」而夷夏之辨，又根本在於王霸之
辨，王室不尊，何能抗禦外敵？所以「予五霸」，是因霸主能領袖
諸侯，所以「奪五霸」，正因這一權力應在天子：

人道《春秋》雖曉，據某理會來，無難曉處。只是據他有這
簡事在，據他載得恁地。但是看今年有甚麼事，明年有甚麼
事，禮樂征伐不知是自天子出？自諸侯出？自大夫出？只是
恁地。而今卻要去一字半字上理會褒貶，卻要去求聖人之
意，你如何知得他肚裏事。❸❺

---

❸❸　〔宋〕黎靖德編，王星賢點校：《朱子語類・春秋・經》，卷83，頁2173。
❸❹　〔宋〕黎靖德編，王星賢點校：《朱子語類・春秋・經》，卷83，頁2173。
❸❺　〔宋〕黎靖德編，王星賢點校：《朱子語類・春秋・綱領》，卷83，頁
2144。

詳究此一權力的內涵，是「禮樂征伐」，亦即除了軍事力量外，更重要的是文化教養。對外，王室不僅僅是以武力征服四方；對內，王室也不僅僅是以武力維持秩序。禮樂征伐其所根據者又在德，朱子所要維護者，就是德，而非形式上的天子，德既是禮樂征伐的根本，禮樂征伐的發展，約略也可以見出德被實踐的情況：

> 《春秋》只是直載當時之事，要見當時治亂興衰，非是於一字上定褒貶。初間王政不行，天下都無統屬；及五伯出來扶持，方有統屬，「禮樂征伐，自諸侯出」。到後來五伯又衰，政自大夫出。到孔子時，皇帝、王、伯之道埽地，故孔子作《春秋》，據他事實寫在那裏，教人見得當時事是如此，安知用舊史與不用舊史？今硬說那箇字是孔子文，那箇字是舊史文，如何驗得？㊱

「王政不行」，自不專指征伐，否則何能稱王政？「天下都無統屬」是王室已無力實踐這一整套制度，故有賴五霸扶持。就扶持王室而言，是五霸之功；就久假不歸而言，是五霸之過。朱子予奪之分際，就在此處分辨。朱子以為孔子是就這一歷史發展，看出其興衰治亂的脈絡，記載於《春秋》之中。研讀《春秋》就在對治此一興衰治亂。明乎此，就可了解下述之意：

㊱　〔宋〕黎靖德編，王星賢點校：《朱子語類·春秋·綱領》，卷 83，頁 2144-2145。

祖道問：「孟子說『《春秋》，天子之事』，如何？」曰：
「只是被孔子寫取在此，人見者自有所畏懼耳。若要說孔子
去褒貶他，去其爵，與其爵，賞其功，罰其罪，豈不是謬
也！其爵之有無與人之有功有罪，孔子也予奪他不得。」 **❸**

朱子之意是孔子並未有實際權力，不能予奪賞罰，所以反駁孔子作
《春秋》乃「天子之事」。如是，《春秋》經世的方法何在？就在
朱子所說看出歷史的治亂興衰，掌握歷史發展的義理。是以《春
秋》經世，其實是透過作者對歷史事件的敘述，開展讀者的價值判
斷，以面對當代。這是一間接方式，其中關鍵就在對歷史事件的分
析。

第三節　以事件解春秋

朱子以為以事件解《春秋》足矣，所以首先對傳統的褒貶提出
質疑，次則對《春秋》事件的來源，提出說明：

1. 《春秋》大旨，其可見者：誅亂臣、討賊子、內中國、外
夷狄、貴王賤伯而已。未必如先儒所言，字字有義也。想
孔子當時只是要備二三百年之事，故取史文寫在這裏，何
嘗云某事用某法？某事用某例邪？且如書「會」、

---

❸　〔宋〕黎靖德編，王星賢點校：《朱子語類・春秋・綱領》，卷 83，頁
2146。

「盟」、「侵」、「伐」，大意不過見諸侯擅興自肆耳。書「郊禘」，大意不過見魯僭禮耳。至如「三卜」、「四卜」，「牛傷」、「牛死」，是失禮之中又失禮也。如「不郊，猶三望」，是不必望而猶望也。如書「仲遂卒，猶繹」，是不必繹而猶繹也。如此等義，卻自分明。近世如蘇子由、呂居仁，卻看得平。❸

2. 問《春秋》。曰：「此是聖人據魯史以書其事，使人自觀之以為鑒戒爾。其事則齊威、晉文有足稱，其義則誅亂臣賊子。若欲推求一字之間，以為聖人褒善貶惡專在於是，竊恐不是聖人之意。如書即位者，是魯君行即位之禮；繼故不書即位者，是不行即位之禮。若威公之書即位，則是威公自正其即位之禮耳。其他崩、薨、卒、葬，亦無意義。」❹

3. 世間人解經，多是杜撰。且如《春秋》只據赴告而書之，孔子只因舊史而作《春秋》，非有許多曲折。且如書鄭忽與突事，才書「忽」，又書「鄭忽」，又書「鄭伯突」，胡文定便要說突有君國之德，須要因「鄭伯」兩字上求他是處，似此皆是杜撰。大概自成襄已前，舊史不全，有舛逸，故所記各有不同。若昭哀已後，皆聖人親見其事，故記得其實，不至於有遺處。如何卻說聖人予其爵，削其

---

❸ 〔宋〕黎靖德編，王星賢點校：《朱子語類・春秋・綱領》，卷 83，頁 2144。

❹ 〔宋〕黎靖德編，王星賢點校：《朱子語類・春秋・綱領》，卷 83，頁 2145。

爵，賞其功，罰其罪？是甚說話。❹

第一則引文明確指出孔子取材的來源是史文，目的是備二三百年之事，以誅亂臣等，書法、義例並不存在孔子書寫當時，以下所舉諸例，是證明只須閱讀事件，即可得知這些大義所在。第二則引文說明史文來源之一是魯史，孔子據魯史作《春秋》，目的是鑒戒，所舉諸例，也在強調就其敘述解讀即可，不必過於深求。第三則引文說明史文來源之二是各國赴告，各國赴告因年湮代遠，保存狀況不一，所以記載也不一，主要呈現在文字的多寡。

然而文獻不等於歷史，史文的來源並不等同於史文，無論是魯史還是各國赴告，並不就是《春秋》。我們無法得知「魯史」是指「魯國文獻」，還是已成書的「魯國史」。如是前者，魯國文獻成為《魯史》，必須有一編定過程；《魯史》與《春秋》之間，還有一再編定的過程。如是後者，則是《魯史》與《春秋》之間，僅有一層編定過程。從魯國文獻到《魯國史》，編定者未必是聖人；但從《魯國史》到《春秋》，編定者被視為聖人。此時讀者就須掌握編寫者編定過程所隱含的動機，並視編定結果為這些動機的呈顯。經典的神聖性格就在這一閱讀行為出現，預設聖人之作，必字字有義，於是以書法、義例解經，在《春秋》學史上，成為重要的解經方法。

這一傳統解經與朱子解經的差異，其實就是在書法、條例的可

---

❹ 〔宋〕黎靖德編，王星賢點校：《朱子語類·春秋·綱領》，卷83，頁2146。

信與否。所以朱子云：

> 人道《春秋》難曉，據某理會來，無難曉處。只是據他有這
> 箇事在，據他載得恁地。❹

如能即事解經，自可獲得大義。意義在事件之中，亦即究心本文，就能得知經典意義。然而究心本文，以求得經義，可推衍兩種思考方式：一是仍考慮作者因素，經義與作者生平、時代背景等有關；二是經義已全然顯現在本文之中，與作者無預。後者可借用「新批評」的理論說明。新批評派以為作者在構思方面的匠心，並不能成為衡量作品價值的標準；作品本身就足以表明作者的意圖；作品只能通過意義而存在。以往的文學研究，區分外在研究──著重作者時代背景敘述與個人身世探討，與內在研究──作品本身的分析。新批評派深刻的指出，內在的根據才是公開的、人人皆知的，因為他是通過作品的語言讓讀者理解；外在的根據反而是作者私有的、非公開的。結論是作品一旦完成，就脫離作者來到此世，再也不受作者支配。作品就是存在，自足的存在。❹據此推論，《春秋》之義就在經文中，不必論及孔子。

---

❹ 〔宋〕黎靖德編，王星賢點校：《朱子語類·春秋·綱領》，卷 83，頁
　2144。

❹ 威廉·K·維姆薩特（William K. Wimsatt，1907-1975）、蒙羅·C·比爾茲
　利（Monroe C. Beardsley，1915-1985）著，羅少丹譯：〈意圖謬見〉
　（Intentional Fallacy），收入趙毅衡編：《「新批評」文集》（天津：百花
　文藝出版社，2001 年 9 月），頁 232-254。

然而《春秋》學甚至整個經學的傳統，並非如此。相對於一般作品的所有權式作者觀，經典則是神聖性作者觀，所有權開放，任何人都可參與這一作品，並視參與作品為神聖性活動，任何人都不敢壟斷或獨居創作之名，而只能是述者。述者也非平常人，是以虔敬的心情，自任為真理的探尋者、學習者與宣布者。孔子正是以述者自居。孔門後學，分為八派，各派各尊所聞，對經典和作者的理解大相逕庭。降至漢代，因解釋不同，形成不同的家法、師法，正由於解釋不同，彼此競爭，遂越來越要指實作者，於是又回到所有權式作者觀。不論是神聖性作者觀或所有權式作者觀，都會探討作者原意。㊸簡言之，經典具神聖性格，孔子就是神聖的作者（或述者），後學不斷的闡述聖典的內容以獲得真理。是以作者、作品與讀者，不可分割。聖典自不止《春秋》，所以《春秋》義理，不能局限於經傳中，須與其他經典相互比勘，而不能孤立的看待。所謂通一經才能通群經，通群經才能通一經，也略是此理。

朱子雖然強調從事件中尋求《春秋》經義，但根據此一傳統，仍重視《春秋》的作者：

1. 但聖人只是書放那裡，使後世因此去考見道理如何便為是，如何便為不是。㊹

2. 「遂以夫人姜氏至齊」，恐是當時史官所書如此，蓋為如

㊸　參考龔鵬程：〈論作者──中國文人傳統之形成〉，《文化符號學》（臺北：臺灣學生書局，1992 年 8 月）頁 12-13，25。

㊹　〔宋〕黎靖德編，王星賢點校：《朱子語類・春秋・綱領》，卷 83，頁 2155。

今魯史不存，無以知何者是舊文，何者是聖人筆削。**㊺**

第一則說明《春秋》是聖人直書其事；第二則舉出實例，指出若干經文是史官所書，《春秋》僅是承襲原文。無論是史官書寫，抑或聖人筆削，這些經典記載的事件，均涉及作者為何書寫？如何書寫？事件又如何能為讀者解讀？前者涉及事件與歷史事件的異同，後者涉及義例解經的緣起。

　　事件可區分為一般事件與歷史事件，一般事件就是我們日常生活所發生的事件，這些眾多的事件，並不一定為史家所重視，甚至大多數都為史家所忽略；載入史著的事件才是歷史的事件。何種事件才能入歷史？何種事件又不能載入歷史？亦即事件是如何「進入」歷史？事件當然不可能自己進入歷史，而是史家讓事件進入歷史。所以事件成為歷史事件，是史家「選擇」的結果。由於經過選擇，所以歷史知識呈現「不完整性」。**㊻**既然不可能有「完全」的歷史作品，這些事件自有其特殊的意義，方能為史家青睞。此時事件依其性質又可分為「事件的解釋性」與「事件的認知性」。**㊼**事件一經史家敘述，即帶有解釋的意味；純認知的事件較少。亦即大

㊺　〔宋〕黎靖德編，王星賢點校：《朱子語類·春秋·經》，卷83，頁2167。
㊻　除人為選擇之外，歷史知識的不完整性還有遺跡和供證的殘缺不全、供證所載不盡不實、經驗知識的限制諸原因。詳見許冠三：《史學與史學方法》（臺北：萬年青書店，出版年月不詳），頁29-47。
㊼　許冠三指出一切觀察的結果都具有解釋在內，「純認知」的成分只是一小部分。見《史學與史學方法》，頁39。所以筆者將之區分為「事件的解釋性」與「事件的認知性」。

部分的事件在置入敘述結構時，或隱或顯，會有價值判斷在內。所以歷史事件，不會以單純的形式出現，而是經由史家的頭腦折射出來；其次，對於行動背後的思想，會有想像力的理解；第三，史家屬於其所從出的時代，難免以其時代情境，看待過去。❹這些均無法視事件為客觀存在，讀者只要閱讀事件，即可獲致意義。例如：

> 叔器問讀《左傳》法。曰：「也只是平心看那事理、事情、
> 事勢。春秋十二公時各不同。如隱、威之時，王室新東遷，
> 號令不行，於下都星散無主。莊、僖之時，威、文迭伯，政
> 自諸侯出，天下始有統一。宣公之時，楚莊王盛強，夷狄主
> 盟，中國諸侯服齊者亦皆朝楚，服晉者亦皆朝楚。及成公之
> 世，悼公出來整頓一番，楚始退去；繼而吳越又強入來爭
> 伯。定、哀之時，政皆自大夫出，魯有三家，晉有六卿，齊有
> 田氏，宋有華向，被他肆意做，終春秋之世，更沒奈何。」❹

朱子將事分為理、情、勢，從所引文分析，勢指諸侯間力量的大小，而形成的國際局勢；情指諸侯互相較力，所衍伸的盟會問題；理指因上述原因，對各種發生事件的判準。朱子雖要求從上述三方面平心看《左傳》，但從朱子話語，其實已有其個人的價值判斷。

---

❹ 參考愛德華·卡爾（Edward Hallett Carr，1892-1982）著，吳柱存譯：〈歷史學家和歷史學家的事實〉，劉北城、陳新編：《史學理論讀本》（北京：北京大學出版社，2006 年 1 月），頁 36-55。

❹ 〔宋〕黎靖德編，王星賢點校：《朱子語類·春秋·綱領》，卷 83，頁 2148-2149。

即使這些判斷，不一定是其個人所獨有。其次，歷史既不是單一事件的敘述，而是敘述一連串的事件，或云是事件與事件的因果關係；文獻不是歷史，事件也不是歷史，史家敘述諸多事件，才能成為歷史。朱子已注意到這一問題：

> 看《春秋》，且須看得一部《左傳》首尾意思通貫，方能略
> 見聖人筆削，與當時事之大意。❺⓪

解《春秋》須讀《左傳》，已預設解經前提：從徵實立場看待《春秋》，而這一立場具體言之，就是敘事解經。❺① 事，並非孤立存在，而是彼此相關，並有因果關係，如此縱橫交錯，構成春秋歷史。由於《春秋》記載簡略，《左傳》詳細記載了這些錯綜複雜的事件，借由這些事件，才可以更精確且具體的理解《春秋》的意義。

再以劉勰、劉知幾為參照，更可知敘事體非純粹記事。劉勰（465？-522？）指出傳體的特色是：「傳者，轉也，轉受經旨，以授於後，實聖文之羽翼，記籍之冠冕也。」❺② 作傳者不是客觀記事，

---

❺⓪ 〔宋〕黎靖德編，王星賢點校：《朱子語類・春秋・綱領》，卷 83，頁 2148。

❺① 張素卿指出《左傳》的解經方式，有論說經義與敘事解經，前者又區分為書法義例、評論兩種。後者是由始至終的記載事件的發展脈絡與因果關聯。見《敘事與解釋──左傳的經解研究》（臺北：書林出版公司，1998 年 4 月），頁 69，100。

❺② 〔梁〕劉勰：《文心雕龍・史傳》，周振甫（1911-2000）注釋本（臺北：里仁書局，1984 年 5 月），頁 293。

而是從聖人處得知經旨，再將這些經旨以敘事的方式傳達。所以敘事見義，不僅可見出事件之義，並可見出敘事者之義。至於敘事的體裁，劉知幾（661-721）云：「蓋敘事之體，其別有四：有直紀其才行者，有唯書其事跡者，有因言語而可知者，有假論贊而自見者。」❸直紀才行，是指敘述對象的才能與德行；書其事跡，是指敘述對象的行為；言語可知，是指旁觀者對敘述對象的意見；論贊自見，是指敘述者對敘述對象的評論。前兩項是敘述者間接的表達其意，後兩項是直接表達其意。敘事體裁，不論是作者或事件，都有價值判斷在其中。❹

朱子亦云：

> 《春秋》之書，且據《左氏》。當時天下大亂，聖人且據實
> 而書之，其是非得失，付諸後世公論，蓋有言外之意。若必
> 於一字一辭之間求褒貶所在，竊恐不然。❺

---

❸ 〔唐〕劉知幾：《史通‧敘事》，〔清〕浦起龍（1679- ？）《史通通釋》本（臺北：里仁書局點校本，1980 年 9 月），頁 168。劉知幾敘事史學，強調史須實錄，源自其文學理論：文章也須實錄，所以反對六朝以來華美的文字。其次，源自其經學認知，轉經學為史學，而論史例史法。見龔鵬程：〈劉知幾史通析微〉，《唐代思潮》（宜蘭：佛光人文社會學院，2001 年 6月），頁 223-264。

❹ 這自非說朱子受劉勰、劉知幾影響，強調歷史敘事，只是取以為證，指出敘事的客觀性困難。所謂歷史敘述的客觀，可指作者立場的客觀，事件來源的客觀，表述方式的客觀等。從前述分析，這三點，無一能有客觀性。

❺ 〔宋〕黎靖德編，王星賢點校：《朱子語類‧春秋‧綱領》，卷 83，頁 2149。

言外之意，略有二種表現方式，一是隱喻，通過語言所創造的一種
現實，達到另一種現實，這是一轉換的過程。❺❻意即《春秋》自是
過往史事的記載，但還有記事以外的指向，即《春秋》編定者所處
的世界，並延伸及於後代的讀者所處的世界，因此評論往史，即是
評論當代。正因是轉換過程，不同時代有不同判斷，意義是開放性
質，所以才要付諸公論，無法為字辭的褒貶所限制。

　　言外之意的另一表現方法，則是寄託，寄託是指作品的創作或
解讀時，尋求與作品平行並列的具體指涉，比較明確具有特定政治
倫理上的指涉意義。這一創作模式，承載較多作者個人隱而未顯的
創作動機與目的，❺❼體現在《公羊》、《穀梁》解經傳統。皮錫瑞
（1850-1908）提出「借事明義」這一方法解讀《公羊傳》：「所謂
見之行事，謂託二百四十二年行事，以明褒貶之義也。孔子知道不
行而作《春秋》，斟酌損益，立一王之法，以待後世，然不能實指
其用法之處，則其意不可見，即專著一書，說明立法之意如何，變
法之意如何，仍是託之空言，不如見之行事，使人易曉……故不得
不借當時之事，以明褒貶之義，即褒貶之義，以為後來之法。」❺❽

---

❺❻　〔英〕霍克思（Terrnce Hawkes）著，高炳中譯：《論隱喻》（*Metaphor*）
　　（北京：昆侖出版社，1992 年 2 月），頁 86。

❺❼　蔡英俊：《中國古典詩論中「語言」與「意義」的論題——「意在言外」的
　　用言方式與「含蓄」的美典》（臺北：臺灣學生書局，2001 年 4 月），指出
　　含蓄的美典分為寄託與神韻，寄託如上述，神韻則是借著物象物態本身的渲
　　染點撥，體現情感意念含蓄不斷的審美旨趣，頁 232，240，246。

❺❽　〔清〕皮錫瑞：《經學通論·春秋·論春秋借事明義之旨止是借當時之事作
　　一樣子其事之合與不合備與不備本所不計》（臺北：臺灣商務印書館，1989
　　年 10 月臺 5 版），卷 4，頁 21。

原來「借事明義」，並非探究歷史事件的意義，以達到一切歷史都是思想史目標，❺而是藉著褒貶歷史事件及人物，說明《公羊》作者所寄寓的理想。如是，褒貶的方式應很明確，事件的記載應很詳實，理想的導出應與褒貶、事件有邏輯上必然關係。可是《公羊》褒貶的主要方式──時月日例──向來即引起甚多爭議；而《公羊》記事簡略，即使皮錫瑞亦不諱言；至於理想導出與前二者的關係，皮錫瑞卻說：「止是借當時之事作一樣子，其事之合與不合，備與不備，本所不計。」朱子指出《春秋》有言外之意，但不同於《公羊》、《穀梁》以事件為作者寄託，仍回到敘事解經的《左傳》傳統。❻

---

❺ 柯靈烏（R.C. Collingwood，1889-1943）將歷史事件分為內部與外部，事件外部是指能以物體及運動描述的部分；內部是只能依思想描述的部分。史家所關心的則是行為──內部與外部的統一體，歷史研究即設身處於該項事件中，以理解當事者思想，史家努力尋求這些思想過程，所以整個歷史就是思想史。見氏著，陳明福譯：《歷史的理念》（*The Idea of History*）（臺北：桂冠圖書公司，1987 年 10 月），頁 285-287。借事明義之「義」，固可以思想釋之，但與柯靈烏所云歷史即思想史，顯然有異。

❻ 這一傳統，可以徐復觀（1903-1982）所說為例，徐氏以為《左傳》傳經方式有二：一是以義傳經：以補《春秋》者傳《春秋》，以書法的解釋傳《春秋》，以簡捷的判斷傳《春秋》，以「君子曰」的形式，發表自己意見。除第一項外，餘與《公羊》、《穀梁》同。二是以史傳經。以義傳經是代歷史講話，以史傳經，是讓歷史自己講話。見〈原史──由宗教通向人文的史學的成立〉，《兩漢思想史》（臺北：臺灣學生書局，1979 年 9 月），卷 3，頁 270-271。

第四節　以義例疑春秋

　　例，或稱凡例，或稱條例，或稱義例。其緣起是史書的編寫，會遵循一定的寫作規律，這些規律未必在編寫之前就已完全寫定，會隨著寫作過程所遇到問題增加、修改、刪減等，所以也有可能是在寫作期間，甚至寫作完成後才定稿。作者也未必在作品中明確說明其規律，時而待讀者在閱讀時去發掘。這些規律，經整齊歸納後，就是例。如果偏重文學，就是創作技法；偏重史學，則是對史事人物的評論。

　　史學義例的性質，大致有二：一是編寫的體製，就文獻本身分類整理，作者對事件、人物的意見不顯；與此相對，是作者的意見，以一定的規律呈顯，只要掌握這些規律，就可以理解作者價值判斷。這兩類義例會具現在同一作品中，亦即作品體例與作者思想，有時不易釐清。劉知幾云：「夫史之有例，猶國之有法。國無法，則上下靡定；史無例，則是非莫準。昔夫子修經，始發凡例；左氏立傳，顯其區域。科條一辨，彪炳可觀。」❻❶整個史學義例，是承經學義例而來。以法喻例，也說明義例的性質與功能：視義例為共守的規範，用以判斷是非。

　　事件究竟表示什麼意義，可以借由義例以說明。《左傳·隱公元年》：「元年春，王周正月，不書即位，攝也。」杜預（222-284）注：「假攝君政，不修即位之禮，故史不書於策，傳所以見

---

❻❶　〔唐〕劉知幾：《史通·序例》，〔清〕浦起龍：《史通通釋》本，頁88。

異於常。」❻並論假攝君政之故：「隱既繼室之子，于第應立，而尋父娶仲子之意，委位以讓桓。天子既以定之，諸侯既已正之，國人既已君之，而隱終有讓國授桓之心，所以不行即位之禮也。隱、莊、閔、僖雖居君位，皆有故而不修即位之禮。或讓而不為，或痛而不忍，或亂而不得，禮廢事異，國史固無所書，非行其禮而不書於文也。」❻亦即公即位必書，不書即位，另有他故。讀者據此一義例，遇凡不書即位，則知必有意義存焉。朱子對此不以為然：

> 來諭以為他處皆可執其一說以為據，獨即位之說為難通。愚恐其所執之說，未必聖人之真意，非獨即位之說為無據也。❻

朱子之意，何止是「公即位例」不可信，大概是所有義例均不可信：

1. 《春秋》有書「天王」者，有書「王」者，此皆難曉。或以為王不稱「天」，貶之。某謂，若書「天王」，其罪自見。宰咺以為冢宰，亦未敢信。其他如莒去疾、莒展輿、齊陽生，恐只據舊史文。若謂添一箇字，減一箇字，便是

---

❻ 〔唐〕孔穎達：《春秋左傳正義》，卷1，頁1。

❻ 〔晉〕杜預：《春秋釋例・公即位例》（臺北：臺灣中華書局影印嘉慶七年補刊本，1970年3月），卷1，頁2。

❻ 〔宋〕朱子：〈答龔惟德〉，《朱子文集》，卷59，收入朱傑人等主編：《朱子全書》（上海：上海古籍出版社，合肥：安徽教育出版社，2002年12月），第23冊，總頁2812。

褒貶，某不敢信。❻❺

2.《春秋》所書，如某人為某事，本據魯史舊文筆削而成。今人看《春秋》，必要謂某字譏某人。如此，則是孔子專任私意，妄為褒貶。孔子但據直書而善惡自著。今若必要如此推說，須是得魯史舊文，參校筆削異同，然後為可見，而亦豈復可得也？❻❻

第一則引文朱子指出《春秋》不在一字上褒貶，書寫的不同，即同事異辭或異事同辭，是根據舊史，孔子只是據此書寫。第二則準此引申必須有魯史舊文與《春秋》經文對照，才能證明孔子確實以義例褒貶。但是朱子又說「據魯史舊文筆削而成」，亦即不是「照錄」舊史，而是「筆削」舊史，筆是書寫，削是不書寫，書與不書，一是事件的選擇，二是含義的寄託，前者是指事件仍須經由作者選擇才能見出意義，後者才是義例。如參照朱子所說「書天王，其罪自見」，書與不書，顯然不止是事件的選擇，這就是義例。朱子在反例之時，是否也不自覺的承認例的存在：

或論及《春秋》之凡例。先生曰：「《春秋》之有例固矣，奈何非夫子之為也。昔嘗有人言及命格，予曰：『命格，誰之所為乎？』曰：『善談五行者為之也。』予曰：『然則何

---

❻❺　〔宋〕黎靖德編，王星賢點校：《朱子語類・春秋・綱領》，卷 83，頁 2145-2146。

❻❻　〔宋〕黎靖德編，王星賢點校：《朱子語類・春秋・綱領》，卷 83，頁 2146。

貴？設若自天而降，具言其為美為惡，則誠可信矣。今特出
於人為，烏可信也？』知此，則知《春秋》之例矣。」❻❼

朱子承認《春秋》有例，問題只是例是否孔子為之，以例解經，是
否合乎聖人之意。《左傳》成書當戰國中期，至遲在戰國末葉，而
已有凡例，以例說經，不會晚到漢儒，只是從漢至晉，此風大盛。
《隋書・經籍志》所錄義例之作，《左傳》有八種，《公羊傳》有
三種，《穀梁傳》有一種。❻❽劉知幾《史通・序例》，是自覺的以
理論說明史書義例的源流。歐陽修（1007-1072）《新五代史》、司
馬光（1019-1086）《資治通鑑》則是例在宋代的發展，朱子《資治
通鑑綱目》更是義例詳明。❻❾全面否認例的存在或價值，就不能理
解何以朱子反對以例解經，本身卻以例著史。

　由是觀之，例有經例，有史例；例以褒貶，可能是作者為之
——聖人，也可能是讀者解讀——《左傳》作者，更有可能是集體
作者編定；所以例與褒貶的關係未必一致，此即以例解經最大的問

---

❻❼　〔宋〕黎靖德編，王星賢點校：《朱子語類・春秋・綱領》，卷 83，頁
　　2147-2148。

❻❽　據〔清〕姚振宗（1842-1906）：《隋書經籍志考證・春秋類》計算，收入
　　《續修四庫全書・史部・目錄類》（上海：上海古籍出版社，1995 年 3
　　月），第 951 冊。

❻❾　據《資治通鑑綱目》「凡例目錄」有十九大類，六十六小類，但通觀其凡
　　例，又不止此數，《綱目》收入《朱子全書》，第 8 至第 11 冊，「凡例目
　　錄」暨「凡例」見第 11 冊，頁 3475-3497。柳詒徵指出，朱子為《綱目》，
　　即導源於《春秋》，只是朱子以為孔子修《春秋》不是先定凡例；三傳條
　　例，出於後人。此說較為通達，見《國史要義・史例》，頁 170。

題。如公即位例，賈逵（30-101）云：「四公皆實即位，孔子修經，乃有不書。」至於不書之故：「不書即位，所以惡桓之篡。」就與杜預不同。一是惡桓公之弒，一是美隱公之讓，難以斷定何者說是。❼至於杜預以後的說解，更是異說並陳。❼此所以朱子不信義例之故歟？

朱子雖說讀《春秋》先讀《左傳》，讀《左傳》看事理、事情、事勢，但又批評《左傳》是「猾頭熟事，趨炎附勢之人」，是「審利害之幾，善避就底人」。❼並舉宋宣公傳位予其弟穆公，穆公再傳位予宣公子殤公事，「君子曰：宋宣公可謂知人矣，立穆公，其子饗之，命以義夫。」❼而云：

> 1.問：「胡《春秋》如何？」曰：「胡《春秋》大義正，但

---

❼ 引文分見《春秋左傳正義・隱公元年》，卷 2，頁 13；《春秋釋例・公即位例》，卷 1，頁 2。葉夢欣以為賈、杜二氏皆未的當，應云：「隱公有讓桓之心，即位之禮有所未備，故不書即位也。」見《漢儒賈逵之春秋左氏學》（臺南：興業圖書公司，1983 年元月），頁 95。另參氏著：《杜預及其春秋左氏學》（臺北：文津出版社，1989 年 10 月），頁 144-147。

❼ 見陳槃（1905-2001）：《左氏春秋義例辨》（臺北：中央研究院歷史語言研究所專刊之十七，1993 年 5 月 2 版），卷 8，頁 14-18。詳列自宋至清解說隱公不書即位之義。

❼ 〔宋〕黎靖德編，王星賢點校：《朱子語類・春秋・綱領》，卷 83，頁 2149。

❼ 〔唐〕孔穎達：《春秋左傳正義・隱公三年》，卷 3，頁 3。楊伯峻（1909-1992）以為《左傳》之君子曰，是作者自己之議論，或作者取他人之言論，見《春秋左傳注・隱公元年》（北京：中華書局，1990 年 5 月 2 版），頁 15。

《春秋》自難理會。如《左氏》尤有淺陋處，如『君子曰』之類，病處甚多。林黃中嘗疑之，卻見得是。」❼❹

2.《左氏》有一大病，是他好以成敗論人，遇他做得來好時，便說他好；做得不好來時，便說他不是，卻都不折之以理之是非，這是他大病。❼❺

所以如此批評《左傳》，原因在於以事解經。進入《左傳》敘事情境後，會順著情境，以此情境為是，但某些情境，朱子卻不以為然。次則朱子對「君子曰」也有不以為然之處。敘事與議論均有疑義，所以必須以義理救之，這才是朱子讀《春秋》、讀《左傳》的方法。❼❻

第五節　以義理評春秋

何以朱子會有上述指責：

左氏見識甚卑，如言趙盾弒君之事，卻云：「孔子聞之，

---

❼❹ 〔宋〕黎靖德編，王星賢點校：《朱子語類·春秋·綱領》，卷 83，頁 2155。

❼❺ 〔宋〕黎靖德編，王星賢點校：《朱子語類·春秋·經》，卷 83，頁 2160。

❼❻ 所以馬驌（1659-1673）《左傳事緯》（臺北：廣文書局影印光緒戊寅刊本，1979 年 10 月）、高士奇（1644-1703）《左傳紀事本末》（臺北：里仁書局楊伯峻點校本，1980 年 3 月），於敘一事畢後，必有評論，以見二氏對史事之見。讀其事即可知其義，其實不易。

曰：『惜哉！越境乃免。』」如此，則專是回避占便宜者得
計，聖人豈有是意。聖人「作《春秋》而亂臣賊子懼」，豈
反為之解免耶。**⓻**

朱子不能承認「越境乃免」這一判斷，然而這一判斷卻是從《左
傳》敘事而來。讀者見事而知義，此義一經延伸，就是前述歷史情
境下的是非，再根據此一是非，論斷春秋歷史事件人物，所以朱子
云：

1. 《春秋》本是明道正誼之書，今人只較齊、晉伯業優劣，
　 反成謀利，大義都晦了。今人做義，且做得齊威、晉文優
　 劣論。**⓼**

2. 今之做《春秋》義，都是一般巧說，專是計較利害，將聖
　 人之經做一箇權謀機變之書。如此，不是聖經，卻成一箇
　 百將傳。**⓽**

3. 今之治《春秋》者，都只將許多權謀變詐為說，氣象局
　 促，不識聖人之意，不論王道之得失，而言伯業之盛衰，
　 失其旨遠矣。**⓾**

⓻　〔宋〕黎靖德編，王星賢點校：《朱子語類‧春秋‧綱領》，卷 83，頁
　　　2150-2151。
⓼　〔宋〕黎靖德編，王星賢點校：《朱子語類‧春秋‧經》，卷 83，頁 2173。
⓽　〔宋〕黎靖德編，王星賢點校：《朱子語類‧春秋‧經》，卷 83，頁 2174。
⓾　〔宋〕黎靖德編，王星賢點校：《朱子語類‧春秋‧經》，卷 83，頁 2173。

這些是後世讀者所讀出的意義，但也是從《左傳》敘事中導引而來。讀《左傳》本在見事明義，一旦「經典內部之義」非朱子所能認可，就會尋求「經典外部之義」，以判定歷史事件的是非：

> 張元德問《春秋》、《周禮》疑難。曰：「此等皆無佐證，強說不得。若穿鑿說出來，便是侮聖言。不如且研窮義理，義理明，則皆可遍通矣。」因曰：「看文字且先看明白易曉者。此語是某發出來，諸公可記取。」❽

朱子指出研究義理以解群經之難，顯然義理至少不完全是從經典中獲得，而有經典以外的來源。下引更可見出這一理路：

> 今理會得一箇義理後，將他事來處置，合於義理者為是，不合於義理者為非。亦有喚做是而未盡善者，亦有謂之不是而彼善於此者。且如讀《史記》，便見得秦之所以亡，漢之所以興；及至後來劉、項事，又知劉之所以得，項之所以失，不難判斷。只是《春秋》卻精細，也都不說破，教後人自將義理去折衷。❽

朱子原本預設是：「聖人只是書放那裡，使後世因此去考見道理如

---

❽ 〔宋〕黎靖德編，王星賢點校：《朱子語類・春秋・綱領》，卷 83，頁 2148。

❽ 〔宋〕黎靖德編，王星賢點校：《朱子語類・春秋・綱領》，卷 83，頁 2152。

何便為是，如何便為不是。」❸這就是前述以事件解經，理即在事中。可是事中之理，未必的當，於是尋求事外之理，這可以分別稱為經典內外部之義理。內部義理不能滿足，則以外部的義理補定。此時已漸漸從敘事解經，轉向義理通經，這是方向的改變；從見事明義，轉向以義斷事，這才是方向的逆轉。

義理，以簡捷的方式說明：「理與義對說，則理是體，義是用；理是在物當然之則，義是所以處此理者。」❹理在此是道德實踐的根據，義是此一根據的發用。朱子云：「讀六經時，只如未有六經，只就自家身上討道理，其理便易曉。」❺經典未必是義理的來源，生命主體的體悟也是根源之一。從此點而論，很難判斷是我注六經還是六經注我。

讀六經既是從「自家身上討道理」，這一道理，自有可能是作者的道理，也有可能是讀者的道理，但朱子斬截的指出解讀《春秋》無法得知聖人之意：

> 問：「諸家《春秋》解如何？」曰：「某盡信不及。如胡文
> 定《春秋》，某也信不及，知得聖人意裏是如此說否？今只
> 眼前朝報差除，尚未知朝廷意思如何，況生乎千百載之下，
> 欲逆推乎千百載上聖人之心。況自家之心，又未如得聖人，

---

❸ 〔宋〕黎靖德編，王星賢點校：《朱子語類·春秋·綱領》，卷 83，頁 2155。

❹ 〔宋〕陳淳（1159-1223）著，熊國禎、高流水點校：《北溪字義》（北京：中華書局，1983 年 8 月），頁 41。

❺ 〔宋〕黎靖德編，王星賢點校：《朱子語類》，卷 11，頁 188。

如何知得聖人肚裏事。某所以都不敢信諸家解，除非是得孔
子還魂親說出，不知如何。」⑱

亦即讀者讀出之意僅是讀者之意，而非作者之意。朱子是從作品時
代的遠近、作者與讀者的心境論證何以不可能得知聖人製作之意。
這兩種推論方法，均有限制：時代遠近不是有效的論證，否則三傳
即可有效解經；朱子自己也承認身處當代，都已難知朝廷意向，最
多只能說時代距離可能增加作品理解難度。心如果是指境界，生命
就不是平面的進步，而是立體的提升，人的實踐路數不同，所達至
的心靈狀態亦復不同。⑲由此論之，讀者不斷的追隨作者，一旦作
者是聖人，可能永遠只是追隨。心如指一般的經驗，因涉及生命具
體處境的問題，就會形成平行對照的狀況，亦即《春秋》所敘述的
歷史事件，與讀者所面臨的處境有一定程度的相似性，此時較易理
解作者書寫的背景，進而也就較易得知作者實際的書寫行為。但不
論如何，以讀者之心等同於作者之心為前提，才能理解《春秋》，
置於整個閱讀脈絡，幾乎不可能達成。

朱子指出讀者僅能從敘事文法中得知聖人之意：

程子所謂「《春秋》大義數十，炳如日星」者，如「成宋
亂」，「宋災故」之類，乃是聖人直著誅貶，自是分明。如

---

⑱　〔宋〕黎靖德編，王星賢點校：《朱子語類・春秋・綱領》，卷 83，頁
2155。

⑲　參考龔鵬程：〈中國哲學之美〉，《文學與美學》（臺北：業強出版社，
1986 年 4 月），頁 58-60。

胡氏謂書「晉侯」為以常情待晉襄，書「秦人」為以王事責
秦穆處，卻恐未必如此。須是己之心果與聖人之心神交心
契，始可斷他所書之旨；不然，則未易言也。程子所謂「微
辭隱義，時措從宜者為難知」耳。❽❽

所說四事如下：

1. 《左傳·桓公二年》：「經：三月，公會齊侯、陳侯、鄭
   伯于稷，以成宋亂。」❽❾
2. 《左傳·襄公三十年》：「經：晉人、齊人、宋人、衛
   人、鄭人、曹人、莒人、邾人、滕人、薛人、杞人、小邾
   人，會于澶淵，宋災故。」❾⓪
3. 《左傳·文公二年》：「經：春王二月甲子，晉侯及秦師
   戰於彭衙，秦師敗績。」❾❶
4. 《左傳·文公三年》：「經：秦人伐晉。」❾❷

第一則、第二則，胡安國云：「澶淵之會，欲謀宋災，而不討
弒君之賊，雖書曰『宋災故』，而未能表其誅責之意也，必深諱魯

---

❽❽ 〔宋〕黎靖德編，王星賢點校：《朱子語類·春秋·綱領》，卷 83，頁
2154。
❽❾ 〔唐〕孔穎達：《春秋左傳正義》，卷 5，頁 4。
❾⓪ 〔唐〕孔穎達：《春秋左傳正義》，卷 40，頁 1。
❾❶ 〔唐〕孔穎達：《春秋左傳正義》，卷 18，頁 7。
❾❷ 〔唐〕孔穎達：《春秋左傳正義》，卷 18，頁 16。

卿，而重貶諸國之大夫，然後足以啟問者，見是非也。稷之會，前有宋督弒君，後有取宋鼎之事，書曰『成宋亂』，則其責已明，不必諱公與貶諸侯爵次，然後見罪矣。」❸認為稷之會與澶淵之會，經旨均在討弒君之賊。只是稷之會，前後脈絡明顯；澶淵之會，事跡不顯。前者不必諱魯君、貶諸侯，旨義自見；後者諱魯卿、貶大夫，以見不討弒君之罪。朱子以為其義可以自見，不必涉及前後敘事，如此委曲解經。

第三則，胡安國云：「戰而言及者，主乎是戰者也。夫敵加於己，不得已而起者謂之應兵；爭恨小故，不忍忿怒者謂之忿兵。按《左氏》秦孟明帥師伐晉，報殽之役，此所謂忿兵，疑罪之在秦也。而以晉侯主之，何哉？處己息爭之道，遠怨之方也。」❹指出書例主戰者在前，晉非主戰，在前是為了息爭遠怨。第四則，胡安國云：「晉人畏秦而不出，穆公逞其忿而後悔，自是見伐不報，始能踐自誓之言矣，是故於此貶而稱人，備責之也。」❺以為秦前此稱伯，此稱人，是穆公雖逞忿但後自悔，所以稱人以明其事。朱子認為這些都是胡安國之意，未必是孔子之意。

「成宋亂」、「宋災故」在敘事上有前後因果關連，可以判斷其中褒貶；「晉侯」、「秦人」則無法從前後敘事見出褒貶。就詞義而論，「災」、「亂」本身即有負面意涵，某人做某事而釀災成

---

❸ 〔宋〕胡安國：《春秋胡氏傳·桓公上》，卷 4，頁 4，《四部叢刊續編》（臺北：臺灣商務印書館影印上海涵芬樓借鐵琴銅劍樓藏宋刊本），第 5 冊。另參同書〈襄公下〉，卷23，頁6。

❹ 〔宋〕胡安國：《春秋胡氏傳·文公上》，卷14，頁3。

❺ 〔宋〕胡安國：《春秋胡氏傳·桓公上》，卷14，頁5。

亂，整個敘述已有價值判斷；「侯」、「人」是中性名詞，難以直接見出褒貶所在。朱子以為前者是聖人命意，後者則不可知。

可是從文法分析，既然詞性如此，這也可能是一般判斷——不問作者是誰的一般判斷。其次，《春秋》書諸侯盟會，除此二事外，未說所以會之故。必須綜觀諸侯盟會，才能理解所以是貶之義。以文法見義，也並不能完全掌握經義，反而從「盟會例」可以見出經義。

至於以己之心與作者之心「神交心契」才能知作者之旨，可以宣告作者之旨不可知，與上述以義理評《春秋》合觀，有的只是讀者之旨。

如季子事：

1. 《左傳·莊公三十二年》：「初，公築臺，臨黨氏，見孟任，從之。閟。而以夫人言，許之，割臂盟公。生子般焉。雩，講于梁氏，女公子觀之。圉人犖自牆外與之戲。子般怒，使鞭之。公曰：『不如殺之，是不可鞭。犖有力焉，能投蓋于稷門。』公疾，問後於叔牙。對曰：『慶父材。』問於季友。對曰：『臣以死奉般。』公曰：『鄉者牙曰「慶父材」。』成季使以君命命僖叔，待于鍼巫氏，使鍼季酖之，曰：『飲此，則有後於魯國；不然，死且無後。』飲之，歸，及逵泉而卒。立叔孫氏。八月癸亥，公薨于路寢。子般即位，次于黨氏。冬十月己未，共仲使圉

人鑿賊子般于黨氏，成季奔陳，立閔公。」**96**

2.《左傳・閔公元年》：「經：秋，八月，公及齊侯盟于落
姑，季子來歸。傳：秋，八月，公及齊侯盟于落姑，請復
季友也。齊侯許之，使召諸陳，公次于郎以待之。『季子
來歸』，嘉之也。」**97**

先是魯國君位，莊公傳予慶父或是子般，猶豫未決；得季子一言而
定。子般即位被弒，季子奔陳，魯國立閔公，召季子回國。後閔公
又被弒，季子奉僖公，慶父奔莒。經書「季子來歸」，傳釋經義是
「嘉之」。朱子對此事的意見是：

1.「《春秋》書『季子來歸』，恐只是因舊史之文書之，如
此寬看尚可。若謂『《春秋》謹嚴』，便沒理會。或只是
魯亂已甚，後來季友立得僖公，再整頓得箇社稷起，有此
大功，故取之，與取管仲意同。然季子罪惡與慶父一般，
《春秋》若褒之，則此一經乃淪三綱、斁九法之書爾。當
時公子牙無罪，又用藥毒殺了。季子賜族，此亦只是時君
恩意，如秦呼呂不韋作『尚父』耳。」正淳曰：「季子雖
來歸，亦有放走慶父之罪。」曰：「放走慶父罪小，它自
身上罪大，亦治慶父不得。」**98**

---

96 〔宋〕胡安國：《春秋左傳正義》，卷10，頁22-24。

97 〔唐〕孔穎達：《春秋左傳正義》，卷11，頁2。

98 〔宋〕黎靖德編，王星賢點校：《朱子語類・春秋・經》，卷83，頁2163。

2. 「成風事季友，與敬嬴事襄仲一般，《春秋》何故褒季友？如書『季子來歸』，是也。」人傑謂：「季子既歸，而閔公被弒，慶父出奔。季子不能討賊，是其意在於立僖公也。」先生曰：「縱失慶父之罪小，而季子自有大惡。今《春秋》不貶之，而反褒之，殆不可曉。蓋如高子、仲孫之徒，只是舊史書之，聖人因其文而不革。所以書之者，欲見當時事，付諸後人之公議耳。若謂季子為命大夫，則叔孫婼嘗受命服，何為書名乎？」❾❾

3. 「季子來歸」，如「高子來盟」、「齊仲孫來」之類。當時魯國內亂，得一季子歸國，則國人皆有慰望之意，故魯史喜而書之。夫子直書史家之辭。其實季子無狀，觀於成風事之可見。一書「季子來歸」，而季氏得政，權去公室之漸，皆由此起矣。❿

以為公子牙無罪，季子無故毒殺；閔公被弒，又縱放慶父；成風事季子，也隱指季子有意立僖公。這些行為均不合朱子所認可的義理。如果進一步推論，殺公子牙，就應殺慶父；既釋慶父，也應釋公子牙。季子標準顯然不一。朱子甚至以為季子罪與慶父等，《春秋》不可能褒之，書「季子來歸」只是因魯史舊文，孔子因之，並無他意。季子來歸，確有可能如朱子所說；但論罪季子，則與《左傳》互反。就此事而論，《春秋》之意難知，《左傳》之意則顯，

---

❾❾ 〔宋〕黎靖德編，王星賢點校：《朱子語類・春秋・經》，卷83，頁2162。

❿ 〔宋〕黎靖德編，王星賢點校：《朱子語類・春秋・經》，卷83，頁2164。

朱子別出己意，此一意，自與其體認的義理有關。朱子已不再追求聖人創作之意，至少沒有認定這是聖人之意。這反而是作為讀者的朱子之意。**⑩**

再如里克事：

《左傳・僖公十年》：「經：晉里克弒其君卓及其大夫荀息。」**⑩**朱子以為：

> 1. 晉里克事，只以《春秋》所書，未見其是非。《國語》載驪姬陰託里克之妻，其後里克守不定，遂有中立之說。他當時只難里克，里克若不變，太子可安。由是觀之，里克之罪明矣。後來殺奚齊、卓子，亦自快國人之意，且與申生伸冤。如《春秋》所書，多有不可曉。如里克等事，只當時人已自不知孰是孰非，況後世乎？如蔡人殺陳佗，都不曾有陳佗弒君蹤。「會王世子」，卻是威公做得好。**⑩**
>
> 2. 或問：「《春秋》書『晉殺其大夫荀息』，是取他否？」曰：「荀息亦未見有可取者，但始終一節，死君之難，亦可取耳。後又書『晉殺其大夫里克』者，不以弒君之罪討

---

⑩ 錢穆就指出，看史書中是非得失成敗盛衰，須將自己平日講明底道理去折衷，此則朱子平日教人為學先經後史之要旨。若胸中先無一番道理，則易為歷史上種種權譎功利所搖撼迷惑，以為義理即是如此，而無所折衷，此乃朱子所深戒。引文見〈朱子之春秋學〉，《朱子新學案》第 4 冊，頁 123，收入《錢賓四先生全集》（臺北：聯經出版公司，1997 年），第 14 冊。

⑩ 〔唐〕孔穎達：《春秋左傳正義》，卷 13，頁 14。

⑩ 〔宋〕黎靖德編，王星賢點校：《朱子語類・春秋・經》，卷 83，頁 2165。

> 之也。然克之罪則在中立。今《左傳》中卻不見其事，《國語》中所載甚詳。」[104]

就《春秋》經文論，里克弒君，其罪應已定。朱子認為未見是非，可以推知，朱子並不以奚齊及卓子為晉君。既非國君，也就無所謂弒君的問題。如是，晉君何屬？曰：太子申生。

朱子所稱「里克中立」之事，見《國語·晉語二》：「驪姬告優施曰：『君既許我殺太子而立奚齊矣，吾難里克，奈何？』優施曰：『吾來里克，一日而已。子為我具特羊之饗，吾以從之飲酒，我優也，言無郵。』驪姬許諾，乃具，使優施飲里克酒。中飲，優施起舞，謂里克妻曰：『主孟啗我，我教茲暇豫事君。』乃歌曰：『暇豫之吾吾，不如鳥烏。人皆集於苑，己獨集於枯。』里克笑曰：『何謂苑？何謂枯？』優施曰：『其母為夫，其子為君，可不謂苑乎？其母既死，其子又有謗，可不謂枯乎？枯且有傷。』優施出，里克辟奠，不飧而寢。夜半，召優施，曰：『曩而言戲乎？抑亦所聞之乎？』曰：『然。君既許驪姬殺太子而立奚齊，謀既成矣。』里克曰：『吾秉君以殺太子，吾不忍。通復故交，吾不敢。中立其免乎？』優施曰：『免。』」[105]

朱子以為里克之罪正在中立，不在弒君，並引《左傳·僖公十年》：「經：晉殺其大夫里克。」並不以弒君之罪討之為證。但杜

---

[104] 〔宋〕黎靖德編，王星賢點校：《朱子語類·春秋·經》，卷 83，頁 2165。

[105] 〔清〕徐元誥（1877-1956）著，王樹民、沈長雲點校：《國語集解（修訂本）》（北京：中華書局，2002 年 6 月），卷 8，頁 275-277。

注：「稱名以罪之。」孔疏：「宣四年傳例曰：弒君稱君，君無道也；稱臣，臣之罪也……今稱里克之名以罪之。」**⑩**朱子與杜、孔的判斷大相逕庭。其中一段曲折，《左傳》並未載明，朱子是根據《國語》判斷。同罪里克，其因互異，這也是朱子讀出之意，未必就是作者之意。朱子窮究事件原委，不限《春秋》經傳，並參考其他典籍，從其纖悉處斷定是非。

第六節　結　語

朱子預設經典有一本義存在，《春秋》仍有本義。所謂本義，一是指在作品中探討作者的原意；其次，在集體創作前提下，則指作品的原始意義。只是這一本義如何能求得。讀者所宣稱的本義，究竟是作者的本義，還是讀者詮釋出的意義？所以探討朱子《春秋》學，一開始即觸及方法論問題。

朱子以為孔子並未有實際權力，不能予奪賞罰，而是就歷史發展，看出其興衰治亂的脈絡，記載於《春秋》之中。研讀《春秋》就在對治此一興衰治亂，掌握歷史發展的義理。此為朱子以經世定《春秋》的內容。

朱子以為解《春秋》須讀《左傳》，已預設解經前提：從徵實立場看待《春秋》，而這一立場具體言之，就是敘事解經。事，並非孤立存在，而是彼此相關，並有因果關係，如此縱橫交錯，構成春秋歷史。由於《春秋》記載較簡，《左傳》則詳細的記載了這些

---

⑩　〔唐〕孔穎達：《春秋左傳正義》，卷13，頁15。

錯綜複雜的事件，借由這些事件，可以理解《春秋》的意義。然而歷史事件，不會以單純的形式出現，而是經由史家的頭腦折射出來；其次，對於行動背後的思想，會有想像力的理解；第三，史家屬於其所從出的時代，難免以其時代情境，看待過去。這些均無法視事件為客觀存在，讀者只要閱讀事件，即可獲致意義。

朱子指出《春秋》不在一字上褒貶，書寫的不同，即同事異辭或異事同辭，是根據舊史，孔子只是據此書寫。必須有魯史舊文與《春秋》經文對照，才能證明孔子確實以義例褒貶。但是朱子也承認《春秋》有例，問題只是例是否孔子為之，以例解經，是否合乎聖人之意。朱子《資治通鑑綱目》更是義例詳明。全面否認例的存在或價值，就不能理解何以朱子反對以例解經，本身卻以例著史。

以事件解經，理即在事中。可是事中之理，未必的當，於是尋求事外之理，這可以分別稱為經典內外部之義理。內部義理不能滿足，則以外部的義理補定。此時已漸漸從敘事解經，轉向義理通經，這是方向的改變；從見事明義，轉向以義斷事，這才是方向的逆轉，也是朱子解《春秋》的方法所在。

從本題可延伸至下述兩個問題：

事件與意義：經由敘事者敘述，同一事件因事件位置、敘述語言，會有不同的意義，未必如此確定見事即何知義。

義例與意義：義例顯然是讀者追尋作者之意而發展出的解經方法，每一條例，其後均有價值判斷，逐條分析，可見出後代解經者的思想內涵。

附錄二：
張自超春秋宗朱辨義的
解經方法

第一節　前　言

　　張自超字彝歎，江南高淳人（今南京市高淳縣），康熙四十二年癸未（1703）進士。據方苞（1668-1749）云其時已年近五十。康熙五十七年（1718）因徐元夢（1655-1741）薦，詔送京師，於道中卒。❶由此推算，張自超約略生於順治十年（1653），卒於康熙五十七年（1718），享年六十五歲。其生平不詳，略知其少年孤苦，耕讀奉母，年五十始中進士，卻無意仕途。徐元夢巡撫浙江（康熙五十三年至五十六年，1714-1717）時，嘗邀其任教杭州敷文書院。❷

---

❶　徐元夢，字善長，號蝶園，滿洲正白旗人。康熙癸丑（十二年）進士，歷官浙江巡撫、左都御史兼翰林院掌院學士、戶部尚書，卒諡文定。

❷　參考〔清〕方苞：〈四君子傳〉、〈張彝歎哀辭〉、〈記張彝歎夢岳忠武事〉，收入氏著，劉季高（1911-2007）校點：《方苞集》（上海：上海古籍

張自超著有《春秋宗朱辨義》，從其書名即可得知撰述宗旨所
在。四庫館臣云：「是書大義，本朱子據事直書之旨，不為隱深阻
晦之說，惟就經文前後參觀，以求其義，不可知者則闕之。」並
云：「後方苞作《春秋通論》，多取材此書。」❸書前有〈春秋宗
朱辨義總論〉，開宗明義指出：

> 其於朱子則已言者引其言，未言者推其意；間有非朱子之
> 意，或朱子曾言之，而鄙見微有不然者，亦未敢阿私而曲殉
> 之也。❹

朱子（1130-1200）指出《春秋》是其時「實事」，經由孔子「書
寫」，目的是「經世」，但後儒各以「己意解經」，是以說多穿
鑿，「理精義明」才能讀《春秋》，取胡安國（1074-1138）《春秋
傳》庶幾近之。這些講法，大致構成朱子《春秋》學的基本觀點。

出版社，1983 年 5 月），卷 8，16，《集外文》，卷 6。〔清〕陳康祺
（1840-1890）著，褚家偉、張文玲點校：《郎潛紀聞‧三筆‧張彝歎可謂暗
修篤行之士》（北京：中華書局，1997 年 12 月 2 刷），卷 4，頁 719。
〔清〕徐珂（1869-1929）編撰：《清稗類鈔‧狷介類‧張彝歎不肯試為吏》
（北京：中華書局，1981 年），第 7 冊，頁 3231。

❸ 〔清〕永瑢（1743-1790）等著，王伯祥（1890-1975）斷句：《四庫全書總
目‧經部‧春秋類四》（北京：中華書局影印乾隆六十年浙江刻本，1995 年
6 刷），卷 29，頁 239。惟《春秋宗朱辨義》書前提要則云：「後方苞作
《春秋》經解，多取材于此書。」方苞有《春秋通論》、《春秋直解》、
《春秋比事》三書，《春秋》經解可能泛指上述三書。

❹ 〔清〕張自超：《春秋宗朱辨義‧總論》（臺北：臺灣商務印書館四庫全書
珍本四集，1973 年），頁 1。

張自超則以為：

> 《春秋》紀事之書也，而義即在乎事之中。苟攷於事不得其
> 實，則索其義有不可以強通者矣。諸儒於事全信《左氏》，
> 於事之合禮不合禮者，則衷三《禮》以斷之。夫周禮之舊，
> 當孟子之時，諸侯惡其害己而去之，其詳已不可得聞，而況
> 漢儒襍集之書，其可盡據以論《春秋》哉？《左氏》之浮
> 誇，其不可全信，抑又明矣。故《春秋》有不可卒解者，不
> 當以三《傳》同文，古禮可徵，而竟不一闕疑也。❺

《春秋》是記事之書，所以義在事中，這與朱子大略相同。但所記
之事，學者多取《左傳》，至於事之是非曲直，則以三《禮》判
斷；張自超並不全然信之，此與朱子有異。兩者結合，張自超《春
秋》學特色，在於探究事件的始末，從常識的立場，質疑其合理與
否，由此延伸對《左傳》記事的懷疑，從而可定位其是《春秋》學
者，而非《左傳》學者；其次，對於《春秋》之「書法」，多不以
為然。「爵氏名字」、「即位」、「侵伐」、「會盟」、「內大惡
諱」、「崩葬」等《春秋》學傳統書法解經的方法，頗表懷疑，反
覆敘述《春秋》乃「據事直書」。

　　但這一敘述可細析為兩種型態：一是「魯史據事之實，夫子仍
史之初文」、「據魯史以書其事」、「因其實以著之」、「因乎舊
史，非有筆削」；另一則是「夫子筆削魯史，直書於冊」、「是非

---

❺ 〔清〕張自超：《春秋宗朱辨義・總論》，頁4。

以筆削而見，褒貶以是非而見」、「比事屬辭，《春秋》之教」。（俱見《春秋宗朱辨義·總論》）前者似是將魯史直接「複製」於《春秋》中，後者則是魯史經過「修改」再載於《春秋》中。兩者形式，大相逕庭；記事中之意義自復不同。魯史與《春秋》的關係，究竟是「複製」抑或「修正」，不僅是解經方法的問題，更涉及對聖人義理的認知。而張自超會合兩者，皆名之為據事直書。

張自超並云：

> 《春秋》有書事在此，而示義在彼者；有書事在前，而示義在後；書事在後，而示義在前者；有以不書示義者，有以疊書示義者；有煩文以示義者，有省文以示義者；有間文以示義者，有微文以示義者；有義係乎人而其事不必詳者，有義係乎事而其人不必詳者；有書其事同文而義在各著其是非者，有書其人同事而義在分別其善惡者；有書一事而具數義者，有書數事而明一義者。蓋是非以筆削而見，褒貶以是非而見。比事屬辭，《春秋》之教，固無待於鉤深而索隱也。❻

《春秋》是記事之書，但讀者重在探求其義；亦即研讀《春秋》不止是追溯往事，而是理解故事之意義。表達事義的方法，就在書寫。讀者從書寫的格式，即可窺知作者所欲達之義。可是作者已逝，讀者自不可能親聆作者教誨，於是只能從作品中判別異同，指出此事何以如此記載，彼事何以如此書寫，取其同類之事，彙而聚

---

❻ 〔清〕張自超：《春秋宗朱辨義·總論》，頁 2-3。

之，從其書寫的方式，說明大義所在。「不書」、「叠書」、「煩文」、「省文」、「間文」、「微文」等術語，就在這一思路下所形成。這些講法，與書法見義類同。據事直書與書法見義，可能有兩種意涵：或是涵攝結構，或是平行關係。從張自超所說，似是前者。

所謂據事直書涵攝書法見義，指書法的現象，原本就是魯史所記，聖人不過本此書寫在《春秋》。據此或可推論，書法是魯史原即具存的書寫方法，這一方法的根據是其時史書撰寫的規範或原則，這些規範或原則，也可稱為條例或義例。❼雖無後世儒者所稱的微言大義，但從書法條例，仍可推知史事意義的所在。據事直書，自是將這一部分全書於《春秋》。衍伸的問題則是讀《春秋》既如讀魯史，《春秋》有何價值？如曰魯史不存，賴《春秋》保存之，更可論證《春秋》等同於魯史，失卻了經典的地位。

據事直書與書法見義平行，意指魯史所記史事，經過聖人選擇、編輯與書寫，形之於《春秋》時，或書（筆）或不書（削），書寫時又有種種筆法，從這些現象，判斷史事的意義及聖人大義所在。正因魯史經過聖人重新編定而成為《春秋》，《春秋》才具有聖人隱含的思想與經典的地位。這大約是《春秋》經傳學傳統的認知與解經方法。

可是據事直書自朱子以來，即形成《春秋》學另一傳統，至清

---

❼　例的源流，詳見柳詒徵（1879-1956）：《國史要義・史例》（臺北：臺灣中華書局，1976 年 8 月），頁 162-189。

而弗衰。❽其間異同，即是本文所欲處理的問題。方法的形成，有
一方法意識，方法是如何做的問題，方法意識則涉及做的目的，經
由方法意識的萌發，誘導我們找到方法以達成目的。具體的說，就
是我們對作品的認識，作者、讀者與作品關係，研究這一作品所欲
達到的目的等，彼此見解不一，才有截然不同的方法。從而方法是
針對對象的一套思惟方式。至於方法論則是對此思惟方式的反省。
❾是以據事直書與書法見義，隱藏其後的方法意識，才是形成不同
解經方法的根源。

第二節　以事探義：解釋春秋的方法

　　《春秋》既是根據魯史而來，就必須考慮史著的記述原則。史
著的記述原則有其義，聖人的書寫也有其義。聖人全錄魯史而成
《春秋》，意謂聖人的書寫同於史著的體例，兩者就形成涵攝結

---

❽　如〔宋〕黃仲炎（?-?，書成於宋理宗紹定三年〔1230〕）《春秋通說》、
　　〔宋〕呂大圭（1227-1275）《春秋五論》、〔宋〕黃震（1213-1280）《黃
　　氏日鈔》、〔元〕程端學（1280-1336）《春秋本義》均受朱子影響，見戴君
　　仁（1901-1978）：《春秋辨例》（臺北：國立編譯館中華叢書編審委員會
　　1978 年 12 月再版），頁 133-144。〔清〕錢大昕（1728-1804）指出《春
　　秋》有例，但僅是史例，與褒貶無關，「其褒貶奈何？直書其事，使人之善
　　惡無所隱而已矣。」見氏著：〈春秋論〉，陳文和點校：《潛研堂文集》，
　　卷 2，頁 17，陳文和編：《嘉定錢大昕全集》（南京：江蘇古籍出版社，
　　1997 年 12 月），第 9 冊。
❾　參考龔鵬程：《國學入門》（臺北：臺灣學生書局，2007 年 6 月），頁 37-
　　55。

構。聖人書寫不全同於史著體例，則兩者形成平行關係。關鍵在能分別何者是「史官之義」，何者又是「聖人之義」；史官之義與聖人之義，其異同所在。

張自超云：

> 楚初稱荊，漸而稱人，既建號楚，而君漸舉爵，大夫漸稱名。諸侯於其來聘，則曰慕義而來，進之也。於其稱人舉爵，則曰漸進之義也。夫《春秋》之作，原以著二伯之功。二伯之功在攘楚，而顧進楚君臣與內諸侯大夫齊等哉？ ❿

並引朱子所說：「齊桓、晉文所以有功王室者，當時楚最強大，時復加兵於鄭，鄭在王畿之內，向非桓、文有以遏之，則周室為其所併矣。」 ⓫楚在《春秋》莊公二十八年前稱荊；僖公元年稱楚人；僖公二十一年稱楚子；稱公子（嬰齊）始於成公七年；稱大夫名（屈申）始於昭公五年。張自超云：

> 蓋始則略之，以漸而詳之。所以詳之者，交于中國，侵伐會盟，與內諸侯同其事，不可以不書。又實交其君，不得不舉爵；實交其臣，不得不書名。故舊史詳之，夫子亦不得而略

---

❿　〔清〕張自超：《春秋宗朱辨義・總論》，頁 12-13。

⓫　〔清〕張自超：《春秋宗朱辨義・總論》，頁 12-13。張自超節引朱子之文，朱子原文見〔宋〕黎靖德（?-?）編，王星賢點校：《朱子語類・春秋・綱領》（臺北：文津出版社，1986 年 12 月），卷 83，頁 2149。

之，使其事不著也。**⑫**

記楚事由略漸詳，這是楚參與中國諸侯之間的會盟侵伐。但屢言
「不得不書」，孔子也是「不得而略之」，似有其不得不然的苦
心。這就涉及到《春秋》何為而作的問題：

> 《春秋》之書，亦因桓、文之攘楚而作。使楚之君臣會盟侵
> 伐不詳，則齊、晉伯業之盛衰亦不得而詳。齊、晉伯業之盛
> 衰不詳，則內諸侯之是非向背亦不得而詳，而二百四十二年
> 之事無稽，《春秋》不得而成書矣。**⑬**

原來張自超《春秋》學有一重要認知，即以為《春秋》是為齊桓、
晉文攘楚而作。既是為攘楚而作，其間中原諸侯與楚國之交涉過
程、中原諸侯之內爭，自是全錄實事。後世讀者藉由這些實事，了
解齊桓、晉文攘楚之功，及中原諸侯在此事之功過。其後張自超又
指出齊桓公盟宋魯、存邢衛、徠江黃，謀霸業以問罪於楚；宋襄公
卻伐齊、圍曹、執滕、用鄫，欲與楚盟，借楚以得志於齊魯。不知
楚也想稱霸：

> 齊桓連內諸侯以攘楚，宋襄合楚以脅內諸侯。其事之正與不
> 正已大相左，而其行事又與齊桓背。楚之公然執于會地，有

---

⑫　〔清〕張自超：《春秋宗朱辨義·僖公元年》，卷5，頁3。
⑬　〔清〕張自超：《春秋宗朱辨義·僖公元年》，卷5，頁3。

不數其伐齊、圍曹、執滕子、用鄫子之罪者哉？數其罪而宋襄無辭，諸侯亦難為之辭矣。❹

宋襄公昧於局勢意欲稱霸，不但與中原諸侯為敵，更連外（楚）以敵內（中原諸侯）。後者尤其是宋襄公罪之所由來。由此觀之，《春秋》自有大義，就是華夏夷狄之分，這大約是承自朱子。夷夏之辨，大於《公羊》學所云聖人理想的建構。朱、張兩人生存情境不同，卻有相同感受。顯然文化才是他們關懷所在。如此論不謬，「攘楚」僅能是《春秋》之一面，而非全部。❺

如論及諸侯之間婚姻，張自超云：

《春秋》書歸女、逆婦，後儒皆從合禮不合禮立論。夫禮之合與不合，義固有之，而《春秋》實以著婚姻為邦交之大也。乃其歸女則於紀、杞、鄫、郊諸小國，莒慶、齊高固則又以下嫁於大夫，而子叔姬之歸齊不書，特詳於伯姬之歸宋。逆婦則桓、莊、僖、文、宣、成皆娶齊女，而聲姜之逆至不書，襄、昭、定、哀之夫人不詳其娶於何氏。聖人蓋有意寓乎其間，而禮之合與不合，則因事以併著者也。❻

---

❹ 〔清〕張自超：《春秋宗朱辨義·僖公二十一年》，卷5，頁42。

❺ 以「尊王攘夷」為《春秋》大義，頗可討論，春秋霸主事業，是稱霸而非尊王，是與夷狄競爭，而非攘夷。尊王攘夷是據其時事跡擬構的理想。司馬遷就以「貶天子、退諸侯、討大夫」為《春秋》大義，而此當然也是擬構。延至宋代，較強調尊王攘夷，而忽略貶天子、退諸侯、討大夫的理想。

❻ 〔清〕張自超：《春秋宗朱辨義·總論》，頁12。

以魯國十二公為例，六娶於齊女：桓公（文姜）、莊公（哀姜）、僖公（聲姜）、文公（出姜）、宣公（穆姜）、成公（齊姜）。稱氏、稱公子與褒貶無關：

1. 《春秋·桓公二年》：「公子翬如齊逆女。」張自超云：「不親迎而使卿逆，不使他卿而使翬，失禮而寵逆臣，則直書而義自見也。」❶

2. 《春秋·莊二十四年》：「夏，公如齊逆女。」張自超云：「媚齊女者，所以媚齊桓也。殆莊公之志、魯人之志。」❷

3. 《春秋·文公四年》：「夏，逆婦姜于齊。」張自超云：「蓋魯娶齊女，禮有隆殺，事有繁簡，史臣之登於冊者，不得不有詳略，夫子因其詳略，隨事書之，而示貶之義，巨細具著矣。而謂筆削於氏不氏、夫人不夫人一字兩字之間者，政不然也。」❸

第一則說明無論直書見義或書法見義，史書俱指向意義。這也就是大義之所在。只是其方法不同。張自超認為應參稽史事，究其本末以論斷，反對從書法條例論斷。但從第二則可知，即使是直書見義，這一大義仍是推論而得。史事本身無法獲得大義。所以張自超

---

❶ 〔清〕張自超：《春秋宗朱辨義·桓公三年》，卷2，頁10。
❷ 〔清〕張自超：《春秋宗朱辨義·莊公二十四年》，卷3，頁41。
❸ 〔清〕張自超：《春秋宗朱辨義·文公四年》，卷6，頁14。

每一事都詳論事件前後發展，說明何以書法條例不可信之故，最後指出該事件的大義。如果作者直書，讀者可以自然見義，何勞張自超詳細解說？第三則再度點出前述問題：舊史與《春秋》有何異同？聖人有意寓乎其間，就表明《春秋》不同於舊史。既是寓意其間，所寫在此，所指在彼。所寫是史事，所指是意義。事與義之間，存在複雜關係：其一是「直書見義」，就史事指出意義，史事須精確，與義關聯直接，義在事之中。其二是「書法見義」，以褒貶史事人物見出意義，義在事之上。其三是「借事明義」，借史事建構意義，事與義關聯更遠，甚至史事可不精確，義在事之外。前兩種約是《左傳》解經方法，第三種則是《公羊》學解經方法。就張自超《春秋》學觀察，應是第一種。即使如此，已如前述，仍難免於推論示義。

《春秋·莊公二十五年》：「伯姬歸于杞。」張自超云：「此以魯、杞婚姻之始，亦以起會洮、來歸、朝子、求婦之端也。」❷⓿《春秋·莊公二十七年》：「春，公會杞伯姬于洮。」❷❶是年：「冬，杞伯姬來。」❷❷《春秋·僖公五年》：「杞伯姬來朝其子。」張自超云：「伯姬魯女，挾其子來朝者，親魯以托其子也。」❷❸《春秋·僖公三十一年》：「冬，杞伯姬來求婦。」張自超云：

---

❷⓿　〔清〕張自超：《春秋宗朱辨義·莊公二十五年》，卷3，頁44。
❷❶　〔清〕張自超：《春秋宗朱辨義·莊公二十五年》，卷3，頁46。
❷❷　〔清〕張自超：《春秋宗朱辨義·莊公二十五年》，卷3，頁47。
❷❸　〔清〕張自超：《春秋宗朱辨義·僖公五年》，卷5，頁13。

杞托于魯，而魯屢侵削之。如謂婚姻足以固邦交，何為不以
伯姬故而扶植杞耶？固知魯人不義杞，雖再娶魯女，而亦無
以為安國之計也。《春秋》書伯姬求婦，固以識伯姬之越
禮，而亦以著魯女再嫁杞，魯弱杞如故。以致杞桓不得已而
事晉。❷

就張自超的解說，諸侯聯姻，確實是「邦交之大」；合禮與否，是
次於邦交的考慮。這是從婚姻而來的政治關係。而其中頗有可討論
者：張自超視禮在邦交——政治聯盟——之下，固然貶抑禮的地
位，婚姻更是政治思考下的產物。也與其《春秋》為攘楚而作，維
護中原文化之宗旨，背道而馳。考慮重心在諸侯力量的聯合，而非
禮制與禮意。

《春秋·成公四年》：「杞伯來朝。」張自超云：

杜氏以為將出叔姬，先修朝禮，以言其故，恐未必然。或是
將出叔姬，懼魯怒而見伐，先修朝禮以彌縫之。❷

次年：「春，王正月，杞叔姬來歸。」張自超云：

自此而諸侯會盟之中，始有杞伯。蓋杞伯懼以叔姬得罪于

---

❷　〔清〕張自超：《春秋宗朱辨義·僖公三十一年》，卷5，頁70。
❷　〔清〕張自超：《春秋宗朱辨義·成公四年》，卷8，頁10。

魯，魯以為討而托于晉也。❷

杜預（222-284）以為：「（杞伯）將出叔姬，先脩禮朝魯，言其故。」❷張自超則以為將出叔姬，懼魯見伐而朝魯，且托於晉。張自超的解釋，其實是延伸杜預而來，只是更具體的「表出」杞伯的「心志」。其間的思考，仍然是國與國之間的力量大小。杞弱魯強，聯姻是為自保，出妻而朝魯事晉，仍是為了自保。據《禮記·雜記下》諸侯有出夫人之禮，❷諸侯出夫人，派遣使者行禮告知；杞伯親來，可能是借朝禮以告知，也有可能是專程而來。後者尤可顯現杞伯畏魯怒而來朝。可是這些心志，是推論而得，僅從文字記載，並無法見出此意。若杞果有此意，論史者僅能順其意而表之，而略無一己之價值判斷？

《春秋·成公九年》：「二月，伯姬歸于宋。」前一年衛人來媵，本年晉人來媵，次年齊人來媵。張自超云：

> 但《春秋》書衛、晉、齊之來媵，則是因事以誌五國通昏之好，見其岐而復同，而非為媵女逾數起，亦非為伯姬賢而錄之也。❷

---

❷　〔清〕張自超：《春秋宗朱辨義·成公四年》，卷8，頁11。

❷　〔唐〕孔穎達（574-648）：《春秋左傳正義》（臺北：藝文印書館影印嘉慶二十年南昌府學刊本，1985年12月），卷26，頁7。

❷　詳可參考〔清〕孫希旦（1737-1784）著，沈嘯寰、王星賢點校：《禮記集解》（北京：中華書局，1989年2月），卷42，頁1124。

❷　〔清〕張自超：《春秋宗朱辨義·成公九年》，卷8，頁25。

五國通婚，岐而復同，與前述《春秋》為攘楚而作合觀，是否暗示中原諸侯此時可同心以抗楚。媵女之非禮，伯姬之賢否，皆不在考慮之內。《左傳》之意是：「凡諸侯嫁女，同姓媵之，異姓則否。」齊非魯同姓之國，媵乃非禮。❸至諸侯爭來媵，《公羊傳》：「錄伯姬也。」何休（129-182）注：「伯姬以賢聞諸侯，諸侯爭欲媵之，故善而詳錄之。」❸自是之後，程頤（1033-1107）、胡安國、高閌（1097-1153）等，均從此意發揮，亦即承《公羊》意。❸

　　兩兩相較，伯姬歸宋，諸侯往媵，《左傳》與《公羊》的解釋其實是較好的。其中涉及禮制的討論、個人道德的影響。張自超則限於諸侯通婚的政治力量。這固然是順諸侯內在的心志表而出之，但或者才是其價值判斷。這在叔姬歸於紀表現得更是清晰異常：

---

❸　楊伯峻（1909-1992）：《春秋左傳注》（北京：中華書局，1990 年 5 月 2 版），頁 840-841。楊伯峻以為《左傳》為是，但引〔清〕俞正燮（1775-1840）解「同姓當媵，異姓不必」為：「《左傳》記載事實，言同姓當媵，異姓不必。凡嫁皆媵，非謂不許媵。」但馬君華斷為：「《左傳》記載事實，言同姓當媵，異姓不必凡嫁皆媵，非謂異姓不許媵。」斷句、引文俱異，以馬說較佳。見〈武王女得適齊侯之子義答何休皇甫謐〉，《癸巳類稿二》，收入氏著，于石等點校：《俞正燮全集》（合肥：黃山書社，2005 年 9 月），第 1 冊，頁 45-46。

❸　〔唐〕徐彥（？-？）：《春秋公羊傳注疏》（臺北：藝文印書館影印嘉慶二十年南昌府學刊本，1985 年 12 月），卷 17，頁 17。

❸　〔宋〕胡安國：《春秋傳》，《影印文淵閣四庫全書·經部》第 151 冊（臺北：臺灣商務印書館，1983 年），卷 20，頁 4；〔宋〕高閌：《春秋集註》，《影印文淵閣四庫全書·經部》第 151 冊（臺北：臺灣商務印書館，1983 年），卷 26，頁 2；〔宋〕程頤：《春秋傳》，《河南程氏經說》，卷 4，《二程集》（臺北：漢京文化公司，1983 年 9 月），總頁 1118。

《春秋·隱公七年》：「春，王三月，叔姬歸于紀。」張自超云：

> 書伯姬之逆與歸，又書叔姬之歸，見魯與紀婚姻之好，此後
> 終桓公之世，大為紀謀，而卒不能助紀以敵齊，又不能平
> 齊、紀以延其祚。❸

紀、魯聯姻的目的是紀有所求於魯，魯也勉力為之，只是終未成事。

但是如此評論張自超，或未見公允。《春秋·成公八年》：「夏，宋公使公孫壽來納幣。」張自超云：

> 嗟呼！春秋諸侯私其昏姻則大義不顧，利其土地則昏姻不
> 顧。又其甚者，脅于強大，則嫁義不當嫁之女；托其助己，
> 則娶義不當娶之婦。人倫之道喪而禮義衰，可勝歎哉。故
> 《春秋》于宣、成之後，終襄、昭、定、哀之世，娶夫人不
> 書，而內女之嫁者，亦不復見于經也。❹

如從據事直書的角度分析，《春秋》僅是直書其時諸侯聯姻之後的「目的動機」——行動者所要達成的目的。張自超也只是說出諸侯的「原因動機」——依據行動者的背景、環境、精神特質作說

---

❸ 〔清〕張自超：《春秋宗朱辨義·隱公七年》，卷1，頁28。
❹ 〔清〕張自超：《春秋宗朱辨義·成公八年》，卷8，頁21。

明。⑤兩者結合，就可指稱只要觀察事件本末，即可了解《春秋》書寫之意及褒貶所在。之前所有分析，都可視為《春秋》所以如此記載之故。張自超只是說出此故，而非其自身的價值判斷。作為讀者的張自超，立基於《春秋》之外，維持一視距以解釋史事的意義。至於這些意義的價值判斷，則交由其餘讀者決定。

然從《春秋》之作，所以攘楚。所記之事，若與此一目標配合，則應受褒贊，反之則受貶抑。「《春秋》實以著婚姻為邦交之大也」，就在說明這一歷史情境。此時作為讀者的張自超，不僅說出諸侯聯姻的動機，更在說出《春秋》作者的動機。就其評析觀之，也不僅是說出事件本末，而是贊成其所認定的《春秋》作者動機，且進入這一價值系統。張自超云：

> 夫子《春秋》書娶婦嫁女，固以示夫婦之大倫，而亦以著昏姻之國，相好相惡之由，非為女婦之賢不賢起義也。⑥

顯然就不是前者而是後者。可是張自超引朱子：「《春秋》貴仁義而賤功利，貴王道而賤伯功。」雖然：「《春秋》明王法而亦不廢五伯之功。」⑦可是也不會置人倫大義在政治利益之下。張自超自

---

⑤　舒茲（Alfred Schutz，1899-1959）著，盧嵐蘭譯：《舒茲論文集第 1 冊》（Collected Papers Vol.1: The Problem of Social Reality）（臺北：桂冠圖書公司，2002 年 6 月），〈導論〉，頁 1-22，目的動機（in-order-to motives）、原因動機（because motives），見頁 14-15。

⑥　〔清〕張自超：《春秋宗朱辨義·成公八年》，卷 8，頁 23。

⑦　俱見〔清〕張自超：《春秋宗朱辨義·總論》引，頁 2。

亦明乎此義，所以才有「春秋諸侯私其昏姻則大義不顧，利其土地則昏姻不顧」之語。但會觀其論，終有矛盾之處。這一矛盾之產生，可能就與據事直書的方法論有關。朱子云：「《春秋》固是尊諸夏、外夷狄。然聖人當初作經，豈是要率天下諸侯而尊齊、晉。」❸以齊、晉固有尊王攘夷之功，但《春秋》非尊齊、晉。朱子並未作實看，作實看的反而是張自超。

次則，不論是在作品之外，作第三者的陳述；還是進入作品之內，贊成作者之義，均會遇到解釋上的困境：在「舊史——聖人——新經——張自超」的釋義結構下，聖人如是全錄舊史，所謂據事直書，舊史與新經又如何區別？張自超據新經以究聖人之義，聖人之義與史官之義又有何異同？既然直書可以見義，何以張自超還要費如許筆墨以分析、評論？

張自超認為《春秋》是為齊桓、晉文攘楚而作，以據事直書的方法，呈現《春秋》作者之志，乃至載事人物之志。然而仍須借由推論才能得義，同時據事直書也面臨經史區分的困難。

朱子嘗云：「如《春秋》『公孫于齊』，不成說『昭公出奔』。聖人也只得如此書，自是體當如此。」❸不論是「公孫于

---

❸ 〔宋〕黎靖德編，王星賢點校：《朱子語類·春秋》，卷83，頁2175。

❸ 〔宋〕黎靖德編，王星賢點校：《朱子語類·詩二·狼跋》，卷81，頁2126。昭公因權在季孫意如，欲謀去之，叔孫、孟孫聯合救季氏，昭公被迫出奔，事見《左傳·昭公二十五年》，《春秋》書此事曰：「公孫于齊，次于陽州。」三桓之立及其事跡，可參考〔清〕高士奇（1645-1704）：〈列卿嗣世〉、〈三桓弱公室〉，氏著，楊伯峻點校：《左傳紀事本末》（臺北：里仁書局，1980 年 3 月），卷 8、9。三桓世系，可參考〔清〕顧棟高（1679-1759）：〈春秋列國卿大夫世系表卷十二之上〉，氏著，吳樹平、李

齊」還是「昭公出奔」，都是據事直書，然則兩者的意義大不同，《春秋》寫成前者而不是後者，就不能以據事直書說明。何者是史官所寫，而為孔子所書，也無法判別。《穀梁傳》：「孫之為言猶孫也。諱奔也。」⓴則已隱指出奔是史官所寫，遜齊是孔子所書。從魯史到《春秋》，確有改寫過程。至於朱子所說，也合於《穀梁》的「諱例」。從此可知，據事直書仍有待更深入討論。㊶

第三節　據事直書：以事探義的寫作形式

朱子弟子問：「孔子所書辭嚴義簡，若非三《傳》詳著事跡，也曉得筆削不得。」曰：「想得孔子作書時，事跡皆在，門人弟子皆曉他聖人筆削之意。三家懼其久而泯沒也，始皆筆之於書。流傳既久，是以不無訛謬。然孔子已自直書在其中。如云：『夫人姜氏會齊侯于某』，『公與夫人姜氏會齊侯于某』，『公薨于齊』，『公之喪至自齊』，『夫人孫于齊』，此等顯然在目，雖無傳亦可曉。且如楚子侵中國，得齊桓公與之做頭抵攔，過住他，使之不得

解民點校：《春秋大事表》（北京：中華書局，1993 年 6 月）。

㊵　〔唐〕楊士勛（？-？）：《春秋穀梁傳注疏》（臺北：藝文印書館影印嘉慶二十年南昌府學刊本，1985 年 12 月），卷 18，頁 9。

㊶　張高評即有深入細緻的討論，以為據事直書之書法，注重直筆表述，據實呈露，筆不旋繞，而美惡自見，取決於史料的安排措注，文獻的剪裁筆削，歷史編纂的結構設計等。而有以敘為議、屬辭比事、藉言作斷、側筆烘托等技法。見〈左傳據事直書與以史傳經〉，《成大中文學報》第 9 期，2001 年 8 月，頁 175-190，後收入《春秋書法與左傳學史》（臺北：五南圖書出版公司，2002 年 1 月），頁 15-36。

侵。齊桓公死，又得晉文公攔過住，如橫流泛濫，硬做堤防。不然，中國為澐浸必矣。此等義，何難曉？」問讀《春秋》之法。曰：「無它法，只是據經所書之事跡，準折之以先王之道，某是某非，某人是底猶有未是處，不是底又有彼善於此處，自將道理折衷便見。如看《史記》，秦之所以失如何？漢之所以得如何？楚漢交爭，楚何以亡？漢何以興？其所以為是非得失成敗盛衰者何故？只將自家平日講明底道理去折衷看，便見。看《春秋》亦如此。只是聖人言語細密，要人子細斟量考索耳。」❷這一大段文字，可分成二點析述：孔子作《春秋》時，確有筆削，魯史是經過採擇而成《春秋》。在書錄史文之時，孔子是「直書」於《春秋》之中。直書非「照錄史文」之意，而是書寫之際，並無書法、條例在其間，所以朱子一再強調讀《春秋》不應一句一字求其義。書、不書與直書是兩種概念，並不矛盾。其後所舉諸例，就在說明不應在稱謂上（稱夫人、稱公之類）尋求聖人之意，就其載事理解其義即可。其次，事義難明者，則據先王之道折衷。原本預設是義在事中，現在卻要以先王之道折衷，則可推出義在事外。魯史書則書之，不書則不書之，是謂直書。義在事中，即據事以求義，義理不當，則以事外之義求之。前者導出魯史與《春秋》無別，後者則與即事見義互異。

朱子弟子問：「如何『作《春秋》』？恐是作否？」曰：「『其事則齊桓、晉文，其文則史，其義則丘竊取之矣。』看來是

---

❷ 〔宋〕黎靖德編：《朱子語類・孟子五・滕文公下・公都子問好辯章》，卷55，頁1318。

寫出《魯史》，中間微有更改爾。某嘗謂《春秋》難看，平生所以不敢說著。如何知得上面那箇是《魯史》舊文，那箇是夫子改底字？若不改時，便只依《魯史》，如何更作《春秋》做甚？」❸朱子也認為如《春秋》全依魯史，則不必作《春秋》。《春秋》絕不能同於魯史，否則即與魯史無別，失去聖經的地位。這是在《春秋》有特殊性質前提下，所導出的結論。如此，從魯史到《春秋》，必定有改寫的成分。據事直書就須有更精確的說明，才能區別魯史與《春秋》，也才能確定《春秋》的地位。

朱子又云：「《漢書》：『《易》本隱以之顯，《春秋》推見至隱。《易》與《春秋》，天人之道也。』《易》以形而上者，說出在那形而下者上；《春秋》以形而下者，說上那形而上者去」❹推見至隱、說上那形而上者去，可能也都不是即事見義所可達到。

朱子所舉諸事，詳見《春秋》：

〈桓公三年〉：「秋七月，公子翬如齊逆女。」

〈桓公三年〉：「九月，齊侯送姜氏于讙。公會齊侯于讙。夫人姜氏至自齊。」

〈桓公十有八年〉：「春王正月，公會齊侯于濼。公與夫人姜氏遂如齊。」

〈桓公十有八年〉：「夏四月丙子，公薨于齊。丁酉，公之喪

---

❸　〔宋〕黎靖德編，王星賢點校：《朱子語類·論語十六·述而·述而不作》，卷34，頁855。

❹　〔宋〕黎靖德編，王星賢點校：《朱子語類·易三·綱領下·論易明人事》，卷67，頁1673。朱子所引《漢書》語，是綜合〈律歷志〉、〈五行志〉、〈司馬相如傳〉而成。

至自齊。」

　　〈桓公十有八年〉：「冬十有二月己丑，葬我君桓公。」

　　〈莊公元年〉：「三月，夫人孫于齊。」

　　〈莊公二年〉：「冬十有二月，夫人姜氏會齊侯于禚。」

　　〈莊公四年〉：「春王二月，夫人姜氏享齊侯于祝邱。」

　　〈莊公五年〉：「夏，夫人姜氏如齊師。」

　　〈莊公七年〉：「春，夫人姜氏會齊侯于防。」

　　〈莊公七年〉：「冬，夫人姜氏會齊侯于穀。」

　　〈莊公十有五年〉：「夏，夫人姜氏如齊。」

　　〈莊公十有九年〉：「秋，夫人姜氏如莒。」

　　〈莊公二十年〉：「春王二月，夫人姜氏如莒。」

　　〈莊公二十有一年〉：「秋七月戊戌，夫人姜氏薨。」

　　〈莊公二十有二年〉：「春正月癸丑，葬我小君文姜。」

如從《春秋》經文觀之，僅能略知魯桓公與夫人文姜之事跡，桓公
何以薨、文姜何以會齊襄公、又何以遜齊如莒等，俱不能詳知。至
於涉及親迎、送女、享讌、歸寧、薨葬等禮制，也不能僅據經文得
知。

　　張自超討論這一系列事件，以為褒貶不在稱不稱公子（翬），
其因在於：

> 春秋之世，強家悍族，世專國政，有崛起者，無非公子，而
> 史臣依世變例，雖欲不稱公子、不稱氏，不可得也。❹❺

---

❹❺　〔清〕張自超：《春秋宗朱辨義‧桓公三年》，卷2，頁10。

書公子翬就是根據歷史演變的現象而記載。此即據事直書。據歷史
事實記載，並無特殊用語。繼而云：

> 至於不親迎而使卿逆，不使他卿而使翬，失禮而寵逆臣，則
> 直書而義自見也。**❹**

失禮處有二：不親迎而使卿逆，意謂諸侯娶婦應親迎；使公子翬
逆，意指不親迎已失禮，派遣公子翬親迎更是失禮之甚。張自超的
結論是如此書寫，其義自見。然而親迎禮須合《春秋·莊公二十四
年》：「夏，公如齊逆女。」方能理解；公子翬為逆臣，則須借由
三《傳》敘述，才可得知。直書見義，並不如張自超所說之易。

　　至於所涉及的親迎禮，更是複雜。親迎禮，三傳不同。《左
傳·文公四年》：「經：夏，逆婦姜於齊。傳：逆婦姜於齊，卿不
行，非禮也。」**❹**由此可推知，諸侯娶婦，應遣上卿迎娶，否則不
合於禮制。但並未明文記載諸侯應親迎。此所以杜預僅云：「諸侯
若有故不得親迎，必使宗親上大夫為介。」**❹**亦即諸侯親迎為應
然，但不必然。既如是，就無違禮之情。

---

❹　〔清〕張自超：《春秋宗朱辨義·桓公三年》，卷 2，頁 11。

❹　〔唐〕孔穎達：《左傳正義》，卷 18，頁 19。張國淦（1859-1946）以為：
　　「春秋以前，天子諸侯久不行親迎之禮。」見《左傳禮說·隱公二年》，
　　《叢書集成續編·史地類》第 272 冊（臺北：新文豐出版社影印《寓園叢
　　書》本，1988 年），卷 1，頁 2。

❹　〔晉〕杜預：〈內外君臣逆女例第十〉，《春秋釋例》（臺北：臺灣中華書
　　局影印《古經解彙函》本，1970 年 3 月），卷 2，頁 5。

　　《公》、《穀》二傳則不然。《公羊傳·隱公二年》：「經：
九月，紀履緰來逆女。傳：外逆女不書，此何以書？譏。何譏爾？
譏始不親迎也。」❹《公羊傳·莊公二十四年》：「夏，公如齊逆
女。傳：何以書？親迎，禮也。」❺借由「書」與「不書」，表明
諸侯娶婦應親迎。

　　《穀梁傳·莊公二十四年》：「經：夏，公如齊逆女。傳：親
迎，恆事也，不志，此其志何也？不正其親迎於齊也。」❺《穀梁
傳·成公十四年》：「經：九月，僑如以夫人婦姜氏至自齊。傳：
大夫不以夫人；以夫人，非正也。刺不親迎也。僑如之挈，由上致
之也。」❺借由「常事不書」及書「以夫人」，間接表明諸侯娶婦
應親迎。更引孔子與子貢的問答，說明親迎之義，《穀梁傳·桓公
三年》：「經：夫人姜氏至自齊。傳：其不言翬之以來，何也？公
親受之于齊侯也。子貢曰：『冕而親迎，不已重乎？』孔子曰：
『合二姓之好，以繼萬世之後，何謂已重乎！』」❺合《穀梁傳》
諸條觀之，諸侯越境親迎，合於禮制。「冕而親迎」以降，在《禮
記·哀公問》則為哀公與孔子的問答。不僅諸侯應親迎，天子亦應
親迎。❺

---

❹　〔唐〕徐彥：《公羊傳注疏》，卷2，頁4。

❺　〔唐〕徐彥：《公羊傳注疏》，卷8，頁9。

❺　〔唐〕楊士勛：《穀梁傳注疏》，卷6，頁6-7。

❺　〔唐〕楊士勛：《穀梁傳注疏》，卷14，頁6-7。

❺　〔唐〕楊士勛：《穀梁傳注疏》，卷3，頁7-8。

❺　詳可參考〔清〕孫希旦著，沈嘯寰、王星賢點校：《禮記集解》，卷48，頁
　　1261。天子是否親迎，另可參考〔清〕黃以周（1828-1899）著，王文錦點
　　校：《禮書通故·昏禮通故》（北京：中華書局，2007年4月），卷6，頁

　　程頤云：「親迎者，迎於其所館，故有親御授綏之禮，豈有委宗廟社稷，遠適他國，以逆婦者乎？非惟諸侯，卿大夫以下皆然。《詩》稱文王親迎于渭，未曾出疆也。」**⑤**最能說明對諸侯親迎之質疑。張自超則反駁：

> 夫婚姻大事，禮當親迎，以明授受，雖遠適而閱月逾時，不為委宗廟社稷也。如天子巡方，諸侯朝覲，委宗廟社稷而出，出而閱月踰時，不可以已焉。則婚禮大事，人生一行耳，何必以委宗廟社稷為疾哉。**⑤⑥**

這涉及禮的兩個層次：作為國家典制的根源，作為個人生活的規範。而當兩者顯然不能協和時，勢必面臨選擇。程頤的分析，很清楚的是選擇前者；張自超的意見，則是以後者為要。兩者都強調禮制的意義，追尋形式後面的價值，是以很難據此判斷是程頤之意見較高。亦即禮本即為其自身而存在，非僅為禮以外的目的而存在，禮並不是工具，有其自己存在的價值。國家因禮而有意義，個人也因禮而有意義。不能以前者高於後者為由，斷定親迎與否之是非。此或張自超堅持親迎之故。**⑤⑦**

---

255 的討論。黃以周綜合諸家，以為諸侯送女於京師，天子迎娶於館較合理；諸侯以降，則皆親迎於家。

⑤⑤　〔宋〕程頤：《春秋傳》，《河南程氏經說》，卷4，《二程集》，總頁1090。

⑤⑥　〔清〕張自超：《春秋宗朱辨義·桓公三年》，卷2，頁11。

⑤⑦　〔清〕顧棟高《春秋大事表·春秋綱領》計二十三則，引張自超《春秋宗朱

順著這一思考，張自超續云：

> 倘迎者不越國，則父母兄弟不得不送，齊侯之送，《春秋》
> 又何必書之以示譏乎？❺❽

以為《春秋》書此事，非如《左傳》所言，僅是單譏齊襄公送女，而是借譏齊襄公送女責魯桓公不越境親迎，致父母兄弟不得不送。

《左傳·桓公三年》：「經：齊侯送姜氏于讙。傳：非禮也。凡公女嫁于敵國：姊妹，則上卿送之，以禮於先君；公子，則下卿送之。於大國，雖公子，亦上卿送之。於天子，則諸卿皆行，公不自送。於小國，則上大夫送之。」❺❾左氏之意以為國君不送女，應遣相應於敵國之卿大夫送行。

相較於《左傳》國君不送女，《公》、《穀》則以為越境送女為非禮。《公羊傳·桓公三年》：「公子翬如齊逆女。九月，齊侯送姜氏于讙。傳：何以書？譏。何譏爾？諸侯越竟送女，非禮也。」❻❶諸侯可送女，但不應越境。《穀梁傳·桓公三年》：「經：九

辨義·總論》至七則之多，但親迎禮則以程頤說為是，指出：「必以為譏不親迎，假令婚于秦、楚，而為國君者，將舍國事之重，越千里，踰時月，以求婦乎？」與程頤之思考全同。見〈春秋譏不親迎論〉，〈春秋嘉禮表卷十九〉，氏著、吳樹平、李解民點校：《春秋大事表》，頁1650。李崇遠亦主程頤說，見《春秋三傳傳禮異同考要》（臺北：嘉新水泥公司文化基金會研究論文第107種，1967年1月），頁182。

❺❽ 〔清〕張自超：《春秋宗朱辨義·桓公三年》，卷2，頁11。

❺❾ 〔唐〕孔穎達：《左傳正義》，卷6，頁4-5。

❻❶ 〔唐〕徐彥：《公羊傳注疏》，卷4，頁9-10。

月，齊侯送姜氏于讙。傳：禮，送女，父不下堂，母不出祭門，諸
母兄弟不出闕門。父戒之曰：『謹慎從爾舅之言。』母戒之曰：
『謹慎從爾姑之言。』諸母般申之曰：『謹慎從爾父母之言。』送
女踰竟，非禮也。」❻諸侯送女僅至宮門，並具體說明送女至何
處，語何言之禮。

　　至於文姜享齊襄公於祝丘，張自超云：

> 祝丘非享之地，夫人非享諸侯之人。當時魯人當莫不知其非
> 禮，而舊史書之，亦見史臣之直筆，雖莊公不得而奪之也。❻

享禮，據《左傳·宣公十六年》：「為毛、召之難故，王室復亂，
王孫蘇奔晉。晉人復之。冬，晉侯使士會平王室，定王享之。原襄
公相禮。殽烝。武季私問其故。王聞之，召武子曰：『季氏！而弗
聞乎？王享有體薦，宴有折俎。公當享，卿當宴。王室之禮也。』

---

❻　〔唐〕楊士勛：《穀梁傳注疏》，卷3，頁7。《儀禮·士昏禮》有更詳細的
　　儀節，可參考。〔清〕朱大韶（？-？）辨《穀梁傳》與《儀禮》異同，指出
　　後者母送至西階，諸母送至廟門，不見兄弟相送。見《春秋傳禮微》，《續
　　修四庫全書·經部》第 128 冊（上海：上海古籍出版社影印民國張氏刻《適
　　園叢書》本，1995 年），卷 2，頁 21。李崇遠指出，《左傳》所云是送女卿
　　隨之等，《穀梁》所云是父、母、諸母、兄弟送女之別，見《春秋三傳傳禮
　　異同考要》，頁 183。至漢代女子出嫁，有送女致戒之禮，見楊樹達（1885-
　　1956）：《漢代婚喪禮俗考》（上海：上海古籍出版社，2007 年 4 月），頁
　　17。
❻　〔清〕張自超：《春秋宗朱辨義》，卷3，頁7。

武子歸而講求典禮，以修晉國之法。」❻是天子宴諸侯為享，天子宴卿為宴，兩者度數不同。至《左傳·成公二年》：「世之治也，諸侯間於天子之事，則相朝也，於是乎有享宴之禮。享以訓共儉，宴以示慈惠。共儉以行禮，而慈惠以布政。」❻則說明享之禮意。《穀梁傳·莊公四年》：「經：春王二月，夫人姜氏饗齊侯于祝丘。傳：饗，甚矣。饗齊侯，所以病齊侯也。」❻正因為享是天子享諸侯及諸侯相享之禮，君夫人享諸侯是為非禮。

莊公十五年，文姜再如齊，張自超直指齊桓公跡涉襄公之惡，以致哀姜踵亂魯國，國君被弒，公子見殺，其結論是：

> 與其行義以戮哀姜於後，何如執禮以防文姜於前耶？蓋伯者之不知義，而所為之苟且如此。❻

---

❻ 〔唐〕孔穎達：《左傳正義》，卷 24，頁 14-15。張國淦云尚有宴饗大夫、士之禮，見《左傳禮說》，卷 4，頁 6。

❻ 〔唐〕孔穎達：《左傳正義》，卷 27，頁 6-7。

❻ 〔唐〕楊士勛：《穀梁傳注疏》，卷 5，頁 7-8。楊伯峻也指出：「諸侯相享者甚多，魯公與諸國人物亦嘗享讌，但不書於經。即鄭伯享王，王享晉侯，經皆不書，足見夫人享襄公而書者，直書其事，以見其非禮。」見《春秋左傳注》，頁 162。李崇遠以為：「漢人以為文姜之行，瀆亂周公之禮，魯人習之，淫亂之漸，其變為篡，三十餘年，卒至子般閔公，薦弒而後止，聖人作《易》，以『閑有家』為〈家人〉之始，垂訓遠矣。」見《春秋三傳傳禮異同考要》，頁 196。

❻ 〔清〕張自超：《春秋宗朱辨義》，卷 3，頁 27。哀姜為齊桓公所殺，始末見《左傳》〈閔公元年〉、〈閔公二年〉、〈僖公元年〉，並可參考〔清〕高士奇：〈三桓弱公室〉，氏著，楊伯峻點校：《左傳紀事本末》，卷 9。

《左傳》未有傳，杜預云：「父母在則禮有歸寧，沒則使卿寧。」孔穎達云：「文姜，僖公之女，於桓公為姊妹……但不知今桓公有母以否，故杜不明言得失。」❻❼杜預認為文姜如齊是歸寧，孔穎達指出不知桓公母在否，所以不加批評。若據《春秋》「常事不書」的原則，此所以書，可能就是違禮。《公羊》亦未有傳，何休以為：「諸侯夫人尊重，既嫁，非有大故不得反，惟自大夫妻雖無事，歲一歸宗。」❻❽認為君夫人非有大故不得歸。《穀梁傳》論此事而云：「婦人既嫁不踰竟，踰竟非禮也。」❻❾根本不討論歸寧之禮。張自超略以襄公、文姜兄妹私通看待此事，並認為禮可以防之。

莊公二十一年，文姜薨，張自超云：

> 薨稱夫人，葬稱小君，是魯不絕文姜於廟矣，直書以著魯君臣之失也。❼⓪

於其葬則云：

---

❻❼ 〔唐〕孔穎達：《左傳正義》，卷 9，頁 10。又云：「歸寧者，女子既嫁，有時而歸問父母之寧者；父母歿，則使卿問兄弟也。」見〈夫人內女歸寧例第三十二〉，《春秋釋例》，卷 4，頁 4。楊伯峻指夫人自行不合當時之禮，見《春秋左傳注》，頁 199。

❻❽ 〔唐〕徐彥：《公羊傳注疏·莊公二十七年》，卷 8，頁 17。朱大韶引《毛詩·周南·葛覃》、《左傳》駁何休之說，主杜預說，論辯見《春秋傳禮徵·莊公二十七年》，卷 3，頁 14-15。

❻❾ 〔唐〕楊士勛：《穀梁傳注疏》，卷 5，頁 19。

❼⓪ 〔清〕張自超：《春秋宗朱辨義》，卷 3，頁 35。

但魯臣子失討賊之義於前，而於其孫而復歸，仍以夫人尊之，則薨葬亦不得不如禮矣。❼

三《傳》俱不討論此事。杜預云：「夫人薨葬之禮有三：薨則赴於同盟之國。既葬，日中自墓反，虞于正寢，所謂反哭于寢也。卒哭而祔于祖姑。皆然，則書曰：夫人某氏薨，葬我小君某氏，此備禮之文也。」❼夫人卒，只要有赴告、反哭、祔廟的儀式，就書夫人某氏薨，葬我小君某氏。亦即可從反向推論，夫人書薨葬，就可知夫人在其國的身分地位。這即是《春秋》有書法之證。據事直書就是據此一書法而書寫。此時，據事直書與書法見義，顯然並不矛盾。

如同前述，這些書法，究竟是魯史本已有此書法，為《春秋》所承襲；抑或是《春秋》新創，張自超並未釐清。據事直書必須面對魯史與《春秋》異同的困境。❼

---

❼　〔清〕張自超：《春秋宗朱辨義》，卷3，頁36。

❼　〔晉〕杜預：〈內女夫人卒葬例第十一〉，《春秋釋例》，卷2，頁7。

❼　徐復觀（1903-1982）指出：《春秋》書法應分為三部分，一部分是魯史之舊的書法；一部分是孔子的書法；再一部分是作《傳》的人揣測而來的書法。並說《左傳》的書法應是魯史之舊，對此舊書法的含義，孔子及左氏有所發明。見〈原史——由宗教通向人文的史學的成立〉，《兩漢思想史》（臺北：臺灣學生書局，1979年9月），卷3，頁257，270。戴晉新溯其源，從史官的立場，說明《春秋》書法，源自於歷史書寫，早於孔子之前。見〈春秋書法與歷史書寫〉，《輔仁歷史學報》第17期（2006年11月），頁1-34。王基倫則衍其流，指出《左傳》以幽微的方式褒貶善惡，即是《春秋》筆法，在孔子之後，形成儒家傳統。見〈春秋筆法的詮釋與接受〉，《國文學報》第39期（2006年6月），頁1-34。

　　張自超認為《春秋》的寫作原則是據事直書，是以理解《春秋》無須書法義例。玩味經文，體會經義，自能見出其中是非。然而據事直書未必能達到見義這一解經目標，從據事直書到直書見義，並非理所當然：仍賴《傳》的記事，才能掌握事件的因果關係；又須熟稔禮制，才能見出人事的是非；由禮制所形成的書法，則是讀者進入史事的基本前提。所以直書能見義，尚需其他條件配合。

　　經文指向意義，則是《春秋》學者共信共奉的基本觀念，意謂歷史記載不僅是前言往行的紀錄，藉由這些前言往行，指向一意義的世界，與當下所存在的現實世界對比，從而見出現實世界應該發展的方向。此時作者與歷史——孔子與魯史，讀者與作品——張自超與《春秋》，交融互攝，歷史不是文獻問題，而是價值領域，引導後人開展追尋與發現之旅。張自超固強調據事直書，仍意圖構建聖人理想世界。

第四節　用事示義：聖人理想的呈現

　　所以張自超云：

> 蓋聖人據魯史以作《春秋》，其會盟、侵伐、殺大夫，則統
> 天下諸侯以示義。至於朝聘、卒葬、祭祀、昏姻、立宮、城
> 邑，一切興作之類，則皆以魯事示義。事係乎一國，而義關
> 乎天下。❼❹

---

❼❹　〔清〕張自超：《春秋宗朱辨義・總論》，頁8。

此時《春秋》有指向的功能，所注目者固在過去，所關懷者則在未來。歷史固在書寫過去，但歷史不等於過去。我們所認識的過去，是作者所書寫的紀錄。藉著這些書寫，認識過去，並進而宣稱認識歷史。我們從來不是直接面對歷史，歷史的真實結構是「過去──作者書寫──讀者」。我們在閱讀歷史時，不是在閱讀過去，而是在閱讀作者所建構的過去。❼作者是在「現在」建構「過去」，就會以其存在的境遇感理解過去，並出之以語言文字。所以歷史作品會有「現代性」，也就是指向現在，乃至未來。探究聖人之意，約略就是這一思路。《春秋》經傳學者，基本上也執持這一方法解經。據事直書，目的就是從事見義。至於其事是：

> 蓋齊桓、晉文之伯，皆因楚而起。《春秋》一書，亦因桓、文之攘楚而作。❼

主要是指齊、晉為了稱霸攘楚，而有朝聘、會盟、侵伐等諸事，導致諸侯間的爭戰。其義則是維護中原文化，所以義是天下之義。這一問題又關係閱讀《春秋》的方法。世界的發展方向，就須藉由此

---

❼ 此一觀念，可參考凱斯·詹京斯（Keith Jenkins）著，賈士衡譯：《歷史的再思考》（*Re-thinking History*）（臺北：麥田出版社，2006 年 8 月 2 版 1 刷）。詹京斯甚至說：「所有的歷史都是歷史學家思想的歷史。」引文見頁 159。即如齊思和（1907-1981）強調「科學的歷史研究」，以為除探討真理外，不帶有其他目的，仍以歷史是「活著的過去」，可藉以理解現在，預測未來。見《史學概論講義》（天津：天津古籍出版社，2007 年 1 月），頁 33-34。

❼ 〔清〕張自超：《春秋宗朱辨義·僖公元年》，卷 5，頁 3。

義而來。所指之事，自朝聘以下，無不與禮制聯結。這一義的內容、實踐與開展，也就建立在禮之上。

朱子弟子問：「先生論《春秋》一經，本是明道正誼、權衡萬世典刑之書。如朝聘、會盟、侵伐等事，皆是因人心之敬肆為之詳略；或書字，或書名，皆就其事而為之義理；最是斟酌毫忽不差。後之學《春秋》，多是較量齊、魯長短。自此以後，如宋襄、晉悼等事，皆是論伯事業。不知當時為王道作耶？為伯者作耶？若是為伯者作，則此書豈足為義理之書？」曰：「大率本為王道正其紀綱。看已前《春秋》文字雖牷，尚知有聖人明道正誼道理，尚可看。近來止說得伯業權譎底意思，更開眼不得！此義不可不知。」❼朱子弟子所問，涉及《春秋》性質問題：是義理之書還是歷史之書，這一問題又關係閱讀《春秋》的方法。而在朱子看來，《春秋》自始至終，就是一部義理之書，而非歷史之書。只是其義理從史事推衍而來。這與從概念為始，從而推論建構不同。這一義理，又是明道正誼、權衡萬世。所以閱讀《春秋》不僅能「看出」其時歷史發展，更須從其中「導出」天下的應然方向。

《春秋·僖公十七年》：「冬，十又二月乙亥，齊侯小白卒。」張自超總評齊桓公功過：

> 齊桓公大本不立，心術未純，故規模小而局量淺，驕矜之色易形，而荒逸之譏不免也。然生平以力假仁，而不好戰喜

---

❼　〔宋〕黎靖德編，王星賢點校：《朱子語類·春秋·經》，卷83，頁2173。

勝，夫子所以予其一匡天下，不以兵車也。**❼❽**

並曾具體析述：

> 蓋天下無王，桓假尊周之虛名，而行攘楚之事實，其功固不
> 可沒也。但跡其所為，條分縷析以觀之，桓與天下諸侯可貶
> 者多矣。**❼❾**

《春秋·莊公十三年》：「春，齊侯、宋人、陳人、蔡人、邾人會
于北杏。」是年冬：「公會齊侯盟於柯。」《春秋·莊公十四
年》：「冬，單伯會齊侯、宋公、衛侯、鄭伯于鄄。」《春秋·莊
公十五年》：「春，齊侯、宋公、陳侯、衛侯、鄭伯會于鄄。」
北杏之會後，三會諸侯，張自超指出：

> 此固諸侯之心不一，亦以見伯者以威力制諸侯之難也。**❽⓿**

諸侯之心不一的原因，張自超認為是《春秋·莊公十五年》：
「秋，宋人、齊人、邾人伐郳。」直指：

> 齊桓初合諸侯，不聞申大義，一用師於有罪之國，又不能扶

---

❼❽ 〔清〕張自超：《春秋宗朱辨義》，卷 5，頁 35。「一匡天下，不以兵車」
語見《論語·憲問》。「以力假仁」見《孟子·公孫丑上》。

❼❾ 〔清〕張自超：《春秋宗朱辨義·莊公十四年》，卷 3，頁 25-26。

❽⓿ 〔清〕張自超：《春秋宗朱辨義》，卷 3，頁 27。

> 弱小以抑強大，役邾興師，為宋以伐郳，宜諸侯之心不一，
> 而合之難也。**⑧**

為宋伐諸侯，不止於此：《春秋·僖公十五年》：「秋七月，齊師、曹師伐厲。」是年冬：「宋人伐曹。」張自超云：

> 宋伐伯主之所與，而齊桓不之罪者，宋兩世輔齊以伯，故亦不能以曹之故，遽失宋好也。伯者牽于私而大義莫申，往往如此。**⑧**

從北杏之會，自齊桓公求伯起至去逝止，除莊公十四年，齊、陳、曹伐宋外，宋桓公與齊桓公會盟、會伐計十六次，宋襄公與齊桓公會盟計三次。**⑧**此所以有牽於私而害於義之評論。《春秋·莊公十七年》：「春，齊人執鄭詹。」張自超云：

> 夫既不能平宋、鄭之怨，而又無德足以服人，徒以威力強執

---

⑧ 〔清〕張自超：《春秋宗朱辨義》，卷3，頁27。

⑧ 〔清〕張自超：《春秋宗朱辨義》，卷5，頁31。

⑧ 據〈春秋齊楚爭盟表卷二十六〉計算，會、會伐、會盟均列入。至於宋的地位，顧棟高有清楚的分析，以為地處中原門戶，為東諸侯之衛，關乎天下利害，見〈春秋於齊晉外尤加意於宋論〉，〈春秋宋楚爭盟表卷二十七〉，氏著，吳樹平、李解民點校：《春秋大事表》附，頁1979-1980。以此觀之，齊之右宋，可能非全在私意，或有策略考量。

其臣，以脅制其君，不得謂之義矣。❽

北杏之會後至本年，鄭、宋兩次交兵：《春秋·莊公十五年》：
「秋，鄭人侵宋。」次年：「夏，宋人、齊人、衛人伐鄭。」❽若
自隱公以來，則兩國交兵已十六次。《春秋·莊公二十八年》：
「春王三月，齊人伐衛，衛人及齊人戰，衛人敗績。」張自超評
云：

　　……齊怒衛不與幽之盟也。衛不與盟，齊不返求其所以不信
　　乎衛之故，而即興兵以臨其境，齊之罪也。❽

這些對齊桓公的指責，大概是修文德才能來諸侯，不能徒恃武力；
須扶弱抑強，討伐有罪；諸侯懷貳，須反躬自省等。
　　《春秋·僖公三十二年》：「冬十又二月己卯，晉侯重耳
卒。」張自超未綜論其一生功過，而是比較其與齊桓公性格的異
同：

　　齊桓紆緩，晉文急促。城濮一戰，遂伯天下。世主夏盟，或

---

❽　〔清〕張自超：《春秋宗朱辨義·莊公十七年》，卷3，頁31。
❽　據〈春秋宋鄭交兵表卷三十七〉計算。另據顧棟高統計，終春秋之世，宋、
　　鄭交戰四十九次。顧氏也指出鄭國首鼠二端之故，在於處於晉、楚兩大國之
　　間，所以鄭國君臣，有謀有略，以立基於四戰之地，見〈春秋鄭執政表卷二
　　十五敘〉，氏著，吳樹平、李解民點校：《春秋大事表》，頁1893-1894。
❽　〔清〕張自超：《春秋宗朱辨義》，卷3，頁48-49。

亦有天幸與。若彷彿齊桓，今年會，明年盟，恐其及身不能
有成也。❽

再從其性格討論侵曹、伐衛、圍鄭諸事。《春秋·僖公二十八
年》：「春，晉侯侵曹，晉侯伐衛。」朱子論云：「晉文公詭譎，
如侵曹、伐衛，皆是當時出時不禮之私，卻只名謂『治其從
楚』。」❽以為晉文公侵曹、伐衛，欲復出奔時不禮之隙。張自超
卻云：

　　蓋假公義伸私憤，不當以其事之公，而解其心之非私。亦不
　　當以其心之私，而沒其事之非公。故《春秋》之義，既錄其
　　治曹、衛從楚之事，而并揭其怨其曹、衛不禮之心也。❽

《春秋·僖公三十年》：「晉人、秦人圍鄭。」張自超云：

---

❽　〔清〕張自超：《春秋宗朱辨義》，卷5，頁71。高士奇也從其性格論其行
　　事，一則曰：「大約文公之為人，不逮齊桓遠甚，而其臣子犯、趙衰、先軫
　　之屬，亦無有知大體如管夷吾者。」又曰：「即以鄭之小郛，不能捐棄，連
　　秦伯以伐之。結纍殘民，兵端不息。跡文之所為，直睚眥必報之人耳。」見
　　〈晉文公之伯〉，氏著，楊伯峻點校：《左傳紀事本末》，卷25，頁320。

❽　〔宋〕黎靖德編，王星賢點校：《朱子語類·春秋·經》，卷83，頁2164。
　　又會盟之禮，本即天子施行，諸侯會盟，已然僭越，見〔清〕黃以周著，王
　　文錦點校：《禮書通故·會盟禮通故》，卷10。朱子論《春秋》，不囿於
　　齊、晉伯業，較符合《春秋》之旨。

❽　〔清〕張自超：《春秋宗朱辨義》，卷5，頁55。

晉文假公義以伸私憤，謂之不正則可。若盡沒其事之公，而
但誅其心之私，則不禮者既怨之，禮之者宜德之矣。觀其不
牽于楚德，而以攘楚為義，則亦不當屑屑以出亡不禮之故，
罪其以私怨虐曹、衛，又罪其以私怨虐鄭也。❾⓪

兩段文字，都在為晉文公辯解：侵曹、伐衛、圍鄭確有伸其私憤之
意，但也有攘楚之功。《春秋》書其事，兼有二意，不可偏於一方
以責晉文公。更分析其時局勢，以為諸侯除宋外，皆已從楚，不侵
曹、伐衛，無以解宋圍（前一年楚與陳、蔡、鄭、許圍宋），也無以治
陳、蔡、鄭、許，更無以服內諸侯。❾①並指出若晉文公報私怨，亦
應報私恩。但文公出奔，楚成王於其有恩，而為攘楚之故，並未以
私惠害公義。所以指責其以私怨伐曹等諸國，並不公允。文辭甚
辯，而頗有可論者。就其據事直書，以事見義的方法論分析，應直
書侵曹、伐衛、圍鄭之事，再從這些事件討論是非，而不是為其時
諸侯辯護。否則即陷入朱子所稱較量齊、魯長短。朱子純以「義
理」看齊桓、晉文之事，反而更能見出《春秋》的價值。亦即以朱
子的方法看《春秋》，《春秋》固是義理之書，但此義理立基於歷
史上，有義理又不為歷史所限。從而建立價值系統，面對其所處時
代，有一判斷標準。張自超論齊桓公是有此意；論晉文公時，又為
歷史所限。推原論始，一論及楚國與中國諸侯爭霸，張自超就會執
實以談，遂不免忽略《春秋》假人事以論大義的傳統。

---

❾⓪ 〔清〕張自超：《春秋宗朱辨義》，卷5，頁67。
❾① 〔清〕張自超：《春秋宗朱辨義》，卷5，頁55。

　　終春秋之世，魯君朝周天子僅三次：《春秋·成公十三年》：
「三月，公如京師。夏五月，公自京師，遂會晉侯、齊侯、宋公、
衛侯、鄭伯、曹伯、邾人、滕人伐秦。」張自超反駁《左傳》所
說：「公及諸侯朝王。」而云：「若諸侯群朝，則當先會後朝。今
先書朝而後書會，非諸侯群朝明矣。」❾❷從書寫朝會的先後，看出
是魯成公獨朝，而非諸侯群朝。並指出這是諸侯絡繹而至，相會以
伐秦。比較偏重從書寫方式的不同，以見出經義。《春秋·僖公二
十八年》：「五月癸丑，公會晉侯、齊侯、宋公、蔡侯、鄭伯、衛
子、莒子盟于踐土……公朝于王所。」張自超論辯的重點有二：
「蓋天王不自尊，則天王之失也。晉侯不率諸侯朝于京師，則晉侯
之失也。」「……故亦但書公朝，而他諸侯之朝皆可知也。」❾❸第
一點評價具體之人事，第二點論書寫方式。其實皆較難以導出大義
所在。惟《春秋·僖公二十八年》：「壬申，公朝于王所。」張自
超云：「一歲之中，兩書公朝，非予公之朝，以著天下諸侯不朝京
師之罪也。」❾❹才稍從具體人事中，抽繹判斷原則，建構「尊王」
之義。具體與抽象，現在與過去，互為循環，這一過程再加上作
（讀）者進入其中，隱隱指涉所處時代，整個當代性才能呈顯。但
與華學泉（?-?）所說：「《春秋》二百四十二年，書朝王所者
二，而皆不于京師，書如京師者一，而又不以朝，此天下之盡無

---

❾❷　〔清〕張自超：《春秋宗朱辨義》，卷8，頁32。
❾❸　〔清〕張自超：《春秋宗朱辨義》，卷5，頁59。
❾❹　〔清〕張自超：《春秋宗朱辨義》，卷5，頁61。

王，而《春秋》所以作也。」❾相較之下，仍遜於華學泉所點出的歷史的意義。

魯國聘周，則僅四次。《春秋・文公元年》：「叔孫得臣如京師。」張自超以為：

……而不親朝之罪，則雖有往拜之禮，不可得而掩也。❾

諸侯除遣使聘問，並應親自朝王。《春秋・僖公三十年》：「公子遂如京師，遂如晉。」是以二事出；❾《春秋・宣公九年》：「夏，仲孫蔑如京師。」即位九年始行聘禮。❾張自超均有貶責。《春秋・襄公二十四年》：「叔孫豹如京師。」張自超云：

自此以前，五十餘年不聘；自此以後，終春秋之世不聘。此為僅有之事。雖書以美之，而實示其譏也。❾

所以示譏，就在於春秋之世，政治結構之後的禮樂制度，已漸趨瓦

---

❾ 〔清〕顧棟高：〈春秋賓禮表卷十七之上〉，氏著，吳樹平、李解民點校：《春秋大事表》引，頁 1563。華學泉，字天沐，號霞峰，生卒年不詳，為顧棟高母舅。其生平簡介，見吳樹平：〈顧棟高和他的春秋大事表〉，收於《春秋大事表》書前頁 5。

❾ 〔清〕張自超：《春秋宗朱辨義》，卷 6，頁 3。

❾ 〔清〕張自超：《春秋宗朱辨義》，卷 5，頁 67。

❾ 〔清〕張自超：《春秋宗朱辨義》，卷 7，頁 18。

❾ 〔清〕張自超：《春秋宗朱辨義》，卷 9，頁 55。

解。原來周初封建，內宗親而外異姓，以屏藩周室。❿不論同姓抑或異姓，均同祭周室宗廟，並上敬天命，以確定封建關係。⓫此一禮制，所以支撐政治結構，一旦瓦解，其時政體也隨之解紐。儒者汲汲於禮樂，正為此故。

至於周天子遣使聘魯，則有七次之多。張自超僅於《春秋・隱公七年》：「冬，天王使凡伯來聘。」云：

> 使政教號令得行於天下，則當有詞以問其罪矣。既不問其罪，而又修禮來聘，此周之所以日衰也。⓬

能問罪於諸侯的前提是「政教號令得行於天下」，這與「禮樂征伐自天子出」理義相同，政教、禮樂在問罪、征伐之前。可見出張自超喻意所在。《春秋・桓公八年》：「天王使家父來聘。」指出：

> 列侯朝聘闕如，而天王之禮，有加不已，即非施於篡弒之桓，而亦不能無譏矣。⓭

---

❿ 參見楊向奎（1910-2000）：《宗周社會與禮樂文明》（北京：人民出版社，1997 年 11 月 2 版），頁 284-285。

⓫ 參見龔鵬程：《中國傳統文化十五講》（北京：北京大學出版社，2006 年 9 月），頁 71-73。

⓬ 〔清〕張自超：《春秋宗朱辨義》，卷 1，頁 30。至於《春秋・莊公二十三年》：「祭叔來聘。」未奉天子之命，故不列入。

⓭ 〔清〕張自超：《春秋宗朱辨義》，卷 2，頁 19。

直接指責周王室之逾禮越分。而在《隱公九年》：「春，天王使南季來聘。」則云：

> 但見天子懷諸侯而修聘禮，則為非常事，不可不書矣。❿

雖也觸及「書不書」之例，但還是從據事直書暗示周天子之無禮。這些就不是指責或贊美具體人事，而能從此見出天子與諸侯的關係，即以禮縮結天子與諸侯、諸侯與諸侯，馴至以禮樂定天下。雖然，張自超有引發而未能繼續發揮。❿

至於《春秋·桓公四年》：「夏，天王使宰渠伯糾來聘。」張自超則討論稱名稱字之無謂，孔子只是據事直書，以彰顯宰渠伯糾與魯國俱各有罪。❿《春秋·桓公五年》：「天王使仍叔之子來聘。」討論世官制，其要在其子賢，則可世官。《春秋·僖公三十年》：「冬，天王使宰周公來聘。」討論周天子何以不禮魯僖公。❿《宣公十年》：「秋，天王使王季子來聘。」說明這是報前年仲

---

❿　〔清〕張自超：《春秋宗朱辨義》，卷1，頁34。

❿　以上所述，僅論及正式朝聘之禮，顧棟高分別表以「公朝」、「天王來聘」、「聘周」，見〈春秋賓禮表卷十七之上〉，吳樹平、李解民點校：《春秋大事表》。錫命、歸脤、賵喪等未予討論。周室與魯國交往，可參見高士奇：〈王朝交魯〉，氏著，楊伯俊點校：《左傳紀事本末》，卷1，頁1-6。朝聘之禮，可參考〔清〕黃以周著，王文錦點校：《禮書通故》〈聘禮通故〉、〈覲禮通故〉，卷28、29。天子與諸侯相互聘問，諸侯朝覲天子。其時間、儀物與禮節等，俱各不同。

❿　〔清〕張自超：《春秋宗朱辨義》，卷2，頁13。

❿　〔清〕張自超：《春秋宗朱辨義》，卷5，頁67。

孫蔑之聘。⑩凡此，約略僅有歷史意義，缺乏經典意義。

張自超思借事以立天下之義，此義不為歷史所限，以建立價值系統，並以禮縮結天子與諸侯、諸侯與諸侯，甚至以禮樂定天下。但對具體的人事評價，有時能入而不能出，在歷史之中看待事件，不能在歷史之外看待事件。此時，討論往古，卻不能面對當代。王綱解紐的關鍵，就在禮壞樂崩，張自超雖有論及，卻未能深入分析禮在歷史發展中的地位。前已言之，直書見義，需要有其他條件配合；至於從直書見義到直書以見天下之義，可能更為困難。

第五節　方法的反省：據事直書與寄託論史

聖人既據魯史以作《春秋》，《春秋》就難以全指為當時之史，而有聖人制作之意。《春秋》不即是春秋的歷史，而是經過聖人書寫之後的春秋歷史。事件的選擇、人物的判斷、歷史的脈絡等，由聖人組織以重建過往，著之於書籍，形成所謂歷史。⑩然而依張自超據事直書之方法論，魯史或有可能等於《春秋》，「史著」等於「過去」，泯除了兩者的差別。與其所揭示的「統天下諸侯以示義、因魯事以示義」的治經目的，適相枘鑿。魯史不會有此目的，《春秋》才會有此目的，《春秋》有此目的，自與聖人心志

---

⑩　〔清〕張自超：《春秋宗朱辨義》，卷7，頁24。

⑩　許冠三清楚的分析歷史有三種意義：一是指過去所發生的事。一是史家對往事所作之理智重建的結果。一是指史家就其重建的結果所寫的著述。一般人所知的過去，只是史家筆下的過去，而史家筆下的過去，不等於真正的過去。見《史學與史學方法》（臺北：萬年青書店，出版年月不詳），頁1-2。

有關。聖人如僅是案據往事，書之於策，大概也無法完成此一目
的。問題正在於視聖人的作品，等同於過去的歷史。於是沉陷於事
實，無法跳脫歷史事件。義之所指，輒在歷史人物之評價，不能建
立意義脈絡，見出歷史發展應然方向。以會盟、朝聘等為例，禮制
的意義脈絡無從見出，自難看到禮在歷史發展的地位。僅能從行禮
與否，較量得失。禮繫於身分，也會有書法之異，所以時而有書不
書之語，又與據事直書抵觸。據事直書與直書見義之間，還有一段
不小的差距。

　　即以編年體而論，編年紀事轉化為故事，會依事件的主軸題
旨、轉折題旨、結局題旨，而有不同的意義。事件具有題旨
（motif）才能轉化為完整事件；轉折題旨係要求讀者擱置事件自身
所含之意義，暫不判斷，等待結局題旨出現時，再行論斷；結局題
旨是一明顯結局，或為過程的終結，或為緊張情勢的舒緩。⓾以晉
文公爭盟為例，系列事件本身即具有題旨。魯僖公二十八年戰於城
濮，盟於踐土，為其霸業的高峰。自可採結局題旨看待。但如採轉
折題旨看待，是年冬，會秦等諸侯於溫，次年，盟於翟泉。秦、晉
本年會盟，實是構隙之機。僖公三十年，晉、秦圍鄭，兩國從此不
合。僖公三十二年晉文公卒，次年秦、晉殽之戰，秦師大敗，這才
是晉文公稱霸的結局。但這一結局，又可轉為晉國中衰、楚國復盛
的先聲。事件的敘述，依題旨而有不同解讀，從而有互異的解釋脈

⓾　見海登・懷特（Hayden White）著，劉安世譯：《史元：十九世紀歐洲的歷
　　史想像》（ *Metahistory: The Historical Imagination in Nineteenth-Century*
　　Europe ）（臺北：麥田出版社，1999 年 12 月），頁 7-8。

絡。

朱子云：「《春秋》之書，且据《左氏》。當時天下大亂，聖人且據實而書之，其是非得失，付諸後世公論，蓋有言外之意。若必於一字一辭之間求褒貶所在，竊恐不然。」⑪朱子反對以一字一辭論褒貶，但卻承認《春秋》有言外之意，雖然，並未進一步詳論《春秋》言外之意如何求得。可是也指出解釋《春秋》的另一進路。

言外之意的表現方法是寄託。寄託是指作品的創作或解讀時，尋求與作品平行並列的具體指涉，比較明確具有特定政治倫理上的指涉意義。這一創作模式，承載較多作者個人隱而未顯的創作動機與目的，⑫讀者在解讀時，就特別關注作者的懷抱，而發展出各種解讀方法，尤其體現在經學體系下的《公羊》、《穀梁》解經傳統。

這或可以張爾田（1874-1945）為例：「《春秋》者，孔子憂患來世之書也。是非二百四十二年之中，據行事，仍人道，因興以立功，敗以成罰，假日月以定曆數，藉朝聘以定禮樂，其所褒諱貶損之文辭，略如《周易》之假象焉。《周易》以天治人，故假天象吉凶以示之；《春秋》以人希天，故假人事善敗以明之。《易》本隱

---

⑪ 〔宋〕黎靖德編，王星賢點校：《朱子語類·春秋·綱領》，卷 83，頁 2149。

⑫ 蔡英俊：《中國古典詩論中「語言」與「意義」的論題——「意在言外」的用言方式與「含蓄」的美典》（臺北：臺灣學生書局，2001 年 4 月），指出含蓄的美典分為寄託與神韻，寄託如上述，神韻則是借著物象物態本身的渲染點撥，體現情感意念含蓄不斷的審美旨趣，見頁 232，240，246。

以至顯，《春秋》推見至隱，是二經者皆聖人之極致，治世之要務也。」⓭亦即《周易》是「假象言義」，《春秋》是「假事言義」，重點都不在象與事，而在於義。其實就是《公羊》學以寄託論史的傳統，而可溯源至董仲舒（前 179？-前 104？）：「孔子曰：『吾因其行事，加吾王心焉。』假其位號以正人倫，因其成敗以明順逆。」⓮其所指涉者是當代，而非往事。往事只是指涉的記號，意義由記號延伸。

至於事與義之間的關係，可以徐復觀對《詩》之比興說明：「……發憤之作，故多出之以比興，以濟立言之道之窮；這在史公，則是所謂『微言』。微言與比興相通，但求情理上所應有，不必拘於事實之所本無。」⓯這是指事實是在整個意義脈絡下建立，與《公羊》學極為類似。從而《詩》與《春秋》有理論上的聯結。

龔鵬程則從詩歌創作說明詩與史的關係：「《春秋》……就其彰顯歷史之意義的性質來說，它乃是藉著設況，以事為媒介，象徵地達成盡意說理的目的。」詩人則是：「運用史法（類似《春秋》褒貶美刺的手法）創作，使得作品含蓄有言外隱曲；讀者則博考史事，推求至隱，以得其用心，以通其詩意，運用以史證詩的方法去讀

⓭ 張爾田：〈春秋論〉，黃曙輝點校：《史微》（上海：上海書店，2006 年 1 月），卷 7，頁 197。

⓮ 〔漢〕董仲舒：〈俞序〉，〔清〕蘇輿（1873-1914）著，鍾哲點校：《春秋繁露義證》（北京：中華書局，1992 年 12 月），頁 163。以寄託論史的傳統，另參考龔鵬程：〈論熊十力與張江陵〉，《文化、文學與美學》（臺北：時報文化出版公司，1988 年 2 月），頁 349-380。

⓯ 徐復觀：〈論史記〉，《兩漢思想史》，卷 3，頁 367。

詩。」⑯《春秋》是一象徵系統，詩人參考此一象徵系統創作。讀者從外向內探察，才能得知詩義；也須從外向內探察，才能得知《春秋》之義。蔡英俊云：「透過比興手法的烘襯，詩的性質與意義可以等同於歷史（《春秋》微言大義所關照的歷史。）……。」⑰微言大義所觀照的歷史，就不可能是真實的歷史，是史家關注、書寫並賦予價值判斷的歷史。

　　這些是以詩論史，看出詩人用比興以寄託；但反過來看，史家不也是用類似技法寫史，而有其個人的寄託。顏崑陽曾分析寄託的構成因素：「……用來做為『託喻』的事物，必是一與自己所意圖託喻之『實存情境』具有類似性之另一『情境』。此另一『情境』即是作品語言所描述具現之情境，我們可以稱它為『作品情境』，將兩個類似之情境連接在一起，我們可稱它為『情境連類』。」⑱實存情境與作品情境連結後，不僅是詩人有託喻，史家也有託喻。讀者借由系列事件，探尋事件之後的意義，以理解作者的托喻。所以事件成為各種符號，有時真確性也待斟酌。更進一步言，讀者也有其實存情境，與類似的作品情境連結後，也產生讀者自身的懷抱。兩相感通，從而宣稱理解作品之意與作者之志。讀者經由這一

---

⑯　龔鵬程：《詩史、本色與妙悟》（臺北：臺灣學生書局，1986 年 4 月），頁64，82。

⑰　蔡英俊：《比興、物色與情景交融》（臺北：大安出版社，1986 年 5 月），頁 127。

⑱　顏崑陽：〈論詩歌文化中的「託喻」觀念──以文心雕龍比興篇為討論起點〉，《魏晉南北朝文學與思想學術論集》第 3 輯（臺北：文津出版社，1997 年），頁 222。

閱讀過程，歷史不再是過往的事跡，生命也有時空的縱深，每一人的存在具有更深刻的意義。

第六節　結　語

解釋《春秋》的基本方法是以事見義，兩者之間存在複雜關係：其一是「直書見義」，就史事指出意義，史事須精確，與義關聯直接，義在事之中。其二是「書法見義」，以褒貶史事人物見出意義，義在事之上。其三是「借事明義」，借史事建構意義，事與義關聯更遠，甚至史事可不精確，義在事之外。前兩種約是《左傳》解經方法，第三種則是《公羊》學解經方法。就張自超《春秋》學觀察，應是第一種。

張自超認為《春秋》是為齊桓、晉文攘楚而作，以據事直書的方法，呈現《春秋》作者之志，乃至載事人物之志。然而仍須借由推論才能得義，同時據事直書也面臨經史區分的困難。

從據事直書的角度分析，《春秋》僅是直書「目的動機」——行動者所要達成的目的。張自超並說出「原因動機」——依據行動者的背景、環境、精神特質作說明。兩者結合，就可指稱只要觀察事件本末，即可了解《春秋》書寫之意及褒貶所在。作為讀者的張自超，又不僅說出行動者的動機，更說出其所認定《春秋》作者的動機，從而進入作者的價值系統。但不論是在作品之外，作第三者的陳述；還是進入作品之內，贊成作者之義，均會遇到解釋上的困境：在「舊史——聖人——新經——張自超」的釋義結構下，聖人如是全錄舊史，所謂據事直書，舊史與新經又如何區別？

　　張自超認為《春秋》的寫作原則是據事直書，是以理解《春秋》無須書法義例。玩味經文，體會經義，自能見出其中是非。

　　張自超討論魯桓公與夫人文姜之事跡，桓公何以薨、文姜何以會齊襄公、又何以遜齊如莒等，俱不能僅從《春秋》經文詳知。至於涉及親迎、送女、享讌、歸寧、薨葬等禮制，也不能僅據經文得知。據事直書未必能達到見義這一解經目標，從據事直書到直書見義，並非理所當然：仍賴《傳》的記事，才能掌握事件的因果關係；又須熟稔典制，才能見出人事的是非；由禮制所形成的書法，則是讀者進入史事的基本前提。所以直書能見義，尚需其他條件配合。

　　張自超思借事以立天下之義，此義不為歷史所限，以建立價值系統，並以禮縮結天子與諸侯、諸侯與諸侯，甚至以禮樂定天下。但對具體的人事評價，有時能入而不能出，在歷史之中看待事件，不能在歷史之外看待事件。討論往古，卻不能面對當代。此時《春秋》解釋學另一傳統——《公羊》學寄託論史，或能開創新的視界。往事只是指涉的記號，意義由記號延伸。作者借著事件有所寄託，讀者也由此事件理解作者的寄託，兩者交會，歷史不再是過往的事跡，生命也有時空的縱深，經典才能成為當下意義的來源。

附錄三：
方苞研究論著知見目錄

一、袁有芬輯桐城派研究論文索引（收入安徽省社會科學院文學研究所等
　　編桐城派研究論文選，合肥：黃山書社，1986 年 11 月），方苞為其中
　　一項，自 1911 年起至 1985 年止。本目錄即承續該索引，收錄
　　1980 年以後至 2010 年之論著。
二、本目錄收錄地區以臺灣及大陸地區為主。
三、本目錄收錄對象為專書、期刊論文、專書論文、學位論文，
　　以方苞為研究主題之論著。
四、本目錄分為四項：㈠方苞詩文選。㈡方苞生平研究。㈢方苞
　　學術思想研究，含經學、理學與思想。㈣方苞文學研究，含作
　　品分析與文學理論。
五、本目錄各類論著概依出版年代先後為序。

一、方苞詩文選

1.　莊適、趙震選注　方姚文　北京　商務印書館　1928 年 11 月
2.　劉季高校點　方苞集　上海　上海古籍出版社　1983 年 5 月
3.　徐天祥、陳蕾點校　方望溪遺集　合肥　黃山書社　1990 年

4. 陳耀東注譯　方苞、劉大櫆、姚鼐散文選　香港　三聯書店　1990 年 12 月

5. 鐘揚、顧海　桐城戴氏宗譜中戴名世、方苞佚文兩則　中國典籍與文化 2003 年第 2 期　頁 39-42

6. 許結、潘務正編選　方苞、姚鼐集　南京　鳳凰出版社　2009 年 1 月

7. 王沛霖、王朝暉選注　方苞散文選集　天津　百花文藝出版社　2009 年 6 月

二、方苞生平研究

1. 李慕如　學仕官名類釋——顧炎武、潘朱、孔尚任、方苞、鄭燮、吳敬梓、全祖望、袁枚、曹雪芹、姚鼐、汪中、曾國藩、劉鶚、連橫　今日中國　第 120 期　1981 年 4 月　頁 113-129

2. 杜若　桐城方苞　臺肥月刊　第 24 卷第 12 期　1983 年 12 月　頁 37-44

3. 潭學習　方苞和桐城派　語文教學與研究　1983 年第 8 期　頁 13-14

4. 劉法綏　方苞在獄中種種　語文教學與研究　1983 年第 8 期　頁 14-15

5. 劉季高　桐城派的奠基人方苞　文史知識　1983 年第 8 期　頁 88-93

6. 朱崇學　方苞的生平與學術　香港　香港大學出版社　1986 年

7. 龔維英　方苞下獄真正因由淺議　桐城派研究論文選　安徽省社會科學院文學研究所等編　合肥　黃山書社　1986 年 11 月　頁 200-203

8. 姚翠慧　方苞生平考述（上）　中正嶺學術研究集刊　第 6 期　1987 年 6 月　頁 47-75

9. 龔維英　方苞下獄潛在因由探索　商丘師範學院學報　1987 年第 1 期　頁 22-23

10. 姚翠慧　方苞生平考述（下）　中正嶺學術研究集刊　第 7 期　1988 年 6 月　頁 17-46

11. 鄺健行　方苞與戴名世　香港中文大學中國文化研究所學報　第 20 期　1989 年　頁 221-233

12. 戴文葆　歷代編輯列傳（三十四）方苞（1668-1749 年）　中國出版　1989 年第 8 期　頁 116-128

13. 廖素卿　方苞之家世及其詩（上）　臺中商專學報　第 23 期　1991 年 6 月　頁 203-246

14. 廖素卿　方苞之家世及其詩（下）　臺中商專學報　第 24 期　1992 年 6 月　頁 335-377

15. 丁鼎　方苞「進士」身分考辨——兼論清代「進士」一名的不同含義　鎮江師專學報（社會科學版）　1996 年第 2 期　頁 20-22

16. 漆緒邦　方苞、姚鼐　瀋陽　春風文藝出版社　1999 年

17. 關愛和　南山集案與清代士人的心路歷程——以戴名世、方苞為例　史學月刊　2003 年第 12 期　頁 22-26

18. 翟國璋　方苞「進士」辯　江蘇教育學院學報（社會科學版）　2004 年第 2 期　頁 97、102

19. 劉守安　一個矛盾而痛苦的靈魂——方苞生平與思想探微　首都師範大學學報（社會科學版）　2005 年第 5 期　頁 85-92

20. 王基西　理學家小傳（71）——方苞　中國語文　第 99 卷第 3 期（總 591 期）　2006 年 9 月　頁 18-27

21. 盧佑誠　方苞與顏李學派　鹽城師範學院學報（人文社會科學版）　2007 年第 4 期　頁 58-62

22. 黃全春　梁啟超貶斥方苞之事實與緣由考析　韶關學院學報　2009 年第 4 期　頁 141-145

三、方苞學術思想研究

1. 王鎮遠　論方苞的思想　江淮論壇　1985 年第 5 期　頁 82-89

2. 余秉頤　方苞與顏李學派　江淮論壇　1987 年第 3 期　頁 98-101

3. 楊向奎　論方苞的經學與理學　孔子研究　1988 年第 3 期（總 11 期）　1988 年 9 月　頁 70-75

4. 顧頡剛　方苞考辨周官的評價　文史　第 37 期　1993 年 2 月　頁 1-7

5. 張高評　方苞義法與春秋書法　清代經學國際研討會論文集　臺北　中央研究院中國文哲研究所籌備處　1994 年 6 月　頁 215-246

6. 張高評　春秋書法與左傳學史　臺北　五南圖書公司　2002 年 1 月　頁 255-287

7. 暴鴻昌　論方苞與康雍時期的理學　中國史研究　1997 年第 2 期（總 74 期）　1997 年 5 期　頁 157-165

8. 林存陽　方苞三禮學論析　清史論叢　2001 年 9 月　頁 223-233

9. 丁亞傑　士大夫生命的自我投射——方苞朱子詩義補正的女性認知　東華漢學　第 2 期　2004 年 5 月　頁 201-226

10. 丁亞傑　乾嘉漢學的前緣——方苞春秋通論經義形式研究　孔孟學報　第 82 期　2004 年 9 月　頁 195-214

11. 劉康威　方苞的周禮學研究　臺北　東吳大學中國文學研究所碩士論文　2006 年

12. 丁亞傑　方苞學問的轉折與形成　東華漢學　第 4 期　2006 年 9 月　頁 1-38

13. 張成權　方苞是「漢學」的對立面嗎？——「桐城派與漢宋學之爭」札記之一　合肥學院學報（社會科學版）　2006 年第 4 期　頁 19-26

14. 丁亞傑　方苞述朱之學：詩經的歷史想像與文化建構　當代儒學研究　第 1 期　2007 年 1 月　頁 51-110

15. 盧佑誠　方苞與顏李學派　銅陵學院學報　2007 年第 2 期　頁 74-76、92

16. 丁亞傑　朱子春秋學的衍異：方苞春秋學的創作意圖與意義解釋　中央大學人文學報　第 35 期　2008 年 7 月　頁 37-82

17. 蒲彥光　明清經義文體探析——以方苞欽訂四書文為中心觀察　宜蘭　佛光大學文學系博士論文　2008 年

18. 李勇　方苞春秋學二題　桐城派與明清學術文化　安徽大學桐城派研究所編　徐成志、江小角主編　合肥　安徽大學出版社　2008 年 11 月　頁 214-226

19. 藍渝堅　方苞禮記析疑評議鄭注考辨　桃園　銘傳大學應用中文研究所碩士論文　2009 年

20. 丁亞傑　方苞周禮學的女官系統與女教思想　黃忠慎主編：文化、經典與閱讀：李威熊教授七秩華誕祝壽論文集　臺北　秀威資訊科技公司

2010 年 1 月　頁 93-129

四、方苞文學研究

1. 馬茂元　桐城派方、劉、姚三家文論評述　古代文學理論研究　1979 年
   12 月第 1 期　頁 296-324

2. 沈繼常　獄中雜記備課二題　江蘇大學學報（高教研究版）　1979 年第
   2 期頁 21-23

3. 崔炳揚　獄中雜記試析　四川師範大學學報（社會科學版）　1980 年第
   2 期　頁 80-83

4. 張漢青　獄中雜記中的「同官」辨　南京師大學報（社會科學版）　1980
   年第 2 期　頁 99

5. 單錦珩　獄中雜記的主題思想　雲南師範大學學報（哲學社會科學版）
   1980 年第 2 期　頁 67

6. 陸文蔚　左忠毅公逸事賞析　湖州師範學院學報　1980 年第 3 期　頁 45-
   47

7. 劉梓鈺　方苞抑柳談　天津師範大學學報　1980 年第 6 期　頁 76-77

8. 楊必勝　澄清至極，自然而發其光精——讀方苞左忠毅公逸事　語文教
   學通訊　1980 年第 6 期　頁 14-15、33

9. 陳明毓、李奇林　「雜」而不亂 層次分明——談獄中雜記的結構特色
   江蘇教育　1981 年第 4 期　頁 15-16

10. 崔炳陽、張昌余　也談左忠毅公軼事一文的注析　成都大學學報（社會
    科學版　1982 年第 1 期　頁 87-88、41

11. 劉季高　懷天下之慮 立義法之幟——方望溪全集前言　江淮論壇　1982
    年第 1 期　頁 59-65

12. 顧易生　方苞姚鼐的文論及其歷史地位　江淮論壇　1982 年第 2 期　頁
    51-58

13. 王顯春　方苞獄中雜記寫作目的辯　西南民族大學學報（人文社科版）
    1982 年第 4 期　頁 88-90

14. 呂世華　左忠毅公逸事淺析　語文教學通訊　1982 年第 5 期　頁 29-30

15. 劉土興　在行動中顯示人物性格──左忠毅公逸事人物描寫　中學語文　1982 年第 7 期　頁 8-9

16. 蔣家環　熠熠閃光的細節──淺析左忠毅公逸事的藝術特色　安徽教育　1983 年第 1 期　頁 35-36

17. 時雁行　《左忠毅公逸事》淺析　北京師範大學學報（社會科學版）　1983 年第 2 期　頁 92-94

18. 段會杰　慧眼識英才，肝膽鑒後人──讀方苞的左忠毅公逸事　承德民族師專學報　1983 年第 2 期　頁 102-105、100

19. 楊金達　寥寥幾筆 神情畢肖──左忠毅公逸事的藝術手法　江蘇大學學報（高教研究版）　1983 年第 3 期　頁 78-79

20. 戴旦　左忠毅公逸事試析　雲南師範大學學報（哲學社會科學版）　1983 年第 3 期　頁 86-89

21. 黃巖柏　左忠毅公逸事補注析疑　遼寧師範大學學報（社會科學版）　1983 年第 3 期　頁 88-90

22. 黃克　吾師肺肝鐵石鑄──讀方苞左忠毅公逸事　文史知識　1983 年第 3 期　頁 53-56

23. 任祖鏞　左忠毅公逸事取材得失談　西南師範大學學報（人文社會科學版）　1983 年第 3 期　頁 136-138

24. 王舜逸、畢嘉華　左忠毅公逸事中詞語的知識歸類　天津教育　1983 年第 5 期　頁 17-18

25. 林後淑　「望溪」探驪──方苞文學觀試探　育達學報　第 8 期　1984 年 12 月　頁 102-111

26. 王鎮遠　論方苞的「義法」說　江淮論壇　1984 年第 1 期　頁 66-74

27. 楊金達　談左忠毅公逸事的藝術手法　江蘇教育　1984 年第 4 期　頁 25

28. 姚翠慧　方苞文學理論探微　中正嶺學術研究集刊　第 4 期　1985 年 6 月　頁 35-53

29. 姚翠慧　方苞文學理論形成原因之探討　中正嶺學術研究集刊　第 5 期　1986 年 6 月　頁 19-36

30. 王傳業　獄中雜記釋譯　新聞與寫作　1986 年第 4 期　頁 23-29

31. 徐新民、趙玉銀　左忠毅公逸事的剪裁藝術　中學語文　1986 年第 8 期　頁 14-15

32. 潘忠榮　試論方苞與詩　桐城派研究論文選　安徽省社會科學院文學研究所等編　合肥　黃山書社　1986 年 11 月　頁 204-213

33. 姜海峰、徐禮君　方苞與韓愈論綱　桐城派研究論文選　安徽省社會科學院文學研究所等編　合肥　黃山書社　1986 年 11 月　頁 214-222

34. 王達津　說方苞義法　古代文學理論研究　第 12 期　1987 年 11 月　頁 97-109

35. 華世忠　從方苞的義法到姚鼐的文論——桐城派文論述評　阜陽師範學院學報（社科版）　1987 年第 1 期　頁 64-68

36. 徐天祥　簡論方苞的「雅潔」　江淮論壇　1987 年第 2 期　頁 84-88

37. 姚翠彗　方望溪文學研究　臺北　文史哲出版社　1988 年 8 月

38. 呂美生　精湛的醫術 不馴的靈魂——讀方苞陳馭虛墓誌銘　古典文學知識　1988 年第 5 期（總 20 期）　1988 年 9 月　頁 42-45

39. 江擧謙　方苞左忠毅公軼事　明道文藝第 165 期　1989 年 12 月　頁 11-14

40. 葉建華　論方苞的史書「義法」　安徽史學　1990 年第 1 期　頁 1-5

41. 廖素卿　層層對比 寓意深遠——讀方苞轅馬說　明道文藝第 183 期　1991 年 6 月　頁 18-25

42. 熊秉堯　望溪文章稱雅潔——試論方苞散文的語言特色　內江師範學院學報　1991 年第 1 期　頁 25-30

43. 陳耀東　太華三峰 質文兼美——論方苞、劉大櫆、姚鼐散文的傑出成就　浙江師範大學學報（社會科學版）　1991 年第 2 期　頁 27-31

44. 姚翠慧　戴名世與方苞文學理論之比較研究　勤益學報第 9 期　1992 年 3 月　頁 325-345

45. 張靜　方苞的氣與文　中外文學第 20 卷第 11 期（總 239 期）　1992 年 4 月頁 25-65

46. 廖素卿　論方苞貶班排柳　國立臺灣體專學報第 1 期　1992 年 6 月　頁

259-268

47. 廖素卿　方苞詩文研究　臺北　中國文化大學中國文學研究所博士論文
1992 年

48. 黃挺　戴名世的雁蕩記和方苞的游雁蕩記比較評析　韓山師範學院學報
1992 年第 4 期　頁 29-33

49. 金姬成　方望溪古文理論及其實踐　臺北　臺灣師範大學國文研究所碩
士論文　1993 年

50. 廖素卿　錢大昕與方苞　臺中商專學報第 25 期（文史社會篇）　1993 年
6 月　頁 83-110

51. 羅仁忠　清代方苞銘文端硯　四川文物　1994 年第 4 期　頁 45

52. 劉崇義　方苞左忠毅公軼事的文章結構　中國語文第 82 卷第 4 期（總
490 期）　1998 年 4 月　頁 49-53

53. 張東敏　趙鈞彤獄中八詠與方苞獄中雜記　社科縱橫　1998 年第 1 期
頁 51-52

54. 吳葆勤　方望溪先生全集辨誤一則　東南文化　1998 年第 2 期　頁 143

55. 楊鳳琴　材料取捨得當、人物性格鮮明——試析左忠毅公逸事的藝術特
色　語文學刊　1999 年第 5 期　頁 10-11

56. 黃水雲　會稀別遠、意滿情長——談方苞七夕賦　國文天地第 16 卷第 3
期（總 183 期）　2000 年 8 月　頁 43-45

57. 邱章紅　論方苞「雅潔」思想美學意蘊　合肥聯合大學學報　2000 年第
3 期　頁 2-7

58. 許福吉　義法與經世——方苞及其文學研究　上海　學林出版社　2001
年 6 月

59. 袁忠群　劉大櫆與方苞文論的本質性區別　江西教育學院學報　2001 年
第 1 期　頁 22-25

60. 趙建章　論方苞的「義法」說　常德師範學院學報（社會科學版）　2001
年第 6 期　頁 52-55

61. 馬茂書　方苞的「義法」說　桐城派研究　2002 年第 4 輯（總第 4 輯）
頁 31-34

62. 施明智　「虛言其大略」的方苞散文及其成因　杭州師範學院學報（社會科學版）　2002 年第 5 期　頁 98-101、121

63. 林淑貞　生死關懷與生命美典的書寫──以方苞傳、祭文、哀辭、墓表、墓誌銘為視域　東海大學文學院學報第 44 期　2003 年 7 月　頁 108-136

64. 李業桃　從左忠毅公逸事看方苞的「雅潔」　皖西學院學報　2003 年第 4 期　頁 101-102

65. 朱孟庭　方苞論「詩」的文學闡釋　華梵人文學報第 4 期　2005 年 1 月　頁 1-29

66. 王建農、王成軍　清代傳記文學論──以顧炎武、方苞、曾國藩、沈復為個案　江蘇教育學院學報（社會科學版）　2005 年第 2 期　頁 102-105

67. 徐松　藝術反差之美──左忠毅公逸事賞析　中學語文　2005 年第 7 期　頁 34

68. 孟偉　桐城派早期的一部重要古文選本──方苞古文約選的編選、評點及其意義　中國學研究　第 9 期　2006 年 8 月　頁 206-211

69. 慈波、倪玲穎　論方苞的古文「雅潔」說　理論界　2006 年第 7 期　頁 276-277

70. 佟成　方苞不寫詩、姚鼐不作詞　刊授黨校（學習特刊）　2006 年第 10 期頁 15

71. 盧佑誠　桐城「三祖」古文理論比較　皖西學院學報　2007 年第 1 期　頁 72-78

72. 趙景云　以獨特的視角表現人物──左忠毅公逸事賞析　新聞與寫作　2007 年第 1 期　頁 55-56

73. 張維　唯其理之是、唯其辭之是──從李紱、方苞評點柳文的異同再論「義法」說　廣西民族大學學報（哲學社會科學版）　2007 年第 1 期　頁 172-176

74. 吳筱霞　方苞與地方志　中國地方志　2007 年第 4 期　頁 49-53

75. 鎮方利　方苞「義法」說的現代闡釋　成都　四川師範大學碩士論文　2008 年 4 月

76. 黃肇基　清代方苞林紓左傳評點研究　臺北　臺灣師範大學國文研究所博士論文　2008 年

77. 黃肇基　鑒奧與圓照：方苞林紓的左傳評點　臺北　允晨文化公司　2008 年 10 月

78. 羅軍鳳　方苞的古文「義法」與科舉世風　文學遺產　2008 年第 2 期　頁 126-138

79. 蕭曉陽　近三百年文化嬗變中的桐城學術精神——以方苞、曾國藩、嚴復為中心　北方論叢　2008 年第 3 期　頁 108-111

80. 查桂義　從歸有光之「白描」到方苞之「白描」　齊齊哈爾師範高等專科學校學報　2008 年第 3 期　頁 73-74

81. 李麗英　方苞「義法」說研究綜述　安徽文學（下半月）　2008 年第 3 期　頁 95-96

82. 趙棟棟　「虛言其大略」的方苞古文　長治學院學報　2008 年第 4 期　頁 57-59

83. 張雙田　簡析方苞對清政權由離心變為向心　文學教育（上）　2008 年第 8 期　頁 72-74

84. 唐紅炬　試論方苞散文中的義與法　桐城派與明清學術文化　安徽大學桐城派研究所編　徐成志、江小角主編　合肥　安徽大學出版社　2008 年 11 月　頁 193-213

85. 童麗慧　帶著鐐銬的舞者心跡——論方苞的游記創作　桐城派與明清學術文化　安徽大學桐城派研究所編　徐成志、江小角主編　合肥　安徽大學出版社　2008 年 11 月　頁 227-237

86. 趙棟棟　方苞之「雅」的美學意蘊　滄桑　2009 年第 2 期　頁 234-235

87. 徐杰　方苞的「義法」說對劉大櫆「神氣」說的影響　綿陽師範學院學報　2009 年第 6 期　頁 31-33

88. 孟偉　方苞古文約選的編選、評點及其影響　安慶師範學院學報（社會科學版）　2009 年第 8 期　頁 84-87

國家圖書館出版品預行編目資料

生活世界與經典解釋：方苞經學研究

丁亞傑著. – 初版. – 臺北市：臺灣學生，2010.11
面；公分

ISBN 978-957-15-1506-9 (平裝)

1.（清）方苞 2. 學術思想 3. 經學

127.4   99020675

生活世界與經典解釋：方苞經學研究

著　作　者：丁　　　亞　　　傑
出　版　者：臺 灣 學 生 書 局 有 限 公 司
發　行　人：楊　　　雲　　　龍
發　行　所：臺 灣 學 生 書 局 有 限 公 司
　　　　　　臺北市和平東路一段七十五巷十一號
　　　　　　郵 政 劃 撥 帳 號：00024668
　　　　　　電　話：(02)23928185
　　　　　　傳　眞：(02)23928105
　　　　　　E-mail：student.book@msa.hinet.net
　　　　　　http://www.studentbooks.com.tw

本 書 局 登
記 證 字 號：行政院新聞局局版北市業字第玖捌壹號

印　刷　所：長 欣 印 刷 企 業 社
　　　　　　中和市永和路三六三巷四二號
　　　　　　電　話：(02)22268853

定價：平裝新臺幣五四〇元

西 元 二 〇 一 〇 年 十 一 月 初 版

12703

臺灣 學生書局 出版

經學研究叢刊

❶ 三國蜀經學　　　　　　　　　　　　　程元敏著

❷ 書序通考　　　　　　　　　　　　　　程元敏著

❸ 東漢讖緯學新探　　　　　　　　　　　黃復山著

❹ 經學研究論集　　　　　　　　　　　　胡楚生著

❺ 朱熹經學志業的形成與實踐　　　　　　陳志信著

❻ 經學研究續集　　　　　　　　　　　　胡楚生著

❼ 白虎通暨漢禮研究　　　　　　　　　　周德良著

❽ 中國學術史研究　　　　　　　　　　　胡楚生著

❾ 生活世界與經典解釋：方苞經學研究　　丁亞傑著